Paris für Feinschmecker

exclusiv
DuMont

W0065443

Patricia Wells

PARIS
für Feinschmecker

Ausgesuchte Schlemmerlokale
und ihre besten Originalrezepte

*Restaurants, Brasserien, Bistros,
Cafés, Teesalons, Feinkost- und
Spezialitätenläden, Märkte*

Unter Mitarbeit von Susan Herrmann Loomis
Fotos von Peter Turnley

DuMont Buchverlag Köln

Umschlagabbildung: Restaurant »Le train bleu«
im Gare de Lyon (Foto: Helga Sittl)
© Metroplan (vordere Umschlagklappe): RAPT, Paris
Karte von Paris (hintere Umschlagklappe): Gerda Rebensburg

CIP-Kurztitelaufnahme der Deutschen Bibliothek

Wells, Patricia:

Paris für Feinschmecker : ausgesuchte Schlemmer-
lokale u. ihre besten Orig.-Rezepte ;
Restaurants, Brasserien, Bistros, Cafés / Patricia
Wells unter Mitarb. von Susan Herrmann Loomis.
Fotos von Peter Turnley. [Aus d. Amerikan. von
Brunhild u. Rolf Seeler]. – Köln : DuMont,
1985.
    Einheitssacht.: The food lover's guide to
    Paris ⟨dt.⟩
    ISBN 3-7701-1762-X
NE: Turnley, Peter:

Aus dem Amerikanischen von Brunhild und Rolf Seeler

© 1984 by Patricia Wells und Workman Publishing Company Inc., New York
© 1984 der Fotos by Peter Turnley
Alle Rechte vorbehalten
© 1985 der deutschen Ausgabe: DuMont Buchverlag Köln
Satz und Druck: Rasch, Bramsche
Buchbinderische Verarbeitung: Boss-Druck, Kleve

Printed in Germany   ISBN 3-7701-1762-X

INHALT

Restaurants   13

Cafés   134

Salons de Thé/
Teesalons   159

Fromageries/Käseläden 260

Charcuteries/ Feinkostgeschäfte 283

Chocolateries/ Konfiserien 299

Spécialités Gastronomiques/ Spezialitätengeschäfte 312

Verliebt in Paris

Paris habe ich fürs ganze Leben ins Herz geschlossen, seit ich an einem grauen Januarmorgen des Jahres 1973 den Fuß auf französischen Boden setzte. Noch heute vergeht kein Tag, an dem mich die Schönheit und Eleganz, der Charme von Paris nicht beeindrucken. Was wir so gerne Lebensqualität nennen: Hier ist sie größer als an irgendeinem anderen mir bekannten Ort. Und gutes Essen hat entschieden etwas damit zu tun.

Um dieses Buch zu schreiben, war ich nach Paris gekommen. Meine Leidenschaft für die Gaumenfreuden ist nur noch mit meiner Liebe zum Journalismus zu vergleichen. Für einen seiner anziehendsten Aspekte habe ich es immer gehalten, Menschen in ihrem typischen Milieu aufsuchen, überall herumstöbern zu können, um die Neugier derer zu befriedigen, für die man berichtet. Bei den Recherchen für dieses Buch bin ich – gemeinsam mit Susan Herrmann Loomis als Assistentin und Begleiterin – in Paris so ungefähr jede Straße abgelaufen. Auf der Suche nach den gastronomischen Kostbarkeiten links und rechts der Seine haben wir kein Gespräch mit den vielen Leuten ausgelassen, die gewohnt sind, nur das Beste auf den Tisch zu bringen; wir haben mit ihnen geplauscht und sie ausgiebig befragt. Wir spürten der knusprigsten Baguette nach und folgten dem Duft der sämigsten dampfendheißen Schokolade; wir setzten uns auf die Fährte, die zum zuverlässigsten Käseladen oder Pralinengeschäft führt, und wir wollten das gemütlichste Lokal ausfindig machen, in dem man an einem frischen Wintertag in Ruhe ein Glas Wein trinken kann. Schon bald gaben wir es auf, die vielen Male zu zählen, bei denen wir uns, die Erkundungsliste in der Hand, irgendwo verliefen oder, völlig durchgeregnet, verlorene Nebenstraßen und verschlafene Häuserzeilen entdeckten. Wir durchstreiften Märkte und Teestuben, feilschten mit Fleischern, scherzten mit den Eigentümern unserer Stamm-Bistros und genossen das unvergleichliche Aroma eines Brotlaibs, der frisch aus dem Ofen kam. Morgens sprangen wir zur Unzeit aus dem Bett, um gleich dabei zu sein, wenn der Bäcker die erste Partie knuspriger Croissants aus dem Holzofen zog. Über abenteuerliche Leitern stiegen wir in gemütlich-warme Backstuben hinab und begutachteten mit einem erfahrenen Meister die Eigenschaften einer guten Baguette; und frötelten dann in feuchten, sauberen, wunderbar würzig riechenden Lagerräumen, in denen aufgestapelter Brie und Camembert, Vacherin und Roquefort reiften. Tag für Tag aßen wir in ausgesuchten Lokalen – bescheidenen Bistros mit Stammgästen aus der Nachbarschaft oder auch manchmal in feinen Restaurants – zu Mittag und zu

Abend. Von Köchen und Bäckern, Konditoren und Teestubenbesitzern sammelten wir Rezepte und probierten, probierten, probierten, bis meine Wohnung von der gleichen unwiderstehlichen Geruchsmischung erfüllt war wie die Marktstraßen und Läden von Paris. Das Ganze erwies sich als eine ebenso hingebungsvolle, mühsame wie heitere Arbeit, von der ich nur hoffe, sie möge dem Leser zugute kommen und ihm ebensoviel Freude bereiten.

Natürlich gibt dieser Führer meine persönliche Meinung wieder. Aber immer, wenn zu entscheiden war, ob ein Laden, ein Restaurant, ein bestimmter Markt in dieses Buch aufgenommen werden sollte, stellte ich mir einfach die Frage: Würde ich den betreffenden Platz zum zweiten Mal aufsuchen? Fiel die Antwort negativ aus, dann wanderte die Adresse in die immer umfangreicher werdende Ablage.

Bei der Auswahl von Restaurants habe ich versucht, so umfassend wie möglich und dabei doch gleichzeitig wählerisch zu sein. Nach bestmöglichen eigenen Erkenntnissen sollte dem Leser das vermittelt werden, was er selbst als am wichtigsten erachtet: Warum sucht man ein bestimmtes Restaurant auf, wo liegt es, wie kommt man hin, was erwartet einen dort, was wird der Besuch kosten? Auf eine systematische Bewertung wurde bewußt verzichtet. Abgesehen davon, daß man sich dabei schwertut, sind solche Klassifizierungen auch recht willkürlich und im allgemeinen sogar unzuverlässig. Und schließlich machen sie aus dem, was echte Entdeckerfreude bleiben sollte, eine beschwerliche Wissenschaft.

Kein Zweifel, dem Leser wird die eine oder andere Adresse weniger gut oder auch, umgekehrt, attraktiver als mir erscheinen. Ich hoffe nur, dieses Buch regt ihn dazu an, selbst einmal ein bißchen zu entdecken, sich umzusehen und durchzufragen, und gewiß wird es dabei helfen, die Geschichte, die Gebräuche und das an Überraschungen reiche Geflecht der großen kulinarischen Hauptstadt der Welt ein wenig besser zu durchdringen.

Wie man dieses Buch liest

Alphabetische Reihenfolge

In jedem Kapitel (ausgenommen dem über Märkte) sind die Lokalitäten nach Stadtbezirken zusammengefaßt und dann in alphabetischer Reihenfolge aufgeführt. Dem französischen Beispiel folgend, wurden dabei alle Artikel, wie *au, la* oder *le* und Gattungsbezeichnungen, wie *bistro, brasserie, café* oder *chez* als Beiwort vor dem eigentlichen Namen unberücksichtigt gelassen. So erscheinen also beispielsweise die Restaurants CHEZ PAULINE, LE PETIT MONTMORENCY und AU PIED DE COCHON alle unter dem Buchstaben P. Ebenso ist in den Fällen, in denen eine Restaurantbezeichnung mit dem vollen Eigennamen einer Person übereinstimmt, also etwa JACQUELINE FÉNIX, MICHEL ROSTANG oder GUY SAVOY der Anfangsbuchstabe des Familiennamens (Fénix, Rostang, Savoy) für die alphabetische Einordnung maßgebend.

Was ist ein Arrondissement?

Die meisten Großstädte sind aus verwaltungstechnischen Gründen und zur besseren Orientierung in Stadtviertel eingeteilt, die eigene Namen tragen. Paris gliedert sich dagegen in 20 jeweils mit einer Ordnungszahl bezeichnete *arrondissements*. Sie laufen, angefangen beim Stadtkern am rechten Flußufer (1. *arrondissement* mit Louvre und Markthallen), spiralförmig im Uhrzeigersinn von innen nach außen und erreichen nach zwei kompletten Umläufen das Zentrum des östlichen Stadtgebietes (20. *arrondissement* mit dem Friedhof Père Lachaise).

Bei der Einteilung des Buches haben wir alle Etablissements nach *arrondissements* gruppiert, wobei dazugehörige populäre Stadtbezirke – wie Madeleine, Montmartre, Invalides – jeweils mitgenannt werden. Der spiralförmige Verlauf bringt es mit sich, daß auch *arrondissements* mit nicht fortlaufenden Numerierungen aneinandergrenzen – das 3., 4. und 11. mit dem Marais und der Bastille beispielsweise. Immer wenn mehrere *arrondissements* einen Stadtbezirk besonderer Eigenart bilden, haben wir sie auch in dieser Weise zusammengefaßt. Das hängt jedoch von der Art der besprochenen Etablissements ab. Daher können sich diese Gruppierungen von Kapitel zu Kapitel ändern.

Einzel-information

Über jedes in diesem Buch erfaßte Etablissement werden folgende Angaben gemacht: Name, Adresse, Telefonnummer, nächste Metro-Station, Öffnungszeiten.

Gegebenenfalls werden noch folgende Besonderheiten erwähnt: klimatisierte Räume; Terrasse oder Tische im Freien; getrennte Speisezimmer für kleine und große Gesellschaften; Spezialitäten des Hauses; zu erwartende Kosten pro Essen.

Ein umfangreiches Glossar am Ende des Buches soll dem Feinschmecker helfen, die Speisekarten mit ihren phantasievollen Menü-Bezeichnungen zu entschlüsseln sowie auf Märkten und in Feinkostläden einzukaufen.

Abkürzungen

Für Kreditkarten werden folgende Abkürzungen verwandt:
AE: American Express
DC: Diners Club
EC: Eurocard oder MasterCard
V: Visa oder Carte Bleue

Für Maße und Gewichte werden in den Rezepten folgende Abkürzungen verwandt:
g: Gramm
kg: Kilogramm
ml: Milliliter

12

Restaurants

Immer wieder werde ich nach meinem Lieblingsrestaurant in Paris gefragt. Darauf eine Antwort zu geben, finde ich beinahe genauso schwer, wie meinen besten Freund oder mein liebstes Musikstück, den Film oder klassischen Roman zu benennen, der mir am besten gefällt. Es hängt ganz von der Stimmung, der Gesellschaft ab, in der ich mich gerade befinde, von der Tageszeit und selbst von der Jahreszeit.

Dieser Restaurantführer ist ein Spiegel persönlicher Erfahrungen. Er stellt somit einen Querschnitt dar und enthält nur die Lokalitäten, die ich selbst gerne wieder aufsuchen würde; es sind also diejenigen, die ich weiterempfehlen kann. Ich stelle mir die in diesem Buch enthaltenen Angaben als eine Art Ausgangspunkt für den Leser vor, der seinerseits Erkundigungen anstellt. In keinem der hier genannten Lokale dürfte er vom Essen enttäuscht sein; aber ganz auszuschließen ist das natürlich nie.

In Paris gehe ich jede Woche vier- oder fünfmal auswärts essen. Ich lasse stets im voraus reservieren und sorge dafür, daß ich den nötigen Hunger mitbringe; das ist das beste Kompliment für den Küchenchef. Da ich als anonymer Gast auftrete, bin ich nur wenigen als ›berufsmäßige Esserin‹ bekannt. Und auf was kommt es mir nur an? Das endgültige Urteil hängt von der Kreativität der Küche, der Qualität der verwendeten Zutaten und dem Service insgesamt ab. Bei den Menüs achte ich auf eine bekömmliche Ausgewogenheit zwischen den einzelnen Gängen. Für die Weinkarte sind Vielseitigkeit und Preiswürdigkeit ausschlaggebend. Mit einem guten Restaurant ist es wie mit einem gelungenen Theaterstück: Man verläßt den Schauplatz in guter Stimmung, körperlich und seelisch zufrieden und mit dem Gefühl, daß die Investition an Zeit und Geld lohnend war.

Der Leser der diesem Führer folgt, wird – so hoffe ich – sein Lieblingsrestaurant und seine Leibspeisen finden.

Und wie findet man sich nun zurecht?

Eine Amerikanerin erzählte mir einmal folgende Geschichte: Ein völlig verzweifelter Landsmann hielt sie eines Tages in Paris auf der Straße an. »Wie in aller Welt finde ich unter den vielen Lokalen hier die wirklich französischen heraus?«, wollte er wissen. »Ich meine die, wo man Soufflés bekommt.« Etwas weniger kompliziert, aber genauso vergeblich kann es sein, Bistros, Brasserien und Restaurants gegeneinander abgrenzen zu wollen. Obwohl gerade zwischen Bistro und Restaurant oft keine exakte Trennlinie zu ziehen ist, hier einige Merkmalshilfen:

Bistro

Ein Bistro ist ein eher kleines, traditionell von Madame und Monsieur betriebenes Restaurant, in dem sie die Registrierkasse bedient und er am Herd steht. Bistro-Speisezettel sind üblicherweise handgeschrieben oder vervielfältigt, und die Auswahl ist auf eine Reihe von bewährten Gerichten nach Hausmacher Art beschränkt. Gewöhnlich wird offener Wein in der Karaffe angeboten, Flaschenweine sind mit auf dem Menüzettel angeführt. Die typische Innenausstattung eines Bistro ist einfach, ohne jeden Luxus (obwohl die *Belle Epoque*-Bistros einige der hübschesten Interieurs von Paris aufweisen). Viele Bistros haben einen gefliesten Boden und eine lange Zinktheke (*zinc*). Papiertischtücher und handfestes Gebrauchsgeschirr sind an der Tagesordnung. In ganz einfachen Lokalen sitzen die Gäste an langen Tischen zusammen.

Brasserie

Das Wort bedeutet soviel wie Brauerei. Tatsächlich haben die meisten Brasserien von Paris eine Verbindung zum Elsaß: das bedeutet große Mengen Bier, elsässische Weißweine, wie Riesling und Ge-

14

würztraminer, und gewöhnlich auch *choucroute*, jenes herzhafte Gemisch aus Sauerkraut und Würsten. Brasserien zeigen sich gerne hell erleuchtet und erfüllt vom gedämpften Lärm gutgelaunter Gäste; deshalb geht man auch am liebsten in großen Gruppen dorthin. Volle Mahlzeiten und kleine Schnellgerichte sind im allgemeinen durchgehend zu bekommen. Brasserien sind meist bis in die späten Abendstunden hinein geöffnet, und obwohl in diesen Lokalen eine Reservierung empfehlenswert ist, findet man gewöhnlich auch so einen Platz.

Restaurants

Neben den Bistros und Brasserien verfügt Paris über die verschiedenartigsten Speiserestaurants, von denen manche die feine, klassische französische Küche pflegen, während andere sich auf kreative, einfallsreiche, modernere Zubereitungsarten verlegt haben. In gleicher Weise gibt es Fischrestaurants, Grillstuben, Restaurants für die regionalen Küchen Frankreichs oder die anderer Länder.

Reservierungen

Fast ausnahmslos sind Reservierungen erforderlich. In namhaften Restaurants, wie dem TAILLEVENT, muß man Wochen oder Monate im voraus Plätze bestellen. Bei anderen genügt, etwa für ein normales Auswärtsessen am Wochenende, eine Buchung wenige Tage vorher, während es werktags für ein Mittagessen ausreichen mag, noch am selben Tag zu reservieren. Wenn ein geplantes Essen ausfallen muß, rufen Sie an und sagen Sie ab. Viele Restaurants verlangen heute bei Vorausbuchungen noch einmal eine telefonische Bestätigung an dem Tag, für den reserviert ist. Es gibt noch einen anderen guten Grund, sich rechtzeitig vormerken zu lassen: Restaurants pflegen recht freimütig und ohne Vorankündigung tägliche Öffnungszeiten und Betriebsferien zu ändern; das gilt besonders für der Sommer und in Feiertagsperioden. Es ist daher in jedem Falle sicherer, seinen Besuch vorher anzumelden.

Tischzeiten

Planen Sie viel Zeit für ein Essen in einem Pariser Restaurant ein. Im allgemeinen können Sie davon ausgehen, daß ausgiebiges Tafeln bedeutet, eineinhalb bis drei Stunden am Tisch zu sitzen, egal ob mittags oder abends. Wenn Sie dagegen vorhaben, ein Essen in weniger als einer Stunde hinter sich zu bringen, suchen Sie lieber ein Café, eine Teestube, einen Wein-Bistro oder eine Brasserie auf. Aber versuchen Sie nicht, in einem seriösen Restaurant die einzelnen Gänge rasch hintereinander zu absolvieren. Im Normalfall beginnt die Essenszeit für den Pariser mittags um 12.30 oder 13 Uhr (man kann aber auch schon ab 12 Uhr essen), eine Abendmahlzeit fängt meistens um 20.30 Uhr oder um 21 Uhr an (obwohl einige Restaurants Reservierungen für jede beliebige Zeit nach 19.30 Uhr entgegennehmen). Trotz der ausgedehnten Eßzeiten schließen die meisten Küchen recht früh; Reservierungswünsche für beispielsweise 14 Uhr oder 22 Uhr würden sie daher überfordern. Dafür bietet die Mehrzahl der Cafés und Brasserien einen Ausgleich: solange sie geöffnet sind, bedienen sie fast zu jeder Zeit. Einige wenige Restaurants nehmen noch bis abends 23 Uhr (oder sogar noch später) Bestellungen auf; sie erscheinen in diesem Buch auf Seite 403.

Preise

Die hier erfaßten Restaurants decken die ganze Preisskala ab. Dabei habe ich es unterlassen, Lokale, in denen man nur mittelmäßiges Essen bekommt, lediglich deshalb aufzuführen, weil sie billig sind. Vorteilhafte Preis-/Leistungs-Relationen kann man auf allen Stufen finden, und es gibt immer Wege, das gilt auch für die teuersten Lokale, die Ausgaben in Grenzen halten. Umgehen Sie beispielsweise den Drink vor dem Essen und den Cognac oder die Zigarre hinterher, und wenn Sie wirklich rauchen wollen, kaufen Sie vorher im nächsten *tabac* ein, wo es billiger ist. Man kann auch einzelne Gänge miteinander teilen, wenn man will. Niemand zwingt einen, Käse oder Nachtisch zu nehmen, und wenn man das Budget oder den Magen nicht überstrapazieren will, kann man getrost darauf verzichten. Aus der Speisenfolge eines Festpreis-Menüs auszuwählen, hilft gewöhnlich ebenfalls, die Kosten für ein Essen zu verringern (obwohl es nicht in jedem Falle günstiger sein muß als *à la carte* zu speisen); offenen Wein in der Karaffe oder einen preisgünstigen Hauswein zu bestellen, sind andere Möglichkeiten.

Die hier für jedes Restaurant angeführten Durchschnittspreise gelten in allen Fällen für jeweils eine Mahlzeit, die Vorspeise, Hauptgang, Käse oder Dessert und eine halbe Flasche eines preisgünstigen Weines umfaßt und die Bedienung einschließt. Ein gutes, preiswertes Essen ist im allgemeinen für 100 Francs zu haben, eine etwas anspruchsvollere Mahlzeit ohne große Besonderheiten für 200 Francs, während man für ein Luxusessen mit teureren Weinen und in einem entsprechenden Rahmen zwischen 300 und 500 Francs ausgeben muß. Fast unterschiedslos gelten die gleichen Preisansätze für Mittags- und Abendmahlzeiten.

Rechnungen und Trinkgelder

Nichts ist für den ausländischen Besucher verwirrender als eine französische Restaurantrechnung. Dabei braucht man eigentlich nur eines zu wissen: was bezahlt werden muß, ist die ausgewiesene Endsumme. Das Bedienungsgeld, das, je nach Restaurant, zwischen 12 und 15 Prozent ausmacht, kann in die Preise für die einzelnen Gerichte schon hineingerechnet sein oder auch nicht, aber in der Endsumme ist es allemal enthalten. Wenn die Speisekarte *service compris* angibt, so ist der Bedienungsaufschlag schon bei den Einzelpreisen einkalkuliert. Signalisiert die Menükarte ein *service non compris*, so besagt das, daß der Service nach Aufaddierung der Einzelposten der Summe zugerechnet wird. In jedem Fall bedeutet die unterste Zahl auf einer Rechnung immer den zu entrichtenden Betrag. Es gibt keine Etikette, nach der man von Ihnen erwartet, mehr zu bezahlen. Wenn Sie aber das Essen sehr genossen und die Aufmerksamkeiten von *maître d'hôtel* und *sommelier* als besonders wohltuend empfunden haben oder wenn Ihnen in gelöster Stimmung nach Freizügigkeit zumute ist, dann lassen Sie einen zwischen ein paar Francs und fünf Prozent der Rechnungssumme schwankenden Betrag als zusätzliches Trinkgeld zurück.

Kreditkarten

Die meisten Restaurants in Paris akzeptieren heute Kreditkarten, und beinahe alle nehmen Reiseschecks an. Obwohl wir nichts unversucht gelassen haben, in diesem Buch hierüber für jedes Restaurant genaue Angaben zu machen, sei vorsorglich gesagt, daß die Inkasso-Usancen der einzelnen Lokalitäten sich rasch ändern. Es ist daher empfehlenswert, sich bei einer Reservierung auch gleich über bargeldlose Zahlungsweisen zu informieren. Falls Sie den Rechnungsbetrag zwischen sich und einer anderen Person oder einem anderen Paar aufteilen wollen, so werden die meisten Restaurants Ihrem Wunsch entsprechen und die Endsumme zwischen den beiden Kreditkarten splitten. Sollten Sie ein zusätzliches Trinkgeld vorsehen, dann gebietet es jedoch die Höflichkeit gegenüber Kellnern und *sommelier,* diesen (über die obligatorischen 12 oder 15 Prozent hinausgehenden) Betrag in bar zu hinterlassen.

Speiseräume für geschlossene Gesellschaften

Viele Restaurants, darunter solche wie TAILLEVENT, JAMIN und LE GRAND VÉFOUR, verfügen über separate Speiseräume für Gesellschaften zwischen acht und mehreren hundert Personen. Manche dieser Räume, wie die im TAILLEVENT, sind ausgesprochen elegant und geschmackvoll eingerichtet. Andere wiederum wirken recht öde und ungemütlich und vielleicht weniger ansprechend als der große, allen Gästen zugängliche Speiseraum. Es ist daher ratsam, sich ein solches ›Séparée‹ vorher anzuschauen, bevor man Pläne macht.

Das getrennte Speisen hat Vor- und Nachteile. Man ist in einem solchen Raum mehr unter sich, und wenn man ein Festessen organisieren will, so fällt das in diesem Falle leichter, weil man die Menüfolge im voraus besprechen und die passenden Weine dazu schon aussuchen kann. Der Hauptnachteil besteht darin, daß man Wochen im voraus planen muß und daß es guter Französisch-Kenntnisse bedarf, um die entsprechenden Arrangements zu treffen. Gäste in separaten Räumen sollten auch nicht vergessen, daß ihnen viel von der Atmosphäre und dem anregenden ›Theater‹ entgeht, das sich im eigentlichen Lokal abspielt. Für reservierte Gesellschaftsräume werden keine gesonderten Kosten in Rechnung gestellt, und vielfach werden die Gesamtausgaben für ein Essen niedriger ausfallen, als dies bei Einzelbestellungen von der regulären Speisekarte der Fall gewesen wäre. Welche Lokale über Gesellschaftsräume verfügen, ist jeweils bei den Restaurantbesprechungen mit angegeben.

Was uns am Tisch erwartet

Menüvorschläge und Bestellungen

Wenn Sie in einem Pariser Restaurant essen, sollten Sie vier Dinge beachten: Überlegen Sie zunächst, welche Produkte der Jahreszeit entsprechen und daher wahrscheinlich frisch sind; glücklicherweise sind die Franzosen selbst in diesem Punkt noch immer recht fanatisch und essen vorzugsweise das, was die Saison gerade für die Küche bereithält. Wenn ich in Paris auswärts essen gehe, unternehme ich oft ganz spezielle ›Freßtouren‹, die, zur jeweiligen Hochsaison, dem Genuß von Spargel, Melone, Muscheln, Austern oder Wild gewidmet sind. Wenn Sie im Januar Melone oder im Juli Muscheln auf der Speisekarte finden, halten Sie sich lieber zurück.

Sie sollten sich zweitens genügend Zeit nehmen, um die Spezialitäten des Hauses herauszufinden. Jedes Restaurant bietet ein oder zwei Gerichte an, auf die es besonders stolz ist, und fast alle Lokale offerieren einen *plat du jour* und streichen ihre hauseigenen Spezialgerichte heraus. Mit solchen Speisen, die in der Regel auch aus frischen Zutaten bereitet sind, treffen Sie – vorausgesetzt, sie entsprechen Ihrem Geschmack – gewöhnlich eine gute Wahl. Beachten Sie, daß Fisch meist freitags (also, wenn er am häufigsten verlangt wird) am frischsten und montags (dann ist der Großmarkt geschlossen) am wenigsten frisch ist.

Bleiben Sie, drittens, dem treu, was Sie grundsätzlich mögen, und richten Sie Ihre Bestellung danach aus. Das soll eine Warnung für alle sein, die der Empfehlung eines Restaurantkritikers oder eines Obers blindlings folgen und sich, erst wenn es zu spät ist, daran erinnern, daß sie Kaldaunen oder Ente oder was immer zu essen ihnen nahegelegt wurde, eigentlich verabscheuen.

Und schließlich geht es um das *menu dégustation*, eine Art ›Probier-mal-von-allem-Gericht‹, das dem Gast erlaubt, vier bis acht verschiedene Speisen in kleinen Portionen zu kosten. Grundsätzlich habe ich etwas gegen diese Menüs, denn letztlich lohnt es nur selten, sie zu bestellen, allein schon, weil man sich selbst und dem Magen damit zuviel zumutet. Außerdem ist das ›Sortiment‹ zu groß, als daß es möglich wäre, von dem betreffenden Essen oder Restaurant einen erinnernswerten Eindruck mit nach Hause zu nehmen. Da das *menu dégustation* von der Küche oft nicht ganz ernst genommen wird, könnte man gelegentlich meinen, diese Platten kämen vom Fließband.

Butter

Da die Franzosen ihr Brot im allgemeinen nicht mit Butter bestreichen, bieten die Restaurants sie ihren Gästen auch nicht durchweg an, es sei denn, Sie bestellen einen Gang, zu dem gebuttertes Brot einfach dazugehört – also *charcuterie*, von Roggenscheiben begleitete Austern, Sardinen, Radieschen oder Käse. Wenn Sie keine Butter vorfinden, bitten Sie ruhig darum. Nur in den kleinsten Cafés wird man Ihnen diese Zugabe gesondert in Rechnung stellen.

Kaffee

Die Franzosen haben ihre besonderen Kaffeesitten. Viele von ihnen beginnen den Tag mit einem *café au lait* – meist viel heiße Milch mit wenig Kaffee. Während des übrigen Tages trinken sie entweder schwarzen Kaffee oder *café crème* (Kaffee mit dampferhitzter Milch). Doch wird nach einer Mahlzeit immer nur schwarzer Kaffee genommen. Einige Restaurants reichen auf Wunsch Milch oder Sahne dazu, andere nicht. Nach einem Essen bildet Kaffee den Abschluß, er wird beinahe wie ein gesonderter Gang serviert. In den feineren Restaurants kommen manchmal Schokolade und/oder *petits fours* mit dem Kaffee.

Fisch, Fleisch, Geflügel

Beinahe ausnahmslos ergibt sich ein besserer Geschmack, wenn Fisch mit Gräten oder Fleisch mit Knochen zubereitet wird. Sollte es Ihnen schwerfallen, die Gräten herauszulösen, fragen Sie, ob das betreffende Fischgericht grätenfrei *(sans arêtes)* ist und, falls nicht, ob der Kellner es entgräten *(enlevez les arêtes)* und dann vorlegen kann.

Der Franzose liebt es, Fleisch und einige Geflügelarten (besonders Ente) so zu essen, daß das Koch- oder Bratgut innen noch rosa und saftig ist. Wenn Sie das nicht mögen, weisen Sie ausdrücklich darauf hin, daß Sie Ihr Fleisch *bien cuit* (gut durchgebraten) wünschen. Seien Sie jedoch darauf gefaßt, daß der Kellner

bei Ihrem Ansinnen leicht zurückzuckt (für rosa gegartes Fleisch lautet die Order *saignant,* für halb durchgekochte oder -gebratene Stücke *à point*).

Pfeffer und Salz

Es gibt Küchenchefs, die sich in ihrer Ehre getroffen fühlen, wenn Gäste ihre Kreationen nachwürzen, und das kann der Grund dafür sein, daß Pfeffer und Salz auf den Tischen fehlen. Sie können jedoch nach beidem verlangen. Indessen, kosten Sie in jedem Falle erst die Speisen, bevor Sie sich des Streuers oder der Pfeffermühle bedienen.

Wasser

Es erschreckt mich jedesmal, heutzutage noch Leute fragen zu hören: »Kann man das Wasser von Paris bedenkenlos trinken?« Natürlich kann man das. Vielleicht rührt dieser Argwohn ausländischer Besucher daher, weil die Franzosen so leidenschaftlich gerne Mineralwasser trinken; tatsächlich läßt sich beobachten, wie etwa an einem Tisch mit acht Personen vier verschiedene Sorten Wasser getrunken werden. Zu allen Gerichten kann man einfaches Wasser bestellen (bitten Sie um *une carafe d'eau*), Mineralwasser mit Kohlensäure *(gazeuse)* oder ohne *(plate)*. Falls Sie Perrier ordern, wundern Sie sich bitte nicht, wenn es nur in kleinen Flaschen auf den Tisch kommt. Den Franzosen ist Perrier zu kohlensäurehaltig, um zum Essen getrunken zu werden. Die Restaurants führen die kleinen Flaschen dieser Marke vor allem deshalb, weil sie als Aperitif bestellt werden oder ihr Wasser zum Mixen genommen wird.

Wein und Spirituosen

Dies ist eine Domäne, bei der ich Ihnen entschieden dazu rate, einer bewährten Regel zu folgen: es nämlich in Paris den Parisern gleichzutun. Die meisten Franzosen nehmen vor den Mahlzeiten keine harten Getränke zu sich, und die wenigsten Restaurants verfügen über eine regelrechte Bar. Falls Sie an härtere Sachen gewöhnt sind, sollten Sie sich für Ihren Pariser Aufenthalt auf die dortigen Trinksitten umstellen. Konzentrierte Drinks machen Ihren Gaumen taub für die nachfolgenden Genüsse, und wenn Sie vor dem Essen einen Martini-Cocktail oder einen Whisky bestellen würden, käme das bei dem betreffenden Kellner oder beim Restaurantchef schlecht an.

Die Mehrzahl der Restaurants bietet einen ›Aperitif des Hauses‹ an – das ist sehr oft ein *Kir,* eine Mischung von entweder Weißwein oder Champagner mit *crème de cassis* (Likör aus schwarzen Johannisbeeren). Ich habe es mir jedoch zur Gewohnheit gemacht, zusammen mit dem *menu* die Weinkarte zu erbitten und dann – gewöhnlich einen weißen – Wein zu bestellen, den ich als Aperitif trinke und der dann die weitere Mahlzeit oder doch wenigstens den ersten Gang begleitet.

Die Auswahl der Weine

Fast alles, was ich heute über Weine weiß, verdanke ich dem unermüdlichen Kosten von Weinen in Restaurants: Ich studiere die Weinkarte, halte mich auf dem laufenden über die Durchschnittspreise der einzelnen Marken, Lagen und Jahrgänge, merke mir besonders harmonische Zusammenstellungen von Speisen und entsprechenden Weinen und bin stets begierig, einen neuen oder mir noch unbekannten Wein auszuprobieren. Wenn Sie sich bei Weinen nicht wirklich sehr gut auskennen, nehmen Sie die Hilfe des *sommelier* in Anspruch. Geben Sie ihm eine ungefähre Idee von Ihrer geschmacklichen Präferenz und der Preisstufe, die Ihnen vorschwebt. Das setzt natürlich voraus, daß keine Sprachbarriere besteht. Sollte es da Schwierigkeiten geben, fragen Sie am besten nach einem *vin de la maison*, einem Wein des Hauses.

Sind Sie jedoch ein Weinkenner, dann werden Sie die Karte studieren wollen. Lassen Sie nicht zu, daß man Sie drängt oder zu einer raschen Entscheidung (die nicht immer einfach ist) nötigt, und falls Sie sich unter Druck fühlen, erklären Sie einfach, daß Sie von der Auswahl fasziniert sind und sich ein paar Minuten ausbitten, um das ganze Angebot entsprechend zu würdigen.

Gleiche Weine weisen von Lokal zu Lokal drastische Preisunterschiede auf: Manche Restaurants verfügen über ausgedehnte alte Weinkeller, andere beginnen erst, Bestände anzulegen. Ich schätze einen ordentlichen Wein sehr, betrachte ihn als wesentlichen Bestandteil eines jeden guten Essens und bin wahrscheinlich auch bereit, für einen ansprechenden Wein etwas mehr auszugeben als der Durchschnitt der Restaurantbesucher. Esse ich in einem Bistro oder in einer Brasserie, so bestelle ich oft den Hauswein, der entweder offen in einer Karaffe oder in der geschlossenen Flasche kommt. Habe ich aber eine Weinkarte vor mir, dann folge ich einer einfachen Regel: Selten gebe ich mehr als 150 bis 200 Francs für die Flasche aus, dafür bekomme ich dann üblicherweise einen sechs bis 15 Jahre alten Bordeaux. In den Restaurants von Paris gilt als Daumenregel, daß etwa ein Drittel der Rechnungssumme der Ausgabe für den Wein entsprechen sollte. Wenn Sie also, sagen wir, für ein Essen zu zweit 400 Francs zu bezahlen haben, dann würden etwa 135 Francs auf den Wein entfallen.

PALAIS-ROYAL, LES HALLES, OPERA, BOURSE
1. und 2. Arrondissement

AU COCHON D'OR
31, Rue du Jour, Paris 1
∅ 2363831
Metro: Les Halles
Geschlossen: Samstagmittag und Sonntag
Kreditkarten: AE, V
Menü: 82 Francs, einschließlich Wein, ohne Bedienung, à la carte: 150 bis 200 Francs

Spezialitäten: Fleisch vom Grill, *andouillettes*, (Bratwürste), Beaujolais

Wer in der Nähe der Hallen gut und zu einem vernünftigen Preis essen will, kann kaum eine bessere Wahl treffen als das altbewährte AU COCHON D'OR, ein kleines freundliches Restaurant, dessen Spezialitäten große Scheiben Rindfleisch und *andouillettes* vom Grill sowie andere klassische Bistro-Kost sind. Beginnen Sie am besten mit dem *fricassée d'escargots aux girolles,* einem sehr schmackhaften Gericht, bei dem besonders köstliche Weinbergschnecken zusammen mit Pfifferlingen in einer butterigen Sauce zubereitet sind, gerade recht, um die knusprige Baguette darin einzutauchen. Dann sollten Sie zu dem berühmten Rindfleisch vom Grill übergehen, das mit einer wohlschmeckenden Schalottenbutter serviert wird. Vielleicht ziehen Sie auch Nieren oder gegrilltes Schweinefleisch mit Knoblauch vor. Ein einziges Mal passierte es, daß die *tarte Tatin* nicht ganz gelang und in Butter schwimmend gebracht wurde. Aber wer hat nach einem solchen Schmaus überhaupt noch Platz für einen Nachtisch? Der als Hauswein kredenzte Beaujolais ist prächtig, und auch eine nette kleine Auswahl von Bordeaux-Weinen wird geboten.

LA FERME IRLANDAISE
30, Place du Marché-Saint-Honoré, Paris 1
∅ 2960299
Metro: Pyramides
Geschlossen: Sonntagabend und Montagmittag
Kreditkarten: AE, V
150 Francs

LA FERME IRLANDAISE ist ein schlichtes unaufdringliches Lokal, das ehrliche irische Hausmannskost bietet. Hier ist alles irisch, angefangen beim derben handgetöpferten Tongeschirr und den rustikalen alten Tischen bis hin zum deftigen Hüttenkäse. Aber auch zart geräucherten irischen Lachs und hervorragendes hausgebackenes Weizenschrotbrot gibt es in der FERME, sonntags dann Weizenmehlkuchen und werktags hefiges Vollkornbrot. Hin und wieder findet man den frischen hausgeräucherten Hering von Shanagarry hier. Der Speisezettel ändert sich

LA FERME IRLANDAISE gibt
sich unaufdringlich

Spezialitäten: Irischer
Lachs, Irish Stew, Au-
stern, verschiedene haus-
gemachte Brotsorten und
Bier

häufig, aber Irish Stew, von der Lammlende geschnittene gefüllte Chops mit Minztunke, Suppen sowie verschiedene Fischsorten und Schalentiere sind eigentlich
immer zu haben. Jeden Sonntag von 10–13 Uhr gibt es
einen vorzüglichen Brunch, zu dem Räucherlachs,
von Blutwurst umlegte pochierte Rühr- oder Spiegeleier, eine dicke Schinkenschnitte, lange schmale
Schweinswürste und Schweinsleberwurst gereicht
werden. Dazu kommen so viel selbstgebackenes Brot,
irische gesalzene Butter, Marmelade und Honig, wie
man nur essen mag, und schließlich eine Kanne mit
irischem Tee. Manche der jungen irischen Kellner wirken so, als seien sie nur zum Spaß da, aber im allgemeinen sind sie angenehm und kommen auch den Wünschen der Gäste nach, so daß es keine Beschwerden
gibt. Sehen Sie zu, daß Sie einen Platz im ebenerdigen
Hauptspeiseraum bekommen; in den unteren Räumlichkeiten ist es etwas dumpf, dunkel und höhlenartig.
Natürlich spricht man in der FERME Englisch.

25

CHEZ GEORGES
1, Rue du Mail, Paris 2
℘ 26 00 7 11
Metro: Sentier
Geschlossen: Sonn- und
Feiertage
Kreditkarten: AE, DC, V
150 bis 200 Francs

Spezialitäten: *Bœuf, rognons de veau* (Kalbsnieren), Beaujolais in der Karaffe

Eines der im Aussterben begriffenen Bistros alten Stils, wo das Essen vielleicht nicht so großartig, aber immerhin gut genug ist, um das Lokal Tag und Nacht zu füllen. Der handgeschriebene Speisezettel weist von Tag zu Tag nur wenige Änderungen auf, aber dafür kann man sicher sein, stets üppig gefüllte riesige Schüsseln mit silberhäutigem Ostsee-Hering, *foie de veau* (Kalbsleber), *steak de canard* (in der Pfanne gebratene Entenbrust), Nieren und Kalbsbries und, in der Regel, heiße knusprige Pommes frites vorzufinden. Das Restaurant ist klein und schmal. Typisch sind seine Bankreihen und die gewaltigen bogenförmigen Wandspiegel. Die Bedienung liegt in den Händen einer kleinen Gruppe älterer Kellnerinnen in schwarzen Kleidern und rüschenbesetzten weißen Schürzen. Um die Mittagszeit kommen viele männliche Besucher von der nahen Börse herüber, während an Werktagen abends und an Samstagen gerne Gäste aus dem bürgerlichen Milieu, meist Paare, hier speisen, vorzugsweise *pavé du Mail* – Beefsteak in Senfsauce mit Pommes frites. Dazu wird ein schöner fruchtiger Brouilly in

Geselligkeit CHEZ GEORGES

zinnfarbenen Krügen gereicht, oder aber man wählt aus einem eindrucksvollen Sortiment von Bordeaux- und Burgunderweinen aus. Gut ist gewöhnlich das *steak de canard* – kräftig, rosarot gebraten und oft mit nach Knoblauch duftenden *cèpes* garniert, frischen und meisterhaft geschmorten Steinpilzen. Die Desserts dagegen sind recht herkömmlich und eher banal.

GERARD
4, Rue du Mail, Paris 2
✆ 296 24 36
Metro: Sentier
Abendessen wird bis 23
Uhr serviert
Geschlossen: Samstagmittag, Sonntag und im August
Keine Kreditkarten
100 Francs

Spezialitäten: *Pot-au-feu,* gegrilltes Rindfleisch, *ris de veau,* (Kalbsbries), *foie de veau* (Kalbsleber), Kartoffel *gratin, tarte Tatin*

Ein beliebtes Lokal gleich neben der Place des Victoires, das die Bewohner dieses Stadtteils gern aufsuchen. Täglich gibt es hier einen guten, frisch zubereiteten *pot-au-feu,* jenes herzhafte, suppenartige Gericht, das aus mit Markknochen langsam gekochtem Rindfleisch besteht, aus weißen Rüben, Lauch, Weißkohl und Karotten. Hier bekommt man, wenigstens im Winter, auch einen ausgezeichneten Salat, eine bunte Mischung mit belgischem Chicorée, frischen Walnüssen, Roter Beete, alles in einer leichten Vinaigrette angemacht. Wer kein Freund von *pot-au-feu* ist, sollte das gegrillte Rindfleisch versuchen, das zusammen mit einer köstlich frischen Kartoffel *gratin* serviert wird. Die Weinliste ist hier ziemlich kurz und ein bißchen langweilig; immerhin erhält man einen guten Burgunder der namhaften Kellerei Prosper Maufoux. Die *tarte Tatin* – gestürzter Apfelkuchen – ist locker und leicht, wie sie sein sollte, und bildet einen guten Abschluß nach einem gelungenen üppigen Mahl.

LE GLOBE D'OR
158, Rue Saint-Honoré,
Paris 1
✆ 260 23 37
Metro: Louvre
Geschlossen: Samstag und Sonntag
Kreditkarten: AE, V
150 bis 200 Francs

Spezialitäten: Südwestfranzösische Küche, einschließlich *cassoulet* (donnerstags), *foie de veau, petit salé* (leicht gesalzenes Schweinepökelfleisch)

Mit seinen Spitzengardinen und den Tellern verschiedener Provenienz hat dieses Restaurant einen Hauch von Großmutters Mansardeneinrichtung. Der Speiseplan aber weist einen Akzent von südwestfranzösischer Küche auf, und jeden Donnerstag versammeln sich viele Geschäftsleute um die orangefarbenen mit *cassoulet* gefüllten Emaille-Kasserolen. Dieses in gigantischen Mengen aufgetragene Gericht besteht vorwiegend aus weißen Bohnen mit Ente, Schweinefleisch und Lamm. Bestellen Sie, wenn sie auf der Karte steht, *foie de veau rôti,* eine in großem schwarzen Pfeffer gewälzte und dann gebratene Kalbsleber.

LE GRAND VEFOUR
17, Rue de Beaujolais,
Paris 1

Zu den Restaurants mit besonderem Charme gehört LE GRAND VÉFOUR. Es beschwört die heitere Lebensart des alten Paris, die Welt der Schriftsteller,

Le Grand Véfour: der Speiseraum

✆ 29 56 27
Metro: Bourse
Geschlossen: Samstag,
Sonntag und im August
Kreditkarte: AE
Separater Speiseraum für
geschlossene Gesellschaften bis zu 14 Personen
400 Francs

Spezialitäten: *Sole Grand Véfour, côtes d'agneau,* (Lamm-Chops), *rognons à la moutarde* (Kalbsnieren in Senfsauce)

Künstler, Politiker und Historiker herauf. Hier in diesem eleganten, in den Grundtönen Rot, Weiß und Schwarz gehaltenen ehemaligen Café aus dem Jahre 1760 soll Napoleon mit Josephine gespeist haben. Später zählten zu den Gästen auch Victor Hugo, Colette und Jean Cocteau, dessen Zeichnung noch immer den Einband der Speisekarte ziert. (Unter den 16 Tischen befinden sich einige mit beschrifteten Messingschildern, die an viele Berühmtheiten erinnern, welche hier soupierten; bei einer Reservierung können solche Tische erbeten werden).

Am besten, Sie gehen in dieses Restaurant, wenn Sie etwas Besonderes zu feiern haben – versetzen Sie sich dann in das Jahr 1900 und putzen Sie sich entsprechend heraus! Dies ist ein romantischer Ort für ein spätes

Mittagessen im Sommer, wenn man vom Tisch aus ins leuchtende Rosa des vor dem Palais Royal liegenden Rosengartens blickt. Die Speisen hier sind klassisch und der Umgebung würdig, aber ohne den Ehrgeiz zubereitet, erstaunen oder überraschen zu wollen. Hingegen ist das VÉFOUR eines der Pariser Restaurants, wo Sie sich absolut wohl dabei fühlen können, einfach einen gemischten Salat und ein gegrilltes Steak und dazu, von der ausgezeichneten Weinkarte, einen soliden alten Bordeaux zu bestellen. Kosten Sie den *foie gras de canard*-Salat, das *soufflé de grenouilles* (Froschschenkel-Soufflé) oder die *côtes d'agneau Albarine*, zartrosa Lamm-Chops mit einer Kartoffel *gratin*. Zum Nachtisch sorgt Konditor Gaston Lenôtre stets für frische, der Jahreszeit entsprechende Früchte und deliziöse Desserts.

ISSE

56, Rue Sainte-Anne,
Paris 2
✆ 296 6776
Metro: Pyramides
Geschlossen: Sonntag und Montagmittag
Klimatisiert
Keine Kreditkarten
Mittags 100 bis 150 Francs,
abends 250 bis 300 Francs

Spezialitäten:
Japanische Gerichte,
Sushi-Bar

Gäbe es Bistros in Japan, dann täten deren Chefs gut daran, sich ISSÉ zum Vorbild zu nehmen. Hier bekommt man den besten *Sushi, Sashimi, Chirashi* und *Tempura* von Paris. Im ersten Stock winden sich die Kellner zwischen den Gästen des stets gefüllten winzigen Speiseraums hindurch und balancieren dabei ihre Tabletts voll dampfendem *Tofu*, die enormen Schüsseln mit frischem, in Perlmuttönen schimmernden *Sushi* und die kleinen Bambusschalen mit knusprigem *Tempura*. Gehen Sie wenigstens zu viert oder zu fünft dahin, dann können Sie eine Riesenplatte *Sushi* ordern, eine eindrucksvolle Zusammenstellung von hübschen kleinen runden und viereckigen Schälchen mit filetiertem rohem Fisch in gesäuertem Reis. Hier findet man alles: Häufchen von glitzerndem roten Kaviar, silbrige Makrelenhappen und kernigen schneeweißen Tintenfisch, hellrotes saftiges Thunfischfleisch lacht uns an, makelloses rosa Krebsfleisch, wunderbar frischer Salm, üppige Muscheln, Krabben – alles bietet sich, auf kleine Reisbetten gesetzt und mit *Wasabi*, scharfem grünen Meerrettich betupft, Auge und Gaumen dar. Und wenn man etwas anderes als *Sushi* versuchen will, läßt man am besten mal *Chirashi* kommen: körnigen Reis in einer randvoll gefüllten

Lackschüssel, gekrönt von Fischen und Schalentieren verschiedener Sorten. Eine asiatische Speisenfolge beginnt hier immer, indem eine Schüssel heißer *Tofu* oder *Yudofu* auf den Tisch kommt – frischer Sojabohnenquark in quadratischen kremigen Würfeln aus gepreßten pürierten Sojabohnen. Die *Tofu*-Stücke werden mit einer winzigen Siebkelle aus dem kochendheißen Wasser geschöpft und dann in eine Mischung aus Sojasauce, gewiegten Schalotten und geraspeltem getrocknetem Thunfisch getunkt. Bei Issé findet man eine gute Auswahl japanischer Biere. Im Ergeschoß befindet sich eine *Sushi*-Bar.

LOUIS XIV
1 bis, Place des Victoires,
Paris 1
✆ 26 13 9 44
Metro: Bourse
Geschlossen: Samstag,
Sonntag und im August
Keine Kreditkarten
Terrasse auf dem Trottoir
vor dem Restaurant

Spezialitäten:
Burgunder Küche, *escargots* (Weinbergschnecken), *fromage de tête* (Kopfsülze), *bœuf bourguignon* (Rindfleisch auf Burgunderart), Beaujolais in der Karaffe

Ein klassisches Bistro, wo die Gerichte eigentlich nie aufregend, aber Bedienung und Atmosphäre freundlich und aufgeräumt sind, kurz, wo alle Gäste sich wohlzufühlen scheinen. Mittags sind die hochbegehrten Trottoir-Tische vor dem Lokal, von denen aus man die Place des Victoires überschaut, dicht besetzt mit modisch gekleideten, schicken Leuten aus den benachbarten Boutiquen; abends schlendern Paare von allen Seiten heran, um die Straßenszene und die manchmal überwältigenden Sonnenuntergänge zu genießen. Das ist der rechte Ort, um eine Karaffe Beaujolais zu trinken und *lapin à la moutarde* (Kaninchen in Senfsauce) zu essen. Fischliebhaber hingegen werden den delikat gegrillten Steinbutt, eine klassische *sole meunière* (in Butter geschmorte Seezunge) oder Lachs mit Sauerampfer vorziehen, eine beliebte, im Frühjahr und Sommer täglich dargebotene Spezialität. Das LOUIS XIV ist für seine *friture d'éperlans* – gesottener Stint – bekannt, aber leider kann dieses Gericht auch ein arger Reinfall sein. Jedenfalls waren bei einem unserer Essen dort die kleinen Fischchen der Friture alles andere als frisch, und das Öl, aus dem sie kamen, hatte schon bessere Tage gesehen. Für alle diejenigen, die in französischen Restaurants nie genug Butter bekommen können, ist dies das richtige Lokal. Der Kellner transportiert einen Dreipfund-Block von Tisch zu Tisch, und jeder bedient sich selbst. Bei Regen ist der beste Platz im ersten Stock an einem der Bogenfenster, die den Platz überschauen.

CHEZ PAULINE

5, Rue Villedo, Paris 1
∅ 296 20 70
Metro: Pyramides
Geschlossen: Samstag-
abend und Sonntag
Kreditkarte: V
Separater Speiseraum für
geschlossene Gesellschaf-
ten bis zu 16 Personen
200 Francs

Spezialitäten:
*Foie gras, filet de bœuf à la
moelle et au vin de Chiroubles* (Rindsfilet mit Mark),
*gâteau de riz Madame Du-
cottet* (Reispudding) au-
ßerdem Spezialitäten von
der Tageskarte; gute Aus-
wahl an Beaujolais-Weinen

Dieses Restaurant würde man als Kulisse wählen, wenn man einen klassischen Pariser Bistro-Hintergrund für ein Bühnenstück oder einen Film benötigte: rote Bänke, abgesessene Stühle, frische Blumen, ehrwürdige Kellner und eine hervorragende Küche ›wie bei Muttern‹. CHEZ PAULINE zieht Alt und Jung gleichermaßen an, Leute, denen der Sinn nach Bewährtem steht: *blanquette de veau* (weißes Kalbsragout), Rindfleisch mit Mark und *bœuf bourguignon*. Der *jambon persillé* – Schinkenwürfel in Aspik mit frischer grüner Petersilie – hat die richtige Reife, und wenn Pilzzeit ist, versuchen Sie die *cèpes à la Bordelaise*, fleischige, mit einer guten Prise Knoblauch in Butter gebratene Steinpilze. Die Desserts hier sind einfach und bekömmlich, wie etwa der süße, saftige Reispudding. Die Bedienung arbeitet schnell, professionell und nie ohne ein Lächeln.

PHARAMOND

24, Rue de la Grande-
Truanderie, Paris 1
∅ 233 06 72
Metro: Les Halles
Geschlossen: Sonntag,
Montagmittag und im Juli
Kreditkarten: AE, DC, V
Terrasse auf dem Trottoir,
separater Speiseraum für
geschlossene Gesellschaf-
ten bis zu 18 Personen
150 bis 200 Francs

Spezialitäten:
Gerichte aus der Norman-
die, darunter *tripes à la mode de Caen, pied de porc,
andouillettes, Cidre*

Wer sich schon immer mal gewünscht hat, *tripes à la mode de Caen* zu probieren – in Cidre gekochte und in traditionellen Messingschalen servierte Kaldaunen, eine Spezialität aus der Normandie –, für den ist dies in Paris das richtige Lokal. Lassen Sie sich im großen Speiseraum im Parterre mit seinem sich spiegelnden *fin de siècle*-Fliesenboden einen Tisch reservieren, und begleiten Sie Ihre *tripes* mit *Cidre*, köstlichem Normandie-Apfelwein. Wenn Ihnen aber nicht nach diesem Gericht zumute ist, seien Ihnen gegrillte Lamm-Chops mit feinen Soufflé-Kartoffeln empfohlen. Dazu sollten Sie dann einen der ungewöhnlich preiswerten Bordeaux-Weine des PHARAMOND trinken. Leider sind viele der einst hier angebotenen regionalen Spezialitäten – wie Käse aus der Normandie und Apfeldesserts – inzwischen durch Allerweltsgerichte ersetzt worden. Außerdem kann die Bedienung in diesem Lokal ausgesprochen unhöflich sein.

AU PIED DE COCHON

AU PIED DE COCHON
6, Rue Coquillière, Paris 1
∅ 236 11 75
Metro: Les Halles
Täglich durchgehend
(24 Stunden) geöffnet
Kreditkarten: AE, DC, V
Terrasse auf dem Trottoir,
separater Speiseraum für
geschlossene Gesellschaften bis zu 40 Personen.
150 Francs

Spezialitäten:
Pied de cochon (Schweinsfuß), Fisch und Muscheln,
Zwiebelsuppe

Wirklich typisch oder nur eine Touristenfalle? Es kommt ganz darauf an, wie man den PIED betrachtet. Für diejenigen – und das gilt für die meisten von uns –, die ›Les Halles‹, so wie sie früher einmal waren, vermissen, gehört er zu den wenigen hier noch übriggebliebenen authentischen Gaststätten. Man bekommt dort ein anständiges Essen. Allerdings ist der Service langsam und auch sonst ausgesprochen unerfreulich. Aber wenn einen um drei Uhr morgens plötzlich ein heftiges Verlangen nach Zwiebelsuppe und meeresfrischen Austern überkommt, ist dies die richtige Adresse.

PIERRE TRAITEUR
10, Rue de Richelieu,
Paris 1   ∅ 296 09 17
Metro: Palais-Royal
Geschlossen: Samstag,
Sonn- und Feiertage und
im August
Kreditkarten: AE, DC, V
200 Francs

Spezialitäten:
Foie gras, filets de rougets

Ein klassischer und wohltuend geselliger Flecken gleich hinter der Comédie Française. Dieses freundliche kleine Lokal hat Tag und Nacht seine Stammgäste, Franzosen, die einzeln oder in Gruppen kommen und die die handfeste Bistro-Kost genießen. Zutaten werden hier großgeschrieben, auf die Zubereitung wird viel Sorgfalt verwendet. Die besten Tips dürften sein: als erster Gang *maquereaux au cidre*, glänzende kleine in Cidre und Cidreessig gekochte Makrelen, garniert mit Äpfeln (siehe nebenstehendes Rezept); die frische *foie gras* aus der Terrine; gebratene Kalbsnieren mit *gratin dauphinois* (siehe Rezept auf

vigneronne (Meerbarben-
filets), *rognons de veau à
l'échalote* (Kalbsnieren mit
Schalotten)

Seite 34); eine einfache, aber köstliche in der Pfanne
gebratene *côte de bœuf* (Ochsenrippe).

MAQUEREAUX AU CIDRE PIERRE TRAITEUR
(MAKRELEN IN CIDRE PIERRE TRAITEUR)

*Marinierte oder zart gekochte Makrelen sind eine beliebte Bistro-Speise, die in
Paris auf Dutzenden von Speisekarten in den verschiedensten Variationen
erscheint. Makrele gehört zu den Gerichten, die einfach köstlich oder aber verhee-
rend ausfallen können, je nachdem wie frisch der Fisch und wie gut die Qualität des
verwendeten Essigs sind. Gelingt diese Speise wirklich, dann kann sie in einem
Menü einen leichten, sättigenden, sehr schmackhaften ersten Gang bilden. Die
feinste Zubereitungsart fand ich bei Pierre Traiteur. Hier werden die Makrelen
mit Äpfeln serviert, wobei der fleischige Geschmack der silbrig schimmernden
Fische mit der fruchtigen Milde der Äpfel eine reizvolle Kombination eingeht. Man
benutzt hier natürlich nur Cidre, der weniger sauer ist als die meisten ausländischen Apfelweine. Gegebenenfalls ist daher ein guter frischer Apfelsaft für dieses
Rezept vorzuziehen.*

2 große Zwiebeln, fein-
gehackt
1 Kilo Makrelen, aus-
genommen und gesäu-
bert, ohne Köpfe
1 Teelöffel Salz
frisch gemahlener
schwarzer Pfeffer, nach
Belieben
2 Kochäpfel mit festem
Fleisch, halbiert, ent-
kernt und geschält
1 Liter Cidre oder Ap-
felsaft
250 ml Cidre-Essig
oder Obstessig
3 ½ Teelöffel frischer
gehackter Schnittlauch

1. Die gehackten Zwiebeln in einer großen, schweren
Pfanne mit Deckel gleichmäßig verteilen. Die Makrelen innen kräftig salzen und pfeffern und dann auf die
Zwiebeln legen, obenauf die Apfelhälften.
2. Cidre oder Apfelsaft und Essig zugeben und zugedeckt bei starker Hitze zum Wallen bringen. Dann bei
mittlerer Hitze zugedeckt 10 Minuten langsam weiterkochen lassen. Die Pfanne vom Feuer nehmen, die
Fische mit einem Bratenwender vorsichtig herausha-
ben und abkühlen lassen. Den Sud mit den Äpfeln und
Zwiebeln aufheben. Soweit kann das Gericht mehrere
Stunden im voraus vorbereitet werden.
3. Vor dem Servieren die Fische filetieren. Möglichst
viele Gräten entfernen. Die Filets auf einer Platte arrangieren und mit den in ganz feine Scheiben geschnittenen Äpfeln garnieren. Mit etwas kaltem Sud einschließlich der Zwiebelwürfel beträufeln. Frischen
Schnittlauch darüberstreuen und bei Raumtemperatur
servieren.
Für 4 bis 6 Personen

GRATIN DAUPHINOIS PIERRE TRAITEUR
(KARTOFFELAUFLAUF PIERRE TRAITEUR)

Gibt es eine klassischere, einladendere französische Kartoffelspeise als gratin dauphinois? *Diese Köstlichkeit ist in Sahne und Gruyère gebadet und enthält eine Spur Knoblauch. Üblicherweise werden die Kartoffeln in feine Scheiben von der Dicke eines 5-Mark-Stücks geschnitten – also weniger als zwei Millimeter. Pierre Traiteur serviert diese anheimelnde Mahlzeit zusammen mit seinen berühmten gebratenen Nieren. Zur Zubereitung eignet sich am besten eine stärkehaltige rotbraune Kartoffel. Nach dem Schneiden dürfen die Scheiben nicht mehr gewaschen werden, sonst entwickelt der Käse beim Kochvorgang nicht sein wundervolles Aroma.*

1 Knoblauchzehe, geschält
1 Kilo Kartoffeln, geschält und in feine Scheiben geschnitten
100 g geriebener Gruyère
½ Liter Milch
140 g *crème fraîche* (siehe Rezept Seite 274) oder dicke, möglichst keine ultrahocherhitzte Sahne
1 Teelöffel Salz
frisch gemahlener schwarzer Pfeffer, nach Belieben

1. Den Backofen auf 190° vorheizen.
2. Eine ovale Auflaufform (ca. 40 × 25 × 5 cm) mit Knoblauch ausreiben.
3. In einer großen Schüssel die Kartoffelscheiben, ¾ der Käsemenge, die Milch, die *crème fraîche* oder Sahne, Pfeffer und Salz gut durchmischen. Dann die Kartoffelscheiben mit einem großen Löffel in die Form geben und die Flüssigkeit darübergießen. Mit dem verbliebenen Käse bestreuen und das Ganze 1 Stunde und 15 Minuten backen lassen, bis sich auf der Oberfläche eine goldgelbe Kruste gebildet hat. Für 4 bis 6 Personen.

PILE OU FACE
52 bis, Rue Notre-Dame-des-Victoires, Paris 2
✆ 2336433
Metro: Bourse
Geschlossen: Samstag und Sonntag
Keine Kreditkarten
Terrasse auf dem Trottoir
130 bis 150 Francs

Ein ziemlich schäbiges Eck-Café in der Nähe der Bourse mauserte sich erst kürzlich zum PILE OU FACE – ›Kopf oder Adler‹ –, jetzt ein elegantes, kleines Restaurant, das schon bald mittags das Börsenvölkchen mit seinen hungrigen Mägen anlockte; abends frequentieren es Stammgäste aus der Nachbarschaft.

Man kann sich dort ebenso gut zu einem ›Arbeitsessen‹ treffen wie auch, etwas romantischer, zu zweit zum Abendessen verabreden: Das Dekor ist erlesen und intim, die Bedienung aufmerksam und korrekt,

MARMELADE DE LAPIN AU ROMARIN PILE OU FACE
(KANINCHEN MIT ROSMARIN PILE OU FACE)

Viereinhalb Tassen Rosmarin, kann das sein? Richtig. Dies ist ein außergewöhnlich schmackhaftes und dabei einfach zuzubereitendes Gericht, sehr beliebt bei den Gästen von PILE OU FACE. *Dort habe ich es auch zum ersten Mal bei einem Mittagessen versucht, und inzwischen ist es zu einer meiner Lieblingsspeisen zu Hause geworden. Man kann es mit Kaninchen oder Huhn bereiten; begleitet wird es von Reis oder frischen, hausgemachten Teigwaren. Das Gericht läßt sich ohne weiteres vor der Essenszeit zubereiten und dann später aufwärmen.*

1 frisches Kaninchen oder Huhn (ca. 1,3 kg), in serviergerechte Teile geschnitten
250 ml trockener Weißwein
1 Liter Wasser
1 Zwiebel, halbiert
2 Karotten, in Scheiben geschnitten
2 Lorbeerblätter
1 Teelöffel getrockneter Thymian
Salz und frisch gemahlener schwarzer Pfeffer, nach Geschmack
100 g frischer Rosmarin am Stengel oder 40 g getrockneter Rosmarin
250 ml *crème fraîche* (siehe Rezept Seite 274) oder dicke Sahne, vorzugsweise nicht ultrahocherhitzt
½ Teelöffel ganze Pfefferkörner (schwarz)

1. Die Kaninchen- (oder Huhn-)Stücke gibt man mit Wein, Wasser, Zwiebel, Karotten, Lorbeer, Thymian, Salz und Pfeffer sowie 90 g von dem frischen Rosmarin in eine große Kasserolle. Bei Verwendung von getrocknetem Rosmarin gleich die ganze vorgesehene Menge einsetzen. Zugedeckt bei mittlerer Hitze 45 Minuten kochen lassen.

2. Fleisch herausnehmen und abkühlen lassen. Den Sud in einen mittelgroßen Topf seihen, so daß Gemüse und Kräuter im Sieb zurückbleiben, und die Flüssigkeit bei starker Hitze auf 500 ml reduzieren.

3. In der Zwischenzeit das Fleisch von den Knochen lösen und in mundgerechte Bissen teilen. (Bis zu dieser Phase kann das Gericht mehrere Stunden im voraus bereitet werden.)

4. Wenn frischer Rosmarin verwandt wird, die verbliebene Menge entstengeln.

5. In die große Kasserolle die reduzierte Brühe, die *crème fraîche* oder Sahne und die Pfefferkörner geben und kurz erhitzen. Den entstengelten Rosmarin und die Fleischstücke zugeben.

6. Bei mittlerer Temperatur kochen, bis die Aromen ineinander übergegangen und die Fleischstücke durcherhitzt sind. Wenn notwendig, nachwürzen. Mit Reis oder frischen Teigwaren servieren.
Für 4 Personen.

die klassische Musik im Hintergrund wohltuend. Lassen Sie sich Ihren Tisch im Erdgeschoß oder in dem

Spezialitäten:
Eine oft wechselnde Auswahl an frisch zubereiteten einfachen Gerichten.

RITZ–ESPADON
15, Place Vendôme, Paris 1
✆ 26 03 83 30
Metro: Opéra
Täglich geöffnet
Kreditkarten: AE, DC, EC, V
Speisetische im Garten
350 bis 400 Francs

Spezialitäten:
Turbotin grillé à la moutarde (gegrillter Steinbutt in Senfsauce), *bar grillé au fenouil* (gegrillter Wolfsbarsch mit Fenchel), mittwochs: Lammrücken, freitags: Fisch

kleinen Speiseraum im ersten Stock reservieren, wo die frischen verlockenden Desserts in einer Glasvitrine zur Auswahl bereitstehen.

Die Gerichte hier tendieren zur *nouvelle cuisine*, sind aber weder ausgeklügelt noch fremdartig; das Fundament der Speisekarte bildet eine preiswerte und dabei qualitativ hochwertige Fleisch-, Fisch- und Geflügelauswahl.

Zu den besten der hier versuchten Speisen gehören ein frischer Pilzsalat, bei dem die dünngeschnittenen Scheiben in einer mit frischen Kräutern angereicherten Vinaigrette gewälzt wurden; weiter eine grüne *salade frisée*, mit hervorragendem, gegrilltem Saint-Marcellin-Käse serviert, und dann das mit frischem Rosmarin dezent abgestimmte Kaninchen (siehe Rezept Seite 35). Die Desserts sind überdurchschnittlich, und an manchen Tagen finden Sie darunter auch die respektable *marquise au chocolat* oder eine köstlich saure Zitronentorte. Was den Wein angeht, versuchen Sie am besten mal den trockenen weißen Doisy-Daëne.

W enn Sie an einem sonnigen Sommertag einmal ganz besonders elegant dinieren möchten, lassen Sie sich auf der mit Blumen üppig geschmückten, in Pink und Grün gehaltenen Terrasse des RITZ-ESPADON einen Tisch reservieren. Die Bedienung hier ist geschult und aufmerksam und das Publikum immer interessant (zuhören erlaubt). Das Essen ist nicht spektakulär, aber wenn Sie einfache Grillgerichte bestellen, sollten Sie eigentlich keine Enttäuschung erleben. Die beste Wahl treffen Sie mit dem gegrillten *bar,* einem Wolfsbarsch, der mit getrocknetem Fenchel serviert wird, dessen Stengel beim Flambieren einen aromatischen Duft verströmen, oder mit dem gegrillten Steinbutt in Senfsauce. Noch immer überrascht das Ritz mit jenem eleganten Touch, den man heute nur noch selten findet; wenn Sie etwa im Frühjahr während der Spargelsaison hierherkommen, werden Sie bei Ihrem Gedeck kleine silberne Spargelzangen finden, die das Eßvergnügen noch steigern (siehe auch nachstehendes Rezept für einen schmackhaften Auflauf von Küchenchef Guy Legay).

GRATIN DE FENOUIL, COURGETTES ET TOMATES FRAICHES
(AUFLAUF AUS FENCHEL, ZUCCHINI UND FRISCHEN TOMATEN)

Dieser unkomplizierte, aber ansprechende Gemüseauflauf, bei dem Fenchel, Zucchini und Tomaten miteinander kombiniert werden, kann ebensogut den Hauptgang eines regulären Mittagessens wie auch ein Fisch, Fleisch oder Geflügel begleitendes Nebengericht bilden. Das nachfolgende Rezept stammt von Guy Legay vom RITZ-ESPADON. *Er reicht den Auflauf als Beilage zu dem mit brennendem Fenchelstangen aromatisierten Wolfsbarsch. Die schonende Zubereitung des Fenchels in unserem Rezept – er muß lange und leise vor sich hin schmoren – verleiht dem Auflauf seine besonders elegante Geschmacksnote. Sowohl der Fenchel- als auch der Zucchini-Anteil läßt sich mehrere Stunden vor dem Gratinieren vorbereiten; es bedarf dann nur noch eines gründlichen Erhitzens. Stellen Sie die Tomatensauce erst ganz zum Schluß her, dann kommen Sie in den Genuß ihrer Frische.*

3 bis 4 mittelgroße Fenchelknollen (ca. ein knappes Kilo), geputzt und kleingehackt
1 große Zwiebel, feingewiegt
3 Eßlöffel Olivenöl
Salz und Pfeffer nach Geschmack
2 mittelgroße Zucchini (ca. ein knappes halbes Kilo), feingeschnitten
1 Kilo Tomaten, entstielt, gehäutet, entkernt und feingehackt

1. Fenchel und Zwiebel mit 1 Eßlöffel Olivenöl in eine große Pfanne geben. Mit Pfeffer und Salz würzen und unbedeckt bei sehr kleiner Hitze unter häufigem Wenden 1 Stunde langsam schmoren lassen.
2. In einer zweiten großen Pfanne 1 Eßlöffel Olivenöl stark erhitzen, die Zucchini hineingeben und 3 bis 4 Minuten, oder bis sie gerade eben durchgegart sind, schmoren. Die Zucchini aus der Pfanne nehmen und abtropfen lassen.
3. In der gleichen Pfanne, in der die Zucchini gegart wurden, 1 Eßlöffel Olivenöl erhitzen, die Tomaten zugeben und bei mittlerer Hitze etwa 15 Minuten lang (oder bis die Tomatenwürfel zu einer ziemlich dicken Sauce eingekocht sind) schmoren. Abschmecken.
4. Die Fenchel-Zwiebel-Mischung mit einem großen Löffel in eine ovale Auflaufform (ca. 20 × 30 cm) füllen und mit den Zucchini als Garnierung bedecken. Mit Salz und frisch gemahlenem Pfeffer leicht würzen und 2 bis 3 Minuten unter einen heißen Grill stellen. Herausnehmen und mit Tomatensauce servieren.
Für 4 bis 6 Personen.

LE RUBAN BLEU
29, Rue d'Argenteuil,
Paris 1
℡ 26 14 75 3

Alles an diesem netten und ordentlichen Lokal ist eigentlich einladend – von der bescheidenen Speisekarte, die frei ist von Kapriolen, bis zu dem blauen Band *(ruban bleu)* aus Gips, das über das frische Weiß

Metro: Pyramides
Geschlossen: Montag und
Dienstagabend, Samstag,
Sonntag und im August
Kreditkarte: V
150 Francs

Spezialitäten:
T-Bone-Steak, *confit de
canard* (im eigenen Fett
eingemachtes Enten-
fleisch)

**LA TABLE DE
JEANNETTE**
12, Rue Duphot, Paris 1
℘ 26 00 56 4
Metro: Madeleine
Geschlossen: Samstag,
Sonntag und drei Wochen
im August
Kreditkarten: AE, DC, V
200 Francs

Spezialitäten:
Südwestfranzösische Kü-
che, darunter *confit d'oie*
(im eigenen Fett einge-
machtes Gänsefleisch), *foie
gras, ris de veau* (Kalbsbries), *garbure* (Fleisch-
und Gemüsestew)

der Wände flattert. Der freundliche *patron*, Roger Simon, übernahm erst kürzlich dieses Bistro aus den
vierziger Jahren, das damals von einem mit der See-
fahrt nostalgisch verbundenen Mann dekoriert wurde.
Das Restaurant gab sich seinen Namen zu Ehren der
›Normandie‹, die das Blaue Band für die schnellste
Nordatlantik-Überquerung gewonnen hatte. Zu den
Spezialitäten gehören hier eine feine *salade frisée*, ge-
kräuselter Endiviensalat mit heißen gebratenen Hühnerlebern; gebratener Lammrücken; *confit de canard;*
T-Bone-Steak mit Mark. Zum Kaffee gibt es ein kleines Stückchen köstlicher Schokolade.

Versteckt in einem kleinen Hof nicht weit von der
Concorde und der Place de la Madeleine, ist dieses ansprechende elegante Restaurant der Ort, den
man an einem kalten Wintertag gerne aufsucht, um
sich bei sanfter klassischer Musik an der Wärme eines
gewaltigen gemauerten Kamins zu erfreuen und dabei
einen Hauch von Landleben zu verspüren. Die Einrichtung ist schlicht und behaglich, der Service zuvorkommend und aufmerksam, und das herzhafte Essen
der südwestfranzösischen Küche kommt in den üppigen Portionen auf den Tisch, die eines rechten Gour-
mands würdig sind. Erfinderische Gerichte bei LA TA-
BLE DE JEANNETTE – vor ein paar Jahren aus einer alten
Stammtischkneipe hervorgegangen – schließen einen
Salat ein, der auf gelungene Weise dampfendheiße
Scheiben weißer Rüben mit gekühlter *foie gras* kombiniert; dann einen superben *confit d'oie*, begleitet von
duftigen *pommes à la Sarladaise*, einem Kartoffelgratin
mit dezentem Knoblauchgeschmack; und das *lapin
aux aromates*, Kaninchen in Kräuter- und Senftunke.
Es kommt vor, daß die Speisen etwas übersalzen sind;
die Fischspeisen sind vielleicht nicht immer ganz
frisch, auch die Nachspeisen sind nicht besonders aufregend. Aber wenn Ihnen der Sinn nach einem Gericht
aus den südwestlichen Provinzen und einem wärmen-
den offenen Feuer steht, gehen Sie auf jeden Fall in
dieses Restaurant, Sie dürften kaum enttäuscht sein.
Als Hauswein ist der rote Graves, Château de l'Etoile,
angenehm zu trinken und vernünftig im Preis.

VAUDEVILLE
29, Rue Vivienne, Paris 2
∅ 233 39 31
Metro: Bourse
Täglich geöffnet; Bestel-
lungen werden bis 2 Uhr
morgens entgegen-
genommen
Kreditkarten: AE, DC, V
Terrasse auf dem Trottoir
150 Francs

Spezialitäten:
Fisch und Muscheln

Eine lebhafte Brasserie, Geburtsjahr 1925, voller Spiegel und Marmor und dem Flair vergangener Zeiten. Gehen Sie in einer größeren Gruppe dorthin, lassen Sie reihenweise Karaffen mit dem Haus-Riesling kommen, und tun Sie sich gütlich an Austern, Muscheln oder Seezunge. Auch Fleischspezialitäten, wie Eisbein mit Linsen, Kalbsleber und ein *cassoulet* mit Ente und weißen Bohnen, gehören zur äußerst reichen und von Tag zu Tag wechselnden Menüauswahl dieser Brasserie. An warmen Tagen lohnt es sich, einen Trottoirtisch zu ergattern; die imposante Bourse, die Pariser Börse, liegt genau gegenüber.

Das erste Restaurant im heutigen Sinne – nicht nur ein Hotelgasthof, wie damals noch üblich – wurde 1765 von einem Monsieur Boulanger eröffnet. Er wollte gerne etwas anderes als nur Suppen in die Speisekarte aufnehmen, aber da er über keine Lizenz als traiteur *verfügte, durfte er keine Stews und keine Fleischsaucen auf den Tisch bringen. In seiner Not entschloß er sich, seinen Gästen* pieds de mouton *(Hammelhaxen) mit*

einer dicken weißen Bechamel-Sauce anzubieten. Daraufhin verklagte ihn die Innung der traiteurs, *aber die Richter entschieden, Hammelbeine seien kein Stew und ließen Monsieur Boulanger ungeschoren. Nicht nur das: durch den Prozeß wurden seine* pieds de mouton *so bekannt, daß* tout Paris *kam, um diese ergötzliche Speise zu kosten. Und sogar Ludwig XV. ließ sie sich in Versailles vorsetzen – allerdings soll er davon nicht sehr angetan gewesen sein.*

CHEZ LA VIEILLE
37, Rue de l'Arbre-Sec,
Paris 1
☎ 2601578
Metro: Pont-Neuf
Nur mittags geöffnet;
geschlossen: Samstag,
Sonntag und im August
Keine Kreditkarten
180 bis 200 Francs

Spezialitäten:
*Terrine maison, pot-au-feu, bœuf aux carottes,
mousse au chocolat*

Adrienne Biasins famoser *pot-au-feu* kommt nun schon seit Jahrzehnten auf den Tisch, und wenn Sie sich zum Mittagessen einen Platz sichern können (Reservierungen scheinen hier nach ziemlich subjektiven Gesichtspunkten zu erfolgen), dann ist das Speisen CHEZ LA VIEILLE eine Reise wert. Es geht hier etwas familiär-burschikos zu, die ausschließlich weibliche, matronenhafte Bedienung ist kurz angebunden und sagt das Menü auswendig auf. Ein typisches Mittagessen beginnt mit einer Reihe kräftiger, wohltuender Appetitanreger: einem exzellenten *museau de bœuf* (Ochsenmaul-Aspik), einer gut gewürzten Schweineleberpastete und heißen, gebratenen Hühnerlebern. Der magenwärmende *pot-au-feu* selbst kommt in reichlicher Menge; in seiner Brühe liegen saftige Rindfleischstücke, Karotten, Lauch und weiße Rüben, alles langsam gegart. Bei den Desserts überwiegt die Quantität gegenüber der Qualität. Eine typische Auswahl stellen etwa *mousse au chocolat, œufs à la neige* (Schnee-Eier) oder Schokoladenkuchen dar.

République, Bastille, Les Halles, Ile Saint-Louis
3., 4. und 11. Arrondissement

**AMBASSADE
D'AUVERGNE**
22, Rue du Grenier-Saint-Lazare, Paris 3
☎ 2723122
Metro: Rambuteau
Geschlossen: Sonntag
Kreditkarten: AE, DC,
EC, V
Klimatisiert, separater
Speiseraum für geschlossene Gesellschaften bis 16
Personen
150 Francs

Ja wirklich, hier läßt sich, ohne daß man der Küche des Hauses überdrüssig wird, an drei Abenden hintereinander essen – wie es ein Bekannter kürzlich praktizierte. Dieses herzerwärmende, volkstümliche Lokal ist immer noch eines der solidesten und bodenständigsten Restaurants mit regionaler Küche in Paris. Hier wird ein Potpourri an kulinarischen Besonderheiten aus der Auvergne geboten. Zu den empfehlenswerten ersten Gängen gehören *salade de cabécous rôtis* (gegrillter Ziegenkäse auf einem Salatbett) und der *émincé de choux verts aux lardons chauds* (Salat aus feingeschnittenem frischen Kohl mit Speckstückchen und Essig). Versäumen Sie nicht, den würzigen *boudin noir* (Blutwurst) zu versuchen, der mit einem Häufchen prächtiger Walnüsse serviert wird; weiter die Land-

EMINCE DE CHOUX VERTS AUX LARDONS CHAUDS
(WEISSKOHLSALAT MIT HEISSEM SPECK)

Dies ist ein recht einfaches und dabei doch so schmackhaftes Gericht, daß mich wundert, es nicht auf den Speisezetteln anderer Pariser Lokale zu finden. Dagegen gehört es in der AMBASSADE D'AUVERGNE *fast immer zum Menüangebot. Es wird hier als erster Gang gereicht, aber ich richte mir diesen Salat oft zu Hause an und betrachte ihn dann als Teil einer leichten Mahlzeit, die zum Beispiel noch eine kleine Käseauswahl, selbstgebackenes frisches Brot und einen meiner Lieblingsweine aus der Provence einschließen mag. Verwenden Sie für dieses Rezept auf jeden Fall den besten Rotweinessig und den besten Schinkenspeck, den Sie bekommen können. Ich persönlich belade diesen Salat gern mit großen Mengen grob gemahlenen Pfeffers.*

½ mittelgroßer Weiß-
kohlkopf
Salz und frisch gemah-
lener schwarzer Pfeffer
nach Geschmack
175 g Schinkenspeck, in
mundgerechte Würfel
geschnitten
125 ml Rotweinessig

1. Den Kohl mit der Hand in feine Streifen schneiden (nicht im Mixer zerkleinern, sonst werden die Blattstücke zu klein, und es entsteht zu viel Flüssigkeit). In eine große Salatschüssel geben und leicht mit Pfeffer und Salz bestreuen.
2. Den Speck in einer großen Pfanne bei mittlerer Hitze unter ständigem Wenden braten, bis er sehr kroß ist. Dann unter weiterem ständigen Umrühren mit dem Rotweinessig ablöschen. (Dabei entsteht eine Menge Rauch, aber das ist normal.)
3. Den Kohl in die Pfanne geben, mit dem Speck vermengen und die Hitze reduzieren. Die Pfanne bedekken, damit der Kohl etwas schwitzen und die Aromen miteinander verschmelzen können. Nach 5 Minuten erneut umrühren und abschmecken. Der Kohl sollte jetzt leicht welk aussehen, aber beim Kauen immer noch knackig sein. Sofort auftischen.
Für 4 bis 6 Personen.

Spezialitäten:
Gerichte aus der Auvergne, täglich wechselnd.
Montag: *pot-au-feu;*
Dienstag: *daube de canard* (geschmorte Ente);
Mittwoch: *potée* (Suppen-
schweinswurst, die von *aligot* (einer Mischung aus Kartoffeln mit frischem geschmolzenem Cantal) begleitet ist; und schließlich den traditionellen *pot-au-feu* mit Rindfleisch, Huhn und Gemüsen, hier nach Art des Hauses variiert. Zwar verändert sich der Speisezettel im Laufe des Jahres kaum, aber die im Wochenturnus von Tag zu Tag verschiedenen *plats du jour*

topf mit Fleisch und Gemüse); Donnerstag: *cassoulet des lentilles du Puy* (Linseneintopf mit Lamm, Ente und Wurst nach der Art von Le Puy); Freitag: *estofinado* (Dorsch in der Kasserolle); Samstag: *chou farci* (gefüllter Kohl)

bringen eine reizvolle Abwechslung in das Menü. Die AMBASSADE D'AUVERGNE bietet eine ansehnliche Auswahl preiswerter regionaler Weine, die sich gut trinken lassen, darunter ein fruchtiger Saint-Pourçain und ein dunkler kräftiger Madiran.

CHOU FARCI AMBASSADE D'AUVERGNE
(GEFÜLLTER KOHL AMBASSADE D'AUVERGNE)

Dies ist ein ›Sonntagabendessen‹; einfach zu machen und beliebt bei allen, die eine deftige, nur aus einem Gang bestehende Mahlzeit lieben. Was mich betrifft, so macht mir auch die Zubereitung Spaß. Die AMBASSADE D'AUVERGNE *widmet sich schwerpunktmäßig den Kochkünsten der zentralfranzösischen Region, von der sie ihren Namen hat. Dort gehören Weißkohl, Würste und geräucherter Schinkenspeck beinahe zur täglichen Kost. Bei der speziellen Zubereitungsart dieses Restaurants wird der Kohl mit gut gewürzter Schweinswurst, Pflaumen und Mangold gefüllt. Ersatzweise läßt sich auch gehackter frischer Spinat verwenden, aber ich habe das Gericht selbst dann gemacht, wenn ich weder Mangold noch Spinat auf dem Markt finden konnte, und es war noch jedesmal ein großer Erfolg. Beachten Sie, daß der Speck erst kurz vor dem Servieren gebraten wird; als knusprig-braune Zutat soll er in Färbung und Textur von den anderen Komponenten abstechen. Tragen Sie auf einer Platte den ganzen Kohlkopf auf, und schneiden Sie ihn vor der wartenden Familie oder vor den Gästen auf; alle werden an dem Mosaikmuster der Schnittfläche ihre Freude haben.*

1 Kopf Weißkohl
250 ml trockener Weißwein
1 Liter Fleisch- oder Hühnerbrühe
175 g Schinkenspeck, in mundgerechte Stücke geschnitten
Füllung:
175 g frischer Mangold oder frischer Spinat,

1. Den Backofen auf 250° vorheizen.
2. Einen großen Topf Wasser zum Kochen bringen. Die Blätter des Kohlkopfs ablösen und 5 Minuten blanchieren. Dann unter kaltem Wasser abspülen, bis sie abgekühlt sind, und abtropfen lassen.
3. Alle Zutaten für die Füllung in eine große Schüssel geben und innig miteinander vermischen. Abschmecken.
4. Ein feuchtes (etwa 60 × 60 cm großes) Mulltuch auf der Arbeitsfläche ausbreiten und den Kohlkopf wieder ›aufbauen‹. Dabei mit den größten Blättern be-

gewaschen, abgetrocknet und grob gehackt
1 großes Sträußchen Petersilie, gehackt
1 große Zwiebel, gehackt
1 Knoblauchzehe, gehackt
280 g Schweinswurst (ohne Haut)
1 Ei
1 Scheibe Weißbrot, in 2 Eßlöffel Milch eingeweicht
175 g entkernte Backpflaumen
Salz und frisch gemahlener schwarzer Pfeffer nach Geschmack

ginnen und so anordnen, daß die Blattrippen zur Mitte zeigen. Zwischen den einzelnen Lagen mit Pfeffer und Salz würzen. Alle Blätter verwenden.

5. Die Füllmasse zu einer Kugel formen und 4 entkernte Backpflaumen ins Zentrum drücken. Diese Kugel in die Mitte der Kohlblätter legen, und die Blätter so weit hoch- und darüberziehen, daß sie die Füllung umschließen. Das Mulltuch von allen Seiten hochnehmen, um den runden gefüllten Kohlkopf schlagen und fest zubinden. Den Kohl in eine tiefe Backform legen, die restlichen Pflaumen und den Wein zugeben, nach Geschmack würzen und dann mit der Fleischbrühe bedecken.

6. 1½ bis 2 Stunden im Backofen lassen. Kurz vor dem Servieren den Schinkenspeck in einer kleinen Pfanne rasch und scharf rösten, bis er sehr kroß ist. Den Kohlkopf aus dem Mulltuch nehmen und auf eine Platte legen. Mit den Pflaumen und dem gerösteten Speck garnieren. Sofort auftragen.
Für 4 Personen.

CHEZ L'AMI LOUIS
32, Rue du Vertbois,
Paris 3
✆ 887 77 48
Metro: Temple
Geschlossen: Montag,
Dienstag und in den Monaten Juli und August
Kreditkarten: AE, DC, V
250 Francs

Dieses großartige, historische Bistro mag vielleicht ein bißchen vernachlässigt wirken, aber deshalb sieht man doch den einen oder anderen Rolls Royce davor parken. Antoine Magnin, der nun gut über 80 Jahre alte Chef, bringt immer noch eine der besten *foie*

Spezialitäten:
Foie gras, Brathühnchen, Froschschenkel, *gigot rôti* (gebratene Lammkeule), *coquilles Saint-Jacques* (Jakobsmuscheln) von Oktober bis April, Wild von Oktober bis Februar

BENOIT
20, Rue Saint-Martin, Paris 4
✆ 272 25 76
Metro: Châtelet
Geschlossen: Samstag, Sonntag sowie die erste und letzte Woche im August
Keine Kreditkarten
200 Francs

Spezialitäten: Lyoner Küche, darunter *saucisson chaud de Lyon, salade croquante au lardons chauds*

gras von Paris (nicht hauchdünn, sondern in ordentliche Scheiben geschnitten) auf den Tisch, er brät ein Hühnchen perfekter als eine Großmutter es je könnte, und wenn seine heißen *pommes allumettes* (frischgeschnittene Streichholzkartoffeln) bergeweise aus der engen, mit Kupfergeschirr vollgestellten Küche kommen, machen die Gäste große Augen.

Wer immer es war, der da behauptete, Schnecken dienten nur als ›Träger‹ für Knoblauchbutter, hat nie die Schnecken von L'AMI LOUIS gekostet. Sie gehören zu den dicksten und schmackhaftesten *escargots* von Paris. Diese Schnecken sind so gegart, daß sie zart bleiben und nicht gummiartig werden und, ohne sich von Knoblauch, Petersilie und Butter erschlagen zu lassen, ihren erdigen Geschmack behalten. Monsieur Magnin ist ein meisterhafter Bratenkoch; im Herbst und Winter ist die Zeit hierherzukommen und seine einfach, aber köstlich in einem uralten Holzofen gebratenen Fasanen, Rebhühner oder Wildenten zu essen. Von den dünnen, fettigen *côtes de mouton,* den Hammelkoteletts, wollen wir hier lieber nicht reden, auch nicht von den faden *baguettes* oder dem Nachtisch, aber für den hat man ohnehin keinen Platz mehr. Bestellen Sie also eine Flasche Fleurie und genießen Sie.

Ein munteres, lebenssprühendes und vor Topfpflanzen strotzendes Bistro der Jahrhundertwende, in dem man immer noch den altbewährten *boudin noir*, die Blutwurst, mit Röstkartoffeln und Äpfeln serviert bekommt; dann das berühmte *bœuf à la mode;* Ente mit weißen Rüben sowie eine Auswahl neuerer Spezialitäten, die von Tag zu Tag wechseln. Mittags ist dieses Bistro das Stammlokal vieler Geschäftsleute, abends kommen Familien gern hierher.

(warmer Wurstsalat mit gebratenem Speck), *bœuf à la mode* (Rinderschmorbraten in Wein)

BOFINGER

5, Rue de la Bastille, Paris 4
℘ 27287 82
Metro: Bastille
Täglich geöffnet, Bestellungen werden bis 1 Uhr nachts entgegengenommen
Kreditkarten: AE, V
Terrasse auf dem Bürgersteig vor dem Restaurant
Klimatisiert
Separater Speiseraum für geschlossene Gesellschaften bis zu 250 Personen
150 Francs

Spezialitäten:
Elsässer Küche, darunter auch *choucroute*

Eine der schönsten und vornehmsten Brasserien von Paris. Der Service ist aufmerksam, die Speisekarte abwechslungsreich. Versuchen Sie die vielgepriesene *choucroute* (Sauerkraut mit *boudin noir*, pikanter Schweinswurst und ausgezeichneten Frankfurter Würstchen) oder die *brandade* – ein sehr würziges Püree aus Stockfisch und Olivenöl –, die leicht, cremig und mit reichlich Knoblauch abgeschmeckt ist. Der als Hauswein angebotene Riesling kann sich sehen lassen.

Ausschnitt aus der Speisekarte von Seite 249 des Originals

CARTET

62, Rue de Malte, Paris 11
℘ 805 17 65
Metro: République
Geschlossen: Samstag, Sonntag und im August
Keine Kreditkarten
150 bis 200 Francs

In diesem winzigen, nur sechs Tische zählenden Restaurant, Jahrgang 1932, regiert zwar nicht mehr Madame Cartet persönlich und redet ihren Gästen beschwörend zu, doch die unerschütterliche Marie-Thérèse und ihr Mann Raymond Nouaille, die die Patronne ablösten, haben sich nach besten Kräften bemüht, das Lokal so weiterzuführen wie es war. Noch immer sind die Wände im Dekor der dreißiger Jahre mit Spiegeln und Bildern von Sonntagsmalern bedeckt, stehen mit grünem Kunststoff überzogene und von Brandlöchern übersäte Bänke hinter den Tischen. Und noch immer strömen die Gäste hier herein zur *grande bouffe,* stopfen sich genießerisch voll, wenn eine Speise nach der anderen aufgetragen wird, bis sie aus der Tür wanken. Kosten Sie die *brandade de morue,* ein seimiges Püree aus Stockfisch, Knoblauch und kaltgeschlagenem Olivenöl, sämig wie Kartoffelbrei (und noch

Spezialitäten:
Lyoner Gerichte, darunter
salade au lard (Endiviensalat mit heißem Speck),
saucisson chaud (heiße
Schweinswurst), *gigot
d'agneau aux herbes de
Provence* (Lammkeule mit
Kräutern der Provence)

CHARDENOUX
1, Rue Jules-Vallès,
Paris 11
∅ 3714952
Metro: Charonne
Geschlossen: Samstag,
Sonntag, an Feiertagen und
im August
Keine Kreditkarten
Menu dégustation
200 Francs, à la carte
250 Francs

Spezialitäten: *Pudding
de moëlle de bœuf* (Rinder-
mark-Pudding), *foie gras,
tarte fine aux pommes*
(Apfeltorte)

sättigender), und das *gigot d'agneau aux herbes de
Provence*, die zarte, rosa gegarte, aromatische Lammkeule, die zusammen mit einem Topf geschmorter *flageolets* (kleiner weißer Bohnen) aufgetragen wird. Die
salade au lard gehört zu den klassischen Gerichten:
knackige *frisée* (Endivienblätter) mit ansehnlichen
Stücken Schinkenspeck, überzogen von einer prik-
kelnden essigsauren Salatsauce. Die *pâté de campagne*
ist einfach und ehrlich, die Portion *saucisson chaud de
Lyon* (reine, luftgetrocknete Schweinswurst), so
reichlich, daß eine ganze Familie davon satt werden
könnte. Für das vielgerühmte *soufflé de tourteau*, ein
Krebsfleisch-Soufflé, das oft welk und zusammenge-
fallen aussieht und bitter schmeckt, kann ich mich
nicht begeistern. Das Brot ist ziemlich schauerlich,
und die Desserts beeindrucken mehr durch ihren Umfang als durch ihren Geschmack. Und trotzdem – ich
gehe wieder zu CARTET und freue mich aufs Essen.

Ein heiteres, untadeliges Jugendstil-Bistro aus der
Zeit der Jahrhundertwende mit einer geschweif-
ten Theke, Ätzglasfenstern und Art Nouveau-Wand-
gemälden. Chef Alain Morel widmet sich seinem Metier mit Hingabe und guten Einfällen, auch wenn das
Geschäft in diesem reizvollen, aber ruhigen Stadtteil
noch etwas langsam geht. Das CHARDENOUX verdient
einen Besuch, denn Monsieur Morel gibt sich alle Mühe, und gewiß wird er mit seinem niedlichen, pflan-
zengeschmückten Bistro den entsprechenden Erfolg
haben. Die Rezepte hier sind fein abgestimmt und dabei doch einfach und ohne gastronomischen Zierat: Er
brät etwa eine Lammkeule in der Pfanne, löscht den
Bratsaft mit etwas Wein ab und gibt erst ganz zuletzt
frisch gehackten Estragon dazu; das verleiht der Soße
ihr kerniges Fleisch- und Kräuter-Aroma. Er höhlt
frische Feigen aus, füllt sie mit gemahlenen Mandeln,
Butter und Zucker und bäckt das Ganze (siehe nachstehendes Rezept) im Handumdrehen. Ofenheiß
kommen die delikaten Früchte in einer ganz feinen
crème anglaise oder mit Vanille-Eis auf den Tisch. Ge-
konnter Service und freundliche Gastlichkeit, dazu in
einer so angenehmen Umgebung – was will man mehr?

FIGUES CHAUDES A LA MOUSSE D'AMANDES CHARDENOUX
(WARME FEIGEN MIT MANDELSCHAUM CHARDENOUX)

Dieses phantasievolle köstliche Gericht, das man zur Herbstzeit bei CHARDENOUX
*bekommt, besteht aus warmen, mit Mandelschaum gefüllten frischen Feigen.
Küchenchef Alain Morel läßt die purpurrot schimmernden Früchte heiß in einer
nicht zu dicken, leichten* crème anglaise, *einer Vanillesauce, servieren; aber auch in
Vanille-Eis gesetzt, schmecken sie vorzüglich.*

12 frische, reife Feigen, gewaschen
1 Eßlöffel weiche Butter
1 Eßlöffel Zucker
35 g feingemahlene Mandeln
1 Liter Vanille-Eis

1. Backofen auf 200° vorheizen
2. Die Spitzen der Feigen (wie einen Deckel) abschneiden und aufheben. Das Fruchtfleisch mit einem Teelöffel aus den Feigen herauslösen, ohne die Außenhaut zu beschädigen. Auch das Fruchtfleisch aufheben.
3. Die *mousse* bereiten: Butter und Zucker in einer mittelgroßen Schüssel sahnig schlagen, die gemahlenen Mandeln einrühren, dann das Fruchtfleisch und jedesmal gut durchmischen.
4. Jede Feige mit einem Teelöffel *mousse* füllen, dann mit dem ›Deckel‹ verschließen. Die Feigen in eine flache Backform setzen und 10 Minuten (oder bis die Feigen durcherhitzt sind und die *mousse* zu schmelzen beginnt) im Ofen lassen.
5. Sofort zusammen mit dem Vanille-Eis oder *crème anglaise* servieren.
Für 4 bis 6 Personen.

BRASSERIE DE L'ILE SAINT-LOUIS
55, Quai de Bourbon, Paris 4
℡ 354 02 59
Metro: Pont-Marie
Bis 1 Uhr nachts geöffnet; geschlossen: Mittwoch und im August
Keine Kreditkarten
100 Francs

Diese lebhafte, immer volle Brasserie ist der typische Treffpunkt für alle, die auf der Ile Saint-Louis zu Hause sind. Gehen Sie an einem Sonntagmittag, wenn Sie von Notre-Dame kommen, mit der ganzen Familie dorthin, setzen Sie sich an einen der langen Gemeinschaftstische und bestellen Sie *choucroute*, einen Krug Bier und ein Stück Munster. Sie werden nicht gerade wie ein König essen, aber dafür müssen Sie dann auch kein Vermögen ausgeben.

Spezialitäten:
Elsässische Küche, *chou-croute*, Munster-Käse, Bier

CHEZ JENNY
39, Boulevard du Temple,
Paris 3
℘ 27 47 57 5
Metro: République
Täglich geöffnet;
Bestellungen werden bis
um 1 Uhr nachts entgegen-
genommen
Kreditkarten: DC, V
Separater Speiseraum für
geschlossene Gesellschaf-
ten bis zu 150 Personen
75-Francs-Menü, à la carte
ungefähr 100 Francs

Spezialitäten
Elsässische Küche, *chou-croute*, gegrilltes Fleisch,
elsässische Weine und
Biere

Diese riesige elsässische Brasserie gleich neben der
Place de la République hat vielleicht nicht die
beste *choucroute* der ganzen Stadt, aber sie ist auf dem
besten Wege dorthin. Von außen sieht CHEZ JENNY
wie jede andere gewöhnliche Brasserie aus, aber treten
Sie nur ein in diesen ausladenden, holzgetäfelten Speiseraum, und Sie werden sich augenblicklich ins Elsaß
versetzt fühlen, jenes Land, wo der frische Riesling,
wo Schweinefleisch und *choucroute* herkommen. Matronenhafte Kellnerinnen in Regionaltracht servieren
aus riesigen Kupferschüsseln die herzhafte Kost. Sie
sind schnell, immer ansprechbar und freundlich. Das
Beste an diesem Lokal ist möglicherweise, daß man
hier für weniger als 100 Francs pro Person gut essen
kann, wenn man die üppige *choucroute paysanne*
wählt (die vorzüglich gereiften Schinkenspeck in Form
gegrillter Scheiben enthält, gutgewürzte Bratwurst
und Frankfurter Würstchen; siehe nachstehendes Rezept) und sie mit dem Hauswein, einem ehrlichen
Riesling, begießt. Andere, durchweg preiswerte Gerichte umfassen gegrillten Lammsattel, *coq au vin* und
den deftigen *jarret de porc,* eine mit Sauerkraut garnierte Schweinshaxe. Übergehen Sie hingegen lieber

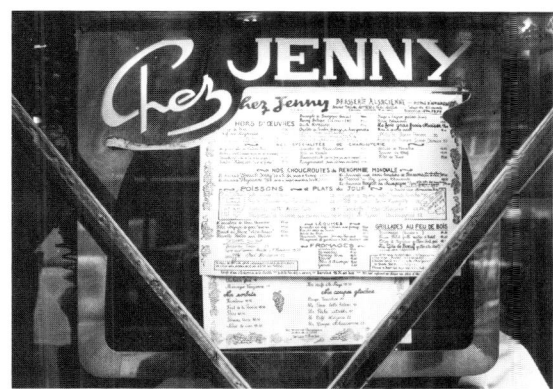

Die Spezialitäten des Tages werden CHEZ JENNY täglich ausgehängt

die fade, ziemlich wässrig schmeckende *choucroute aux trois boudins de poisson*, ein bizarres Trio von Fischwurst, die mit Sauerkraut serviert wird.

CHOUCROUTE CHEZ JENNY
(SAUERKRAUT MIT WÜRSTCHEN UND SCHINKENSPECK CHEZ JENNY)

Nie habe ich eine bessere choucroute in Paris gefunden als die, die CHEZ JENNY, eine große elsässische Brasserie, zubereitet. Die Schüssel mit Sauerkraut, Würstchen, Schinkenspeck und Kartoffeln lachen einen förmlich an, und hier ist das Sauerkraut wirklich bekömmlich (nicht fade und auch nicht zu sauer, weder glitschig noch fettig); es ist nicht trockengekocht, schwimmt aber auch nicht in einer wässrigen Brühe, wie es oft passiert. Die knackigen Würstchen sind erstklassig, der knusprig gebratene Speck hat einen köstlichen Geschmack. Daß dieses Gericht am besten von einem kühlen elsässischen Riesling begleitet wird, wissen Sie schon. Und hier nun das Rezept für den Hausgebrauch:

1 kg Sauerkraut, vorzugsweise vom Faß, nicht aus der Dose
ca. 3 Eßlöffel Schweineschmalz oder Gänse- bzw. Hühnerfett
2 größere Zwiebeln, grobgehackt

1. Den Backofen auf 175° vorheizen.
2. Das Sauerkraut in einem Sieb unter fließendem kalten Wasser spülen. Den Vorgang mehrmals wiederholen, falls es sehr sauer oder salzig ist. Gut abtropfen lassen.
3. In einem großen Bräter bei kleiner Hitze das Fett zergehen lassen und die Zwiebeln zugeben. Im heißen Fett schwenken, bis sie schrumpfen, dann Wein und Hühnerbrühe oder Wasser zugeben.

½ Liter Riesling
275 ml frische Hühner-
brühe oder Wasser
1 kg Schweinekoteletts
frisch gemahlener
schwarzer Pfeffer nach
Geschmack
2 Nelken
6 Wacholderbeeren
2 Lorbeerblätter
2 Knoblauchzehen
6 Knackwürste
6 frische Frankfurter
Würstchen
½ kg geräucherte
Schweinswurst
1 kg neue Kartoffeln
½ kg Schinkenspeck,
in große Stücke
geschnitten

4. Die Koteletts in den Bräter legen und mit dem Sauerkraut bedecken. Pfeffer, Nelken, Wacholderbeeren,
Lorbeer und Knoblauch zugeben. Zugedeckt 1 bis 1½
Stunden im Backofen schmoren lassen.
5. In getrennten Gefäßen jede Wurstsorte in leicht
wallendem Wasser vorsichtig sieden lassen. Das Wasser darf nicht kochen, sonst platzen die Würste. Nach
etwa 20 Minuten herausnehmen und abtropfen lassen.
Die geräucherte Schweinswurst in Stücke schneiden.
Alle Würste warmhalten, bis sie aufgetischt werden.
6. In der Zwischenzeit die Kartoffeln in der Schale
dämpfen oder kochen. Nur soweit abkühlen lassen,
daß man sie in die Hand nehmen und pellen kann.
Warmhalten.
7. Den Speck erst kurz vor dem Servieren sehr knusprig braten.
8. Tafelfertig wird das Gericht, indem man das Sauerkraut abtropfen läßt (die Gewürzzutaten werden entfernt) und auf eine große vorgewärmte Platte häuft.
Mit den Koteletts, den Würsten, Kartoffeln und gebratenem Speck umlegen. Zusammen mit mehreren
Sorten Senf servieren. Dazu kalten Riesling reichen.
Für 9 bis 10 Personen.

MONTECRISTO
81, Rue Saint-Louis-en-
l'Ile, Paris 4
℘ 63 33 54 6
Metro: Pont-Marie
Geschlossen: Sonntag und
im August
Kreditkarten: AE, DC, V
Separater Speiseraum für
geschlossene Gesellschaf-
ten bis zu 8 Personen
150 Francs

Spezialitäten:
Italienische Küche, her-
vorragende Auswahl an
italienischen Weinen

MONTECRISTO mitten auf der Ile Saint-Louis gelegen, ist ein italienisches Restaurant mit zwang-
loser Atmosphäre, in dem man sich auch wohlfühlen
kann, wenn man ganz alleine hingeht. Jede Mahlzeit
beginnt hier mit kleinen Appetithappen, die aus heißer
Pizza bestehen, belegt mit Käse, Kräutern und frischer
Tomatensauce. Die Pasta ist meisterhaft zubereitet:
mit Spinat und Kräutern gefüllte Ravioli und frische
Fettucine mit Basilikum. Probieren Sie den gemischten grünen Salat mit Walnüssen und Gorgonzola, der
als erster Gang einen wohltuenden Auftakt bildet. Die
Weinkarte enthält einige ungewöhnliche Offerten,
darunter den Venegazzù, einen schweren, bordeaux-
artigen Roten, der aus der Gegend von Treviso
kommt.

CHEZ PHILIPPE / AUBERGE PYRENEES-CEVENNES

106, Rue de la Folie-Méricourt, Paris 11

∅ 357 33 78

Metro: République

Geschlossen: Samstag, Sonntag, an Feiertagen, in der Weihnachtswoche und im August

Keine Kreditkarten

Klimatisiert

200 Francs

Spezialitäten:
Foie gras, cassoulet, pipérade (Rührei mit Paprika, Zwiebeln und Schinken)

Die AUBERGE PYRÉNÉES-CÉVENNES, oder einfacher CHEZ PHILIPPE, wirkt von außen so bescheiden, daß man an der Tür unwillkürlich zögert einzutreten. Nun, wagen Sie es trotzdem. Sie werden im Inneren des Lokals eine ruhige, sehr persönliche pariserische Welt finden, deren Protagonisten französische Journalisten, Geschäftsleute und Stammgäste aus der Nachbarschaft sind, eine Welt, die von Leuten aufgesucht wird, die gut und viel essen wollen.

Die Steinwände, die polierten Balkendecken, der rot gefliese Boden, die steifen weißen Leinentischdecken, all das ergibt eine behagliche Atmosphäre. Auf der Speisekarte finden sich sowohl die herzhaften Gerichte der Gascogne im Südwesten Frankreichs als auch die schärfer gewürzten Speisen der an Spanien angrenzenden baskischen Pyrenäenregion. Sollten Sie hier *crudités* (Rohkost) ordern, so werden Sie den aus Burgund stammenden Eigentümer, Philippe Serbource, die Stirn runzeln und mit einem »Das hört sich aber traurig an!« hinausgehen sehen, bevor er eine gewaltige weiße Terrine mit Karotten, Tomaten, grünem Salat und Gurken anbringt. Was er sich nämlich eigentlich wünscht (und Sie müßten dann auch entsprechend die Augen genießerisch verdrehen), ist, daß Sie seine üppige, auf der Zunge zerschmelzende *foie gras* (täglich frisch zubereitet) bestellen, die *cochonnailles de pays*, Landwürste in ausladenden Körben (essen Sie, soviel Sie mögen) und das *cassoulet d'oie Toulousain*, eine sehr gelungene Kombination aus Wurst, Gänsefleisch, Schweinefleisch und weißen Bohnen. Nicht weniger gut sind die gegrillten *rougets*, rote Meerbarben, die mit Anchovisbutter serviert werden. Monsieur Serbource geht selbst zum Markt und kauft ein, auch die Weine sucht er persönlich aus: sein kleines, aber erlesenes Angebot von Weinen aus allen Regionen Frankreichs zeugt davon.

AU QUAI DES ORMES

72, Quai de l'Hôtel-de-Ville, Paris 4

∅ 274 72 22

Metro: Hôtel-de-Ville

Dieses kühle, offene Restaurant – dessen Eindruck allerdings unter einem etwas aufdringlichen Wandgemälde leidet – wird von dem jungen Georges Masraff, einem gebürtigen Ägypter, und seiner Frau Marianne geführt. Monsieur Masraff wollte eigentlich

51

Geschlossen: Samstag, Sonntag, an Feiertagen und im August
Keine Kreditkarten
Klimatisiert
Kleine Terrasse im Freien
Mittags und abends Menüs zu 110 und 125 Francs, à la carte 180 Francs

Spezialitäten:
Poêlée d'artichauts et langoustines (Ragout aus Artischocken und Scampi), *râble de lapereau aux morilles* (Wildkaninchen-Rükken mit Morcheln)

Arzt werden, erlag aber den Verlockungen der Gastronomie und arbeitete in den Küchen von TROISGROS, TAILLEVENT und L'AUBERGE DE L'ILL.

Im QUAI DES ORMES ist die Küche einfallsreich, in der Qualität aber schwankend: Das Essen kann mal hohen Ansprüchen genügen und dann wiederum kaum dem üblichen Standard entsprechen. Manchmal ist die Bedienung schlichtweg unfreundlich, unerträglich langsam oder beides zusammen; aber wenn Sie einen der glücklicheren Tage hier erwischen, dann sollten Sie eigentlich sehr angenehm speisen, zumal wenn das Menü Masraffs ausgezeichnete *raviolis de champignons des bois* (kleine, mit frischen Waldpilzen, Estragon und Bries gefüllte Pasta-Taschen) einschließt. Es wird für mich eines der unvergeßlichsten Gerichte bleiben – das wohlschmeckende Ergebnis aus einfachen, eher zurückhaltend eingesetzten Komponenten.

Zur Winterzeit vollbringt Masraff wahre Wunder mit vorzüglichen Wildgerichten. Er brät die Wildente *saignant* und dekoriert sie mit einer Palette von Waldpilzen. Auch Wildkaninchen, begleitet von Morcheln auf einem Pasta-Bett, bereitet er besonders gerne zu.

Die Desserts tendieren deutlich zum Süßen hin, und die Weinkarte hat nichts Wohlfeiles zu bieten. Im Lokal kann es manchmal recht laut sein, aber dann stellt,

besonders an einem lauen Sommerabend, die kleine
Terrasse im ersten Stock, von der aus man über die
Seine blickt, ein angenehmes Refugium dar.

A SOUSCEYRAC

35, Rue Faidherbe,
Paris 11
℘ 37165 30
Metro: Faidherbe-
Chaligny
Geschlossen: Samstag,
Sonntag, in der Oster-
woche und im August
Kreditkarte: V
150 bis 200 Francs

Spezialitäten:
*Foie gras, saucisson chaud
aux morilles* (heiße Wurst
mit Morcheln), *lièvre à la
royale* (Hase auf königliche
Art, nur freitags in der Zeit
zwischen 8. Oktober und
15. Dezember)

Wenn Sie nach einem echten, ehrlichen, bodenständigen Pariser Restaurant mit alter Stammkundschaft Ausschau halten – hier, in dem etwas abgelegenen 11. Arrondissement, der Heimat der Schreiner und Kunsttischler, ist es. A SOUSCEYRAC stellt das typische, traditionelle Bistro dar, dessen Chef und Eigentümer, Gabriel Asfaux, das Einkaufen auf dem Markt selbst besorgt und die Dispositionen für den Weinbestand höchstpersönlich trifft; er wacht auch über den Speiseraum und kümmert sich um die Zufriedenheit seiner Gäste. Ein altmodischer, auf dem Vervielfältigungsapparat abgezogener Speisezettel legt Ihnen sofort die Wünsche in den Mund: Man ist im Schlaraffenland. Was das Herz begehrt an frischer *foie gras* etwa oder an kräftiger, mit Pistazien angereicherter *saucisson chaud,* einer schmackhaften, mit Sahnesauce und Morcheln gereichten Schweinswurst. Wenn Sie Wildgerichte lieben, sollten Sie an einem Freitag im Herbst einmal hierherkommen, um sich am berühmten *lièvre à la royale* gütlich zu tun. Das mahagonifarbene Hasenfleisch, das Sie vor sich sehen, hat eine endlose Zubereitung erfordert, stellt aber auch, wenn es gelungen ist, ein einmaliges kulinarisches Erlebnis dar. Der Hase wird zunächst zehn Stunden lang in einer berauschenden Mischung aus Rotwein, Schalotten, Zwiebeln, Karotten, Zimt und Kräutern mariniert, dann mehrere Stunden lang geschmort, mit *foie gras* und Trüffeln gefüllt und schließlich zu einer kompakten, pâté-artigen Rolle zusammengedrückt. Das Ergebnis ist ein kräftiges, dunkles Wildgericht, das, wie ich zugeben muß, nicht jedermanns Sache ist. Die relativ kleine Getränkekarte hat einige ungewöhnlich günstige Weine anzubieten.

Quartier Latin, Luxembourg, Sèvres-Babylone
5. und 6. Arrondissement

CHEZ AISSA FILS
5, Rue Sainte-Beuve,
Paris 6
✆ 54 80 72 2
Metro: Vavin
Nur abends geöffnet;
Bestellungen werden bis
23.30 Uhr entgegen-
genommen; geschlossen:
Sonntag, Montag und im
August
Kreditkarte: V
Separater Speiseraum für
geschlossene Gesellschaf-
ten bis zu 25 Personen
100 Francs

Spezialitäten:
Marokkanische Gerichte,
darunter *couscous* und *taji-
ne de mouton* (geschmorter
Hammel)

In Paris gibt es reihenweise Cafés und Restaurants, die den nordafrikanischen *couscous* auf den Tisch bringen, und AISSA gehört zu den besten. Das lebhaft im marokkanischen Stil dekorierte Lokal ist nur abends geöffnet, und gewöhnlich wird es halb elf, bis Bewegung hineinkommt und der *patron* die Runde macht, Bestellungen aufnimmt und dabei meist auch für gute Stimmung sorgt. Am besten geht man mit einer Gruppe hierher, dann kann man sich an verschiedenartigen Speisen laben; die pikante *merguez*, eine Lammwurst, oder die himmlischen *tajines*, Schmortöpfe – der eine mit Hammel und in Essig eingelegten Zitronen, der andere mit Huhn und dicken Pflaumen angerichtet – gehören durchaus dazu. Vom *couscous*, der alle Gerichte begleitet, kann man sich unbeschränkt nehmen. Dieser feine, zarte Gries, dessen Körner handgerollt sind und der über einer würzigen Fleischbrühe gedämpft wurde, türmt sich hoch in der Schüssel auf. Auch die Brühe selbst wird serviert; sie enthält Kichererbsen und Rosinen. Und dazu gibt es die feuerspeiende *harissa*, eine aus Pfefferschoten bereitete Sauce – soviel wie die Zunge verträgt. Bei AISSA FILS ist immer Betrieb, es geht lebhaft und laut zu, denn auch der schwere marokkanische Rotwein sorgt für gute Laune.

ALLARD
41, Rue Saint-André-des-
Arts, Paris 6
✆ 326 48 23
Metro: Saint-Michel oder
Odéon
Geschlossen: Samstag,
Sonntag, an Feiertagen und
im August
Kreditkarten: DC, V

Ähnlich wie sich boshafte Frauen über die Gesichtsfalten oder den Altersspeck einer anderen äußern mögen, war es in Paris jahrelang ›in‹, sich gegenseitig zuzuflüstern, mit ALLARD ginge es bergab. Nun, wir werden alle nicht jünger, Bistros machen da keine Ausnahme, und mit dem Alter kommt der Wechsel. Madame Allard steht nicht mehr am Herd, Monsieur Allard ist nicht mehr; und doch ist das ALLARD mit seiner langen *zinc* und der winzigen offenen Küche ein authentisches, lebhaftes Bistro geblieben,

Klimatisiert
225 Francs

Spezialitäten:
Burgunder Küche, darun-
ter *escargots* (Weinbergschnecken), *canard aux
olives* (Ente mit Oliven),
poissons au beurre blanc
(Fisch mit Butter-Weiß-
wein-Sauce), Tagesspezia-
litäten

L'AMBROISIE
65, Quai de la Tournelle,
Paris 5
℘ 633 18 65
Metro: Maubert-Mutualité
Geschlossen: Sonntag-
abend, Montag und vom
15. August bis 15. Sep-
tember
Kreditkarten: AE, V
140-Francs-Menü ohne
Wein, aber mit Bedienung
(nur mittags), à la carte ungefähr 250 Francs

das immer noch scharenweise Besucher anzieht und
Gerichte von internationalem Ruf serviert: Ente mit
Oliven und Ente mit weißen Rüben. Auch die zi-
schend heiß servierten Schnecken und der Steinbutt
mit *beurre blanc* gehören zu den Spezialitäten des
Hauses. Als Weine empfehlen sich: der beliebte Sancerre, Fleurie oder Gevrey-Chambertin.

Bernard Pacaud bleibt immer noch einer der talen-
tiertesten jüngeren Küchenchefs von Paris, und
bei jedem Besuch gibt es Neuland zu entdecken. In
dem kleinen, zeitgemäß eingerichteten Restaurant
sind die neun Tische immer besetzt, ein bißchen laut
geht es auch meistens zu – für ein stilles romantisches
Souper, das sollte man wissen, ist dies also nicht der
richtige Platz. Aber sobald es ums Essen geht: Chef
Pacaud gelingt es, aus ganz einfachen Grundzutaten
großartige, elegante und dabei gänzlich unkomplizierte Gerichte zu zaubern. Seine *foie gras* ist eine Wonne;
die Mousse aus roter Paprika (siehe nachstehendes Rezept) gibt sich geradezu ätherisch leicht; der frische
Rochen mit Weißkohl entfaltet seine volle Würze; die
Blätterteig-Desserts verlangen einem Respekt ab, und

Eine fröhlich präsentierte
Rechnung

Spezialitäten:
*Mousse de poivrons doux
au coulis de tomates*
(Roter-Paprika-Schaum
mit frischer Tomatenso-
ße), *effeuillée de raie aux
choux* (Rochen mit Weiß-
kohl), *mille-feuilles* (Blätterteiggebäck mit Früchten
der Saison)

im allgemeinen sind sie auch frisch zubereitet. Das
Angebot an Weinen ist klein, aber gut sortiert. Und
immer hat der Gast hier das Gefühl, willkommen zu
sein.

MOUSSE DE POIVRONS DOUX AU COULIS DE TOMATES
(ROTE-PAPRIKA-MOUSSE MIT FRISCHER TOMATENSAUCE)

Dieses Gericht zählt zu den Spezialitäten des L'AMBROISIE. *Küchenchef Bernard
Pacaud schuf diese vollendete Mousse aus rotem Paprika, als er noch im Pariser
Restaurant* VIVAROIS *arbeitete; 1981 dann, als er selbst* L'AMBROISIE *eröffnete,
schloß er seine Schöpfung in das kleine, aber originelle Repertoire seines Etablissements ein. Das Gelingen des Rezepts erfordert keine besonderen Tricks; man achte
lediglich darauf, daß der rote Paprika zu einer pastosen Masse eingekocht ist und
daß Sahne und Schlagbesen (oder ein entsprechendes elektrisches Gerät) sehr kalt
sind.*

Mousse:
4 dickfleischige rote
Paprika

1. Den Grillofen vorheizen. Dann die Paprikaschoten
ungefähr 10 Minuten rösten. (Dabei soll der Rost ca.
5 cm von der Hitzequelle entfernt sein). Die Schoten

1 Prise Salz
125 ml *crème fraîche*
(siehe Rezept Seite 274)
oder dicke Sahne, vor-
zugsweise nicht ultra-
hocherhitzt
Tomatensauce:
4 mittelgroße Tomaten
½ Teelöffel Salz
½ Teelöffel Zucker
½ Teelöffel Sherry-
Essig

wenden, wenn die Haut Blasen wirft oder schwarz zu werden beginnt. Aus dem Grillofen nehmen, enthäuten und von Kernen befreien, sobald sich die heißen Schoten in die Hand nehmen lassen.
2. Die Schoten in einem Mixer pürieren, bis die Schlagmasse geschmeidig ist. Wird ein besonders feines Püree gewünscht, die Masse durch ein feinmaschiges Sieb streichen.
3. Das Püree mit einer Prise Salz in einer kleinen Pfanne bei mittlerer Temperatur zu einem dicken Brei einkochen. In eine Schüssel leeren, diese bedecken und in den Kühlschrank stellen.
4. Das zum Schlagen der Sahne bestimmte Gerät einschließlich Gefäß für mindestens 1 Stunde kaltstellen, damit die Sahne auch wirklich steif wird.
5. In der Zwischenzeit die Tomatensauce zubereiten. Dazu die Tomaten putzen, enthäuten, das Fleisch von Kernen befreien, dann ganz klein hacken. Mit Salz, Zucker und Essig würzen. In ein über einer Schüssel hängendes feinmaschiges Sieb füllen und im Kühlschrank mindestens 1 Stunde lang abtropfen lassen.
6. Zur Herstellung der Mousse zunächst die *crème fraîche* oder die dicke Sahne ganz steif schlagen und vorsichtig unter das gekühlte Paprikapüree heben.
7. Zum Servieren einen Löffel der fertigen Mousse in die Mitte des Tellers setzen und mit Tomatensauce umgießen.
Für 4 Personen.

AUX CHARPENTIERS
10, Rue Mabillon, Paris 6
℡ 326 30 05
Metro: Mabillon
Bestellungen werden bis
23.30 Uhr entgegen-
genommen
Geschlossen: Sonntag
Keine Kreditkarten
125 Francs

Ein waschechtes Bistro, in dem man handfeste, unkomplizierte Kost zu vernünftigen Preisen bekommt. Der Name und das Dekor dieses Lokals gehen auf die ›Compagnons Charpentiers‹ zurück – Kunstschreiner und Möbeltischler, deren Innung noch von den mittelalterlichen Zünften abstammt. Das Museum, das ihre Meisterstücke ausstellte, befand sich früher gleich nebenan, und das Bistro war Treffpunkt dieser Handwerker. Heute gibt es hier kein Museum und keine Schreiner mehr; was blieb, ist ein dem Markt von Saint-Germain direkt gegenüberliegendes,

Spezialitäten:
Petit salé aux lentilles
(gepökeltes Schweine-
fleisch mit Linsen), *chou
farci campagnarde* (gefüllter Kohl), *pieds de porc*
(Schweinsfüße)

einfaches, freundliches Eßlokal. Versuchen Sie hier die gebratene Ente mit Oliven, den gefüllten Kohl oder das Schweinefleisch mit Linsen.

DODIN-BOUFFANT
25, Rue Frédéric-Sauton,
Paris 5
✆ 325 25 14
Metro: Maubert-Mutualité
Letzte Bestellungen wer-
den bis 0.45 Uhr entgegengenommen
Geschlossen: Samstag,
Sonntag, im August und
zwei Wochen zu Weih-
nachten
Kreditkarten: DC, V
Terrasse auf dem Bürger-
steig
Klimatisiert
180 bis 220 Francs

Spezialitäten:
Plateau de fruits de mer
(frische Meeresfrüchte),
harengs frais marinés
(frische marinierte Herin-
ge), *soufflés chauds aux
fruits* (heiße Frucht-
Soufflés)

In seiner unauffälligen und zwanglosen Art zählt das DODIN-BOUFFANT zu den populärsten Fischrestaurants von Paris. Bedient wird hier schnell, der Ton ist angenehm, die Gäste sind ausschließlich Einheimische. Die umfangreiche, dabei klassische Speisekarte sollte einen jeden zufriedenstellen können, ob ihm nun der Sinn nach Fisch, Muscheln, Fleisch oder Wild steht. Die Gerichte sind leicht und ursprünglich, das beginnt schon bei einer ganzen Reihe ermunternder Vorspeisen, wie der *salade folle* (einem Häufchen frischem Gemüse, auf Streichholzlänge geschnitten, Meeresfrüchten der Saison und einem Klecks *foie gras*) oder dem selbstgeräucherten Hering, der, in hauchdünne Scheiben geschnitten, von ein wenig mit Körnersenf angemachtem Kartoffelsalat begleitet wird. Das *fricassée de morue à la Provençale* besteht aus einer gut abgeschmeckten, bekömmlichen Mischung von Stockfisch, Zwiebeln, Tomaten, Zucchini und Kartoffeln, die mit frischem Basilikum und Petersilie bestreut sind.

58

JOSEPHINE
(Chez Dumonet)
117, Rue du Cherche-
Midi, Paris 6
℡ 548 52 40
Metro: Sèvres-Babylone
Geschlossen: Samstag,
Sonntag, 24. und
25. Dezember und im Juli
Kreditkarte: V
120-Francs-Menü,
à la carte 200 Francs

Spezialitäten:
*Foie gras, ris de veau aux
morilles* (Kalbsbries mit
Morcheln), *confit de ca-
nard* (im eigenen Fett eingelegte Ente)

LA LOZERE
4, Rue Hautefeuille,
Paris 6
℡ 354 26 64
Metro: Saint-Michel
Geschlossen: Sonntag,
Montag und im August
Keine Kreditkarten
51- und 61-Francs-Menüs,
ohne Wein und Bedienung,
sowie ein 78-Francs-Me-
nü, einschließlich Wein
und Bedienung

Spezialitäten:
Gerichte der Lozère, zu
denen Bauernschinken,
Würste und Omeletts ge-
hören. Nur donnerstags:
aligot (sahniges Kartoffel-
püree mit Cantal)

E in heiteres und von vielen Stammgästen besuchtes
Bistro mit einer ausgezeichneten Weinkarte. Allerdings kann die Bedienung außerordentlich langsam
und/oder unfreundlich sein. Wenn Sie aber auf einen
guten Tropfen zu wirklich günstigen Preisen aus sind,
holen Sie einmal tief Luft, und gehen Sie auf jeden Fall
hin. Die Jahrgänge der roten Bordeaux-Weine reichen
zurück bis 1898, die frühesten Burgunder sind von
1929. Wer eine jüngere Cuvée zu erschwinglichen
Preisen sucht, sollte vielleicht den großartigen Mar-
gaux von 1970 wählen oder den 1976er Pauillac. (Lassen Sie sich, wenn Sie sich für einen älteren Jahrgang
entscheiden, die Flasche vor dem Öffnen zeigen. Wir
bestellten hier einmal einen Château Latour von 1945
und bekamen die Flasche erst nach dem Dekantieren
zu sehen). Die Qualität des Essens bei JOSEPHINE ist
unterschiedlich, aber zu den Gerichten, auf die man
sich verlassen kann, gehören das Kalbsbries mit Morcheln, das gegrillte Châteaubriand (das nur *saignant*
serviert wird) und die *foie gras.*

H alb Restaurant, halb Fremdenverkehrsbüro,
stellt LA LOZÈRE die herzhafte Küche der gleichnamigen Region in den Cevennen vor. Die Einrichtung des Lokals ist schlicht und rustikal, die Gäste
sitzen auf Tuchfühlung an fünf nackten Holztischen
und säbeln sich selbst ihre Schnitten vom *pain de campagne* ab, das zweimal pro Woche direkt von der Lozère nach Paris gebracht wird (das gleiche Brot kann
man auf dem *Produits d'Auvergne*-Markt in der Rue
de Buci Nr. 32 kaufen, wo es jeden Dienstag, Donnerstag und Samstag frisch eintrifft). Die Gästeschar
ist durchaus gemischt: Da sind einmal junge Arbeiter,
die hier preiswert essen wollen, dann aber auch wohl-
genährte, alteingesessene *parisiens*, die ihre Zeitung
mitbringen oder ihre Ehefrauen zu einem ordentlichen
Schmaus eingeladen haben. Zum Speisezettel gehören
in erster Linie die Omeletts, der luftgetrocknete Landschinken *(jambon cru)* und ausgiebige, fleischreiche
plats du jour. Immer gibt es Suppen, Salat und
schmackhaften regionalen Käse, den geschmeidigen,
nußartigen Cantal etwa, oder den schärferen Bleu

d'Auvergne, gereift auf dem Bauernhof. Auch mit der *salade aux lardons et au Cantal* (in der Pfanne gedünsteter Salat mit knusprig gebratenem Speck und Cantal) und den Spezialgerichten des Tages, wie *côtes d'agneau*, Lammkoteletts, mit schön geschmälzten Bratkartoffeln, wird man nicht fehlgehen.

CHEZ MAITRE PAUL

12, Rue Monsieur-le-Prince, Paris 6
☎ 354 74 59
Metro: Odéon oder Luxembourg
Geschlossen: Sonntag, Montag und im August
Kreditkarten: AE, DC, V
Separater Speiseraum für geschlossene Gesellschaften bis zu 25 Personen
125-Francs-Menü, einschließlich Wein, ohne Bedienung

Spezialitäten:
Gerichte aus dem Jura und der Franche-Comté; dazu gehören die *charcuterie* (Wurst- und Schinkenaufschnitt), *coq au vin jaune* (in Weißwein gekochtes Masthähnchen oder Poularde) und *foie de veau* (Kalbsleber)

Als kleiner, sauberer und freundlicher Familienbetrieb widmet sich dieses Restaurant der Pflege ostfranzösischer Kochkunst der Region Jura/Franche-Comté. Gerade sieben Tischchen haben in dem hüttenartigen Speiseraum zu ebener Erde Platz, und so können alle Gäste dem Geschehen in der kleinen Eckküche folgen. Beginnen Sie mit der sehr leckeren geräucherten Knoblauchwurst; sie kommt warm auf den Tisch; mit Essig und Petersilie beträufelte Kartoffeln bilden die Beilage. Dann wenden Sie sich am besten dem *coq au vin jaune* zu (diese Version mit Tomaten, fleischigen Pilzen und Weißwein ist der mit Sahne vorzuziehen); die mit dem regionalen Arbois zubereitete Speise ist angenehm leicht und auf jeden Fall einen Versuch wert. Die *baguettes* sind köstlich, die Desserts dagegen kann man vergessen. Eine anregende Auswahl von Weinen der Region.

Auch dem Personal schmeckt es CHEZ MAÎTRE PAUL

MOISSONNIER

28, Rue des Fossés-Saint-

Solide, echt und auf eine angenehme Weise altmodisch, ist das MOISSONNIER ein Ort, wo man sich

Bernard, Paris 5
℘ 329 87 65
Metro: Jussieu oder Cardinal Lemoine
Geschlossen: Sonntagabend, Montag und im August
Keine Kreditkarten
125 bis 150 Francs

Spezialitäten:
Regionale Küche von Lyon und der Franche-Comté, wie *carré d'agneau rôti persillé* (gebratenes Lammkarree), *charcuterie*

zu Hause fühlen kann. Riesige *saladiers* – Salatschüsseln aus dickem Glas –, die mit verschiedenster *charcuterie* beladen sind, scheinen aus dem Nichts aufzutauchen. Die Portionen sind mehr als üppig, und die Bedienung könnte nicht freundlicher sein. Sollten Sie Ihre Lamm-Chops etwa anders als rosa gegart haben wollen, wird Ihnen die gesetzte Kellnerin erklären, daß man hier keinen alten Hammel, sondern delikates Lammfleisch zubereite:»Wenn wir das zu lange in der Pfanne lassen, ruinieren wir es«– womit höflich angedeutet wird, man möge die Feinheiten getrost dem Küchenchef überlassen. Das Menü ist umfangreich. Als Magenöffner werden *terrines* angeboten; mit Schinkenspeck und Käse garnierte Salate; Lyoner Würstchen und in Weißwein marinierte Makrelen. Zu den bliebtesten Hauptgerichten gehören gebratene Nieren, *boudin noir*, Ente mit weißen Rüben und das exquisite Lammkarree. Eine einzige Kritik: das Essen ist im allgemeinen zu wenig gewürzt. Käsefreunde sollten etwas Platz lassen für die bekannten Magenschließer der Region: den schweizerischen Tête de Moine mit dem Nußaroma, den sahnigen Vacherin oder einen kernigen Comté. Das MOISSONNIER ist ein beliebter Treffpunkt der Winzer und Weinhändler. Es ist daher nicht verwunderlich, daß die Weinkarte eine so gute Auswahl bietet; sie reicht vom preiswerten Beaujolais bis zu sehr vernünftig angebotenen Burgunder- und Bordeaux-Lagen.

POLIDOR
41, Rue Monsieur-le-Prince, Paris 6
℘ 326 95 34
Metro: Odéon oder Luxembourg
Geschlossen: Sonntag, Montag und im August
Keine Kreditkarten
Keine Reservierungsmöglichkeit, separater Speiseraum für geschlossene

Mit seinen niedlichen Spitzengardinen, den Jugendstillampen und der stets auf frische Zubereitungen bedachten Küche erweist sich das POLIDOR als echtes Bistro, das mit Anmut und Charme gealtert ist. Hier sollte eine Mahlzeit nicht mehr als 80 Francs pro Person kosten, und wer sehr genau rechnen muß, kommt sogar mit weniger weg.

Man braucht nur die nach Knoblauch und Butter duftenden, glühendheiß auf den Tisch gebrachten Weinbergschnecken herbeizuwünschen, und schon wird die Kellnerin mit einem komplizenhaften Lächeln ihre Zustimmung bekunden und gleich dazu be-

Besuch im POLIDOR zum Ge-
nuß vorzüglicher Hausmannskost

Gesellschaften bis zu
60 Personen
33-Francs-Menü nur mit-
tags, ohne Wein und Be-
dienung, à la carte unge-
fähr 70 Francs

Spezialitäten:
Escargots (Weinberg-
schnecken), *pintadeau aux
choux verts* (junges Perlhuhn mit Weißkohl), Des-
sert-Torten

merken, sie seien *fait maison* – kämen also nicht tafelfertig aus der Tiefkühlpackung –, es werde daher einige Minuten dauern. Aber das bedeutet hier nur so viel
wie zwei oder drei Minuten.

Stammgäste - korrekt gekleidete Geschäftsleute, die
alleine hierherkommen und versonnen am Papier-
tischtuch herumspielen – lassen die Speisekarte unbe-
achtet und fragen lieber gleich die Kellnerin, was sich
an dem betreffenden Tag zu essen empfiehlt.

Man kann zum Beispiel Kürbissuppe bekommen;
Steak mit Pommes frites oder eine ansehnliche Portion
gutgewürzter marinierter *champignons à la grecque*.
Allerdings sollte man nicht versäumen, das herrlich
saftige *pintadeau* mit frischgeschnittenem Weißkohl
zu versuchen oder den Lammsattel, der mit wohltuend
warmen, köstlichen *flageolets* (kleinen weißen Bohnen) aus der Küche kommt. Das Brot ist knusprig, die
Auswahl an Weinen ordentlich, die *tarte Tatin* mit
ihren großen Apfelstücken von Könnern gemacht; allerdings tut die Küche beim Karamelisieren manchmal
des Guten zuviel, dann kann die *tarte* leicht bitter
schmecken. Wer zum Mittagessen ins POLIDOR geht,
sollte die Gelegenheit wahrnehmen, um in dem nahen
Jardin du Luxembourg einen Verdauungsspaziergang
zu unternehmen.

LA PORTE FAUSSE
72, Rue du Cherche-Midi,
Paris 6
✆ 222 20 17

Sind gute Nizzaer Spezialitäten schon in Nizza schwer genug zu bekommen, so gilt das erst recht für Paris. LA PORTE FAUSSE, in der schicken und geschäftigen Rue du Cherche-Midi, nicht weit vom

SARDINES A LA SAUGE LA PORTE FAUSSE
(SARDINEN MIT SALBEI LA PORTE FAUSSE)

Sardinen gehören in Paris zu den beliebtesten und preiswertesten Fischgerichten. Man findet sie auf vielen Speisekarten, und zwar meist in ihrer einfachsten Form, nämlich am offenen Feuer gegrillt. Die hier beschriebene Zubereitung stammt von LA PORTE FAUSSE; sie ist kräftig im Geschmack und besonders schnell und leicht zu bewerkstelligen. Falls Sie keine frischen Sardinen auftreiben können, nehmen Sie frische oder tiefgefrorene Stinte; sie sind milder, aber ähnlich wohlschmeckend.

25 bis 30 Sardinen ohne Kopf, ausgenommen und trockengetupft
35 g Mehl
ca. 125 ml Olivenöl
2 große Zwiebeln, feingehackt
4 Knoblauchzehen, kleingeschnitten
10 g ganze, getrocknete Salbei-Blätter
250 ml Rotweinessig
Salz und frisch gemahlener schwarzer Pfeffer nach Geschmack

1. Den Backofen auf 190° vorheizen.
2. Die Sardinen in Mehl wälzen, überschüssiges Mehl abschütteln. Die Hälfte des Olivenöls in einer großen Pfanne bei mittlerer Hitze heiß werden lassen. Eine Portion Sardinen in die Pfanne legen und auf jeder Seite 2 bis 3 Minuten oder bis die Haut goldgelb ist braten. Die Sardinen aus der Pfanne nehmen und auf saugfähigem Papier abtrocknen. Den Vorgang so lange wiederholen und bei Bedarf Öl nachgeben, bis alle Sardinen gebraten sind.
3. Im selben Öl die Zwiebel- und Knoblauchstückchen unter ständigem Wenden 10 Minuten oder bis sie goldgelb sind braten. Den Salbei hineingeben und 2 bis 3 Minuten mitbraten. Den Essig hinzufügen, immer wieder umrühren, und die Pfanne weitere 5 Minuten auf dem Feuer lassen. Dann Pfeffer und Salz einstreuen, erneut rühren, die Pfanne vom Feuer nehmen und beiseite stellen.
4. Die Sardinen in einer flachen feuerfesten Form übereinanderschichten und mit dem Essigfond übergießen. Unbedeckt 25 Minuten lang (oder bis sie durcherhitzt sind) im Ofen backen lassen. Ofen- oder zimmerwarm mit viel knusprigem Brot und einem trockenen Wein, etwa Muscadet, servieren.
Für 4 bis 6 Personen.

Metro: Sèvres-Babylone
Geöffnet bis 23 Uhr;
geschlossen: Sonntag,
Montag, eine Woche zu
Ostern, im August und in
der ersten September-
woche
Keine Kreditkarten
Terrasse auf dem Bürger-
steig
100 Francs

Spezialitäten:
Nizzaer Küche, *polenta*
(Maisspeise), *sardines à la
sauge* (Sardinen mit
Salbei), *beignets* (Krapfen)

Kaufhaus Bon Marché gelegen, erfüllt da jedoch alle Erwartungen. Das Essen ist wirklich typisch und unverfälscht und wird im allgemeinen auch frisch zubereitet, allerdings, bei der zerstreuten Bedienung ist der Service Glückssache. Die Gäste sind jung und geben sich zwanglos, und an warmen Tagen, wenn ein paar Tische auf dem Trottoir aufgestellt werden, setzt man sich gerne in die Sonne und beobachtet die Passanten. Dies ist genau das Lokal, das man aufsucht, wenn einem mal ausgesprochen nach phantasievoll zubereiteten Gemüsegerichten zumute ist. Es gibt eine gute *ratatouille*, bei der Auberginen, Tomaten und Zucchini verarbeitet werden und die entweder kalt als Vorgericht oder warm als Hauptgang auf den Tisch kommt; dann köstlich geschmorte und mit Olivenöl beträufelte rote Paprika; oder eine gewaltige bunte *salade mesclun*. Die *pissaladière* – eine mit Zwiebeln und Tomaten belegte, krustig aufgebackene Art von Pizza – ist zwar gut, aber auch nichts besonderes; dagegen empfiehlt sich die mit Mangold gefüllte, gut abgeschmeckte, erfrischende *terrine de blettes*. In Salbei gedünstete Sardinen und die mit zerlaufenem Käse und Tomaten bedeckte *polenta* sind andere lohnende Möglichkeiten. (Eine reizvolle Variante des Rezepts auf Seite 63.)

Das Brot – knusprige Baguettes und feingeschnittenes *pain Poilâne* – ist frisch und ausgezeichnet. Die kleine Auswahl regionaler Weine schließt den Nizzaer Bellet, rot und weiß, ein. Als Nachtisch sollte man die frisch fritierten Krapfen, die *beignets,* versuchen, deren Teig in Form von Schleifen gelegt oder mit Marmelade gefüllt ist.

CHEZ RENE
14, Boulevard Saint-
Germain, Paris 5
✆ 354 30 23
Metro: Cardinal Lemoine
Geschlossen: Samstag,
Sonntag und im August
Keine Kreditkarten
104-Francs-Menü, ohne

Ein echtes einfaches Bistro, dessen Menü so beständig ist wie seine Gäste. In drei Jahrzehnten hat sich die Reihenfolge der Tagesgerichte kaum geändert; so lange dürften allerdings viele Besucher, die meisten von ihnen jung und chic, noch nicht den großen, schmucklosen Speiseraum bevölkert haben. Zweifellos ist das jeweilige Tagesgericht das Beste, was man aus der Speisekarte auswählen kann – davor machen sich, wenn die Jahreszeit danach ist, *pleurotes proven-*

Wein und Bedienung, à la
carte ungefähr 150 Francs

Spezialitäten:
Montag: *pot-au-feu;*
Dienstag: *haricot de mou-
ton* (Hammel mit weißen
Bohnen; Mittwoch: *gras
double* (Pansen); Donners-
tag: *bœuf mode carottes*
(Rinderschmorbraten mit
Karotten); Freitag: *blan-
quette de veau* (weißes
Kalbsragout)

çales, frische in Öl und Knoblauch gedünstete Pilze,
als Entrée immer gut oder auch ein einfacher Salat beziehungsweise ein Teller Landwürste. Den als Hauswein offerierten Beaujolais und die frischen Baguettes
von André Lerchs Bäckerei gleich nebenan genießt
man gerne dazu.

HARICOT DE MOUTON CHEZ RENE
(HAMMEL MIT WEISSEN BOHNEN CHEZ RENE)

Dies ist ein plat du jour – *Tagesgericht –, den es regelmäßig in dem vielbesuchten
Bistro* CHEZ RENÉ *links der Seine gibt.* Haricot de mouton *ist ein klassisches
Bistrogericht und dazu eine von den Hausfrauen selbst oft auf den Tisch gebrachte
Mahlzeit, wobei entweder Lamm- oder Hammelschulter verwendet wird. Ich
persönlich mag dieses Gericht am liebsten mit ordentlich großen Stücken Lammfleisch und vielen, vielen weißen Bohnen. Wenn man dazu noch an frische Kräuter
herankommt, desto besser. Obwohl* haricot de mouton *heute wie selbstverständlich mit* haricots, *also Bohnen, zubereitet wird, geht der Name des Gerichts in
Wirklichkeit auf die Verballhornung von* halicot mouton, *eines schon im 16. Jahrhundert beliebten Lammragouts, zurück (›*halicoter*‹ bedeutete im Alt-Französi-
schen soviel wie ›schneiden‹). Diese Speise wurde ursprünglich mit Saubohnen
angerichtet; später nahm man weiße Rüben oder Kartoffeln.* Haricot de mouton
*einmal gekocht, läßt sich gut aufheben und schmeckt am zweiten oder dritten Tag
erst richtig gut. Man sollte also stets eine anständige Menge davon machen.*

Lamm oder Hammel:
3 Eßlöffel Butter
3 Eßlöffel Olivenöl
1,5 kg Lamm- oder
Hammelschulter, in
5 cm dicke Stücke ge-
schnitten

1. In einer tiefen Kasserolle von etwa 30 Zentimeter
Durchmesser die Butter und das Öl erhitzen. Sobald
das Fett heiß genug ist, das Lammfleisch darin bräunen. Das geschieht am besten in Portionen; jedenfalls
sollte die Kasserolle nicht zu voll sein. Jedes Stück
Fleisch muß kräftig angebräunt sein, bevor es gewendet wird.

45 g Mehl
250 ml trockener Weiß-
wein
750 ml Wasser
2 frische Tomaten, in
Würfel geschnitten
(oder 2 Eßlöffel Toma-
tenmark)
4 Karotten, geputzt
und in 2,5 cm dicke
Scheiben geschnitten
2 Zwiebeln, halbiert
4 ganze Nelken
1 Teelöffel getrockne-
ter Thymian
3 Lorbeerblätter
3 Eßlöffel feingehackte,
frische Petersilie
Salz und frisch gemah-
lener schwarzer Pfeffer
nach Geschmack
Bohnen:
500 g getrocknete
weiße Bohnen
2 Lorbeerblätter
6 ganze Nelken
2 Teelöffel getrockne-
ter Thymian
Salz

2. Wenn alles Fleisch angebraten ist, mit Mehl bestreuen und gut durchmischen. Den Weißwein zugeben, dann das Wasser. Beim Ablöschen den Bratensatz
vom Pfannenboden losschaben. Die Tomaten oder das
Tomatenmark, Gemüse und Kräuter zugeben und zugedeckt bei mittlerer Hitze ungefähr 1 Stunde und 15
Minuten kochen lassen. Mit Pfeffer und Salz abschmecken.
3. Während das Lamm kocht, die Bohnen vorbereiten. Gut waschen, in einen großen Topf geben und mit
kaltem Wasser bedecken. Bei starker Hitze zum Kochen bringen. Sobald es soweit ist, die Pfanne vom
Feuer nehmen und mit den Bohnen und dem Wasser
40 Minuten zugedeckt stehenlassen.
4. Die Bohnen abtropfen lassen (die Brühe wird weg-
geschüttet; der ganze Vorgang macht die Bohnen
leichter verdaulich) dann abspülen und, wieder mit
kaltem Wasser bedeckt, in den Topf geben. Lorbeer,
Nelken und Thymian hinzufügen und das Ganze bei
mittlerer Hitze zum Kochen bringen. Etwa weitere 40
Minuten auf mittlerer Flamme zugedeckt kochen lassen. Die Bohnen sollen gar sein, aber noch Biß haben.
Salz nach Belieben zugeben.
5. Vor dem Servieren Lamm und Bohnen noch einmal
abschmecken, gegebenenfalls nachwürzen. Das
Fleisch auf einer Platte arrangieren und mit den weißen
Bohnen umlegen.
Für 6 Personen.

RESTAURANT
TIEPOLO
7, Rue des Ecoles, Paris 5
✆ 32683 59
Metro: Maubert-Mutualité
Geschlossen: Sonntag
Keine Kreditkarten
85-Francs-Menü, ein-
schließlich Wein, Kaffee
und Bedienung (nur mit-

Das TIEPOLO ist eines der wenigen unverfälschten
einfachen italienischen Restaurants von Paris. Es
erinnert sehr an die in ganz Italien verbreiteten Tratto-
rien. Hier kann man sich an einem halben Dutzend
Schinkensorten laben (darunter der selten zu findende
Sauris, mild geräuchert, mit leichtem Wacholderge-
schmack), an mehr als doppelt so vielen Pasta-Varian-
ten, an Suppen und natürlich auch an Fisch, Schalentieren und Fleisch. Das TIEPOLO kocht einen der besten *risotti*, die ich außerhalb Italiens gegessen habe –

tags), à la carte ungefähr
150 Francs

Spezialitäten:
Italienische Küche, besondere regionale Schinken-
sorten, Pasta

zart, nicht zu trocken und delikat gewürzt mit einem
Quartett italienischer Käse. Da die Portionen riesig
sind, ist Teilen an der Tagesordnung. Die recht ausführliche Weinkarte macht einen guten Eindruck. Die
Bedienung ist vielleicht etwas langsam, aber jedenfalls
freundlich.

In einer verglasten Terrasse ißt
man beinahe wie im Freien

LA TOUR D'ARGENT
15, Quai de la Tournelle,
Paris 5
☎ 354 23 31
Metro: Maubert-Mutualité
Geschlossen: Montag
Kreditkarten: AE, DC
Separater Speiseraum für
geschlossene Gesellschaf-
ten bis zu 40 Personen
195-Francs-Menü diens-
tags bis samstags (nur mittags), ohne Wein und Ser-
vice, à la carte 500 Francs

Spezialitäten:
*Caneton de la Tour
d'Argent* (Jungente), *quenelles de brochet* (Hechtklößchen)

Das bekannteste Restaurant von Paris, und immer
noch eines der theatralischsten. Darüber, ob es
einen Besuch wert ist, sind die Auffassungen geteilt.
Doch wer Paris und seine Gastronomie liebt, sollte
wenigstens einmal hingehen – und sei es auch nur, um
dort gewesen zu sein. Die Weinkarte ist superb, auch
dem Essen kommt inzwischen wieder mehr Pflege zu,
und der Blick vom Restaurant auf die himmelwärts
strebenden Bögen von Notre Dame sucht seinesgleichen. Es ist durchaus möglich, daß man im Speisesaal
nicht ein französisches Wort hört, und die Bedienung
kann recht anmaßend sein. Die beste Wahl trifft man
hier mit einem Salat von Muscheln und Artischocken,
der berühmten ›Ente Tour d'Argent‹ und der gehaltvollen und dabei doch leichten Schokoladentorte. Zur
Mittagszeit ist das Restaurant weniger voll als abends.
Von einem Fenstertisch aus hat der Gast Gelegenheit,
die Pariser Szenerie aus der Höhe zu beobachten. Und
falls es zeitlich zu machen ist, sollte man sich einmal
die Gewölbe des Weinkellers zeigen lassen.

CHEZ TOUTOUNE
5, Rue de Pontoise, Paris 5
☎ 32656 81
Metro: Maubert-Mutualité
Geschlossen: Sonntag,
Montag und vom 15. August bis 15. September
Kreditkarte: V
Terrasse auf dem Bürgersteig
85-Francs-Menü, ohne
Wein und Bedienung

Spezialitäten:
Hausmacherküche mit
provenzalischem Einschlag. Die Tagesspezialitäten sind der Saison angepaßt

Man wundert sich, wie ›Toutoune‹, Colette Dejean – klein, blond und geschäftstüchtig – es Tag für Tag, Abend für Abend schafft. Die Pariser drängen sich förmlich in ihr winziges, gemütliches Lokal, um hier für wenig Geld zu schmausen. Das eindrucksvolle, immer wechselnde kulinarische Repertoire bietet frisch zubereitete Kost, wie man sie in Paris kaum günstiger bekommen kann. Üppige Suppenportionen, ein Vorgericht, einen Hauptgang, Käse oder Dessert erhält man zum unglaublich günstigen Preis von 85 Francs. Die ansehnliche Speisekarte wechselt, Toutounes Einfällen folgend, fast täglich und bietet genügend Auswahl, um niemanden zu enttäuschen. Eine typische Mahlzeit beinhaltet zum Beispiel eine Mousse von rotem Paprika, einen Salat von Schalentieren und frischer Pasta (siehe nachstehendes Rezept), gebratene Lammkeule mit duftigen Pommes frites und Rote-Johannisbeer-Torte. Da die Suppe häufig geschmacklich enttäuscht, kommt das Menü auch gut ohne diesen Gang aus. Mit der Bedienung kann es langsam gehen: bestellen Sie also eine Flasche des guten, als Hauswein offerierten Sancerre, und entspannen Sie sich.

SALADE DE PATES FRAICHES AUX FRUITS DE MER
(SALAT AUS MEERESFRÜCHTEN UND FRISCHER PASTA)

Dieser bunte Salat aus frischer Pasta, Meeresfrüchten und Kräutern ist sehr lecker und bekömmlich und ganz typisch für das vielseitige Angebot CHEZ TOUTOUNE. *Die liebenswürdige blonde Chefin, Colette Dejean, läßt diesen Salat mit verschiedenen Sorten frischer Pasta servieren. Dabei mischt sie etwa dünne Strähnen frischen Spinats und Roter Beete mit weißen Fettucine. Auch Streifen gerösteter roter Paprika können dem Salat zusätzlich Geschmack und Farbigkeit verleihen. Das Ergebnis ist jedenfalls ein prächtiger erster Gang.*

125 ml trockener Weißwein
700 g Pfahlmuscheln, mehrmals in frischem Wasser gewaschen, gebürstet, von Bärten befreit und abgetropft
700 g kleine weiße Ve-

1. Den Weißwein mit den Pfahlmuscheln (Miesmuscheln) und den Venusmuscheln in einen 6-Liter-Topf geben und bei starker Hitze rasch zum Kochen bringen. Zudecken und etwa 5 Minuten weiterkochen lassen oder gerade so lange, bis die Muscheln sich geöffnet haben. (Nicht zu lange kochen!) Vom Feuer nehmen, die Kochflüssigkeit abgießen und alle Muscheln, die sich nicht geöffnet haben sollten, wegwerfen.

nusmuscheln, mehr-
mals in frischem Was-
ser gewaschen, gebür-
stet und abgetropft
250–300 g frische
Fettucine
60 ml Olivenöl
3 Eßlöffel Rotweinessig
1 Knoblauchzehe, fein-
gehackt
Salz und frischgemah-
lener schwarzer Pfeffer
nach Geschmack
10 g getrocknete oder
1 Sträußchen frische
Basilikumblätter, ge-
waschen und abge-
trocknet
10 g getrocknete oder 1
Sträußchen frische Pe-
tersilie, gewaschen und
abgetrocknet

2. Die Muscheln nur soweit abkühlen lassen, daß man
sie anfassen und aus den Schalen lösen kann. Das Muschelfleisch in einer Schüssel bereithalten.
3. Einen großen Topf mit gesalzenem Wasser aufset-
zen und dieses zum Wallen bringen. Die Pasta hineingeben und zart-, aber nicht weichkochen (›al dente‹).
Wasser abgießen.
4. In einer großen Salatschüssel die warme Pasta und
alle Muscheln mit Öl und Essig, dem gehackten Knoblauch sowie Pfeffer und Salz anrichten. Etwa 20 Minuten lang durchziehen lassen, bevor man das Gericht
serviert.
5. Kurz vor dem Auftragen Basilikum und Petersilie
grobhacken, hineingeben und vorsichtig untermischen. Sofort servieren.
Für 4 bis 6 Personen.

VILLARS PALACE
8, Rue Descartes, Paris 5
✆ 326 39 08
Metro: Monge
Geschlossen: Samstag-
mittag
Kreditkarten: AE, DC,
EC, V
Separater Speiseraum für
geschlossene Gesellschaf-
ten bis zu 50 Personen
145-Francs-Menü, Bedie-
nung inbegriffen, à la carte
300 Francs

Spezialitäten:
Fisch und Schalentiere

Wer frische Fischgerichte liebt und dazu in einer
heiteren, hellen, dem Zeitgeschmack entsprechenden Atmosphäre speisen will, wird gerne in das an
einer abgelegenen Ecke nahe der Rue Mouffetard im 5.
Arrondissement gelegene VILLARS PALACE kommen.
Ich mag Dekor und Ambiente dieses Restaurants: makellos sauber, blau und weiß gekachelte Wände, grau-
er, schalldämpfender Teppichboden, sanfte klassische
Musik im Hintergrund. Das Essen ist redlich und
wohlschmeckend, mit Sorgfalt zubereitet und zeigt
Anflüge von Kreativität. Hier sollten Sie zunächst
vielleicht einfach die meerwasserfrischen Austern bestellen, die mit Toast und einer aus Weinessig und
Schalotten gemachten Brühe serviert werden, um dann
auf eine der Spezialitäten überzugehen, etwa frischen
Lachs, der nur auf einer Seite gegrillt wurde, so daß die
Konsistenz seines Fleisches von knusprig über kern-g-

buttrig bis zart abgestuft ist. Eine andere gute Zusammenstellung bestünde aus roher, marinierter *daurade* (Goldbrasse) mit Brunnenkresse als erstem Gang, gefolgt von Hecht auf einem Sauerampfer-Bett. Die Desserts, darunter eine feine Zitronen- und eine löbliche Schokoladentorte, sind überdurchschnittlich gut. Eine große Auswahl an weißen Burgundern ehrt die Weinkarte. Der Service ist aufmerksam, manchmal allerdings auch übertrieben.

LAPIN A LA MOUTARDE
(KANINCHEN MIT SENFSAUCE)

Kaninchen mit Senfsauce ist ein klassisches, das ganze Jahr hindurch beliebtes Bistro-Gericht. Traditionell wird es mit Reis serviert, aber ich mag es besonders gerne mit frischer hausgemachter Pasta, die die köstliche Sauce so herrlich aufnimmt. Verwenden Sie bei diesem Rezept auf jeden Fall französischen Ganzkorn-Senf erster Qualität, ein frisches (kein tiefgefrorenes) Kaninchen und einen soliden, vollmundigen Weißwein. Vorzüglich geeignet ist ein elsässischer Riesling, aber auch Gewürztraminer und weißen Hermitage habe ich schon erfolgreich eingesetzt. Desgleichen läßt sich mit der Zugabe verschiedener Gewürze kurz vor dem Auftischen experimentieren: frischer Rosmarin, oder Thymian können den Geschmack wunderbar nuancieren. Sollten Sie kein frisches Kaninchen bekommen können, dann läßt sich auch sehr gut Hühnchen als Fleischgrundlage nehmen.

1 frisches Kaninchen (oder Hühnchen) von etwa 1¼ kg, in serviergerechte Teile geschnitten
80 ml Erdnußöl
1 Eßlöffel Butter
125 ml Ganzkorn-Senf
750 ml trockener Weißwein
250 ml *crème fraîche* (siehe Rezept Seite 274) oder saure Sahne
Salz nach Geschmack
5 g frische, gehackte Petersilie

1. Backofen auf 175° vorheizen.
2. Öl und Butter in einem flachen Bräter oder einer großen Bratpfanne bei mittlerer Hitze zergehen lassen. Im heißen Fett das Bratgut rasch bräunen. Dabei darf die Pfanne nicht zu voll sein, damit die einzelnen Stücke gut gewendet und ausgiebig gebräunt werden können. Überschüssiges Fett abgießen.
3. Die Fleischstücke gleichmäßig mit Senf einpinseln; dabei drei Eßlöffel Senf für das Anrichten der Sauce übriglassen. Das Fleisch in einem zugedeckten Gefäß 20 Minuten im Ofen garen lassen. Den Wein so darübergießen, daß alle Stücke gut von der Flüssigkeit getränkt werden, und zugedeckt weitere 25 Minuten im Ofen schmoren lassen.
4. Aus dem Ofen nehmen, den Bratsud abgießen und aufbewahren; dann die Fleischstücke in eine feuerfeste Form geben, die Ofenhitze auf 90° zurückdrehen und

das mit einer Folie bedeckte Fleisch im Ofen warmhalten.

5. Zubereitung der Sauce: bei starker Hitze den Bratsud auf die halbe Menge reduzieren, was in ungefähr 8
bis 10 Minuten erreicht werden sollte. Die *crème fraîche* oder die saure Sahne hineinschlagen und den Rest
Senf sowie Salz zugeben, die Hitze reduzieren und
weitere 3 bis 4 Minuten kochen lassen.

6. Vor dem Auftragen die Fleischstücke auf einer
Platte arrangieren und mit der Sauce bedecken. Oder
aber frische, gekochte Pasta auf die Platte geben, mit
der Sauce begießen und das Fleisch darüberlegen. Mit
gehackter Petersilie bestreuen.

Für 4 bis 6 Personen.

Frische geöffnete Austern

AUSTERN

Der war ein tapferer Mann (so lobte Jona-
than Swift einst), der als erster eine Auster
aß. Doch von dem Moment an, da jenem uner-
schrockenen Vorkoster der Menschheit die
blasse, glänzende, fleischige Molluske durch
die Kehle glitt, war sie für eine gastronomische
Starrolle ausersehen, und man kann sicher sein,
daß die Franzosen an ihrem Siegeszug gebüh-
renden Anteil hatten.

Bis zur Mitte des letzten Jahrhunderts wurde
Paris derart von Austern überschwemmt, daß
sie als Armeleuteessen galten, obwohl der
Transport von der Küste der Bretagne bis in die
Hauptstadt alles andere als einfach war. Die
Holzkarren, in denen man die Schalentiere be-
förderte, wurden mit Schnee und Eis zugedeckt, und sobald es geschmolzen war, ergänz-
te man das natürliche Kühlmittel regelmäßig in
›Eishäusern‹, die entlang der Transportroute
plaziert waren.

Eine Platte verlockender
Schalentiere

Im 18. Jahrhundert war die Stadt voll von Straßenverkäufern, die ihre billige Ware ausriefen; sie trugen sie in Weidenkiepen auf dem Rücken. Obwohl das Lokalkolorit heute ohne die fliegenden Austernhändler auskommen muß, ist Frankreich eines der größten Erzeugerländer geblieben – 1400 Tonnen der geschätzten, rund und flach geformten Belon-Austern, der *plates,* und mehr als 81 000 Tonnen der hohen, länglichen *creuses* mit ihrer unregelmäßig gewellten Schale werden hier kultiviert. Von Cherbourg im Norden bis Toulon an der Mittelmeerküste sind französische Fischer in hohen Gummistiefeln und dicken blauen Jerseys ständig dabei, der Natur die Austernernte abzutrotzen. Jede einzelne Auster wird vom Larvenzustand bis zur Marktreife aufgezogen, eine mühsame, drei bis vier Jahre währende Arbeit, bei der die dünnhäutigen empfindlichen Tiere, die leicht Opfer von Krankheiten, Wasserverschmutzungen oder zahlreichen räuberischen Meeresbewohnern werden, vielleicht sogar von einem Küstenstrich an einen anderen umgesiedelt werden müssen. Zusammen mit Plankton treiben die Austernlarven im Meer und suchen nach einem Halt. Nur ganz wenige haben eine Chance zur Entwicklung: von 100 000 Larven überlebt lediglich ein Dutzend.

Sechs bis sieben Monate später werden die Jungtiere zu Saat-Austern von der Größe eines Fingernagels herangewachsen sein. Nun pflückt man sie ab und bringt sie in Zuchtparks, wo sie ein- bis zweieinhalb Jahre verbleiben.

Nach dieser Zeit verpflanzt man die tellerförmigen *plates* oft in flachere Flußmündungen, wo sie im wärmeren Gemisch von Süßwasser und Meerwasser den für sie charakteristischen lieblich-sahnigen Geschmack entwickeln.

Den bekannteren und weit verbreiteten *creuse*-Austern – die übrigens doppelt so schnell wachsen wie die *plates* – kann es passieren, daß sie mehrmals ihre Zuchtgründe wechseln müs-

sen, bevor sie in das Endstadium ihrer Entwicklung eintreten. Die letzten Monate ihres Lebens
verbringen sie in sumpfigen, flachen, leicht alkalischen Gewässern, *claires* genannten Mastparks, wo sie sich von bestimmten, dort in üppigen Mengen vorkommenden Blaualgenarten
ernähren und dadurch ihre eigenartige grünliche Tönung annehmen. Je länger die Austern in
diesen Mastparks verweilen, desto grüner,
wohlschmeckender und natürlich auch begehr-
ter werden sie.

Wenige Tage bevor die Austern auf den
Markt kommen, werden sie in besonderen Re-
servoirs gereinigt. Dort holt man sie wiederholt
aus dem Wasser und taucht sie wieder ein, damit sie sich daran gewöhnen, ihre Schalen geschlossen zu halten. Solange eine Auster auf
dem Transport geschlossen bleibt und gekühlt
wird, kann sie sich von ihrem eigenen Vorrat an
Salzlösung eine gewisse Zeit weiterernähren. So
bleibt sie in Wintermonaten ohne weiteres acht
im Hochsommer zwei Tage am Leben.

Für Austern begeistert man sich in Paris heute wie eh und je. Immer noch gibt es diese Schalentiere in Mengen, aber die Besten von ihnen
sind zu einem kostspieligen Luxus geworden.
Eine hochwertige formgerecht flache Belon-
Auster – von den Kulturen in der Mündung des
kleinen Flusses Belon in der Bretagne – kann auf
dem Markt 15 Francs pro Stück und 20 Francs
im Restaurant kosten; das summiert sich, wenn
man sich an einem Dutzend oder mehr gütlich
tun will. In Paris werden Austern das ganze
Jahr über verkauft, meist an den *bancs d'huîtres*,
vor Restaurants und Brasserien im Freien aufgebauten Austernständen, wo Verkäufer mit
geschickten Händen in einer Minute zehn oder
mehr der Schalentiere öffnen.

Austern werden dutzend- oder halbdutzend-
weise verkauft. Man bekommt sie gewöhnlich
in verschiedenen Größen. Die größeren kosten
mehr, was aber nicht heißen muß, daß sie des-

halb besser sind. Am besten schmecken sie roh, direkt von einer Platte mit zerstoßenem Eis, wenn man sie aus der einen Schalenhälfte, ohne Zitrone oder Essig ißt.

Sie bedürfen keiner geschmacklichen Verbesserung außer der Begleitung durch ein Glas Muscadet oder Sancerre und eine Scheibe gebuttertes Roggenbrot.

Obwohl die Pariser Restaurants eine sehr variantenreiche Auswahl an Austern bieten, gibt es keinen Grund, sich von dem manchmal etwas verwirrenden Angebot kopfscheu machen zu lassen. Es ist ganz einfach, die beiden großen Gruppen, die *plates* und die *creuses*, schon rein äußerlich voneinander zu unterscheiden.

Plates: Die beiden bekanntesten Arten von flachschaligen französischen Austern sind die sehr geschätzte *Belon*-Auster mit ihrem leicht salzigen, entfernt öligen, haselnußartigen Geschmack; und die grünliche *Marennes*-Auster mit dem fransigen Rand. *Plates* werden nach Gewichtsklassen eingeteilt; die kleinsten und daher auch billigsten, Gewichtsklasse Nr. 5, enthalten etwa 30 Gramm Austernfleisch pro Stück; die größten und damit teuersten, No. 0000, *pied de cheval*, also Pferdehuf, genannt, etwa 100 Gramm.

Creuses: Die in Frankreich am meisten gegessene Auster – von hoher, länglicher, unregelmäßiger Form. Manchmal hört man auch die Bezeichnung *Portugaise* für die *creuse*-Auster, obwohl inzwischen die *Japonaise* fast ganz ihren Platz eingenommen hat, seitdem die portugiesische Auster 1967 von einer Kiemenkrankheit erfaßt wurde.

Die gebräuchliche Unterteilung der *creuses* in drei Kategorien leitet sich aus den unterschiedlichen Methoden der Mästung ab. Die *huîtres de parc* bilden die Gruppe der kleinsten Austern; die von mittlerer Größe sind unter dem Namen *fines de claires* bekannt, weil sie, jeweils

40 bis 50 Tiere pro Quadratmeter, etwa zwei Monate lang in den *claires*, den Mastparks, verblieben sind; die *spéciales* schließlich, die größten Austern unter den *creuses*, haben, mit nur drei bis fünf Tieren pro Quadratmeter das Nahrungsangebot im Wasser nutzend, bis zu sechs Monaten in den Mastparks verweilt.

Die Gewichtsklassen für *creuses* reichen von den kleinsten und billigsten Austern, den *petites*, die pro Stück etwa 50 Gramm wiegen, bis zu den größten und teuersten *très grosses* mit ungefähr 100 Gramm.

Faubourg Saint-Germain, Invalides, Ecole Militaire
7. Arrondissement

CHEZ LES ANGES
54, Boulevard La Tour-Maubourg, Paris 7
✆ 705 89 86
Metro: La Tour-Maubourg
Geschlossen: Sonntagabend, Montag und an Feiertagen
Kreditkarten: AE, DC, EC, V
Klimatisiert
Separater Speiseraum für geschlossene Gesellschaften bis zu 15 Personen
200 Francs

Hier sollten Sie für ein sonntägliches Mittagessen Plätze reservieren lassen und sich unter das ganz und gar traditionelle bürgerliche Publikum mischen – Paare, Familien, kleine Gesellschaften –, um festlich zu speisen. Der Service und das Essen im großen, dem Stil der fünfziger Jahre entsprechenden Speisesaal sind gleichermaßen klassisch und korrekt. Das Menü reicht vom feingeschnittenen, sehr aromatischen *jambon persillé* über dicke Scheiben gegrillter Kalbsleber bis zu den Verlockungen eines mit einem Dutzend verschiedener, bewährter klassischer Obsttorten beladenen Dessertwagens.

Spezialitäten:
Œufs en meurette (in Rotwein pochierte Eier), *filet
de turbot au fenouil* (Stein-
buttfilet mit Fenchel), *foie
de veau* (Kalbsleber)

L'ARCHESTRATE
84, Rue de Varenne, Paris 7
☎ 55 14 73 3
Metro: Varenne
Geschlossen: Samstag,
Sonntag, die ersten drei
Wochen im August und in
der Weihnachtswoche
Kreditkarte: AE
Klimatisiert
380- und 420-Francs-Me-
nüs, à la carte ungefähr 450
Francs

Spezialitäten:
richten sich ganz nach der
Saison

LE DIVELLEC
107, Rue de l'Université,
Paris 7
☎ 55 19 19 6

Nur wenige Pariser Restaurants sind so wider-
sprüchlich wie L'ARCHESTRATE. In diesem ausgezeichneten Lokal kann eine Speise im doppelten Sinne verblüffen, die Bedienung macht nicht selten einen
anmaßenden und mürrischen Eindruck, und die Preise
sind oft exorbitant. Und trotzdem lohnt es sich hinzu-
gehen, schon um zu sehen, was Küchenchef Alain Sen-
derens sich hat einfallen lassen – falls er da ist und nicht
gerade um die Welt jettet und in eigener Sache Rekla-
me macht. In seiner Küche aber scheut er nicht die
Mühe, sein Brot selbst zu backen, um es ganz frisch zu
haben, er kreiert vorzügliche Schokoladen, und wenn
seine Phantasie auf Hochtouren läuft, werden Sie sich
nach einem solchen Essen gerne seiner Schöpfungen
erinnern. Die Käseplatte kann sich wirklich sehen lassen, und die Weinkarte hat ihre ausgesprochenen Rei-
ze, wenn Sie sich nicht mit dem *sommelier* in die Haare
bekommen.

Austern, die so groß sind, daß man aus einer eine
ganze Mahlzeit machen könnte, und Fisch, so
staunenswert frisch, daß man seine Zähne quietschen
zu hören meint, wenn man in das weiße Fleisch beißt;

Metro: Invalides
Geschlossen: Sonntag,
Montag, im August und in
der Weihnachtswoche
Kreditkarten: AE, DC, V
Klimatisiert
Separater Speiseraum für
geschlossene Gesellschaf-
ten bis zu 15 Personen
300 Francs

Spezialitäten:
Fisch und Meeresfrüchte,
darunter besonders Au-
stern und *turbot aux pâtes
noires* (Steinbutt mit dunkler Pasta), heißes Bitter-
schokoladen-Soufflé

eine sehr bemerkenswerte, dunkel schimmernde Pasta, die mit der nach Meerwasser schmeckenden Tinte
vom Tintenfischen zubereitet ist, gar nicht zu reden
vom dem ganz gegenwartsbewußten, weiß und blau
glänzenden Dekor, das den Gast Lust auf eine Seereise
bekommen läßt. Ein beachtlicher Teil des hier servierten Fischs kommt frisch angelandet direkt von der Küste, wo die Familie Le Divellec in La Rochelle ihr be-
kanntes Restaurant LA PACHA betrieb. Hier im Pariser
Lokal sind alle Speisen originell, einfallsreich und mit
großer Sachkenntnis zubereitet. 1983 war LE DIVEL-
LEC das beste unter den neueröffneten Pariser Restaurants, und schon heute zählt es zu den führenden
Fischlokalen der Stadt.

LA FONTAINE DE MARS
129, Rue Saint Dominique,
Paris 7
℡ 705 46 44
Metro: Ecole Militaire
Geschlossen: Samstag-
abend, Sonntag und im
August
Kreditkarte: V
50-Francs-Menü, ein-
schließlich Bedienung,
aber ohne Wein, à la carte
100 Francs

Spezialitäten:
Foie gras frais, wechselnde
Tagesgerichte, Cahors-
Weine

Dieses Familien-Bistro mit seinem beinahe unle-
serlichen, auf der Kopiermaschine abgezogenen
Speisezettel hat ein heiteres Flair und den Vorzug, billig zu sein. Die Fenster blicken auf sanfte Gewölbebö-
gen, die auf die winzige Rue de l'Exposition hinaus-
führen. Die Bedienung ist freundlich, das Essen einfach. Empfehlenswerte Speisen sind die gegrillten Sardinen, dicke Scheiben Landschinken und das ausgiebige Eis-Dessert mit Schokoladensauce und Baiser.

LES GLENAN
54, Rue de Bourgogne,
Paris 7
☎ 551 61 09
Metro: Varenne
Geschlossen: Samstag,
Sonntag, an Feiertagen, im
August und vom 1. bis 10.
Januar
Keine Kreditkarten
200 Francs

Spezialitäten:
Fisch und Meeresfrüchte,
marquise aus weißer Schokolade

PANTAGRUEL
20, Rue de l'Exposition,
Paris 7
☎ 551 79 96
Metro: Ecole Militaire
Geschlossen: Samstagmittag, Sonntag und im
August
Kreditkarten: AE, DC, V
200 Francs

Spezialitäten:
Soufflé aux oursins (Soufflé
von Seeigeln, von November bis März), *foie chaud
de canard* (warme Entenstopfleber); *noisettes de
chevreuil grand veneur*
(Rehnüßchen in Weinsauce, von Oktober bis März)

AU QUAI D'ORSAY
49, Quai d'Orsay, Paris 7
☎ 551 58 58
Metro: Invalides

Ein sehr angenehmes, zuverlässiges Restaurant der Rive Gauche (links der Seine), das sich bei seinen Fischzubereitungen eine Menge einfallen läßt. Der noch junge Chef, ein Amerikaner namens Mark Singer, bietet dem Gast beispielsweise als ersten Gang einen kräftigen Salat aus marinierten Sardinen mit grünem Pfeffer an, dann kunstgerecht gegrillten Lachs, der mit einer *timbale*, einer Pastete aus frischem Spinat auf den Tisch kommt, und vielleicht die besonders köstliche *marquise* (eine Schaumcreme) aus weißer Schokolade mit einer Sauce aus Bitterschokolade. Nicht immer ist hier das Brot so frisch, wie es sein sollte, und auch das Weinsortiment verdiente etwas mehr Aufmerksamkeit.

Ein ganz kleines, charmantes, von der Eigentümer-Familie betriebenes Restaurant, verborgen in der ohnehin schon versteckt liegenden Rue de l'Exposition, unweit des Champ de Mars. Ein guter Platz, um während der Wildsaison von Oktober bis Februar die von Küchenchef Alfred Israël zubereiteten Wildgerichte zu kosten, etwa das schmackhafte *civet de chevreuil*, ein geradezu klassischer Rehpfeffer mit großen, handfesten Speckscheiben, ganzen Perlzwiebeln und ordentlichen rosa-saftigen Wildfleischwürfeln. Auch die mit Knoblauch in Butter gebratenen *cèpes* (Steinpilze) sollten Sie einmal versuchen und sich an einer Flasche guten Burgunders delektieren.

Ein sehr pariserisches, anregendes Restaurant mit stets auf dem Sprung befindlichem Personal und einem treuen Kundenstamm, der einen gewaltigen Appetit mitbringt. Die aufgetischten Mengen sind

Geschlossen: Sonntag und
im August
Kreditkarten: AE, DC,
EC, V
Klimatisiert, Terrasse auf
dem Bürgersteig
250 Francs

Spezialitäten:
Mit der Saison wechselnd

LA SOLOGNE
8, Rue de Bellechasse, Paris 7
✆ 705 98 66
Metro: Solférino
Geschlossen: Samstag,
Sonntag und im August
Kreditkarten: AE, DC, V
Klimatisiert
200 Francs

Spezialitäten:
Wild von Oktober bis Februar, die übrige Zeit des
Jahres Flußfische der Region

enorm, doch gehört dieses Lokal zu den wenigen, wo
man bei vielen Gerichten des umfangreichen, phantasievollen und immer wechselnden Menüs auch halbe
Portionen bestellen kann. Lassen Sie sich zur Herbst-
und Winterzeit nicht den ergötzlichen *pissenlit*-Salat
entgehen (Löwenzahnblätter, belegt mit gegrillten
Stücken von frischem Thunfisch), das Ragout aus frischen Waldpilzen, mit Knoblauch gewürzt und mit
frischem Kerbel bestreut, oder auch irgendeine der
Wildbraten-Spezialitäten. In jedem Falle ist man hier
mit den Fleisch- und Geflügelgerichten besser bedient
als mit Fisch (der leicht mal übergar ist). Köstlich sind
die dicken Scheiben Bauernbrot und die feinen, knusperfrischen *tuiles* (Mandelgebäck) als Nachspeise.
Die Bedienung hat es immer eilig, bleibt aber dennoch
freundlich.

Ein gemütlicher, beinahe ländlicher Flecken inmitten der Stadt, wo der Eigner und Restaurantchef
Christian Guillerand und seine Frau Jeannine ihre Gäste bewirten, als ginge es um eine private Einladung.
Im Herbst und in den Wintermonaten widmet man
sich der Zubereitung von Wild, und dazu gehört zum
Beispiel die *sauvagine* mit ihrer knusprig-braunen
Haut – junge Wildente, die über einem offenen Rebenholzfeuer gegrillt wird. Auch einen sehr gehaltvollen
pot-au-feu de gibier gibt es hier: riesige Stücke Rebhuhn, Fasan und Ente, Lauchbündel und Karotten in
einer großen, altmodischen Terrine. Im Frühjahr und
im Sommer wendet Guillerand sich den Flußfischen
der Region zu, vor allem *brochet* (Hecht), *sandre*
(Zander) und *lotte* (Dorsch-Art).

Madeleine, Saint-Lazare, Champs-Elysées
8. Arrondissement

ANDROUET
41, Rue d'Amsterdam,
Paris 8
✆ 87426 93
Metro: Liège
Geschlossen: Sonntag und
an Feiertagen
Kreditkarten: AE, DC, V
Separater Speiseraum für
geschlossene Gesellschaf-
ten bis zu 26 Personen
Käse-Dégustation 120
Francs, á la carte ungefähr
150 Francs

Spezialitäten:
Käse

Jeder Käseliebhaber muß ANDROUËTs rustikalem
Speiseraum mit der gewölbten Decke mindestens
einen Besuch abstatten. Der aus vielen Gängen bestehende Schmaus, bei dem ein Käsetablett nach dem anderen angebracht wird, gleicht, während man doch am
Tische sitzt, einer sinnverwirrenden Reise durch
Frankreichs Provinzen. Die freundlichen Kellner, die
die mit 100 Käsesorten beladenen Wagen vorbeischie-
ben, erteilen dem Gast gerne väterlichen Rat. Die meisten dieser Käse bauen sich auf Frischmilch auf und
sind in den Kellern unter dem Lokal gereift. Der Ge-
schmacksreigen beginnt mit den hohen Fettstufen
(Lucullus, Grand Vatel, La Butte), führt dann zu den
gepreßten Sorten (Tête de Moine, Reblochon, Tomme
de Savoie) und weiter zu den Weichkäsen, wie Brie
und Camembert. Als nächstes kommen die gewürzten
und die in Asche gereiften Käse (kosten Sie also den
edlen Soumaintrain oder den rustikalen Feuille de
Dreux). Es folgt ein erstaunlich breiter Fächer von
chèvres (Ziegenkäsen). Dann sind die *fromages forts* an
der Reihe (scharfer Pont l'Evêque und Livarot). Und
schließlich landet man bei den Blauschimmelkäsen,
unter denen Roquefort und Fourme d'Ambert geschmacklich an der Spitze liegen dürften. Wenn es Ihr
Budget erlaubt, gönnen Sie sich dazu eine Flasche guten Bordeaux, und nehmen Sie sich für Ihre Reise
durch die Käselandschaft einen langen Mittag oder
einen ganzen Abend Zeit. (Siehe auch unter ›Fromageries‹, S. 266)

L'ARTOIS
13, Rue d'Artois, Paris 8
✆ 22 50 1 10
Metro: Saint-Philippe-du-
Roule
Geschlossen: Samstag,

Ein lebhaftes, beliebtes und von vielen Geschäftsleuten frequentiertes Bistro seitlich der Champs-
Elysées. L'ARTOIS bietet eine solide Auswahl herzhafter Kost; dazu gehören Heringsfilets mit warmen Kartoffelscheiben; die ausgezeichneten Würste der Auvergne, die von gebratenen Steinpilzen begleitet wer-

Sonntag und vom 14. Juli
bis 15. September
Keine Kreditkarten
Separate Speiseräume für
geschlossene Gesellschaf-
ten bis zu 12 Personen
100 bis 150 Francs

Spezialitäten:
Coq au vin (Hähnchen in
Rotwein), *cailles rôties aux
raisins frais* (Wachteln mit
frischen Weinbeeren)

CAVIAR KASPIA
17, Place de la Madeleine,
Paris 8
℘ 26533 52
Metro: Madeleine
Bestellungen werden bis
23.30 Uhr entgegenge-
nommen
Geschlossen: Sonntag
Kreditkarten: AE, DC
Separater Speiseraum für
geschlossene Gesellschaf-
ten bis zu 20 Personen
100 bis 150 Francs

Spezialitäten:
Kaviar, Lachs,
Räucherfisch

den; weiter der gegrillte *boudin noir* und natürlich der
im dunklen Rotwein von Cahors gegarte *coq au vin*.
Ein gutes Angebot regionaler Weine steht zur Verfügung. Mit der Bedienung kann es langsam gehen, aber
die angeregte Stimmung im Lokal hält alle bei Laune.

Direkt über dem CAVIAR KASPIA gelegen – einen
schmucken Laden, der eine handvoll Delikatessen anbietet –, ist dieses kleine elegante, doch legere
Restaurant der ideale Ort für ein rasches Mittagessen
in der Madeleine/Opéra-Gegend. Versuchen Sie,
einen Fensterplatz zu ergattern, von dem aus man auf
die Kirche blickt und versenken Sie sich in die luxuriö-
se Welt von Kaviar, Lachs und geeistem Wodka. Der
Genuß frischer *Blini* – draller, mit einigen dünnen
Scheiben zarten Räucherlachses belegter Hefeteigpli-
sen – läßt sich durchaus zu einer erlesenen Mahlzeit
gestalten. Oder leisten Sie sich, wenn das Budget es
zuläßt, 30 Gramm Kaviar (Beluga, Sevruga, Oscietra
oder gepreßten Kaviar), gerade genug, um den Gaumen zu kitzeln und für den Rest des Tages mit Wohlbehagen daran zurückzudenken.

CHIBERTA

3, Rue Arsène-Houssaye,
Paris 8
✆ 56 37 79 0
Metro: Charles-de-
Gaulle/Etoile
Geschlossen: Samstag,
Sonntag, an Feiertagen, im
August und in der Weih-
nachtswoche
Kreditkarten: AE, DC, V
Klimatisiert
300 Francs

Spezialitäten:
je nach Jahreszeit

Dieses im Jugenstil gestaltete Lokal gleich neben den Champs-Elysées gehört zu den populärsten Nouvelle-Cuisine-Restaurants von Paris. Der Chef des Etablissements, Jean-Michel Bédier, präsentiert einen originellen, immer mit der Jahreszeit gehenden Speiseplan, und eine schicke, anspruchsvolle Gästeschar genießt es, neuen kulinarischen Erkundungen zu folgen. Im Herbst beispielsweise findet man gewöhnlich sehr gelungene Zusammenstellungen aus Waldpilzen oder etwa eine von süßen und sauren Feigen umlegte Kaninchenterrine, auch Desserts aus frischen Feigen, während das Menü im Frühjahr und zur Sommerszeit vor Lachs- und Artischockengerichten oder Speisen aus zartem, weißem Steinbutt nur so strotzt. Allerdings kann das Essen zwischen erstaunlich guten Schöpfungen (siehe das nachfolgende Bédiersche Rezept einer Fruchtspeise für heiße Tage) und absolut langweiligen Küchenerzeugnissen schwanken, und ebenso unausgeglichen ist auch der Service. Die Weinliste könnte eine Aufarbeitung vertragen.

SOUPE D'ORANGES ET FRAISES A LA MENTHE FRAICHE
(ORANGEN- UND ERDBEER-DESSERT MIT FRISCHER MINZE)

Diese liebliche Mischung aus kandierter Orange, frischen Erdbeeren und Minze stellt ein wunderbar leichtes, erfrischendes Frühsommer-Dessert dar und erinnert unwillkürlich an eine festliche Garten-Party auf leuchtend-grünem Rasen. Die Zubereitung erfordert zwar einige Zeit, dafür entfallen aber schwierige Arbeitsgänge kurz vor dem Servieren.

4 Navel-Orangen
6 Eßlöffel Grenadine
50 g Zucker
½ kg Erdbeeren
10 g frische Pfefferminzblätter

1. Von den Orangen vorsichtig den äußeren ölhaltigen Teil der Schale ablösen (ohne dabei etwas von der weißen inneren Haut mitzunehmen) und in feine Streifen schneiden.
2. Einen kleinen Topf mit Wasser zum Kochen bringen. Dann die Schalenstreifen zugeben und sobald das Wasser erneut kocht wieder herausnehmen. Den gleichen Vorgang in einem anderen mit Wasser gefüllten Topf noch einmal wiederholen. Die Streifen dann auf saugfähigem Papier trocknen.

3. Die Schalenstreifen mit der Grenacine in eine kleine Pfanne geben und bei mittlerer Hitze unter ständigem Rühren so lange kochen lassen, bis die Grenadine verdampft und die Orangenschale hellrot und sirupartig kandiert ist. Das darf erst wenige Stunden vor dem Servieren geschehen, anderenfalls verliert sie ihren frischen, knusprigen Charakter.

4. Die weiße innere Haut um die Orangen abschälen und wegwerfen. Die Orangen in Spalten zerteilen, den dabei austretenden Saft aufheben. Die Orangenstücke in eine Schüssel legen und mit 2 Eßlöffeln Zucker bestreuen. Mit einer Folie abdecken und kaltstellen.

5. Die Blattrosetten aus den Erdbeeren zupfen und die Früchte vierteln. Mit dem gewonnenen Orangensaft übergießen und dem restlichen Zucker bestreuen. 8 ganze Pfefferminzblätter zurückbehalten, die anderen sehr fein hacken. Die gehackte Minze zu den Erdbeeren geben, das ganze mit einer Folie abdecken und nicht mehr als 15 Minuten im Kühlschrank aromatisieren lassen.

6. Und so wird die Nachspeise serviert: die Orangenstücke auf einer ganz flachen Schüssel oder einer Platte am Rand entlang, die Erdbeerviertel in die Mitte legen. Mit der kandierten Orangenschale und mit den ganzen Pfefferminzblättern bestreuen.

Für 4 Personen.

COPENHAGUE
142, Avenue des Champs-Elysées, Paris 8
℡ 35 92 04 1
Metro: Charles-de-Gaulle/Etoile
Geschlossen: Sonntag, an Feiertagen, im August und in der ersten Woche im Januar
Kreditkarten: AE, DC, EC, V
200 Francs

Zur Mittagszeit strömt eine gut betuchte Clientèle aus der internationalen Geschäftswelt in den im ersten Stock gelegenen Speiseraum wie zu einer Oase: frischer, gebeizter oder geräucherter Lachs und ein ganzes Sortiment von vielfältig zubereiteten Heringen sind Bestandteile der verschiedensten Gerichte. In den Kaupausen trinkt man dänisches Bier und schlürt Aquavit aus kleinen Flötengläsern. Empfohlen sei hier die köstliche Platte mit vier Sorten Hering und dann, als Hauptgang, der herrliche, nur gerade angegrillte Lachs mit seiner knusprigen Haut auf der einen und dem butterzarten, saftigen Fleisch auf der anderen Seite. Es kommt vor, daß das dänische Roggenbrot alt-

Spezialitäten:
Dänische Gerichte, darunter Lachs, Hering, Aal, verschiedene Brotsorten und anderes Backwerk

FLORA DANICA
142, Avenue des Champs-Elysées, Paris 8
✆ 35920 41
Metro: Charles-de-Gaulle/Etoile
Täglich bis 23 Uhr geöffnet
Kreditkarten: AE, DC, EC, V
Gartenterrasse
50 bis 200 Francs

Spezialitäten:
Dänische Gerichte, darunter Lachs, Hering, Aal, verschiedene Brotsorten und anderes Backwerk

LA MAREE
1, Rue Daru, Paris 8
✆ 763 52 42 und 227 59 32
Metro: Ternes
Geschlossen: Samstag, Sonntag, im August und in Feiertagsperioden
Kreditkarten: AE, DC
Separater Speiseraum für geschlossene Gesellschaften bis zu 30 Personen
350 Francs

Spezialitäten:
Fisch und Meeresfrüchte

Austernverkauf über die Straße

backen ist; bitten Sie dann einfach um einen frischen Korb. Der Service läuft schnell und ist eingespielt, das typisch dänische Interieur wirkt behaglich und angenehm zurückhaltend.

E in regelrechtes Wettrennen spielt sich im Sommer um die Tische unter den Sonnenschirmen auf der hübschen Terrasse hinter dem FLORA DANICA ab. Dieses Lokal befindet sich zu ebener Erde unter dem Restaurant COPENHAGUE. Es gibt einfache Kost, und es geht zwanglos zu. Eine gute Wahl trifft man hier mit dem *gravlax* – in dünne Scheiben geschnittener, roh gereifter Lachs, der mit Zucker, Salz und Gewürzen mariniert wurde und mit Dill bestreut serviert wird. Auch die verschiedenen Heringssorten lassen sich gut essen.

D ieses Lokal finden Sie allein schon dadurch, daß Ihnen die davor geduldig wartenden Chauffeure in großen Limousinen und die blitzenden nagelneuen Rolls-Royce-Karossen auffallen, drinnen speist das elegante, wohlhabende Paris. Die Spezialitäten des Hauses sind Fisch und Meeresfrüchte, und zwar das ganze Jahr über; im Herbst und in den Wintermonaten darüber hinaus Federwild und Wildbret. Die Weinliste und natürlich der *sommelier,* Jean-Luc Pouteau – er wurde 1983 in einem internationalen Wettbewerb zu der Welt bestem Weinkeller erkoren –, verdienen einige Aufmerksamkeit.

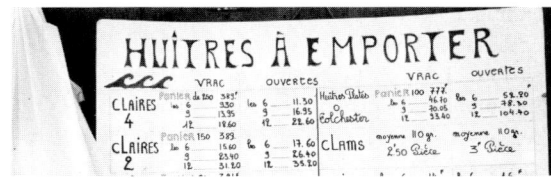

LE PETIT MONTMORENCY

5, Rue Rabelais, Paris 8
✆ 225 11 19
Metro: Saint-Philippe-de-Roule
Geschlossen: Samstag,
Sonntag und im August
Kreditkarte: V
Klimatisiert
300 Francs

Spezialitäten:
Foie gras de canard au naturel à la cuillère (frische Entenstopfleber), *tendron de veau aux nouilles* (Kalbsbrustspitzen mit Nudeln), abwechslungsreiche Desserts

E in heiteres Bistro mit freundlicher Atmosphäre. Es strahlt Großzügigkeit und Behagen aus, und der Gast hat zwischen all den Erinnerungsstücken, die das gemütliche Lokal schmücken, das Gefühl, gerade bei Familie Bouché zu Hause zu sein, um die neueste kulinarische Schöpfung zu würdigen. Aber diesem mit 14 Tischen besetzten Restaurant müßte man viele Besuche abstatten, um sich durch die von Daniel Bouchés eigenwilligen Kochkünsten geprägte Speisekarte zu essen. Das ganze Jahr über findet man hier die frische, gut gewürzte *foie gras de canard*. Im Herbst und in den Wintermonaten sollte man sich für den Trüffel-Salat entscheiden, großzügige Portionen warmer Kartoffelscheiben mit dickgeschnittenen schwarzen Trüffeln. Auch die Hauptgerichte, bei denen Fleisch- und Fischspezialitäten sich die Waage halten, kommen in üppigen, magenfüllenden Mengen. Gleichermaßen gut sind die Desserts von Meister Bouché: zum Beispiel jene Mischung aus frischen *mûres* (Brombeeren), geschnittenen Birnen und mildem Pfefferminzeis – das ganze gekrönt von einer sahnigen Vanillecreme *gratinée*. Brot und *petits fours* können mal etwas fade schmecken. Doch der Service funktioniert reibungslos, und der Ton ist herzlich. Was die Weinkarte angeht, so verdient sie ein eingehendes Studium.

LA POULARDE LANDAISE

4, Rue Saint-Philippe-de-Roule, Paris 8
✆ 359 20 25
Metro: Saint-Philippe-de-Roule
Geschlossen: Samstag,
Sonntag und an Feiertagen
Kreditkarten: AE, V
145-Francs-Menü, ohne Wein und Bedienung, abends auch ein 130-Francs-Menü einschließ-

E ine anheimelnde kleine *auberge* mit allem, was dazu gehört: einem prasselnden offenen Feuer und einem freundlichen, wenn auch gelegentlich etwas herrisch wirkenden Wirt, und beinahe versteckt inmitten der Stadt. In dem dunklen Speiseraum mit der Balkendecke und dem pariserischen Flair drängt sich mittags das Publikum. Hier gibt es die herzhaften Gerichte Südwestfrankreichs: *confit de canard* (im eigenen Fett eingelegte Ente), Mastgansbrust, *magret d'oie* (lassen Sie das Fleisch nur grillen, und verzichten Sie auf die Sauce), Schüsseln voll verführerisch nach Knoblauch duftender *pleurote*-Pilze, frisches Poilâne-Brot und einfache Landweine. Das Personal wirkt ein bißchen gequält, bleibt aber dabei doch verbindlich.

lich Wein und Bedienung, à la carte 175 Francs

Spezialitäten:
Die Küche Südwestfrankreichs, gute regionale Weine

TAILLEVENT
15, Rue Lamennais, Paris 8
℃ 56112 90 und 563 39 94
Metro: George V
Geschlossen: Samstag, Sonntag, an Feiertagen, zwei Wochen zu Ostern und von der letzten Woche im Juli bis zur letzten Woche im August
Keine Kreditkarten
Klimatisiert
Separater Speiseraum für geschlossene Gesellschaften bis zu 32 Personen
300 Francs

Vergessen Sie bei Ihrer Bestellung nicht, für die warme, hübsch karamelisierte *tarte Tatin* noch etwas Platz zu lassen.

Immer wenn mich jemand darauf festlegen will, das beste Restaurant von Paris zu nennen, gerate ich in Verlegenheit. Restaurantkritiken und die Einstufung der Etablissements nach Qualität und Leistung machen aus dem Besuch von Eßlokalen eine so ernsthafte und hochtrabende Wissenschaft, daß viele Leute etwas dabei zu vergessen scheinen: das Essen in Restaurants soll nämlich vor allem unverfälschtes Vergnügen bereiten. Aber wenn es denn sein muß, so gebe ich gerne zu, daß ich das TAILLEVENT für das beste von Paris halte. Es ist untadelig und seriös, ohne Übertreibungen echt, und es vermittelt dem Gast das Gefühl, wirklich willkommen zu sein, mit einem Wort, es verkörpert die Eigenschaften des ›Großen‹ Restaurants, wie ich es mir vorstelle. Das geschmackvoll eingerichtete *hôtel particulier* hat die Atmosphäre eines Privatclubs

---

MARQUISE AU CHOCOLAT TAILLEVENT
(SCHOKOLADENCREME TAILLEVENT)

Fast immer, wenn ich im TAILLEVENT *esse, wähle ich diesen klassischen Nachtisch. Die* marquise *ist sehr gehaltvoll und ähnelt einer ausgereiften* mousse au chocolat. *Ihre Zubereitung ist einfach und erfordert keinen Backvorgang. Das* TAILLEVENT *gibt dieser Süßspeise noch eine persönliche Note, indem sie in einer dicken Pistaziensauce gereicht wird, genaugenommen in einer* crème anglaise, *die mit gemahlenen Pistazienkernen aromatisiert ist. Es kostet etwas Zeit, die Sauce zu bereiten, aber es ist nicht schwierig. Die* marquise *kann natürlich auch ohne die Sauce oder mit einer normalen* crème anglaise *serviert werden. Sowohl die Creme als auch die Sauce sollten 24 Stunden vor dem Auftragen fertiggestellt sein.*

250 g gute Zartbitter-Schokolade
100 g Puderzucker

1. Die Schokolade in einer kleinen Kasserolle bei ganz schwacher Hitze zergehen lassen. Folgende Zutaten nacheinander in die Pfanne geben und jedesmal gut

170 g Butter (Zimmertemperatur)
5 Eier, Eigelb und Eiweiß getrennt
eine Prise Salz
Pistaziensauce, falls gewünscht (siehe Rezept Seite 88)

durchmischen: 70 g Zucker, die Butter, das gesamte Eigelb. Die Pfanne weiter auf kleiner Flamme lassen

2. In einem kleinen Rührgefäß das Eiweiß mit dem Salz steifschlagen, den Rest des Zuckers zugeben und weitere 20 Sekunden glänzend schlagen.

3. Die geschmolzene Schokoladenmasse vom Feuer nehmen und ein Drittel der Eiweißmassse vorsichtig unterheben. Dann ebenso vorsichtig die anderen zwei Drittel folgen lassen. Die beiden Komponenten sollten gut miteinander vermengt, jedoch nicht ›totgemischt‹ werden.

4. Eine Springform von etwa 22 cm Durchmesser unter fließendes Wasser halten. Die Mischung in die noch nasse Form füllen. 24 Stunden lang im Kühlschrank aufbewahren. Etwa ½ halbe Stunde vor dem Auftragen herausnehmen. Einige Dessertlöffel Pistaziensauce auf einen Dessertteller gießen, eine kleine Portion der Schokoladencreme auf den Teller setzen und servieren.

Spezialitäten:
Cervelas de fruits de mer aux truffes et aux pistaches (Wurst aus Meeresfrüchten mit Trüffeln und Pistazien), *turbotin grillé* (gegrillter Steinbutt), *marquise au chocolat à la pistache* (Schokoladencreme mit Pistaziensauce)

ohne Pomp und Talmi; zugleich ist das Essen vorzüglich, und es wird auch entsprechend zelebriert. Im warmen Licht der holzgetäfelten Räume mit ihren Kristalleuchtern und den blumengefüllten Silberkelchen spielt sich der immer freundliche Service unaufdringlich und wie selbstverständlich ab. Vielleicht bleibt das wichtigste Kriterium des ›Großen‹ Restaurants, daß es noch viele Jahre nach dem flüchtigen Mittagessen oder einem romantischen Souper gleichbleibend dankbare und angenehme Erinnerungen weckt. Von jedem im TAILLEVENT eingenommenen Essen kann ich mir noch die Einzelheiten ins Gedächtnis zurückrufen, kann fast den Geschmack der Speisen nachempfinden, an die ich dabei denke, das Bouquet des genossenen Weines wieder aufleben lassen, und natürlich weiß ich noch, wo ich jedesmal saß. Gewiß könnte mancher Gastronom etwas von dem Eigner des TAILLEVENT, Jean-Claude Vrinat, lernen. Er ist der vollendete Gentleman und weise genug, auch den Details, die andere Restaurantbesitzer leicht übersehen, seine Aufmerksamkeit zuzuwenden. Im TAILLEVENT geht es demokratisch und großzügig zu, und man kann davon ausgehen, daß die meisten Gäste das Lokal mit dem Gefühl verlassen, die Ausgabe habe sich gelohnt.

Bei seinen Kochkünsten versteht es Küchenchef Claude Deligne geschickt, Grundelemente der klassischen Cuisine beizubehalten und dabei doch einige der positiven Einflüsse der *nouvelle cuisine* in seine Rezepturen aufzunehmen. Immer noch spielen Saucen eine wichtige Rolle, aber nicht auf Kosten der frischen, meisterhaft gekochten Zutaten. Zu den besonders erwähnenswerten Speisen hier gehören der *cervelas de fruits de mer aux truffes et aux pistaches,* eine federleichte, mit Pistazien durchsetzte Wurst aus Hummer- und Langustenfleisch, Hecht und gebutterten Trüffeln, auch der unvergeßliche, makellos gegrillte *turbot* und eine erstklassige *marquise au chocolat à la pistache* (siehe nachstehende Rezepte und Seite 86/87).

SAUCE A LA PISTACHE
(PISTAZIENSAUCE)

100 g Pistazienpaste
(siehe nachfolgendes
Rezept)
1 Liter Milch
8 Eigelb
250 g Zucker

1. Pistazienpaste als Grundlage herstellen (siehe nachfolgendes Rezept).
2. Die Paste in einer mittelgroßen Pfanne in die Milch einrühren und die Mischung bei mittlerer Hitze zum Kochen bringen. Dann vom Feuer nehmen und 5 Minuten ziehen lassen. Durch ein Mulltuch oder ein feinmaschiges Sieb in eine andere mittelgroße Pfanne seihen und stehenlassen.
3. Die Eigelb und den Zucker in ein mittelgroßes Rührgefäß geben und schlagen, bis die Masse dickschaumig und hell ist. Die Hälfte der warmen durchgeseihten Milch unterrühren. Dann diese Mischung in die verbliebene Milch zurückschütten.
4. Die Sauce unter ständigem Rühren über mittlerer Hitze sanft erwärmen, bis sie eindickt. Sie darf nicht kochen, sonst gerinnt sie. Diese Sauce kann 24 Stunden vor dem Servieren fertiggestellt und im Kühlschrank aufbewahrt werden. 1 Stunde vor dem Essen herausnehmen.

PATE DE PISTACHE
(PISTAZIENPASTE)

60 g geschälte, rohe, ungesalzene Pistazien-kerne
65 g Zucker
1 kleines Eiweiß

1. Den Backofen auf 150° vorheizen.

2. Die Kerne auf einem Backblech im Ofen 5 Minuten rösten. Abkühlen lassen. Dann soviel Haut wie möglich entfernen; dazu rollt und drückt man die Kerne zwischen Daumen und Zeigefinger. (Falls nur geröstete und gesalzene Pistazienkerne zur Vergügung stehen, von diesen soviel Haut wie möglich entfernen. Dann in einem Sieb ganz rasch kochendes Wasser darüberlaufen lassen. Die Kerne abtrocknen und möglichst viel von der restlichen Haut entfernen.)

3. Die Kerne in einem Mixer oder mit einem feinen Mahlwerk zu einer pastosen Masse zerkleinern.

4. Die Paste in einer kleinen Schüssel mit dem Zucker, dann mit dem Eiweiß vermischen, um sie zu steifen. In einem dicht geschlossenen Behältnis kann die Pistazienpaste bis zu einer Woche im Kühlschrank aufbewahrt werden.

Claude Deligne, der Küchenchef des TAILLEVENT

Es mag Leute geben, die das TAILLEVENT enttäuscht verlassen. »War das wirklich alles?« höre ich sie fragen, und ich kann mir auch denken warum. Die Aufmachung der Speisen reißt niemanden vom Stuhl. Sie überzeugen vielmehr durch ihr zurückhaltendes Raffinement, ihre Subtilität und eine kompromißlose Verpflichtung zur Qualität. Das TAILLEVENT hält für den Gast eine der vortrefflichsten – und preislich vernünftigsten – Weinkarten von Paris bereit. Nehmen Sie sich Zeit, sie ausgiebig zu durchforschen, und scheuen Sie sich auch keinesfalls, Monsieur Vrinats kundigen Rat bei der Zusammenstellung Ihres Menüs einzuholen.

AU VIEUX BERLIN
32, Avenue George V,
Paris 8
✆ 720 88 96
Metro: George V
Geschlossen: Samstag und
Sonntag
Kreditkarten: AE, DC, V
Klimatisiert
Separater Speiseraum für
geschlossene Gesellschaften bis zu 40 Personen
50 bis 100 Francs

Spezialitäten:
Deutsche Küche, verschiedene Wurstsorten, Schweinefilet mit Kümmel, Sauerkraut, Bier

Wenn mir die Gerichte meiner Kindheit wieder in den Sinn kommen – frische, gegrillte und im Sauerkraut gedünstete Bratwurst etwa – gehe ich geradewegs in die kleine Schänke des AU VIEUX BERLIN. Eine Schüssel Weißwürste ist hier ein köstliches Labsal – aus Schweine- und Kalbfleisch hergestellte Brühwürste, die in Bier mit Kümmel bedachtsam geköchelt werden. Dazu paßt immer ein Krug kühlen deutschen Biers. Neben dem kleinen Lokal befindet sich ein etwas konventionellerer Speiseraum mit einer kompletten Auswahl an Gerichten.

Grands Boulevards, Place de Clichy, Gare du Nord
9. und 10. Arrondissement

**CHARLOT, LE ROI
DES COQUILLAGES**
12, Place de Clichy, Paris 9
℘ 87449 64
Metro: Place de Clichy
Täglich geöffnet
Bestellungen werden bis
0.45 Uhr entgegen-
genommen
Geschlossen: im Juni, Juli
und August
Kreditkarten: AE, DC, V
Klimatisiert
120-Francs-Menü, ohne
Wein und Bedienung,
à la carte 200 Francs

Spezialitäten:
Fisch und Meeresfrüchte

AU CHATEAUBRIANT
23, Rue de Chabrol,
Paris 10
℘ 82458 94
Metro: Gare de l'Est
Geschlossen: Sonntag,
Montag und im August
Keine Kreditkarten
Klimatisiert
200 Francs

Spezialitäten:
Italienische Küche

Zu CHARLOT, dem ›König der Schalentiere‹, führt mich mein Weg, wenn ich zu einem zwanglosen Mittagessen mit Austern, Muscheln, Krabben oder Krebsen aufgelegt bin. Während der Monate mit einem ›r‹ (September bis April), der besten Zeit für Meeresfrüchte, bildet ein *plateau de fruits de mer*, eine Platte mit assortierten Krustentieren, die mit frischem Roggenbrot, Butter und eiskaltem funkelndem Sancerre gereicht werden, einen der erinnerungswerten Genüsse von Paris. Vom hellen, freundlichen Speiseraum im ersten Stock aus – die geeignete Stelle für ein anregendes und ausgedehntes Mittagessen zu dritt oder zu viert – schweift der Blick über die geschäftige Place de Clichy. Sichern Sie sich also einen Fensterplatz!

Wer so viele kulinarische Kostbarkeiten vor der eigenen Haustür hat wie die Franzosen, nimmt die Kochkünste anderer Länder nicht recht ernst. Dennoch ergab kürzlich eine Meinungsumfrage, daß unter den ausländischen Wettbewerbern die italienische Küche am beliebtesten ist. Seit Jahrzehnten schon findet man das beste italienische Essen von Paris im AU CHÀTEAUBRIANT. Vielleicht werden die Erwartungen des Italienexperten hier nicht ganz erfüllt, aber daß dieses elegante, klassische kleine Restaurant einen Besuch wert ist, wird jeder gerne zugeben. Man sollte hier die herrliche Pasta (*paglia e fieno*, Stroh und Heu, etwa ist besonders gut) versuchen, die einfachen gegrillten Scampi, frischen Spargel in der Saison und auch die gepflegten Weine. Im blumengeschmückten Speiseraum ist der Service außerordentlich schnell und zuvorkommend.

LES DIAMANTAIRES

60, Rue La Fayette, Paris 9
✆ 770 78 14
Metro: Cadet
Geschlossen: Montag-
abend, Dienstag, im
August und in der ersten
Septemberwoche
Keine Kreditkarten
Ungefähr 100 Francs

Spezialitäten:
Griechische Küche, darun-
ter Gerichte wie *Musaka,
Kebab,* gefüllte Wein-
blätter

Paris wimmelt von sogenannten ›griechischen Lokalen‹, die völlig ausgebratenes Lammfleisch und
einen nicht gerade einladenden Kebab in Mengen servieren, wie sie einem Gargantua angemessen wären.
Nun, LES DIAMANTAIRES ist ganz anders, es ist au-
thentisch griechisch. Die Diamantenhändler, die in
dem hellblau gestrichenen, nüchternen Speisesaal einst
als Stammgäste verkehrten, sind heute weniger vertreten, aber immer noch herrscht hier eine börsenartige
Betriebsamkeit. Es ist das geeignete Lokal, um Blatt-
spinat und Käsepasteten, Lamm und Musaka, kräftige
Lammfleischklöße und den schmackhaften, selbstge-
machten Joghurt zu kosten – den schweren griechischen Wein nicht zu vergessen.

BRASSERIE FLO

7, Cour Petites-Ecuries,
Paris 10
✆ 770 13 59
Metro: Château-d'Eau
Täglich geöffnet; Bestel-
lungen werden bis 1.30
Uhr nachts entgegenge-
nommen
Kreditkarten: AE, DC, V
100 Francs

Spezialitäten:
Choucroute (Sauerkraut
mit Würsten und Speck),
foie gras, frische Austern
(das ganze Jahr über)

Eine ehrliche alte elsässische Brasserie der Jahrhundertwende mit treuer, nicht eben zurückhaltender
und manchmal recht lautstarker Stammkundschaft.
Im FLO geht es oft etwas gedrängt und hektisch zu,
aber für viele macht gerade das den Charme des Lokals
aus. Die gängige Kost kommt hier mit sehr trinkbarem
Karaffenwein auf den Tisch. Versuchen Sie aber nicht,
ohne vorherige Reservierung in diese Brasserie zu
gehen.

JULIEN

16, Rue du Faubourg
Saint-Denis, Paris 10
✆ 770 12 06
Metro: Strasbourg-Saint-
Denis
Täglich geöffnet

Unbeschadet der nicht gerade feinen Umgebung,
hält das JULIEN seinen Ruf als eines der schicksten und beliebtesten Abendlokale der Stadt. Das wird
sogleich verständlich, wenn man einen erstaunten
Blick in den festlichen Speiseraum von 1890 wirft:
Wem gefielen nicht diese Deckenlichter aus Buntglas,
die Mahagoni-Bar, die Jugendstil-Spiegel und -Wand-

SAUMON EN RILLETTES JULIEN
(LACHSPASTETE JULIEN)

Die beliebte, riesige Brasserie JULIEN ist eines der schönsten Restaurants von Paris, und dieses Rezept beschreibt die Zubereitung einer seiner besten Vorspeisen. Im allgemeinen werden die paté-artigen rillettes aus Gans, Ente, Schwein oder einer Kombination dieser Fleischsorten hergestellt. In dem nachfolgenden Rezept werden jedoch frischer und geräucherter Lachs mit Butter und Cognac kombiniert. Diese Köstlichkeit zergeht einem nur so auf der Zunge, besonders wenn sie auf keilförmigen Scheiben gerösteten hausgemachten Roggenbrots serviert und von einem Glas Champagner begleitet wird: gerade richtig als Auftakt zu einem festlichen Mahl. Manchmal setze ich diese Vorspeise auch als vollwertigen ersten Gang ein. Auch dann reiche ich geröstetes Brot dazu, als Getränk aber einen spritzigen Pouilly Fumé von der Loire, den gleichen Wein, den ich zur Zubereitung der rillettes verwende.

125 g frische, enthäutete Lachsfilets
125 ml trockener Weißwein
1 Eßlöffel Olivenöl
2 Eßlöffel Cognac
Salz und frisch gemahlener schwarzer Pfeffer nach Geschmack
125 g geräucherter Lachs
6 Eßlöffel Butter

1. Den frischen Lachs in mundgerechte Stücke schneiden. Zusammen mit dem Wein in eine kleine Kasserolle geben und bei mittlerer Hitze langsam zum Kochen bringen. Dann vom Feuer nehmen, den Wein wegschütten und die Lachsstücke abtrocknen.

2. Das Olivenöl in einer kleinen Pfanne heiß werden lassen und den Lachs hineingeben. Bei mittlerer Hitze etwa 5 Minuten leise schmoren lassen, ohne daß die Stücke bräunen. Den Cognac sowie Pfeffer und Salz zugeben. Vom Feuer nehmen und beiseitestellen.

3. Den geräucherten Lachs in mundgerechte Stücke schneiden und in einer kleinen Pfanne bei mittlerer Hitze in der Hälfte der Butter 3–5 Minuten braten. Vom Feuer nehmen, abkühlen lassen und mit der restlichen Butter in einem Mixer pürieren, gesondert davon auch den frischen, in Wein gekochten Lachs.

4. Die beiden Lachsmixturen in einer Schüssel mit der Gabel gut vermengen. Abschmecken. Vor dem Servieren wenigstens 12 Stunden lang kaltstellen.

5. Etwa 30 Minuten vor dem Auftragen aus dem Kühlschrank nehmen. Auf dünnen, noch warmen Toastscheiben servieren.

Für 4 bis 6 Personen.

Bestellungen werden bis 1.30 Uhr nachts entgegengenommen
Geschlossen: im Juli
Kreditkarten: AE, DC, V
103-Francs-Menü, à la carte ungefähr 120 Francs

Spezialitäten:
Saumon en rillettes (Pastete von frischem und geräuchertem Lachs), *cassoulet d'oie* (Gänsefleisch-Cassoulet), *foie gras,* wechselnde Fisch- und Meeresfrüchtespezialitäten

AU PETIT RICHE
25, Rue Le Peletier, Paris 9
✆ 77 06 8 68
Metro: Le Peletier
Bestellungen werden bis 0.15 Uhr entgegengenommen

malereien und die reizvollen Begleitgeräusche der Brasserie! Die Bedienung hier kann einmal schleppend und dann wieder ausgesprochen hastig sein, das hängt vom jeweiligen Kellner und der Tageszeit ab, doch hat der variantenreiche Speisezettel auch den verwöhntesten Gästen etwas zu bieten. Gewöhnlich entscheide ich mich für eines der klassischen Gerichte des Restaurants: *saumon en rillettes* (siehe vorstehendes Rezept), die berühmte, mit Riesling versetzte *foie gras* oder das *cassoulet d'oie,* den aus Gans und weißen Bohnen bestehenden Eintopf, der einem so angenehm einheizt. Wer Süßspeisen liebt, sollte die *profiteroles au chocolat* probieren, kleine Windbeutel, die mit Sahne gefüllt sind und zusammen mit einem Schüsselchen dampfendheißer Schokoladensauce auf den Tisch kommen.

Seit mehr als 100 Jahren nun schon ist das anmutige und immer noch nett anzusehende AU PETIT RICHE ein beliebter Treffpunkt der Pariser Journalisten und Geschäftsleute. Freundlich huldigt man dem Gast, der sich in der Wärme des authentischen Interieurs wohlfühlen kann. Um die Mittagszeit sitzen die Geschäftsleute in den kleinen holzgetäfelten und von

Geschlossen: Sonntag und im August
Kreditkarte: V
Separater Speiseraum für geschlossene Gesellschaften bis zu 45 Personen
95- und 122-Francs-Menüs, mit Bedienung, aber ohne Wein, à la carte 100 bis 150 Francs

Spezialitäten:
Terrine de haddock au coulis de tomates (Schellfisch-Terrine mit frischer Tomatensauce), *sauté de veau aux poireaux* (Kalbsragout mit Lauch), *tarte fine aux pommes chaudes* (warme Apfeltorte), ansprechende Weine von der Loire

LE ROI DU POT-AU-FEU
34, Rue Vignon, Paris 9
℘ 74 23 7 10
Metro: Madeleine
Durchgehend von 12 bis 21 Uhr geöffnet;
geschlossen: Sonntag, an Feiertagen und im Juli
Kreditkarte: V
Terrasse auf dem Bürgersteig
75 Francs

Spezialität:
Pot-au-feu

So sieht es auf einem Tisch im LE ROI DU POT-AU-FEU aus.

Spiegeln gesäumten Eßräumen dicht an dicht, um ein handfestes Menü zu sich zu nehmen; abends kommen sie mit ihren Frauen und erfreuen sich an einer Kochkunst, die auf angenehme Weise die Wohltaten der klassischen Küche mit den Einfällen der *nouvelle cuisine* verbindet. Richtig liegt in jedem Falle, wer hier den Salat aus mariniertem Tintenfisch wählt, das mit Senf bestrichene, gebratene Kaninchen *(lapin au four, sauce moutarde)* und die warme, auf der Zunge zergehende Apfeltorte, *tarte fine aux pommes chaudes*. Versäumen Sie nicht, einen edlen Sauvignon, Chablis, Gamay oder Bourgueil in der Karaffe zu bestellen.

Dieses versteckte kleine Bistro hinter der Place de la Madeleine ist der richtige Zufluchtsort an einem frostigen Herbst- oder Wintertag, wenn man einen nahrhaften Eintopf aus gekochtem Rindfleisch, Knochenmark und Gemüse gebrauchen kann, um das Gemüt zu erwärmen. Das Dekor mag ein bißchen kitschig sein, aber es ist nichtsdestoweniger humorig – die Wände sind mit Witzzeichnungen tapeziert, neben der *zinc* steht ein altes Klavier, und das immer zu einem Schwätzchen aufgelegte Personal macht noch

aus der einfachsten Mahlzeit ein kleines Fest. Hier beginnt das *pot-au-feu*-Essen mit der traditionellen Bouillon, der aus dem großen Topf geschöpften kochendheißen Rinderbrühe, in der Fleisch und Gemüse geköchelt wurden. Dann kommt die gewaltige Schüssel mit Rindfleisch, Gemüse und frischem, kräftig riechendem Mark; mit runzligen kleinen Cornichons, viel Senf und grobem Salz gereicht. Das Bistro hält einen jungen Côtes-du-Rhône bereit; er wird von Lucien Legrand, einem der besseren Weinhändler der Stadt, geliefert.

POT-AU-FEU
(GEKOCHTES RINDFLEISCH MIT GEMÜSE)

»Wenn man pot-au-feu *ißt, bekommt das Leben einen Sinn«, schrieb ein französischer Restaurantkritiker einmal. Gewiß geht dieses Lob ein bißchen weit, doch nur wenig ländliche Kost ist in der Tat so nahrhaft und gesund, so wohlschmeckend und sättigend wie ein wirklich guter* pot-au-feu *– Rindfleischstücke, die zusammen mit Knochenmark und frischem Gemüse, wie Rüben, Lauch, Kohl, Karotten, Zwiebeln und Kartoffeln, ganz langsam gargekocht wurden. Das Gericht wird in zwei oder drei Gängen serviert, vorzugsweise an einem langen Sonntagmittag, der die nötige Muße gewährleistet.*

In ihrer klassischen Form beginnt die Mahlzeit mit der Bouillon. Sie wird aus dem großen Kochtopf geschöpft und kommt in einer flachen Schüssel dampfendheiß auf den Tisch. Dazu kann man knoblauchgetränkte Croutons ebenso reichen wie frisch geriebenen Parmesan oder Gruyère und grob gemahlenen schwarzen Pfeffer. Der zweite Gang besteht dann aus dem Fleisch, den Gemüsen und anderen Zutaten und einem ganzen Aufgebot von würzenden Beilagen, wie scharfer Meerrettich, drei oder vier Sorten Senf, grobkörniges Salz, Cornichons und eingelegte Perlzwiebeln.

Das nachfolgende Rezept entspricht in seinen Grundzügen der Kochweise im LE ROI DU POT-AU-FEU.

1 kg Rinderrippen (kurz) 1 kg Beinfleisch vom Rind (mit Knochen), 1 kg Ochsenschwanz, in 5 cm lange Stücke geschnitten	1. Die Rinderrippen und das Beinfleisch zu zwei getrennten Bündeln zusammenbinden. (Dadurch soll das Auseinanderfallen des Fleisches verhindert werden; außerdem hat es dann besser Platz in dem großen Topf, den man benötigt.) Die Ochsenschwanzstücke auf das Fleisch legen. Mit kaltem Wasser aufgießen, bis alles gut bedeckt ist. Nicht zugedeckt bei mittlerer

grobes Salz und frisch gemahlener schwarzer Pfeffer
6 kleine, geschälte Zwiebeln, jede mit einer Nelke gespickt
4 Stangen Lauch, sorgfältig vom Sand befreit
1 Fenchelknolle, geputzt, gewaschen und geviertelt
4 Knoblauchzehen, ungeschält
6 ganze Karotten, geschält
Bouquet garni (2 Lorbeerblätter, 2 Sträußchen frische Petersilie, 1 Teelöffel getrockneter Thymian, in ein Mousseline-Tuch gebunden)
1 ganzer Apfel, gewaschen
etwa ¼ kg Rindermarkknochen, in 5 cm lange Stücke gesägt, um jedes Stück ein grünes Lauchblatt gebunden (damit das Mark nicht herausfallen kann).

Garnierungen und würzende Beilagen:
geröstete, mit Knoblauch eingeriebene Weißbrotscheiben
frisch geriebener Parmesankäse
Meerrettich
mehrere Sorten Senf
Cornichons

Hitze leise köcheln. Dabei sollte das Wasser nur gerade eben wallen, aber niemals kochen.

2. Nach etwa 20 Minuten schwimmende Fett- und Schmutzpartikel mit dem Schaumlöffel entfernen. Sorgfältiges Abschäumen ist Voraussetzung für einen guten *pot-au-feu.*

3. Sobald sich wieder Schaum gebildet hat, erneut abschöpfen. Es erleichtert die Arbeit, wenn man den Topf dabei halb vom Feuer rückt. Dann bildet sich nur auf einer Seite Schaum, und er läßt sich besser abheben. Weitere 20 Minuten köcheln.

4. Das Kochgut leicht salzen (grobes Salz) und pfeffern. (Mit etwa 1 Eßlöffel Salz sollte die hier angegebene Eintopfmenge am Ende tafelfertig gewürzt sein. Das gesamte Gemüse zugeben (vom Lauch nur die weiße Partie der Stangen), das *bouquet garni* und den Apfel (er hilft einen Teil Fett absorbieren). Erneut abschäumen und weitere 40 Minuten köcheln. Dabei häufig abschäumen und nach 30 Minuten prüfen, ob die Gemüse gar sind.

5. Die garen Gemüse herausnehmen, in eine feuerfeste Form legen und mit etwas Brühe übergießen. Mit Alu-Folie abdecken und bei mäßiger Ofenhitze warm halten.

6. Das Fleisch 1 Stunde lang (oder mehr) weiterkochen und dabei die Brühe nach Bedarf abschäumen. Etwa 15 Minuten vor der Servierzeit die Markknochen zugeben.

7. Zum ersten Gang eine Scheibe geröstetes, mit Knoblauch eingeriebenes Brot in eine vorgewärmte Suppenschüssel legen, die Brühe eingießen und mit frisch geriebenem Parmesankäse bestreuen.

8. Zur Vorbereitung des zweiten Ganges den Bindfaden vom Fleisch entfernen. In portionsgerechte Stücke schneiden, auf eine vorgewärmte Platte legen und mit Gemüsen und Markknochen umgeben. (Das *bouquet garni* und der Apfel werden weggeworfen.) Zusammen mit Meerrettich, den Senfsorten, Cornichons, grobem Salz und Pfeffer auftragen. Das Gericht läßt sich ohne weiteres wieder aufwärmen.
Für 5 bis 6 Personen.

TERMINUS NORD

23, Rue de Dunkerque,
Paris 10
✆ 28 50 51 5
Metro: Gare du Nord
Täglich geöffnet
Bestellungen werden bis
Mitternacht entgegen-
genommen
Kreditkarten: DC, V
Terrasse auf dem Bürger-
steig
Separater Speiseraum für
geschlossene Gesellschaf-
ten bis zu 10 Personen
100 bis 150 Francs

Spezialitäten:
Fisch und Meeresfrüchte,
choucroute (Sauerkraut mit
Würsten und Speck)

Terminus Nord ist eine langgestreckte, typische Brasserie aus dem Jahre 1925 direkt an der Gare du Nord. Aber man muß kein Reisender sein, um an diesem Bahnhof oder in diesem Stadtviertel anzukommen. Die mit frischen Austern und anderen Schalentieren beladene *banc* selbst ist ein verlockendes Ziel für viele Esser. Auch hervorragende, gegrillte Mittelmeerbarben und gegrillte Lammkeulenscheiben bekommt man hier. Die (preiswerten) Weine rinnen einem leicht durch die Kehle, während man die nostalgische Atmosphäre genießt.

Gare de Lyon, Bois de Vincennes
12. Arrondissement

AU PRESSOIR

257, Avenue Daumesnil,
Paris 12
✆ 34 43 82 1
Metro: Porte Dorée
Geschlossen: Samstag-
nachmittag von Oktober
bis März, den ganzen
Samstag von April bis Sep-
tember, Sonntag, zwei
Wochen im Februar, drei
Wochen im August

Meine einzige Klage betrifft die Lage dieses Restaurants: Es liegt weit ab von den gängigen ›Versorgungsrouten‹, ja geradezu im Niemandsland. Doch wer auf eine besonders einfallsreiche, ausgefallene Kost aus ist, wird den Weg nicht scheuen. Küchenchef Henri Seguin bringt immer Bewegung in seinen Speiseplan, und gewöhnlich kann man davon ausgehen, ein gut abgestimmtes Angebot von Salaten der Saison, köstlicher gebratener *foie gras* und der Jahreszeit entsprechendem Wildbret vorzufinden. Allein die Weinkarte und der dem Gast freundlich assistierende *sommelier* sind den Ausflug zum Au Pressoir wert.

Kreditkarte: V
265-Francs-Menü dégusta-
tion, einschließlich Bedienung, aber ohne Wein, à la
carte 250 Francs

Spezialität:
Stockfisch-Püree mit
Spargel

LE TRAIN BLEU
20, Boulevard Diderot,
Gare de Lyon (im ersten
Stock), Paris 12
☎ 34 30 90 6
Metro: Gare de Lyon
Täglich geöffnet
Kreditkarten: AE, DC, V
160-Francs-Menü,
einschließlich Wein und
Bedienung (nur mittags), à
la carte 200 Francs

Spezialitäten:
Lyoner Küche, zum Bei-
spiel *quenelles de brochet*
(Hechtklößchen)

AU TROU GASCON
40, Rue Taine, Paris 12
☎ 344 34 26
Metro: Daumesnil
Geschlossen: Samstag,
Sonntag und im September
Kreditkarte: V
Klimatisiert
260-Francs-Menü dégusta-

Sie brauchen nur erkennen zu lassen, welchen Gefallen Sie an guten Weinen haben, und er bringt es fertig, in der Keller hinabzusteigen und eine ganz spezielle Flasche auszugraben, nur um Sie davon kosten zu lassen. Alles in allem ein solides, seriöses Lokal, in dem man sich wirklich wohlfühlen kann.

M it seinem großartigen Belle Epoque-Dekor ge-
hört LE TRAIN BLEU zu den klassischen Stätten der Gastronomie, die zu besuchen man nicht versäumen sollte (vgl. Umschlagabbildung). Von den gestärkten weißen Leinentüchern bis zu den förmlichen, aber freundlichen Kellnern, von den stuckverzierten Decken bis zum Porträt Sarah Bernhardts trägt alles dazu bei, dieses Speiselokal so durch und durch parisrisch zu machen. Hier kann man gut alleine und zu ungewöhnlichen Zeiten herkommen, einfach um mit Muße zu essen und dabei ein wenig die anderen Gäste zu beobachten. Der etwas altmodische Service am Tisch ist aufmerksam und freundlich, doch vergessen Sie nicht, daß Ihr Besuch in diesem Restaurant ja nicht in erster Linie dem Essen gilt. Sollte es gut ausfallen, um so besser. Zweckmäßigerweise aber bestellen Sie hier die einfachsten und unkompliziertesten Gerichte, dann dürften Sie mit dem Mahl zufrieden sein. Was man im TRAIN BLEU empfehlen kann: die Nizzaer Vorspeisen, die zusammen mit Rohkost servierte *anchoïade*, den gegrillten Lachs und den kühlen Weißwein des Arbois.

A lain Dutournier darf zweifellos als einer der ta-
lentiertesten jungen Küchenchefs von Paris gelten. Jahr für Jahr überrascht er, immer auf der Suche nach anderen Schöpfungen, seine Gäste mit neuen originellen und ansprechenden Gerichten. Die Grundelemente der Kochkunst Südwestfrankreichs erhalten hier Akzente der *nouvelle cuisine*. Eine Speisenfolge im AU TROU GASCON ist immer eine gelungene Mischung aus Alt und Neu. Je nachdem, worauf Sie Lust

tion, einschließlich Bedienung, aber ohne Wein, à la carte 220 bis 250 Francs

Spezialitäten:

Foie gras de canard (Entenstopfleber), *raviolis de foie gras aux truffes* (mit getrüffelter *foie gras* gefüllte Ravioli), *cassoulet* (Eintopf aus Hammel, Schwein, Ente, Hausmacherwürsten, weißen Bohnen und Tomaten)

haben, können Sie Landküche oder feinere Kost wählen. Stürzen Sie sich auf ein deftiges *cassoulet* aus der Gascogne und begießen Sie es mit einem kraftvollen Corbières von den Pyrenäen. Oder folgen Sie Dutourniers Phantasie, der an einem bestimmten Tag etwa einen einfach aussehenden, aber raffiniert abgeschmeckten Salat aus mariniertem Lachs, Feldsalat und Brunnenkresse auftragen läßt, bedeckt von einer dicken Schicht frischer Trüffelscheibchen; dazu paßt dann ausgezeichnet ein goldfarbener ausgereifter Meursault. Immer findet man hier eine Auswahl an neuen, saisongerechten Spezialitäten, und Küchenmeister Dutournier versteht es in geradezu genialer Weise, mit Pilzen, Wild, Geflügel und Lachs umzugehen. Au Trou Gascon ist ein früheres Belle Epoque-

Au Trou Gascon

Bistro, und daher mag der Geräuschpegel des Lokals das Eßvergnügen mancher Gäste beeinträchtigen. Am besten begeben Sie sich also in Gesellschaft dorthin, nehmen sich für den Besuch den ganzen Abend und genießen gemeinsam das Essen, die guten Zeiten und viele edle Tropfen aus dem gutbestückten Weinkeller. Einerlei ob Sie für einen einfachen *vin de pays* oder einen *grand cru* von Bordeaux optieren, der *sommelier* wird Ihnen gleichermaßen gefällig sein. Versäumen Sie auf keinen Fall, innerhalb des Menüs einem schönen Dessert den nötigen Platz einzuräumen: die Torte aus Zartbitterschokolade und die *tourtière chaude et glace à l'Armagnac,* eine veredelte Version des Pflaumen- und Apfelstrudels aus Südwestfrankreich, seien besonders empfohlen. Übrigens hält Alain Dutournier eines der größten Assortimente seltener Armagnacs in Paris für seine Gäste bereit.

Gobelins, Vaugirard, Montparnasse, Grenelle, Denfert-Rochereau
13., 14. und 15. Arrondissement

CHEZ ALBERT
122, Avenue du Maine,
Paris 14
✆ 32 02 1 69
Metro: Gaíté
Geschlossen: Montag und
in den letzten drei Wochen
im August
Kreditkarten: AE, DC,
EC, V
250 Francs

Spezialitäten:
foie gras de canard (Entenstopfleber), *côtes d'agneau*
(Lamm-Chops), Weine
des Arbois

H ier ist es eine Freude, vom Service zu sprechen. Monsieur Beaumont, ein älterer redseliger Irrwisch von einem Mann, kümmert sich um jedes Detail in diesem winzigen, altmodischen Restaurant. Tag für Tag füllen gutgenährte Geschäftsleute das Lokal, und sie sehen ganz so aus, als hätten sie schon viele Stunden hier verbracht, dabei saftige, rosa Lamm-Chops verzehrt, die fabulösen Himbeer-Sorbets und feine Arbois-Weine getrunken. CHEZ ALBERT ist das Beispiel für einen Typus von Restaurant, wie er eigentlich niemals aussterben dürfte: mit einem gehätschelten Bedienungszeremoniell am Tisch, mit einer Küche, die nur das Allerfrischste verwendet, und mit einer rührend überladenen Inneneinrichtung, die an *grand-mère* und die gute alte Zeit erinnert.

L'AQUITAINE
54, Rue de Dantzig,
Paris 15
✆ 82 86 73 8
Metro: Convention
Geschlossen: Sonntag und
Montag
Kreditkarten: AE, DC, V
Gartenterrasse im Sommer
210-Francs-Menü, ein-
schließlich Wein und
Bedienung, à la carte
240 Francs

Spezialitäten:
*Panaché de poissons au
beurre blanc* (assortierte
Fische in einer Butter-
Weißwein-Sauce), *confit*

Niemand, der L'AQUITAINE nicht kennt, vermu-
tet im ersten Stock vor dem gemütlichen Speiseraum eine so idyllische kleine Terrasse. Hier sollten Sie
einmal an einem sonnigen Mittag unter einem der Sonnenschirme Platz nehmen und eines der ausnehmend
frischen, phantasievoll zubereiteten Fischgerichte
oder eine der zu einer Menüfolge in Südwestfrankreich
gehörenden Spezialitäten kosten: *confit* von der Ente,
Kalbsnieren sowie verschiedene Rindfleischteller.
Christine Massia bietet ein hübsches Potpourri von
Salaten an, und dazu gehört auch die aus leckerem
geräucherten Lachs mit geschnitzeltem, paprikabe-
streutem Salat bestehende *chiffonnade* (siehe nachstehendes Rezept); weiter das *fricassée de lotte* (Seeteufel-
Frikassee mit zarten *mousseron*-Pilzen, bei uns als
Maischwämme bekannt); und dann natürlich die *tourtière*, jener dem Strudel verwandte und in den südwestlichen Provinzen beheimatete Nachtisch mit seiner Füllung aus geschmorten Äpfeln und Pflaumen,

---

CHIFFONNADE DE SAUMON
(GRÜNER SALAT MIT RÄUCHERLACHS)

*Dieses Gericht hat Christine Massia, die einfallsreiche Küchenchefin des L'AQUI-
TAINE, ins Leben gerufen. Die Salatsauce kann einen Tag vor dem Essen angerichtet und dann kaltgestellt werden. Die anderen Komponenten sollten jedoch erst
unmittelbar vor dem Verzehr verarbeitet werden.*

125 ml *crème fraîche*
(siehe Rezept Seite 274)
oder saure Sahne
1 Eßlöffel Zitronensaft
¼ Teelöffel scharfer
Paprika
1 Kopfsalat, gewaschen
und trockengeschleu-
dert
4 dünne Scheiben Räu-
cherlachs, in breite
Streifen geschnitten

1. Die *crème fraîche* oder die saure Sahne, Zitronensaft und Paprika in einer kleinen Schüssel zu einer Sauce verrühren.
2. Mehrere Salatblätter ineinanderstecken und mit
einem langen Küchenmesser in ganz feine Streifen
schneiden (ähnlich wie bei Weißkohl für die Zubereitung-
tung eines Krautsalats). Die Streifen in eine große Salatschüssel legen und mit der Sauce übergießen.
3. Den angerichteten Salat auf 4 Teller verteilen und
mit den Lachsstreifen garnieren. Gleich servieren.
Für 4 Personen.

de canard (im eigenen Fett eingelegte Ente), *beignets de fromage de chèvre* (fritierter Ziegenkäse)

LA COUPOLE
102, Boulevard du Montparnasse, Paris 14
℡ 320 14 20
Metro: Vavin
Täglich geöffnet: 12 bis 2 Uhr nachts; geschlossen: im August
Kreditkarte: V
95-Francs-Menü, einschließlich Wein und Bedienung, à la carte 150 Francs

Spezialitäten:
Austern, gegrilltes Fleisch, *curry d'agneau* (Lamm-Curry)

LE DUC
243, Boulevard Raspail, Paris 14
℡ 322 59 59
Metro: Raspail
Geschlossen: Samstag, Sonntag, Montag und an Feiertagen
Keine Kreditkarten
250 Francs

Spezialitäten:
Fisch und Schalentiere; dazu gehört zum Beispiel der *plateau de fruits de mer* (eine aus Meeresfrüchten und Fisch bestehende Platte)

gekrönt von Pflaumeneis. Köstlich so eine *tourtière*, wenn sie ganz frisch ist! Als Wein kann man hier den edlen weißen Graves, Château Bouscaut, empfehlen.

Immer noch, und das nun schon seit fast fünf Jahrzehnten, bietet LA COUPOLE mit seinen geschäftigen, routinierten Kellnern, mit seinen dort speisenden jungen Familien, älteren Paaren und Einzelgästen eine der unverfälschtesten Pariser Kulissen. Alle kommen hierher, um sich von der angeregten Atmosphäre anstecken zu lassen. Zu jeder beliebigen Zeit kann man hier hereinplatzen, um über einem Teller Austern und bei einer Flasche Muscadet den Betrieb im Lokal und die Leute zu beobachten. (Siehe auch Seite 154.)

Très chic und tout Paris. Obwohl LE DUC bei den Restaurantkritikern hoch im Kurs steht, ist es eigentlich mehr ein Ort, um zu sehen und gesehen zu werden. Konzentrieren Sie daher Ihr Interesse nicht zu sehr auf das Essen (das sehr unterschiedlich ausfallen kann), und erwarten Sie keine unbedingt zuvorkommende Bedienung (sie kann sich nämlich ausgesprochen herablassend geben). Bestellen Sie einen schönen kalten Muscadet-sur-Lie, und wenn der Küchenchef gerade seinen guten Tag hat, müßte Ihnen eigentlich auch der gepfefferte marinierte Wolfsbarsch *(loup cru)* zusagen oder das *fricassée de lotte*, ein kräftiges Ragout aus fleischigen Seeteufelstücken, frischen Zucchini-Scheiben und Bergen von Waldpilzen.

LE JARDIN DE LA PARESSE

20, Rue Gazan, Paris 14
℘ 58 83 85 2
Metro: Cité Universitaire
Täglich geöffnet von Mai
bis Oktober; geschlossen:
Sonntagabend und Montag
vom 1. Oktober bis zum
30. April und vom 15. De-
zember bis zum 15. Januar
Kreditkarten: AE, DC, V
Separater Speiseraum für
geschlossene Gesellschaf-
ten bis zu 30 Personen
30-Francs-Menü für Kin-
der; auch 98- und 120-
Francs-Menüs, ohne Wein
und Bedienung, à la carte
200 Francs

Spezialitäten: *Raie aux
choux* (Rochen mit Weiß-
kohl), *filet de rouget aux
cèpes* (Meerbarben-Filet
mit Steinpilzen)

RESTAURANT L'OLYMPE

8, Rue Nicolas-Charlet,
Paris 15
℘ 734 86 08
Metro: Pasteur
Nur abends geöffnet, mit-
tags nur an Donnerstagen;
geschlossen: Montag, die
ersten drei Wochen im Au-
gust und zwei Wochen zu
Weihnachten
Bestellungen werden bis 24
Uhr entgegengenommen
Kreditkarten: AE, DC, V

Aus einem ausgedehnten Sonntagsessen im JARDIN und einem Spaziergang durch den Parc de Mont-souris kann man leicht so etwas wie einen kleinen Aus-flug aufs Land machen. Dieser luftige, gepflegte Park gehört schon seit 1878 zu den beliebtesten Zielen der Pariser. Damals verwandelte Baron Haussmann die unansehnlichen Steinbrüche am Südende der Stadt in eine 20 Hektar große geordnete Grünfläche. Und das langgestreckte Parkrestaurant, LE JARDIN DE LA PA-RESSE – Der Garten der Muße –, ist genau das, was der Name verspricht: ein nicht zu förmliches Speiselokal in einer unvergleichlichen ländlichen Umgebung. Mit einer überdeckten Veranda und den sonnenschirmge-schützten Tischen gibt sich das Restaurant ganz zwanglos. Es schaut auf einen Musikpavillon und einen den Mittelpunkt des Parks bildenden künstli-chen See, auf dem sich Enten und Schwäne tummeln. (Allerdings kam der Mann, der den Teich entwarf und anlegte, nie in den Genuß seiner Schöpfung. Er soll am Tage der Eröffnung des Parks Selbstmord begangen haben, weil der Teich trockenlag.) Die Speisen sind einfach, aber frisch zubereitet. Die Bedienung ist ein bißchen zerstreut. Die erlesene Auswahl an Weinen von Georges Duboeuf sollte Ihnen etwas Geeignetes bieten können.

Obwohl L'OLYMPE die Ausstattung eines gemüt-lichen Luxusdampfers der dreißiger Jahre hat, könnte dieses kleine, laute, mit aufgedrehten Besu-chern vollgestopfte Lokal kaum zeitgemäßer sein. Abend für Abend füllt sich L'OLYMPE mit Zigaretten-dunst und sehr pariserischen Gästen, jung und chic. Essen und Service sind Glückssache – selbst für Stammgäste –, aber das schreckt niemanden ab. Rich-tig los geht es hier erst um neun oder zehn Uhr abends. Dann öffnet sich der Vorhang, und Restaurantchefin Dominique Nahmias und ihr Mann Albert lassen ihr sehr persönliches kulinarisches Programm anlaufen. Der Speisezettel richtet sich nach den Besonderheiten jeder Saison, aber bei den Ravioli liegt man immer richtig (bei einem meiner Essen dort waren sie zum

Klimatisiert
200-Francs-Menü, ein-
schließlich Bedienung,
aber ohne Wein, à la carte
300 Francs

Spezialitäten: Ravioli;
pigeon au miel (Taube in
Honig), *foie gras d'oie*

LE PETIT MARGUERY
9, Boulevard de Port-
Royal, Paris 13
✆ 33 15 85 9
Metro: Gobelins
Geschlossen: Sonntag-
abend und Montag
Kreditkarten: AE, DC, V
Separater Speiseraum für
geschlossene Gesellschaf-
ten bis zu 25 Personen
175 bis 200 Francs

Spezialitäten: *Terrine
chaude de Saint-Jacques
beurre blanc* (warme
Jakobsmuschel-Terrine
mit Butter-Wein-Sauce),
*civet de marcassin vieille
France aux pâtes fraîches*
(Frischling-Pfeffer mit frischer Pasta)

LA TOISON D'OR
29, Rue Castagnary,
Paris 15
✆ 53 15 24 4
Metro: Volontaires
Geschlossen: Dienstag, die
letzten zwei Wochen im
Juli und den ganzen
August

Beispiel mit sehr wohlschmeckendem, saftigem En-
tenfleisch gefüllt), und ebenso sei zu dem wunderbar
pochierten *turbotin* geraten. Die Brötchen sind geradezu unwiderstehlich. In die Weinkarte lohnt es sich,
einen Blick zu werfen – auch den weißen Graves, Château Carbonnieux, findet man hier –, doch erscheinen
die Preise etwas hoch.

Ein freundliches, munteres, vorwiegend von
Stammgästen aus der Nachbarschaft frequentiertes Bistro der Jahrhundertwende, wo das Essen wirklich originell und erquicklich ist. Und wenn man mal
genug hat von der *nouvelle cuisine*, ist dieses Lokal
geradezu unschlagbar. Kein Besuch hier, den ich nicht
in guter Stimmung verbracht hätte; freundliche, immer zu Scherzen aufgelegte Kellner, und dann diese
die Luft mit ihrer unverwechselbar französischen Hei-
terkeit erfüllende, ausschließlich einheimische Kundschaft. Kaum zu lesen ist das handgeschriebene Menü,
aber es sollte Ihnen schon gelingen, die Namen solcher
Schätze wie der *poireaux aux truffes fraîches* (zart gekochte, marinierte und mit Trüffelsplittern bestreute
Lauchstangen) zu entziffern oder der *noisettes de biche*
(fachmännisch zubereitete Hirschnüßchen, die von
einer üppigen Portion Selleriepüree begleitet sind).
Und dazu einen wahrhaft trinkbaren Bourgueil. Der
Küchenchef backt sein eigenes Walnuß-Roggenbrot
(ein bißchen trocken, aber ein großes Lob für sein
Bemühen); dazu gibt es eine nur kleine Auswahl von
Käsen, dafür sind sie aber alle schön ausgereift.

Sie werden Ihre Reservierung hier mindestens zwei
Wochen im voraus machen müssen (sofern Sie
überhaupt einen der beiden alternden Brüder Antadze
ans Telefon bekommen), aber das Essen wird ein ein-
zigartiges Erlebnis sein. Das Restaurant des bescheidenen brüderlichen Duos aus Georgien ist wahrscheinlich das einzige authentische russische Bistro in Paris.
Die Begrüßung mag zurückhaltend ausfallen, am Ende
des Abends jedoch umarmen die meisten scheidenden

Keine Kreditkarten
130 Francs

Spezialitäten: Russische
Gerichte, darunter *goulash
de mouton* (Lamm-
Gulasch), *gâteau au fro-
mage*

Gäste den Restaurantchef oder seinen Bruder und be-
danken sich für den kulinarischen Ausflug in gute alte
Zeiten und einige besonders schmackhafte georgische
Gerichte: den gegrillten *brebis* (Schafsmilchkäse);
einen scharfgewürzten Hammelschmorbraten; marinierte Fleischklößchen am Spieß und herben georgi-
schen Wein, ein Glas nach dem anderen, oder eiskalten
russischen Wodka.

Arc de Triomphe, Trocadéro, Bois de Boulogne, Neuilly
16. Arrondissement und Neuilly

LA BOUTARDE
4, Rue Boutard, Neuilly
✆ 745 34 55
Metro: Pont de Neuilly
Geschlossen: Samstag-
mittag und Sonntag
Kreditkarten: DC, V
72-Francs-Menü, ein-
schließlich Wein und
Bedienung, à la carte 75 bis
100 Francs

Spezialitäten: Typische,
einander abwechselnde
Bistro-Kost, darunter
lapin à la moutarde
(Kaninchen mit Senf-
sauce), *foie de veau* (Kalbsleber), *blanquette de veau*
(weißes Kalbsragout)

Dies ist eines der besseren und gediegenen Bistros von Paris. Es liegt in einer ruhigen Seitenstraße von Neuilly, also am Westrand der Stadt. LA BOUTAR-DE ist immer makellos sauber, freundlich und rührig; vor allem etwas bessergestellte Einwohner von Neuilly und entsprechende Büroangestellte verkehren hier. Auf den Tischen liegt rotkariertes Wachstuch, die täg-lichen Wein-Empfehlungen und *die plats du jour* (etwa *bœuf Bourguignon* oder *blanquette de veau)* sind mit weißer Farbe auf die Wandspiegel geschrieben. Zu den beliebtesten Speisen hier gehören die appetitanregende *tarama* (Rogen) mit dem rauchigen Geschmack, die dicken Scheiben wunderbar gegrillter *foie de veau, lapin à la moutarde,* wirklich gute *frites* und ein mit Himbeer-Sauce gereichtes Honig-Eis, das eine Labsal ist. Wenn Sie à la carte essen, versuchen Sie auf jeden Fall den roten Hauswein Chinon, ein liebliches und fruchtiges Gewächs von der Loire.

JACQUELINE FENIX
42, Avenue Charles-de-
Gaulle, Neuilly
☏ 624 42 61
Metro: Les Sablons
Geschlossen: Samstag,
Sonntag, im August und in
der Weihnachtswoche
Kreditkarte: V
Klimatisiert
250 Francs

Spezialitäten: Die Gerichte sind saisonabhängig und
reichen von der *foie gras de
canard* bis zu den *feuillantines de poires caramélisées*
(Blätterteiggebäck mit
einer Füllung aus karamelisierten Birnen)

Bei JACQUELINE FÉNIX – einem warmen, behaglichen, eleganten kleinen Restaurant gleich hinter
dem Arc de Triomphe – pflegt man noch immer jene
Sorgfalt und Beständigkeit, die den Gast bei der Stange
halten. Die blonde, engagierte Jacqueline (die zuvor in
Michel Guérards namhaftem POT-AU-FEU für das Restaurant verantwortlich war) überwacht den neuge-
stalteten Speiseraum mit einem Blick, dem nichts entgeht, während Küchenmeister Michel Rubod sich mit
nicht nachlassender Phantasie und solider Kost um das
leibliche Wohl der Gäste kümmert. Er ist genau der
Koch, wie ich ihn mir vorstelle – jemand, der Ver-
ständnis für Gäste hat, die Gemüse nicht nur als ›Beilage‹ hinnehmen, sondern denen bei der Vorstellung davon das Wasser im Munde zusammenläuft. Daher garniert und schmückt er ein ganzes Sortiment von Salaten und Hauptgängen geradezu hingebungsvoll und
keineswegs sparsam mit Kräutern und gartenfrischem
Grünzeug. Und er praktiziert wirklich, was viele *nou-
velle-cuisine*-Köche nur predigen: daß die Qualität des

SABLES DE POMMES CHAUDES, CONFITURE DU TEMPS
(SANDGEBÄCK MIT WARMEN ÄPFELN UND KONFITÜRE DER
SAISON)

*Viele Pariser Restaurants besinnen sich wieder auf einfachere, hausgemachte Des-
serts wie dieses aus warmem Mürbeteig, das mit geschmorten Apfelscheiben und
einem Häufchen selbstgemachter Aprikosenmarmelade belegt ist. Diese Version
stammt von Michel Rubod, dem Küchenchef von* JACQUELINE FÉNIX, *einem entzückenden kleinen Restaurant in Neuilly. Vergessen Sie nicht, daß der Teig für
dieses Dessert einen Tag vor dem Servieren bereitet werden muß.*

Mürbeteig
50 g Mandeln, feinge-
mahlen
50 g Zucker
2 Eigelb
80 g weiche Butter
130 g Mehl
Apfelscheiben:

1. Bereitung des Mürbeteigs: In das Füllgefäß eines
Mixers die gemahlenen Mandeln, Zucker und Eigelb
einrühren, Butter und Mehl zugeben und das Ganze
zu einem Teig vermischen. Den Teig aus dem Mixge-
fäß nehmen und zu einer Rolle von etwa 15 cm Länge
und 5 Zentimeter Durchmesser formen, in eine Frisch-
halte-Folie wickeln und 24 Stunden im Kühlschrank
aufbewahren.

1 Eßlöffel Butter
4 saure Kochäpfel, vom Kerngehäuse befreit, geschält und in dünne Scheiben geschnitten
1 Eßlöffel Zucker
Fruchtmarmelade

2. Den Backofen auf 190° vorheizen.
3. Den Mürbeteig auf 7 Millimeter Stärke ausrollen. 18 runde Stücke von 6 Zentimeter Durchmesser ausstechen. Auf einem Backblech 10 Minuten oder so lange backen, bis sie goldgelb sind.
4. Zubereitung der Apfelscheiben: Während der Teig bäckt, die Butter in einer mittelgroßen Pfanne bei mäßiger Hitze zergehen lassen. Apfelscheiben und Zucker zugeben und unter gelegentlichem Umrühren gerade so lange schmoren lassen, bis die Äpfel gar sind (etwa 10 Minuten).
5. Zum Servieren auf jeden Teller drei warme Küchlein setzen, mit Apfelscheiben belegen und, zusammen mit einem Topf Marmelade, unverzüglich auftragen.
Für 6 Personen.

Essens nämlich bei der Frische der Zutaten beginne. Was hier immer eine Kostprobe lohnt: die sorgfältig abgeschmeckte *foie gras;* der für einen ersten Gang reichlich bemessene Wachtel-Salat aus ganz frischem, gebratenem Wachtelfleisch, das mit einer Kombination aus grünblättrigem Salat und einem warmen pochierten Wachtelei serviert wird; und schließlich der von frischen Tomaten begleitete *confit de saumon* (genau-genommen ein spiralförmiges Stück Lachs, in Öl gesotten und dann gegrillt). Gleichbleibend gut sind auch die *feuillantines de poires caramelisées*, Blätterteiggebäck, das mit frischen, gekochten und dann braun karamelisierten Birnen gefüllt ist.

JAMIN / JOEL ROBUCHON

32, Rue de Longchamp, Paris 16
℡ 72 71 22 7
Metro: Trocadéro
Geschlossen: Samstag, Sonntag und im Juli
Kreditkarten: AE, DC,

Joël Robuchon – bereits auf dem Höhepunkt seiner Laufbahn – gehört heute zu den Spitzenköchen Frankreichs. Selbst die schärfsten Restaurantkritiker flüstern sich das Wort »Genie« zu, wenn sie von dem scheuen, jungen Mann sprechen, der sich mit so viel Hingabe der Kochkunst widmet. Es ist effektiv schwer, Superlative zu vermeiden, wenn von Robuchon und seinen sehr gelungenen und ganz persönlichen gastronomischen Vorstellungen die Rede ist. Sein

EC, V
Klimatisiert
Separater Speiseraum für
geschlossene Gesellschaf-
ten bis zu 24 Personen
135- und 340-Francs-Me-
nüs, ohne Wein und Bedie-
nung, à la carte 300 bis 400
Francs

Talent und die Fähigkeit, die Stufen zum Erfolg langsam und geduldig zu nehmen, haben ihn dahin geführt, wovon viele Köche nur träumen können. Er hat
die moderne Eßkultur in Frankreich neu definiert und
dabei dem klassischen Konzept vom ›guten Essen‹ den
Abschied gegeben. Joël Robuchon bietet Luxus, aber
immer ohne Ausschweifungen. Seine Schöpfungen
sind ideenreich und originell, jedoch niemals bizarr.
Jedes Gericht ist ein wohldurchdachtes, gut kompo-
niertes kleines Kunstwerk, an dem sich Auge und

PETITS PAINS PARISIENS JAMIN
(JAMINS PARISER BRÖTCHEN)

So beliebt sind diese Brötchen bei JAMIN, *daß jeder Gast pro Mahlzeit durch-*
schnittlich drei davon ißt. Küchenchef Joël Robuchon backt die Brötchen zum
Mittag- und zum Abendessen jeweils frisch. Dazu benutzt er einen kleinen Heiß-
luftofen mit einem Feuchtigkeitsspender, um das Backen einer guten Kruste zu
fördern. Solche Backresultate lassen sich auch zu Hause erzielen.

625 ml lauwarmes
Wasser
2 Eßlöffel Trockenhefe
2 Eßlöffel Salz
840 bis 980 g Mehl

1. Wasser und Hefe in einer großen Schüssel miteinander verrühren und 5 Minuten stehenlassen, damit
sich die Hefe entwickeln kann.
2. Das Salz und dann tassenweise das Mehl einrühren,
bis der Teig so steif wird, daß er sich nicht mehr weiterrühren läßt. Den Teigkloß nun auf ein leicht mit
Mehl bestäubtes Holzbrett legen und kneten; bei Bedarf zusätzlich Mehl einarbeiten. Der Teig sollte am
Ende ziemlich steif und fest sein. Etwa 10 bis 15 Minuten lang kneten (oder so lange, bis er glatt und glänzend ist). Den Teig in eine Schüssel legen, mit Folie gut
abschließen und bei Zimmertemperatur 1 Stunde (oder
bis sich das Volumen verdoppelt hat) gehen lassen.
3. Den Teig herunterdrücken und unter den gleichen
Bedingungen wie vorher 1 Stunde (oder bis sich sein
Volumen verdoppelt hat) gehen lassen.
4. Den Teig erneut herunterdrücken und dann in 18
gleiche Portionen teilen (jede wiegt dann etwa 85 g).
Die Teigstückchen zu sauberen Ovalen formen und
auf ein Backblech setzen. Mit Wasser besprühen (ein

im Haushalt gebräuchlicher Wasserzerstäuber für Blumen eignet sich gut dazu). Mit einem sauberen Tuch bedecken und 45 Minuten gehen lassen.

5. Den Backofen auf 230° vorheizen. Kurz bevor das Blech eingeschoben wird, eine flache, mit 1/2 Liter kochendem Wasser gefüllte feuerfeste Form auf den Ofenboden stellen. Damit soll die für eine gute Krustenbildung erforderliche Dampfentwicklung gewährleistet werden.

6. 20 bis 25 Minuten backen (oder bis die Brötchen eine satte goldbraune Färbung angenommen haben). Während der ersten drei Backminuten mehrmals mit Wasser besprühen.

7. Die fertigen Brötchen auf einem Rost abkühlen lassen. Da sie keinerlei Fett enthalten, werden sie nicht lange frisch bleiben. Im Idealfall sollten die Brötchen in den ersten zwei Stunden nach ihrer Fertigstellung verzehrt werden. (Eine Alternative besteht darin, die gebackenen Brötchen einzufrieren. Um sie servieren zu können, braucht man sie nur, so wie sie sind, aus dem Tiefkühlfach zu nehmen und in den kalten Ofen zu legen. Man erhitzt dann auf gut 200° und läßt sie 15 bis 20 Minuten in Ofen. Sie tauen auf und sind wieder frisch.

Ergibt 18 Brötchen.

Spezialitäten: *Raviolis de langoustines au chou* (mit Scampi gefüllte Ravioli, garniert mit Weißkohl), *ragoût d'huitres et de noix de Saint-Jacques au caviar* (in Spinatblätter gewickelte Jakobsmuscheln, garniert mit Austern und Kaviar), *rôti d'agneau aux herbes en croûte de sel* (Lammbraten mit Kräutern in Salzkruste)

Gaumen gleichermaßen erfreuen können. Der Speiseraum des JAMIN wirkt im echten Sinne elegant, modern und einladend. Was Robuchon mit seinen Speisen macht, damit sie so gelingen, ist zugleich sehr wenig und sehr viel. Ganz einfachen Gerichten, wie dem saftigen, mit Thymian gewürzten Lammbraten oder einer mit frischen Trüffeln bestreuten Rohkostmischung stellt er zur Abwechslung äußerst komplexe Speisen gegenüber: etwa die in Spinatblätter eingewickelten, mit pochierten Austern und einem Häufchen Kaviar garnierten Jakobsmuscheln oder die bauchigen, mit *langoustines* gefüllten und von frischem Weißkohl begleiteten Ravioli. Nur den allerbesten Zutaten gelingt es, in diese Küche Eingang zu finden, wo Robuchons ehrgeizige junge Mannschaft Trüffeln,

Lachs, Geflügel und Wild in wahre Schätze der Gastronomie verwandelt. Zweimal am Tag bäckt der Chef sein eigenes Brot und seine eigenen Brötchen. Auch eine verblüffende Auswahl an Käsen und Desserts erwartet den Gast. Der *sommelier* gibt gerne seinen Rat, unterdessen bewegt sich der *maître d'hôtel*, Jean-Jacques Caimaint, wie der Wind. Das Menü zu 135 Francs, das man sowohl mittags wie abends bekommen kann, gehört zu den preiswertesten gastronomischen Erfahrungen von Paris.

RAGOUT D'HUITRES ET DE NOIX DE SAINT-JACQUES AU CAVIAR JAMIN
(AUSTERN UND JAKOBSMUSCHELN MIT KAVIAR JAMIN)

Dieses Gericht habe ich über einen Zeitraum von sechs Monaten ausprobiert, indem ich es alle paar Wochen bei JAMIN, *einem meiner Lieblingsrestaurants, aß. Es ist eine Schöpfung der* nouvelle cuisine *und läßt sich auch zu Hause relativ leicht zubereiten. Das Gericht eignet sich entweder als Vorspeise zum Abendessen oder als Hauptmahl beim Mittagessen. Die Formen mit der Spinat- und Muschelfüllung lassen sich mehrere Stunden vor dem Servieren vorbereiten; sie brauchen erst in letzter Minute in den Ofen geschoben zu werden. Kaviar bildet eine verschwenderische Ergänzung, wesentlich ist er aber nicht.*

2 Dutzend Austern mit ihrem Saft
6 Eßlöffel zerlassene Butter
12 Jakobsmuscheln, feingehackt
Salz und frisch gemahlener schwarzer Pfeffer
16 bis 20 große, frische Spinatblätter, entstielt
1 kleine Fenchelknolle, geputzt und feingehackt
1 kleine Zwiebel, feingewiegt
125 ml trockener Weißwein

1. Die Austern mit ihrem Saft und 1 Eßlöffel Butter in eine kleine Pfanne geben. Bei starker Hitze zum Kochen bringen, dann von der Flamme nehmen und sofort in ein Sieb geben. Die Flüssigkeit aufbewahren, und die Austern in einer zugedeckten feuerfesten Form zur Seite stellen.

2. Die gehackten Jakobsmuscheln mit Pfeffer und Salz würzen und mit 1 Eßlöffel Butter vermischen. Zur Seite stellen.

3. Die Spinatblätter in kochendem Wasser blanchieren. Gut abtropfen lassen, trockentupfen und mit den Blättern vier tassengroße (je 250 ml) Formen auslegen (runde, feuerfeste Terrinchen mit flachem Boden eignen sich gut). Dabei sollen die Blattspitzen nach innen zeigen und die breiten Rückteile über den Rand der Form hinausragen. Die Formen mit dem Muschelfleisch füllen und nach oben hin durch Einschlagen

250 ml *crème fraîche* (siehe Rezept Seite 274) oder dicke Sahne, vorzugsweise nicht ultrahocherhitzt
eine Prise Safran (nach Belieben)
4 Teelöffel Kaviar (nach Belieben)

und Überlappen der Spinatblätter schließen. Zur Seite stellen.

4. Den Backofen auf 175° vorheizen.

5. Die verbliebenen 4 Eßlöffel Butter mit dem Fenchel und der Zwiebel in eine kleine Pfanne geben und bei kleiner Hitze 10 Minuten dünsten. Den Wein, die Austernflüssigkeit sowie die *crème fraîche* beziehungsweise die dicke Sahne zugießen und das Ganze 2 bis 3 Minuten kochen lassen.

6. Die Sauce durchseihen (Fenchel und Zwiebel verbleiben im Sieb) und in die Pfanne zurückgießen. Falls gewünscht, den Safran zugeben. Die Sauce bei mittlerer Hitze kochen und dabei um ein Drittel reduzieren (oder bis sie geschmeidig und glänzend wird). Soll das Gericht später serviert werden, die Sauce über einem Doppelkocher bei schwacher Hitze warmhalten.

7. Die gefüllten Formen 15 Minuten im Ofen backen lassen. Die Austern noch einmal 4 Minuten lang im Ofen nacherhitzen, dann zudecken, damit sie innen saftig bleiben.

8. Die in Spinat gehüllten Muscheln aus den Formen nehmen, jede Portion auf einen vorgewärmten Teller setzen, mit 3 Austern umlegen und diese mit der Sauce übergießen. Wird Kaviar dazu serviert, 1 Teelöffel davon auf jeden Teller häufen und sofort auftragen.

Für 4 Personen.

ROTI D'AGNEAU AUX HERBES EN CROUTE DE SEL JAMIN
(LAMMBRATEN MIT KRÄUTERN IN SALZKRUSTE JAMIN)

Dieses bemerkenswert einfache und doch so schmackhafte Gericht ist im JAMIN, *Joël Robuchons Restaurant, der meistbestellte Gang. Das Lammfleisch gart in einer mit Thymian versetzten Salzkruste, die den Braten hermetisch umschließt wie eine geschmackgebende Backröhre. Diese Kruste selbst wird hinterher weggeworfen.*

Salzkruste:
150 g Salz
250 g grobes Salz

1. Den Backofen auf 200° vorheizen.

2. Die Salzkruste bereiten: dazu in einer großen Schüssel das feine und das grobe Salz, Eiweiß, Mehl

(in Reformhäusern erhältlich)
1 Eigelb und 1 Eiweiß
575 g Mehl
2 Eßlöffel getrockneter Thymian, in 375 ml Wasser eingerührt
Lamm:
1 kg Lammfleisch zum Braten, ohne Knochen (ein Stück Lammkeule ist sehr gut geeignet)
frisch gemahlener schwarzer Pfeffer
½ Teelöffel getrockneter Thymian
1 Prise Salz
1 Teelöffel grobes Salz

sowie das Waser mit dem Thymian vermischen Durchkneten, bis die Masse homogen ist. Es ist unerläßlich, daß der Teig fest und nicht zu naß oder schlierig ist. Anderenfalls zusätzlich Mehl einkneten. Der Teig zu einer Platte ausrollen, die groß genug ist, um das Fleisch zu umschließen.

3. Das Fleisch mit Pfeffer und Thymian würzen und in den Salzteigmantel einschlagen. Die Teigränder so miteinander verkneten, daß keine offenen Stellen bleiben. Auf ein Backblech legen. (Bis zu diesem Punkt können die Vorbereitungen mehrere Stunden vor dem Braten erfolgen.)

4. Kurz vorher das Eigelb und die Prise Salz mit ½ Teelöffel Wasser verrühren und den Teigmantel damit einpinseln. Den Teigmantel mit grobem Salz bestreuen.

5. Das Lamm im Teigmantel auf dem Backblech in den Ofen schieben und 25 bis 30 Minuten braten lassen, wenn es saftig-rosa sein soll (das Fleischthermometer zeigt dann 45° an). Wird es gut durchgegart gewünscht, weitere 5 bis 10 Minuten im Ofen lassen. Die Kruste müßte dann tief goldbraun sein. Das Lamm noch eine Stunde in der ungeöffneten Hülle lassen (es bleibt darin heiß), bevor es aufgetragen wird.

6. Vor dem Servieren die Salzkruste an einem Ende aufschneiden, den Braten herausholen und diagonal zur Faser in ganz feine Scheiben schneiden. Dazu frisch bereitete, gebutterte Pasta oder gratinierte Kartoffeln reichen. Die Salzkruste wirft man weg.

Für 4 Personen.

TARTE FEUILLETEE A L'ANANAS JAMIN
(ANANAS-BLÄTTERTEIGTORTE JAMIN)

Obwohl man Ananas bereits im 18. Jahrhundert in Frankreich kannte, ist sie bis heute so etwas wie eine vernachlässigte Frucht geblieben. Ludwig XIV. verletzte sich die Zunge beim ersten Versuch, das exotische Obst (mit Schale!) zu kosten, doch Ludwig XV. liebte das süße Fruchtfleisch. Im JAMIN *mußte Chef Joël Robuchon die Erfahrung machen, daß es nicht einfach war, die Gäste von der Labsal eines Ananastörtchens zu überzeugen. Das dauerte allerdings nur so lange, bis der Versuch gemacht war. Die Herstellung ist übrigens besonders einfach, wenn man im Tiefkühlfach einen Stapel Tortenböden bereitliegen hat. Die Fertigstellung der Torte muß unbedingt in letzter Minute erfolgen; anderenfalls wird der Teig klitschig, und die Torte verliert ihr frisches fruchtiges Aroma. Monsieur Robuchon geht von einem ganz feinschichtigen Blätterteig aus; ebensogut läßt sich aber ein guter selbstgemachter Tortenbodenteig als Basis verwenden.*

250 ml Milch	1. Die Milch in einem kleinen Topf zum Kochen bringen.
2 Eigelb	
50 g Zucker	2. In der Zwischenzeit im Mixgerät die Eigelb mit dem Zucker dick und blaßgelb schlagen. Mehl und Stärke langsam einarbeiten. Wenn die Milch kocht, langsam in die Mischung eingießen und vermengen.
3 Eßlöffel Mehl	
1 Eßlöffel Stärkemehl	
2 Teelöffel Kirschwasser oder anderer Obstbranntwein	
1 vorgebackener, abgekühlter Tortenboden von 27 cm Durchmesser	3. Die Mischung in den Topf zurückgießen und bei mittlerer Hitze unter ständigem Rühren 3 bis 4 Minuten über der Flamme lassen. Herunternehmen und das Kirschwasser in die Masse einschlagen. Die warme Creme über den Tortenboden verteilen.
6 frische Ananasscheiben (je 1½ cm dick)	4. Die Ananasscheiben in keilförmige Stücke schneiden, und den Tortenboden strahlenförmig von außen nach innen damit belegen.
2 Eßlöffel Quitten- oder Johannisbeer-Gelee (rot)	5. Das Gelee in einer kleinen Pfanne bei geringer Hitze schmelzen lassen. Dann durchseihen und warm auf den Ananasbelag aufstreichen. Die Torte unverzüglich servieren.

LE PETIT BEDON
38, Rue Pergolèse, Paris 16
℡ 500 23 66
Metro: Argentine
Geschlossen: Samstag,
Sonntag, an Feiertagen und
im August
Kreditkarten: DC, V
Klimatisiert
250 bis 275 Francs

Nachdem er fünf Jahre als Konditormeister bei Gaston Lenôtre und sechs weitere Jahre im LE GRAND VÉFOUR gearbeitet hatte, stellte sich Christian Ignace auf eigene Füße. Als Chef des PETIT BEDON bietet er eine Küche, die neuartig und einfallsreich ist und im allgemeinen auch gut bei den Gästen ankommt. Zu seinen besten Gerichten gehört ein Räucherlachs von ganz ungewöhnlichem Geschmack, dann Milchlamm (das man nur in wenigen Retaurants bekommt), und schließlich ein ebenso erfrischendes wie sättigendes Dessert von karamelisierten Birnen.

Spezialitäten: *Méli-mélo de queues de langoustines au xérès* (mit Sherry angemachter Salat aus Scampi, Kapern und Lattich)

LE PRE CATELAN

Route de Suresnes, Bois de Boulogne, Paris 16
∅ 52455558
Mit der Metro nicht erreichbar
Geschlossen: Sonntagabend, Montag und zwei Wochen im Februar
Kreditkarten: AE, DC, V
Terrasse und Garten
Separater Speiseraum für geschlossene Gesellschaften bis zu 440 Personen
250- und 350-Francs-Menüs, ohne Wein und Bedienung, à la carte 350 bis 400 Francs

Spezialitäten: Mit der Jahreszeit wechselnd

GUY SAVOY

28, Rue Duret, Paris 16
∅ 5001767
Metro: Argentine
Geschlossen: Samstag, Sonntag und die ersten beiden Wochen im Januar
Kreditkarte: V
Klimatisiert
230- und 300-Francs-

Ignace räuchert seinen Lachs selbst, und zwar nachdem er ihn zuerst eingesalzen und mit Zucker und einem aus Brasilien stammenden schwarzen Pfeffer von beinahe blumigem Aroma behandelt hat. Die meisten Desserts verdienen, daß man sich ihnen ganz speziell widmet. Zwei kritische Anmerkungen: Nicht immer sind die Zutaten frisch. Einige Kreationen wirken unnötig kompliziert.

Im Sommer ist dieses Lokal eines der angenehmsten von Paris, um im Freien zu speisen. Unter breit ausladenden Walnußbäumen sitzt man im Schutze blütenweißer Sonnenschirme und erfreut sich an den nie nachlassenden kleinen Überraschungen der Küche von Patrick Lenôtre, einem Neffen des Konditormeisters Gaston Lenôtre. In den kälteren Monaten des Jahres ist es gut, sich einen Platz in der Nähe des Kamins zu sichern, wo man sich nicht weniger zu Hause fühlen und verwöhnt vorkommen kann. Lenôtres kulinarisches Repertoire wächst immer noch, und Didier Bordas, der *sommelier,* erteilt bei der Auswahl der Weine seinen sachkundigen Rat. Im Winter sollte man sich hier für Wildbret entscheiden; einiges davon kommt von Lenôtres eigener Jagd in der Sologne, südlich von Paris. Das ganze Jahr über gibt es frischen und geräucherten Lachs, vortreffliche Enten-Gerichte und oftmals hervorragende Obsttorten. Bei der Zusammenstellung des Menüs sollten die unwiderstehlichen Schokoladendesserts auf keinen Fall zu kurz kommen. Leider kann die Bedienung recht unterschiedlich und mitunter etwas müde ausfallen.

Nach wie vor ist Guy Savoy einer der kreativsten jungen Meisterköche Frankreichs, und obwohl er seine Zeit zwischen seinen beiden Restaurants in Paris und Connecticut aufteilen muß, leidet weder die Qualität der Küche noch die des Service darunter. Der elegante, lachsfarbene Speiseraum wirkt genauso ausgewogen dezent wie es die *cuisine* des Hauses ist. Der *sommelier* könnte gar nicht gefälliger und hilfreicher sein, und man kann sich eigentlich keinen Gast vorstellen, der von diesem intimen Restaurant nicht ein

Menüs, ohne Wein und Bedienung, à la carte 350 Francs

Spezialitäten: *Aiguillettes et foie de canard en salade* (Salat aus Entenbrust-Streifen und Entenstopfleber), *mille-feuille* (mit Obst gefülltes Blätterteig-Dessert) und andere vom Dessertwagen kommende Süßspeisen

Gefühl des Wohlbehagens mit nach Hause nimmt. Chef Savoy gibt den Erzeugnissen seiner Küche einen sehr persönlichen Akzent. Die Speisen sind leicht, ästhetisch ansprechend und ihre Komponenten ganz nach seinem individuellen Geschmack: gediegene Fleisch- und Geflügelstücke, Nieren und Kalbsbries, zartgekochter Spinat, eine Unmenge Kräuter und als Beilage immer pergamentdünne Röstkartoffeln, in genau der richtigen Menge Butter gebraten.

Arc de Triomphe, Place des Ternes, Porte Maillot
17. Arrondissement

LE BERNARDIN
18, Rue Troyon, Paris 17
∅ 380 40 61
Metro: Charles-de-Gaulle/Etoile
Bestellungen werden bis 23 Uhr entgegengenommen
Geschlossen: Sonntag, Montag und im August
Kreditkarten: AE, V
300 bis 375 Francs

Spezialitäten: Fisch und Meeresfrüchte, darunter *oursins chauds au beurre d'oursins* (in Seeigel-Butter zubereitete Seeigel), *fricassée de coquillages*

L E BERNARDIN – behaglich, gepflegt und zuverlässig – gehört zu meinen Lieblingsrestaurants in Paris. Gilbert und Maguy le Coze haben es sich zur Lebensaufgabe gemacht, eines der besten Fischrestaurants der Welt zu führen, und man darf sagen, mit Erfolg. Fisch und Schalentiere werden hier mit äußerster Delikatesse behandelt. Und das ist Restaurantchef Gilberts Geheimnis: nur die allerfrischsten Zutaten verwenden, vielleicht etwas Butter oder Sahne, Kräuter oder Öl einsetzen, aber nicht die ursprüngliche Geschmacksnote verfälschen. Der *plateau de fruits de mer* ist eine der prächtigsten Meeresfrüchte-Platten der Seinemetropole, ein wahrhaft lukullisches Festmahl. Mehr als ein Dutzend herausragende Gerichte lassen sich hier finden, und gewiß gehört LE BERNARDINS berühmte *fricassée de coquillages* dazu, ein sehr gehaltvoller erster Gang, der aus einer reichhaltigen Mischung von Venusmuscheln, Pfahlmuscheln und Austern besteht, die in eine geradezu überwältigende, nach Meerwasser schmeckende Brühe aus Butter, *crème fraîche*, Tomaten und Schalotten getaucht sind.

(Muschelfrikassee),
*escalope de saumon aux
truffes* (Lachs mit Trüffeln)

Gilbert le Coze vor dem Porträt seines Großvaters, eines
bretonischen Fischers. Das
Bild hängt im LE BERNARDIN

Wenn sich die *escalope de saumon aux truffes* auf der
Speisekarte findet (das ist gewöhnlich von Februar bis
September der Fall, dann besitzt der schottische Lachs
sein bestes Aroma), sollte niemand versäumen, sich
diese himmlische Komposition aus frischen Trüffeln
und zart gegartem Lachs in Butter- und Sahne-Sauce
zu gönnen (siehe nachstehende Rezepte). Andere Spit-
zengerichte sind etwa *Saint-Pierre aux poireaux*, weiße
Stücke vom Petersfisch, die nur für Sekunden in einer
aromatischen Fischbrühe pochiert wurden und die
man auf gebutterten, nur angegarten und daher noch
knackigen Lauchstreifen serviert; *saumon à la menthe*,
mit frischem Minzen- und Tomatensaft getränkter
Lachs; und dann natürlich alle Zubereitungen, die Gilbert sich für seine frischen, riesigen *coquilles Sai-t-
Jacques* (Jakobsmuscheln) ausgedacht hat. Fügt man
dem noch das immer wieder eindrucksvolle Sortiment
an Weißweinen hinzu, sowie Berthillons gleichbleibend gutes, unvergeßliches Eis und LE BERNARDINS
Schleckereien aus der eigenen Konditorei, so hat man
die Ingredienzien für ein Abendessen, an das man sich
stets erinnern wird. Beklagt habe ich mich in diesem
Restaurant, wenn auch vergeblich, über das oftmals
nicht frische Brot, andere Gäste beanstandeten die ihrer Meinung nach zu wenig aufmerksame Bedienung.

FRICASSEE DE COQUILLAGES LE BERNARDIN
(MUSCHELFRIKASSEE LE BERNARDIN)

Dies ist das erste Gericht, das ich im Le Bernardin *zu mir nahm, und es gehört zu den beliebtesten Speisen dieses Restaurants: eine aus acht verschiedenen Arten von Schalentieren gemachte, wahrhaft elegante und wunderbar kräftig schmeckende Suppe, deren von Kräutern, Tomaten, Butter und Sahne belebte Grundbrühe einen leichten Meerwassergeschmack hat. In Frankreich erhält diese Speise durch den phantastischen Reichtum des Landes an Muscheln – die* clam, praire, amande, vénus *und* coque *gehören dazu – eine bemerkenswerte Fülle und geschmackliche Ausprägung. Wenn Sie die Suppe zu Hause zubereiten, kombinieren Sie, was auch immer Sie an Kamm-Muscheln, Pfahlmuscheln und anderen Arten von Muscheln am frischsten erstehen können; mit dem Ergebnis werden Sie ganz gewiß zufrieden sein. Servieren Sie das Gericht mit viel frischem, knusprigem Brot, damit man die goldgelbe, saucenähnliche Brühe auftunken kann.*

170 g Butter
310 ml *crème fraîche*
(siehe Rezept Seite 274)
oder dicke Sahne, vorzugsweise nicht ultrahocherhitzt
4 mittelgroße Tomaten, enthäutet, von Kernen befreit und kleingeschnitten
1 Knoblauchzehe, feingehackt
1 Schalotte, feingehackt
1 Sträußchen Petersilie, feingehackt
1 Eßlöffel Cognac
frisch gemahlener schwarzer Pfeffer nach Geschmack
12 große Scheidenmuscheln (Meerscheiden) in mehrmals gewechseltem Wasser ausgiebig gebürstet

1. Den Backofen auf 90° vorheizen.

2. In einer sehr großen Pfanne oder Kasserolle die Butter, die *crème fraîche* oder dicke Sahne, Tomaten, Knoblauch, Schalotten und Petersilie bei starker Hitze innig miteinander verrühren. Cognac und Pfeffer zugeben. Sobald die Mischung kocht, die großen Scheidenmuscheln zugeben und zugedeckt kochen lassen, bis sie sich öffnen (nach etwa 5 Minuten). Die Pfahlmuscheln zugeben, wieder zugedeckt kochen lassen, bis alle Schalen offen sind (weitere 3 bis 4 Minuten).

3. Alle Muscheln mit offener Schale herausnehmen, in eine angewärmte Schüssel legen und zudecken. Die Schüssel zum Warmhalten in den Ofen stellen. Schalentiere mit noch geschlossener Schale zum Weiterkochen in der Sauce lassen. Die kleinsten Muscheln in die Sauce geben und zugedeckt kochen lassen, bis sie sich zu öffnen beginnen (abermals 3 bis 4 Minuten). Dann die Jakobsmuscheln zugeben und erneut zugedeckt 4 Minuten kochen lassen.

4. Die Brühe weiterkochen lassen, während alle Schalentiere mit einem Schaumlöffel herausgenommen werden. Alle Exemplare, die sich nicht geöffnet haben sollten, wegwerfen. Alle anderen, einschließlich der im Ofen warmgehaltenen, auf vier große, an-

750 g Pfahlmuscheln (Miesmuscheln), in mehrmals gewechseltem Wasser ausgiebig gebürstet und von Bärten befreit

750 g junge Venusmuscheln, in mehrmals gewechseltem Wasser ausgiebig gebürstet

500 g Jakobsmuscheln (Kamm-Muscheln) in der halben Schale (die Deckel sind abgenommen)

4 frischgeöffnete Austern, in der Schale

gewärmte Suppenschalen verteilen. In jedes Gefäß eine rohe Auster (mit der Schale) setzen. Die Brühe auf die vier Gefäße verteilen und sofort servieren. Teller für die leeren Schalen dazustellen.

Für 4 Personen.

ESCALOPE DE SAUMON AUX TRUFFES LE BERNARDIN
(LACHS MIT TRÜFFELN LE BERNARDIN)

Dieses Gericht gehört zu den zehn besten, die ich in den letzten Jahren gekostet habe. Küchenchef Gilbert le Coze vom LE BERNARDIN *übertraf sich mit dieser Schöpfung selbst. Sie strömt ein unwiderstehliches Aroma von waldfrischen schwarzen Trüffeln aus und vermittelt zugleich lebhaft den Geschmack des mit etwas Sahne und Butter zubereiteten Lachses. Entkorken Sie dazu eine Flasche gut ausgebauten Meursaults, und Sie schweben im siebten Himmel. Wollen Sie mit dem Kauf von Trüffeln nicht Ihr Budget überziehen, so können Sie sie durch frische oder getrocknete Waldpilze ersetzen, ohne dabei enttäuscht zu werden. (Getrocknete Pilze müssen vor ihrer Verwendung erst 20 Minuten in kochendheißem Wasser einweichen, damit sie sich vollsaugen; man läßt sie dann in Nesseltüchern von zunehmender Gewebedichte abtropfen und tupft sie am Ende trocken.*

500 ml *crème fraîche* (siehe Rezept Seite 274) oder dicke Sahne, vorzugsweise nicht ultrahocherhitzt

1. Den Backofen auf 260° vorheizen.

2. Die *crème fraîche* (oder dicke Sahne) und die Trüffeln mitsamt ihrem Saft (oder die vorbereiteten Trokkenpilze) in einer mittelgroßen Pfanne bei starker Hitze zum Kochen bringen. Beim Aufkochen die Hitze

40 g konservierte schwarze Trüffeln, in Julienne-Streifen geschnitten, oder 15 g Trockenpilze, vorbereitet wie oben angegeben (bei der Verwendung von Trüffeln den Saft aufheben)
140 g eiskalte Butter
1 Eßlöffel Zitronensaft
Salz und frisch gemahlener schwarzer Pfeffer nach Geschmack
800 g Lachs, enthäutet und in 12 dünne Filets geschnitten

sogleich reduzieren und weiterkochen, bis die *crème fraîche* einzudicken beginnt; das dauert etwa 3 bis 4 Minuten. Vom Feuer nehmen und eßlöffelweise die Butter einschlagen, bis sie in der Pilzsauce völlig aufgegangen ist. Den Zitronensaft einrühren, dann mit Salz und schwarzem Pfeffer abschmecken.

3. Die Hälfte der Sauce in vier feuerfeste Formen schöpfen. In die Sauce jeder Form 3 Lachsfilets nebeneinander legen. (Die Filets sollten dabei nicht überlappen.) Den Rest der Sauce über die Filets verteilen.

4. Die Formen in den Ofen schieben und nach 2 bis 3 Minuten wieder herausholen (oder wenn der Lachs gerade eben gegart ist und die Portionen wunschgemäß durchgewärmt sind). Zu beachten ist, daß die Formen nicht zu lange im Ofen bleiben dürfen, sonst gerinnt die Sauce. Sofort servieren.

Für 4 Personen.

LA COQUILLE

6, Rue du Débarcadère, Paris 17
∅ 574 25 95
Metro: Porte Maillot
Geschlossen: Sonntag, Montag, an Feiertagen und im August
Kreditkarte: V
Klimatisiert
250 bis 300 Francs

Spezialitäten: *Coquilles Saint-Jacques au naturel* (in der Schale gebackene Jakobsmuscheln, von Oktober bis Mai), *boudin noir grillé* (gegrillte Blutwurst), *soufflé au praslin de noisettes* (Haselnußsoufflé)

Dieses freundliche, lebhafte, von vielen Stammgästen aus der Nachbarschaft besuchte Bistro habe ich in mein Herz geschlossen. Schon von meinem ersten, mehrere Jahre zurückliegenden Besuch an habe ich mich bei den aufgeschlossenen Eigentümern, Paul und Catherine Blache, in dem Ambiente des Lokals selbst, bei diesen Speise- und Weinkarten und in Obhut des mit Hingabe bedienenden Personals heimisch gefühlt. Das Menü und die Weinliste kenne ich beinahe auswendig, und so kommt es, daß ich schon den ganzen Tag im Geiste Speisen aussuche, wenn ein Abendessen in LA COQUILLE geplant ist. Bestellt man die rasch gebackenen, ungarnierten *coquilles Saint-Jacques,* so geht man niemals fehl. Und ebensowenig wird man enttäuscht von dem feingewürzten *boudin noir;* dem gekonnt gebratenen Wildbret (Oktober bis Februar); dem denkbar dicksten Frühlingsspargel; sauber gegrillten Lamm-Chops und -Steaks und natürlich dem ›Aushängeschild‹ unter den Desserts in LA COQUILLE: *soufflé au praslin de noisettes* (siehe nachstehendes Rezept). Die Weinkarte fällt durch ihre besonders günstigen Preise angenehm auf, ja manches

Kamm-Muscheln und gegrillte Blutwurst sind Spezialitäten in LA COQUILLE

erlesene Gewächs ist eine regelrechte Trouvaille. Dabei darf man ungestraft den Vorschlägen des *maître d'hôtel* folgen, der einem etwa einen schönen Sancerre, den selten zu findenden weißen Hermitage, Chante-Alouettes, oder eine ansehnliche Auswahl roter Bordeaux nahelegt.

SOUFFLE AU PRASLIN DE NOISETTES LA COQUILLE
(HASELNUSS-SOUFFLE LA COQUILLE)

LA COQUILLE ist mein liebstes Stamm-Bistro, und dies ist sein Renommier-Dessert. Ich kostete es gleich bei meinem ersten Besuch an einem kalten Winterabend. In dem Maße wie meine Anhänglichkeit gegenüber LA COQUILLE wuchs, nahm auch meine Begeisterung für diese leichte Nachspeise mit der Haselnußfüllung zu.

Nußkrokant:
100 g Haselnüsse
100 g Zucker
1 Teelöffel Butter
zum Bestreichen eines
Kuchenblechs
Soufflé:
250 ml Milch
½ Vanilleschote
Eigelb und Eiweiß von
6 Eiern
3 Eßlöffel Zucker

1. Den Backofen auf 150° vorheizen.
2. Die Haselnüsse auf einem Backblech 5 Minuten im Ofen lassen. Dann die noch warmen Nüsse in einem Küchenhandtuch reiben, um so viel Haut wie möglich zu entfernen. Die Nüsse abkühlen lassen und grob hacken.
3. Den Zucker in einer mittelgroßen Pfanne schmelzen, bis er sich aufgelöst und einen leichten Rostton angenommen hat. Die Nußkrümel zugeben und verrühren, bis sie vollständig mit Zucker beschichtet sind. Das Ergebnis ist die Krokantmasse.
4. Diese Masse über ein mit Butter bestrichenes, ka-

30 g Mehl
1 Prise Salz
1 Eßlöffel Butter zum
Ausstreichen einer
Soufflé-Form von
1 Liter Inhalt
60 ml Kirschwasser

tes Kuchenblech verteilen und (etwa 5 Minuten) aus-
härten lassen. Dann in einen Mixer füllen und pulveri-
sieren. Das Pulver zur Seite stellen. (Dieses Pulver
kann im voraus gemacht und in einem luftdichten Behälter aufbewahrt werden. So ist es im Kühlschrank
eine Woche und tiefgekühlt praktisch unbegrenzt
haltbar.)

5. Die Herstellung der Soufflémasse: Die Milch zusammen mit der Vanilleschote bei mittlerer Hitze zum
Kochen bringen. Vom Feuer nehmen und noch 5 Minuten ziehen lassen.

6. In einem mittelgroßen Rührgefäß 4 der Eigelb mit
dem Zucker, dann dem Mehl vermengen. Die Vanilleschote aus der Milch nehmen, und die Milch in die
Eimasse einrühren. Diese Mischung in einem mittelgroßen Topf bei mittlerer Hitze und unter ständigem
Umrühren zum Kochen bringen. Von diesem Augen-
blick an noch 2 Minuten weiterkochen lassen, ohne
das Rühren einzustellen. Vom Feuer nehmen und die 2
noch verbliebenen Eigelb gut untermischen. (Bis zu
dieser Stufe kann das Soufflé schon vor der eigentlichen Herstellung vorbereitet werden.)

7. Den Backofen auf 165° vorheizen.

8. Um das Soufflé fertigzustellen, die Hälfte des Kro-
kantpulvers mit der Eigelbmasse in einer großen
Schüssel gut durchmischen.

9. In einer anderen großen Schüssel die Eiweiß mit der
Prise Salz zu einem steifen, aber nicht trockenen
Schnee schlagen. Ein Drittel dieses Schnees unter die
Krokant-Ei-Mischung (8. Arbeitsstufe) heben; das
muß vorsichtig aber gründlich geschehen. Dann den
restlichen Schnee unterheben. Das Ganze sorgfältig
vermengen.

10. Die Soufflé-Form mit Butter ausstreichen. Die
Soufflé-Mischung vorsichtig in die Form füllen und
mit dem verbliebenen Krokantpulver bestreuen. Dieses wird beim Backvorgang eine goldgelbe Kruste bilden. 12 bis 15 Minuten im Ofen lassen.

11. Das Soufflé aus dem Ofen nehmen, mit dem
Kirschwasser beträufeln und unverzüglich servieren.
Für 4 Personen.

LES GOURMETS DES TERNES

97, Boulevard de
Courcelles, Paris 17
☎ 227 43 04
Metro: Ternes
Geschlossen: Samstag,
Sonntag und im August
Keine Kreditkarten
Im Sommer Tische auf dem
Bürgersteig
100 Francs

Spezialität:
Grillfleisch mit Pommes
frites

MICHEL ROSTANG

20, Rue Rennequin,
Paris 17
☎ 763 40 77
Metro: Ternes
Geschlossen: Samstag-
mittag von Oktober bis
März, den ganzen Samstag
von April bis September,
Sonntag an Feiertagen,
von der letzten Juliwoche
zur letzten Augustwoche,
in der Weihnachtswoche
und eine Woche im
Februar
Kreditkarte: V
Klimatisiert
Separater Speiseraum für
geschlossene Gesellschaf-
ten bis zu 20 Personen
135-Francs-Menü, ohne
Wein und Bedienung,
nur mittags erhältlich;
235- und 280-Francs-Me-

Wer hervorragend gegrillte Steaks oder Lamm-Chops zu schätzen und in einem ganz und gar unprätentiösen Rahmen zu genießen weiß, sollte sich bei den GOURMETS DES TERNES einladen, einem be-scheidenen Bistro unweit der Place des Ternes. Jeden Morgen gegen 11 Uhr erscheint im Fenster das *complet*-Schild: Alle Plätze sind um diese Zeit bereits ver-geben: Die Geschäftsleute aus der Umgebung wissen, wo man etwas Gutes bekommt. Dies ist ein Ort, der seine Patina hat. Kürzlich erhielt er sogar einen neuen Anstrich, aber wie eh und je paßt hier kein Stuhl zum anderen, keine Lampe zur nächsten, und es muß lange her sein, daß sich die Kellnerinnen für ihre Arbeit be-geistern konnten. Und doch kommen die Stammkun-den unentwegt und erfreuen sich der handfesten, ein-fachen Kost. Im Sommer darf man seinen Genuß ins Freie, auf die kleine Bürgersteig-Terrasse, verlegen.

Michel Rostangs gastronomisches Talent hat sich in den letzten Jahren immer mehr entwickelt, und heute kann er gewiß zu den kreativsten und gewis-senhaftesten Küchenmeistern von Paris gezählt wer-den. Kaum denkbar, daß Sie von seinen federleichten, mit frischem Ziegenkäse gefüllten Ravioli, die in einer kräftigen Hühnerbrühe schwimmen, enttäuscht sein könnten (siehe nachstehendes Rezept); oder von sei-ner unvergleichlichen *canette au sang*, einer gebrate-nen jungen Ente, von deren Blut der Sauce etwas hin-zugefügt und die in zwei Gängen serviert wird; auch die gänzlich einfache, aber geschmacklich exquisite *poulette de Bresse en pot-au-feu* zeugt von einem mo-dernen Küchenkonzept mit leichter Kost: Hier han-delt es sich um eine ragoutähnliche Zusammenstellung aus Hühnchen und feinen Gemüsen. Noch heute habe ich den Geschmack von Rostangs himmlischem Salat aus warmen Kartoffelscheiben und frischen schwarzen Trüffeln auf der Zunge, wie auch von einem ganz ähn-lichen ersten Gang, bei dem Kartoffeln, saure Sahne und Kaviar eine glückliche Verbindung eingehen. Das Brot hier (von Monsieur Pain, gerade gegenüber) ist sehr verführerisch, die Käseplatte mit Kennerschaft zusammengestellt, die Weinliste – darunter einige

nüs dégustation, ohne Wein und Bedienung, mittags und abends erhältlich, à la carte ungefähr 350 Francs

Spezialitäten:
Raviolis de fromage de chèvre frais au bouillon de poule (mit frischem Ziegenkäse gefüllte Ravioli in Hühnerbouillon), *canette au sang* (junge Blutente), *poulette de Bresse en pot-au-feu* (Masthühnchen mit feinen Gemüsen)

günstige Angebote guter Regionalweine – kann sich sehen lassen. Vielleicht versuchen Sie hier einmal den Rotwein der Domaine Tempier Bandol oder eine der gepflegten Châteauneuf-du-Pape-Lagen. Wer die moderne französische Küche liebt und sich dem feinen Geschmack eines Mannes anvertraut, der dabei auch noch der klassischen Auffassung seinen Tribut zollt, ist bei Michel Rostang gut aufgehoben.

RAVIOLIS DE FROMAGE DE CHEVRE FRAIS AU BOUILLON DE POULE
(MIT FRISCHEM ZIEGENKÄSE GEFÜLLTE RAVIOLI IN HÜHNERBOUILLON)

Dieses Gericht stellt einen solch begeisternden ersten Gang dar, daß ich mich bei meinen Besuchen in Michel Rostangs behaglichem, elegantem Restaurant im 17. Arrondissement selten zu einer anderen Bestellung entschließen kann. Wenngleich viele von der nouvelle cuisine *inspirierte französische Köche Pasta in ihr Speiseprogramm aufgenommen haben, ist Rostangs Pasta-Version dem Regionalen verhaftet geblieben. Seine Familie stammt aus Savoyen, wo die Bauersfrauen die Ravioli gerne mit selbstgemachtem Ziegenkäse füllen und dann in einer aus frischem Hühnerfleisch bereiteten Brühe kochen. Obwohl die Herstellung dieses Gerichtes zeitaufwendig ist, wirkt es auf mich so unwiderstehlich, daß ich es mir oft selbst zu Hause mache. Dabei richtet sich die Füllung danach, worauf ich gerade Lust habe und was zur Hand ist. Köstlich schmeckt Ziegenkäse mit Rosmarin oder auch ein scharfer Tête de Moine aus der Schweiz. Das Formen der Ravioli läßt sich auf einem dafür besonders vorgesehenen gezackten Blech (das man in italienischen Spezialgeschäften, aber auch in den Fachgeschäften für Küchenbedarf in Paris bekommt) leichter bewerkstelligen, obwohl in der nachfolgenden Anweisung die einfache Zubereitung von Hand vorgesehen ist. Die hier beschriebene Pasta, deren Teig sich in einem Mixer rasch herstellen läßt, wird mit Sahne (anstatt mit Öl) gemacht; dadurch wird der Teig geschmeidiger, und die Taschen lassen sich besser versiegeln.*

Pasta:
280 g Mehl, eventuell
auch etwas mehr
2 Eier
2 Eßlöffel dicke Sahne
1 Teelöffel Salz
Füllung:
200 g milder Ziegen-
käse, gewürfelt
150 g Gruyère,
gewürfelt
2 Eßlöffel dicke Sahne
1 geschlagenes Ei
2 Eßlöffel fein-
gehackter, frischer
Kerbel, Rosmarin oder
Schnittlauch
Salz und frisch gemah-
lener schwarzer Pfeffer
nach Geschmack
2 Liter selbstgemachte
Hühnerbrühe
1 Eßlöffel Kerbel
oder Petersilie
zum Garnieren

1. Pasta: Alle für die Pasta angegebenen Zutaten in einen Mixer mit Metallmesser geben und mischen, bis sich eine Teigkugel formt. Ist der Teig klebrig, löffelweise weiteres Mehl hinzufügen, dabei nach jeder Mehlzugabe erneut durchmischen, bis der Teig sich glatt und fest anfühlt. Den Teig aus dem Mixer nehmen und 1 Minute lang kneten. Dann in 4 gleichgroße Partien teilen. Unter einem mit Mehl bestäubten Tuch ruhen lassen, während inzwischen die Füllung hergestellt wird.

2. Füllung: In einem Mixer mit Metallmesser Ziegenkäse, Gruyère, Sahne und Ei zu einer homogenen Masse schlagen. Die Kräuter sowie Pfeffer und Salz zugeben. Erneut durchmischen. Abschmecken.

3. Die Herstellung der Ravioli: Eine Partie des Teigs sehr dünn (etwa 2 mm) ausrollen; das geht am besten durch die Preßwalzen einer kleinen Pasta-Maschine. Diese Teigplatte auf ein 13 × 28 cm großes Rechteck zurechtschneiden. Mit einem Teelöffel olivengroße Häufchen der Füllung entlang einer Längskante – in 1½ cm Abstand von der Kante und 3 cm Abstand von Häufchen zu Häufchen – auf die Teigplatte setzen. Dann die freie Hälfte der Teigplatte über die Hälfte mit der Füllung schlagen und die beiden übereinanderliegenden Kanten fest zusammendrücken. Überstehende Teiglappen mit einem Teigrädchen oder mit einem Konditormesser abschneiden. Dann den Teig so zwischen den Häufchen durchschneiden und mit den Fingerspitzen die Teigränder aufeinanderdrücken, daß kleine rechteckige Taschen entstehen. Sie müssen rundherum fest geschlossen sein; anderenfalls kommt beim späteren Kochen die Farce heraus. Die gleiche Prozedur bei den anderen Teigpartien anwenden.

4. Zum Kochen der Ravioli die Hühnerbrühe leicht wallen lassen, jeweils etwa ein halbes Dutzend Ravioli hineingeben und nur 2 bis 3 Minuten kochen lassen. Die gekochten Ravioli in einer vorgewärmten Schüssel aufbewahren. Man serviert sie, indem man die gewünschte Menge in eine Suppenschüssel legt, mit Hühnerbrühe übergießt und mit Kerbel oder Petersilie bestreut. Für 4 Personen.

LE TIMGAD
21, Rue Brunel, Paris 17
☎ 574 23 70
Metro: Porte Maillot
Geschlossen: Sonntag und
im August
Kreditkarten: DC, V
Klimatisiert
150 bis 200 Francs

Spezialitäten:
Couscous, tajines (Fleisch-
und Geflügelragouts),
méchoui (gegrilltes ganzes
Lamm)

Aus der Verknüpfung der fruchtbaren gastronomischen Traditionen Marokkos, Algeriens und Tunesiens ist im LE TIMGAD einer der raffiniertesten und gelungensten *couscous* von Paris hervorgegangen, die beste *merguez,* jene scharfgewürzte Wurst aus Lammfleisch, und nicht zu vergessen die geschmacklich tadellos abgestimmten *tajines,* im Holzofen gegarte Stews aus Fleisch oder Geflügel. Die phantasievolle Ausstattungen des Lokals – dekorative weiße Wände mit verschlungenen Gipsreliefs, die von frischen Früchten und von einem Brunnen mit fließendem Wasser belebt werden – versetzt die Anwesenden in jene festlich-angeregte Stimmung, in der sie genießerisch eine Schüssel *couscous* nach der anderen verzehren mit allem, was zu dieser butterzarten Speise gehört: den Gemüsen, den Rosinen, den Kichererbsen, der köstlichen Brühe. Wie in den meisten Pariser Restaurants, besteht das Bedienungspersonal nur aus Männern, mit – im LE TIMGAD – einer wichtigen Ausnahme: der *couscous*-Mamsell. Restaurantchef Ahmad Laasri ist der festen Überzeugung, nur Frauen brächten genügend Geduld auf, die empfindlichen Grießkügelchen des *couscous* auszurollen. Also steht Morgen für Morgen eine junge Marokkanerin am Teigbrett und rollt ungefähr 15 Kilo der zarten Kügelchen – das ist etwa die Menge, die die Gäste so an einem Tag vertilgen. Favoriten im LE TIMGAD sind – außer dem *couscous* und der hausgemachten *merguez* (von der man sich immer zweimal nehmen muß, so gut ist sie) – das mit Koriander garnierte Hühnchen mit Oliven und das über einem offenen Holzfeuer gegrillte und seinen vollen Geschmack entwickelnde Lamm in irgendeiner der auf der Speisekarte angebotenen Versionen.

Saint-Ouen, La Villette, Belleville, Père Lachaise
19. und 20. Arrondissement und Saint-Ouen

AU COCHON D'OR
192, Avenue Jean-Jaurès,
Paris 19
∅ 607 23 13
Metro: Porte de Pantin
Täglich geöffnet
Kreditkarten: AE, DC, V
Klimatisiert
Separater Speiseraum für
geschlossene Gesellschaf-
ten bis zu 18 Personen
200 Francs

Spezialitäten:
Gegrilltes Fleisch,
Schalentiere

**COQ DE LA MAISON
BLANCHE**
37, Boulevard Jean-Jaurès,
Saint-Ouen
∅ 254 01 23
Metro: Mairie de
Saint-Ouen
Geschlossen: Mittwoch-
abend, Sonntagabend und
die Woche des 15. August
Kreditkarten: DC, V
Ungefähr 150 bis 200
Francs

Spezialitäten:
Coq au vin (Hähnchen in
Rotweinsauce), *jambon
persillé* (Schinken mit
Petersilie)

Die alten Viehhöfe, die dieses Bistro und andere Bistros entlang der Avenue Jean-Jaurès einst so bekannt werden ließen, existieren nicht mehr, aber das hält viele Unentwegte nicht davon ab, das altertümliche zweistöckige Restaurant zu füllen. Den größten Genuß hat man am Sonntagmittag: nicht nur bei einem Steak und einer Flasche Bordeaux, sondern beim Beobachten der selig speisenden Pariser Familien einschließlich *grand-mère*, die sich über Schnecken, Austern, Grillfleisch und ausgiebige Mengen Wein hermachen. Daß der Service, zumindest für Ausländer, hier recht nachlässig sein kann, müssen Sie dabei in Kauf nehmen.

Gleich jenseits der Stadtgrenze im Norden von Paris liegt dieses langgestreckte, betriebsame Lokal, in dem man sich eher in einem populären Landgasthaus als in einem Bistro an einer Pariser Straßenecke glaubt. Die Spezialität des Hauses ist *coq au vin*, hier ein wirklich ordentliches Federvieh, zusammen mit einer guten, dicken, aus einem gewaltigen Kupferkessel kommenden Rotweinsauce serviert. Andere Gerichte, die zu kosten sich lohnt, sind etwa die *salade folle* aus frischer *foie gras*, aus Krebsfleisch und grünen Bohnen; dann die *escargots aux noisettes*, die mit Petersilie und Haselnüssen deftig zubereiteten Weinbergschnecken; und schließlich der klassisch-gute *jambon persillé*. Die Auswahl an Weinen ist klein, aber mit Bedacht zusammengestellt. Immer gibt es einen sorgfältig ausgesuchten Beaujolais, abgesehen von preiswerten, weniger bekannten Kreszenzen, wie dem Ménétou-Salon von der Loire.

MERE-GRAND
20, Rue Orfila, Paris 20
✆ 636 03 29
Metro: Gambetta
Geschlossen: Freitag und
Samstagabend, Sonntag
und im September
Keine Kreditkarten
38- und 50-Francs-Menüs,
ohne Wein und Bedienung

Spezialitäten:
Wechselnde Bistro-
Gerichte, darunter *pâtés*
und gegrilltes Fleisch

Dieses anheimelnde Vorort-Restaurant verdient vielleicht keinen gesonderten Ausflug, doch wer dem historischen Friedhof Père Lachaise einen Besuch abstattet und in der Nähe einkehren will, sollte ein Essen bei der Mère-Grand vorsehen. Die bezaubernden Räumlichkeiten sind in hellvioletten Tönen gehalten; an den Wänden hängen kleine Kupferpfannen. Alle Bestellungen konzentrieren sich hier auf die beiden einfachen Menüs, die solche Bistro-Evergreens enthalten wie das *lapin à la moutarde* oder gegrillte *tournedos*. Die breite Palette der Vorspeisen bietet appetitliche Eröffnungen, wie die rustikale *pâté du Périgord* oder den überdurchschnittlichen *fromage de tête* (Kopfsülze). Der Hauswein ist durchaus trinkbar, die Bedienung freundlich. Reservierungen werden in der Mère-Grand nicht vorgenommen. Wer also dort ein Mittagessen plant, muß sich bis Punkt 12 Uhr eingefunden haben, 5 Minuten später sind alle Tische besetzt.

RELAIS DES PYRENEES
1, Rue du Jourdain,
Paris 20
✆ 636 65 81
Metro: Jourdain
Geschlossen: Samstag und
im August
Kreditkarten: AE, DC,
EC, V
200 bis 250 Francs

Spezialitäten:
Pipérade (Rührei, grüner
Paprika, Tomaten und
Schinken), *foie gras de
canard, confit d'oie*

Wie an so manchem Erinnernswerten aus den fünfziger Jahren scheinen an diesem besonnenen und bescheidenen Stammgäste-Bistro, das weiter an seinem klassischen Kurs festhält, die letzten drei Jahrzehnte spurlos vorübergegangen zu sein. Ein Bravo für den Hausherrn Jean Marty, der es versteht, bewährte Dinge zu erhalten. Es ist ein wahrer Genuß, den geschulten, routinierten Kellnern zuzuschauen, wenn sie am Tisch Speisen vorbereiten, wie sie tranchieren, flambieren und aus blitzblanken Kupfer- und Silberschüsseln die Speisen servieren. Die Küche folgt der Tradition Südwestfrankreichs. Auf der Karte finden sich daher auch die farbenfrohe, auf der Zunge zergehende *pipérade* (siehe nachstehendes Rezept); eine sehr feine, frische *foie gras* und ein formidabler *confit d'oie* mit Schwenkkartoffeln, wie sie wohl jeder gern zubereiten können möchte. Die hausgemachten Nachspeisen zeichnen sich mehr durch Fülle als durch besondere Originalität aus, bei dem sahnigen Grand-Marnier-Soufflé aber, einem Klassiker unter den Desserts, gehen einem die Augen über.

PIPERADE
(BASKISCHES OMELETT MIT SCHINKEN UND GEMÜSEN)

Fast in jedem Pariser Café oder Bistro, das etwas mit dem Baskenland zu tun hat ist diese für die dortige Region typische Speise zu bekommen. Die pipérade *ist ein belebendes, aus Eiern und Gemüsen bestehendes Gericht, das einen förmlich anlacht, wenn es auf dem Teller ankommt. Es gibt viele Versionen der* pipérade *aber allen gemeinsam sind zwei wesentliche Qualitätsmerkmale: Der Schinken darf nicht geräuchert und muß wirklich sehr gut, die Eier müssen absolut frisch sein. Die hier wiedergegebene Version stammt vom* RELAIS DES PYRÉNÉES. *Die Kochzeit von 1½ Stunden für die Gemüse-Mischung mag übertrieben erscheinen, aber es lohnt sich, dieser Empfehlung zu folgen, denn nur so erhält man die gewünschte dicke Konsistenz und ein voll entwickeltes Aroma.*

2 grüne Paprika
6 dünne Scheiben (ca.
175 g) nicht geräucher-
ter, roher Schinken
3 mittelgroße Zwie-
beln, gewiegt
4 Tomaten, grobge-
hackt
1 Knoblauchzehe,
gehackt
1 Lorbeerblatt
1½ Teelöffel frischer
oder ½ Teelöffel
getrockneter Thymian
1 Sproß frische Peter-
silie, gehackt
3 Eßlöffel Butter
8 Eier, leicht
geschlagen
Salz und frisch gemah-
lener schwarzer Pfeffer
nach Geschmack

1. Den Grill vorheizen. Dann die Paprikaschoten ungefähr 10 Minuten rösten (dabei soll der Rost ca. 5
Zentimeter von der Hitzequelle entfernt sein). Die
Schoten wenden, wenn die Haut Blasen wirft oder
schwarz zu werden beginnt. Aus dem Grillofen nehmen, sorgfältig enthäuten und von Kernen befreien,
sobald sich die heißen Schoten in die Hand nehmen
lassen. In dünne Streifen schneiden.

2. Zwei der sechs Schinkenscheiben in dünne Streifen
schneiden.

3. Ohne Zugabe von Butter oder Öl die Paprikaschoten, die Schinkenstreifen, Zwiebeln, Tomaten, Knoblauch und Kräuter in einer großen, zugedeckten Pfanne bei kleiner Hitze und unter gelegentlichem Umrühren 1½ Stunden schmoren lassen. Am Ende sollte die
Mischung recht dick sein.

4. Kurz vor Beendigung des Schmorvorgangs den
Grill erneut vorheizen und die 4 verbliebenen Schinkenscheiben darin rösten, bis die Ränder kroß sind.
Den Schinken warmhalten, während (Arbeitsstufe 5)
die Eier zubereitet werden.

5. In einer zweiten großen Pfanne die Butter bei mittlerer Hitze zergehen lassen. Dann auf kleine Hitze
herunterstellen, Eier, Pfeffer und Salz in die Pfanne
geben und, unter ständigem Umrühren mit einem
Holzlöffel, den Moment abpassen, da die gesamte Ei-

masse zu stocken beginnen will. Die verrührten Eier sollten noch locker und sehr sämig sein.

6. Erst unmittelbar vor dem Servieren die Gemüsemischung mit dem Rührei kombinieren. Auf vier Teller verteilen und jede Portion mit einem gegrillten Schinkenstreifen belegen. Unverzüglich auftragen.

Für 4 Personen.

LES TROIS PILOUX

61, Rue de Meaux, Paris 19
✆ 2080848
Metro: Laumière
Geschlossen: Sonntag,
Montag und im August
Kreditkarten: AE, EC, V
70-Francs-Menü, einschließlich Bedienung,
aber ohne Wein, à la carte
150 bis 175 Francs

Spezialitäten:
Regionale Küche von Corrèze (Südwestfrankreich), darunter Gerichte wie *magret de canard* (gegrillte Mastentenbrust), Rind- und Lammfleisch aus dem Limousin

Ein Eck-Café, in dem der Küchenchef, die Kochmütze auf dem Kopf, bei einer Handvoll Tischen persönlich die Runde macht? Das ist beileibe kein Scherz. Alles ist hier gleichermaßen von der Corrèze geprägt – der Chef, René Sourdeix, der Speisezettel und die mittäglichen Gäste, die weiß Gott keine Kostverächter sind. Was man sich hier gönnen sollte: den fachmännisch gegrillten, eindrucksvollen *magret de canard;* den luftgetrockneten Schinken der Region, *jambon cru,* in dünne Scheiben geschnitten und wie übereinanderliegende Blütenblätter dekorativ arrangiert, oder auch, wenn er gerade auf der Karte steht, den sehr schmackhaften Salat aus frischem Kabeljau *(morue fraîche),* Tomaten und grünblättrigem Salat, der zusammen mit verschiedenen Saucen auf den Tisch kommt.

Umgebung von Paris: Enghien-les-Bains, Saint-Germain-en-Laye, Versailles

CAZAUDEHORE

1, Avenue du Président-Kennedy, Saint-Germain-en-Laye
✆ 4519380

Die helle, blumenübersäte Terrasse des CAZAUDEHORE am Waldrand vor dem historischen Städtchen Saint-Germain-en-Laye ist ein geradezu idealer Platz für ein erholsames sommerliches Mittagessen: Wackere Ausflügler legen den halbstündigen Weg von

Metro: RER A-Linie,
Saint-Germain-en-Laye
Geschlossen: Montag und
an Feiertagen
Keine Kreditkarten
Terrasse und Garten
Separater Speiseraum für
geschlossene Gesellschaf-
ten bis zu 30 Personen
250 Francs

Spezialitäten:
Foie gras de canard,
saumon cru mariné
(marinierter roher Lachs),
canard sauce rognon
(Enten mit Nieren-Sauce)

DUC D'ENGHIEN
3, Avenue de Ceinture,
Enghien-les-Bains
✆ 41 29 00 00
Mit der Metro nicht zu
erreichen
Geschlossen: Sonntag-
abend, Montag, an Feier-
tagen und in den letzten
drei Januarwochen
Kreditkarten: AE, DC, V
Terrasse
300 bis 350 Francs

Spezialitäten:
Huîtres au champagne
(Austern in Champagner),
marinade de Saint-Jacques
(marinierte Jakobs-
muscheln), frische selbstgebackene Brötchen

der Bahnstation aus zu Fuß zurück – ein kräftigender
Spaziergang am Rande des von Singvögeln und wilden
Blumen erfüllten Waldes entlang; für die anderen Besucher stehen Taxis bereit. Abgesehen von seiner Terrasse – wohl eine der schönsten Speiseveranden im
Umkreis von Paris – verfügt das CAZAUDEHORE im
Inneren über einen rustikal-eleganten, hübsch eingerichteten Eßraum, in dem man von gewandten Kellnern zuvorkommend bedient wird. Die Küche folgt
der klassischen Linie, die sie gut beherrscht; es werden
aber auch einige baskische Spezialitäten, wie die *pipé-*
rade angeboten. Was sich hier zu probieren lohnt, sind
ein gemischter Salat mit Äpfeln und Walnüssen und
ein exzellenter pochierter Lachs auf einem Spinatbett.
Die Käseplatte ist mit Sorgfalt zusammengestellt.
Wählen Sie als Dessert das erfrischende *cassis sorbet,*
das mit feinen Butterplätzchen serviert wird. Als Wein
sei der lebendige, trockene Graves, Château Olivier,
empfohlen.

Enghien-les-Bains – nur 20 Autominuten von Paris
entfernt – war einst modischer Kurort und Bade-
stadt der vornehmen Pariser. Immer noch sind das
Spielcasino und die Badehäuser da und jetzt auch ein
freundlich-helles modernes Restaurant, das ausgewo-
gene, sorgfältig zubereitete Gerichte der *nouvelle cui-*
sine anbietet. Vom geräumigen, breit ausladenden
Speiseraum aus hat man einen schönen Blick auf den
von schwarzen und weißen Schwänen bevölkerten
Teich. Hier läßt sich in den Sommermonaten ein sonntägliches Mittagessen in aller Ruhe genießen. Alain
Passart, der talentierte Chefkoch, offeriert eine fein abgestimmte Skala leichter, belebender Speisen. Eine gute Wahl trifft man mit dem hervorragend pochierten
bar (Seebarsch), der mit Thymian aromatisiert und mit
winzigen *palourdes* (Muscheln) garniert ist, oder mit
einer *salade tiède,* die aus Rohkost, Austern, ganz kleinen roten Meerbarben und Scampi besteht. Auch viele
auf Pasta aufgebaute Speisen, wie mit Scampi- oder
Krebsfleisch gefüllte Ravioli, bietet der Küchenchef
an. Jeden Tag backt er seine eigenen frischen Brötchen. Die hübsch zusammengestellte Käseplatte sticht

dadurch ins Auge, daß jede Sorte genau bezeichnet ist. Die Weinliste enthält einige günstige Offerten. Das moderne Dekor der Räumlichkeiten ist nicht jedermanns Geschmack; immerhin sorgt eine flinke und gefällige Bedienung für einen angenehmen Ausgleich.

LES TROIS MARCHES
3, Rue Colbert, Versailles
℗ 95 01 3 21
Metro: RER C-Linie
Versailles Rive Gauche
Geschlossen: Sonntag,
Montag und an Feiertagen
Kreditkarten: AE, DC,
EC, V
Terrasse
Separater Speiseraum für
geschlossene Gesellschaften bis zu 40 Personen
130-Francs-Menü nur mittags; 195- und 265-Francs-Menüs dégustation, à la carte 400 Francs

Spezialitäten:
Flan chaud de foie gras aux huîtres et écrevisses; canette de Barbarie au cidre et miel (junge Berber-Ente mit Cidre und Honig)

Dieses unlängst restaurierte Herrschaftshaus, prunkvoll, elegant und buchstäblich *trois marches*, also nur drei Schritte vom Schloß von Versailles entfernt, bildet einen idealen Rahmen für ein Mittagessen im Freien während der wärmeren Jahreszeit oder für ein Abendessen in den Innenräumen im Herbst oder Winter. Der Hausherr, Gérard Vié, macht sich, wegen anderer geschäftlicher Verpflichtungen, etwas rar in LES TROIS MARCHES, und darunter leidet zeitweise der Betrieb. Aber es gibt Gerichte, die hier immer untadelig sind: der kunstvoll komponierte *flan* aus warmer *foie gras,* aus Austern und Flußkrebsen entfaltet ein sattes, kultiviertes Aroma; als Entrée ist ein zart marinierter Schellfisch, der von großzügigen Mengen grünen Pfeffers umgeben und gleichzeitig von einer pochierten Birne wieder auf eine mildere Geschmacksnote zurückgeführt wird, ebenso anregend wie wohltuend. In den Herbst- und Wintermonaten wird die Speisekarte um eine beachtliche Auswahl an Wildgerichten bereichert. Was das Käseaufgebot anbetrifft, so ist das allein schon den Besuch in LES TROIS MARCHES wert. Die Zusammenstellung der Weinkarte verrät Kennerschaft, und auch das sei hier erwähnt: Die Bedienung kennt sich außergewöhnlich gut aus.

GLACE AU THE
(TEE-EIS)

Dies ist ein prächtiger Nachtisch für Feinschmecker. Das Rezept erhielten wir von Gérard Vié, dem Restaurantchef des LES TROIS MARCHES. *Gérard Vié treibt einen regelrechten Kult mit Tee und Kaffee, und tatsächlich bietet sein elegantes Restaurant ein Tee- und ein gesondertes Kaffee-Menü an. Beim Tee-Eis variiert der Dessertkünstler die Geschmacksrichtungen: Mal nimmt er den duftigen Orange Pekoe aus Indien als Grundlage, mal heimische Kräuterauszüge wie von der zitronigen Lindenblüte. Ich liebe dieses Eis aus einem guten Earl Grey. Monsieur Vié beträufelt das Eis mit Armagnac oder besetzt es, falls Sie das wünschen, mit in Armagnac getränkten Trockenpflaumen.*

1 l Milch
1 gehäufter Eßlöffel
Tee bester Qualität
300 g Zucker
12 Eigelb, leicht
geschlagen

1. Milch, Tee und Zucker in einem mittelgroßen Topf bei mittlerer Hitze zum Kochen bringen. Vom Feuer nehmen und 15 Minuten ziehen lassen. Durch ein Mulltuch in eine Schüssel seihen, so daß die Teeblätter zurückbleiben.

2. Die heiße Milch unter das Eigelb schlagen und die Mischung wieder in den Topf geben. Bei kleiner Hitze so lange reduzieren, bis die Mischung sämig zu werden beginnt; sie darf dabei nicht aufkochen. Vom Feuer nehmen, und in eine Schüssel gießen.

3. Die Mischung auf Raumtemperatur abkühlen lassen. Dann in eine Eismaschine geben und der üblichen Herstellungsanleitung für Speiseeis folgen.

Cafés

CAFÉ LAIT BIÈRE
APÉRITIFS DE MARQUES
TÉLÉPHONE Paris-Province

MAISON COLLIN

Au Petit Fer à Cheval

Sich Paris ohne seine Straßencafés vorzustellen wäre ganz und gar unmöglich. Die Pariser sind Sonnenanbeter, und die Anziehungskraft eines zur Rast einladenden Platzes auf dem Trottoir kommt ihrer Neigung sehr entgegen. Ungefähr in der ersten Februarwoche, ob Sonnenschein oder nicht, öffnen die Cafés ihre Pforten; Tische und Stühle poltern ins Freie, und die Saison beginnt.

Mehr als 12 000 Cafés, in ihren Räumlichkeiten, in Bedeutung und Atmosphäre durchaus verschieden, hat die Stadt aufzuweisen. Mannigfaltig in seiner Art wie die Einwohner von Paris selbst, ist das Café so etwas wie eine Verlängerung des französischen Wohnzimmers: der Ort, wo der Tag beginnt und endet, wo man debattiert und schwatzt, sieht und gesehen wird. Kein Buch über die literarische, künstlerische oder gesellschaftliche Szenerie von Paris kommt ohne detaillierte Beschreibungen des Café-Lebens aus: wer wo saß und wann und mit wem, und was jeder der Protagonisten trank. Man fragt sich, wie die Schriftsteller und Künstler all das, was sie schufen, schließlich zuwege brachten, wenn sie doch offenbar so viel Zeit darauf verwandten, am Rande der Flanierstraßen stundenlang vor *café au lait,* Vichy-Wasser und *ballons* von Beaujolais zu sitzen.

Und wann begann das alles? Als das älteste Café von Paris gilt Le Procope, das 1686 von dem Sizilianer Francesco Procopio dei Coltelli eröffnet wurde. Der Süditaliener steht sogar in dem Ruf, ganz Frankreich zum Kaffeetrinken verleitet zu haben. Jedenfalls war er einer der ersten, die eine Lizenz zum Brennen von *eau-de-vie* und Likören und zum Verkauf von Wein, Kaffee, Tee und Kakao erhielten. Damit hatte Procopio den gleichen gewerblichen Status wie ein Bäcker oder Metzger. Sein Café, ein ständiger Anziehungspunkt für die politische und literarische Elite, begleitete ein ganzes Stück französischer Geschichte. Es soll im LE PROCOPE gewesen sein, wo Voltaire täglich 40 Tassen seines Lieblingsgetränks, ein Gebräu aus Kaffee und heißer Schokolade, zu sich nahm, das ihn angeblich zu seiner sprichwörtlichen Schlagfertigkeit inspirierte. Als 1790 Benjamin Franklin starb und die französische Nationalversammlung drei Tage lang offiziell um Frankreichs beliebtesten Amerikaner trauerte, waren im LE PROCOPE alle Wände mit schwarzem Tuch verhüllt. Sogar der junge Artillerieoffizier Napoleon Bonaparte besuchte dieses Café – und hinterließ einmal seine Mütze als Pfand, während er sich das Geld für eine noch zu bezahlende Tasse Kaffee besorgte. LE PROCOPE existiert bis zum heutigen Tag, und zwar immer noch unter der alten Adresse: 13, Rue de l'Ancienne Comédie; aber aus dem ehemaligen Café ist inzwischen ein Restaurant geworden.

Kaum ging das 18. Jahrhundert zu Ende, hatte die Sitte des Kaffeetrinkens ganz Paris wie ein Rausch erfaßt. Man zählte bereits 700 Cafés. Der Betrieb in ihnen war clubähnlich, den Männern vorbehalten, und viele dieser Lokale dienten als Sammelpunkt politischen Lebens und als Diskussionszentren. Insofern kann es auch nicht überraschen, daß eine der Reden, die den Sturm auf die Bastille auslösten, vor dem CAFÉ FOY am Palais-Royal gehalten wurde.

Bis zum Jahre 1840 war die Anzahl der Pariser Cafés auf 3000 angestiegen. Die Männer, die dort regelmäßig zusammenkamen und damals weitgehend das Zeitgeschehen bestimmten – Journalisten, Bühnenautoren, Schriftsteller – wurden unter der Bezeichnung *boulevardiers* bekannt. Gewisse Cafés hatten jetzt auch schon besondere, Frauen zugedachte Räume. Aber ein 1916 erlassenes Gesetz untersagte es allen Cafetiers, auf den Terrassen entlang der Boulevards alleinsitzende Damen zu bedienen.

Um die Jahrhundertwende wurden die Straßencafés am Boulevard du Montparnasse – LE DÔME, LA ROTONDE und später LA COUPOLE – zum beliebten Treffpunkt der in Paris lebenden Künstler; gleichzeitig fand die literarische Welt ihre geistigen Oasen im AUX DEUX MAGOTS, im FLORE und im LIPP am Boulevard Saint-Germain. Als nach dem ersten Weltkrieg eine ›verlorene Generation‹ ihrer Heimat entfremdeter Intellektueller nach Paris kam, etablierte sie sich entlang der Boulevards, trank und erzählte, diskutierte und schrieb.

Und noch immer sind die Cafés so etwas wie Schaufenster des zeitgenössischen Lebens. Die Leute, die man heute bei AUX DEUX MAGOTS, im CAFÉ DE FLORE oder bei LIPP beobachten kann, sind wohl nicht mehr die berühmten Künstler von einst, gleichwohl lohnt es sich, ein wenig die Gesichter zu studieren. Warten Sie nur ein Weilchen, und Sie werden sehen, daß die Pariser Prototypen lebendig sind wie eh und je: die mürrischen Kellner; Gitane-Raucher mit rotgeränderten Augen; alte Männer,

die Baskenmütze auf dem Kopf; *clochardes,* also Stadtstreicherinnen, die in leuchtendrosa Monoprix-Plastikbeuteln ihre gesamte Habe mit sich schleppen; extrem schlanke, sonnengebräunte Frauen mit grell orangefarbenem Haar; und wie die Matrosen in Blau und Weiß gekleidete Schulkinder, die in Begleitung ihrer Mama eine Nachmittagsschokolade schlürfen.

Wenn Sie sich darauf verstehen, ein Glas Bier oder einen Kaffee stundenlang nicht versiegen zu lassen, dann können Café-Sitzungen zu den billigsten Vergnügungen in dieser Stadt gehören. Und wie voll es immer sein mag: Die Kellner werden ein Schnorren von Zeit – sofern es mit Haltung geschieht – stets respektieren und Sie nicht zu weiteren Bestellungen nötigen, nur damit Sie Ihren Tisch halten können. Übrigens sind Getränke gewöhnlich billiger, wenn man bereit ist, sie im Stehen an der Bar einzunehmen. Sehen Sie um die Essenszeit mit Tischdecken oder auch nur mit Papiersets gedeckte Tische, so bedeutet das, daß diese für Gäste reserviert sind, die dort essen wollen. An ungedeckten Tischen können Sie jederzeit Platz nehmen, auch wenn es nur auf einen Drink ist. Das Bedienungsgeld wird in den Cafés automatisch dem Rechnungsbetrag zugeschlagen, und man verlangt von Ihnen nur die Bezahlung der ausgewiesenen Endsumme. Trotzdem lassen die meisten Gäste etwas von den Münzen des Wechselgeldes auf dem Teller.

Die folgende Übersicht gewährt einen kurzen Einblick in das Pariser Café-Leben. Dabei werden große und berühmte Caféhäuser ebenso angeführt wie einige wenig bekannte kleine Stammcafés.

Châtelet, Les Halles, Pont-Neuf
1. und 2. Arrondissement

**LE COCHON
À L'OREILLE**
15, Rue Montmartre,
Paris 1
✆ 2360756
Metro: Les Halles
Geöffnet: 4.45 morgens bis
16.30 Uhr;
geschlossen: Sonntag

Von allen jenen Pariser Bars, die Arbeiter und Handwerker besonders gern besuchen, ist diese die bezauberndste. Große Wandgemälde schmücken das Lokal. Auf den winzigen Bistro-Tischen stehen frische Blumen. Männer in blauen Overalls belagern, in Fünferreihen, die Theke. Der Boden ist voller Erdnußschalen. Sollten Sie also einmal früh um sechs auf den Beinen sein, dann heben Sie ruhig ein Gläschen mit den lokalen Markthändlern, die noch heute diese Ecke von Les Halles in den ersten Tagesstunden mit Leben erfüllen.

AUX DEUX SAULES
91, Rue Saint-Denis,
Paris 1
✆ 2364657
Metro: Les Halles
Geöffnet: täglich von
12 bis 1 Uhr nachts

Ein beliebter Treffpunkt für Leute, die sich gerne jung, chic, aber verarmt geben. In einem Meer von Sex-Shops und Schnellgaststätten gelegen, immerhin ein Ort, an dem man aufatmen kann. Der interessante Teil des Betriebs spielt sich draußen ab, wo eine dem jeweiligen Zeitgeschmack huldigende Gästeschar von langen durchgehenden Tischen aus das Leben und Treiben beobachtet. Weiden *(saules)* gibt es heute keine mehr, aber immer noch bekommt man

Im Aux Deux Saules

hier eine ziemlich anständige Zwiebelsuppe *gratinée* und einen passablen Rotwein. Gehen Sie aber nicht wieder weg, ohne einen Blick ins Innere des Lokals geworfen zu haben. An der Bar können Sie rasch einen Kaffee nehmen und dabei die Fliesenwandbilder betrachten, auf denen das Leben in Les Halles, so wie es einmal war, dargestellt ist.

UN CAFE, S'IL VOUS PLAIT

Cafés bedeuten mehr als ihr Name besagt: jedenfalls mehr als nur Kaffeetrinken. Obwohl das, was man in einem Café üblicherweise zu sich nimmt, seit den frühesten Anfängen bis zum heutigen Tag im wesentlichen gleichgeblieben ist, sind, ähnlich wie in der Mode, auch gewisse Getränke eine Zeitlang ›in‹ und dann wieder passé. So erfreute sich im 19. Jahrhundert ein *fond de culotte* (Hosenboden) genanntes Getränk großer Beliebtheit; vermutlich hieß es so, weil man es nur im Sitzen zu sich nehmen durfte. Es handelte sich um ein Gemisch aus Enzian und *crème de cassis*. Beim Publikum sehr geschätzt waren damals auch der *mêle-cassis* (halb Cassis und halb Cognac), die *bicyclette* (Champagner mit Wermut) und der *pompier,* der Feuerwehrmann (eine Mischung aus Wermut und Cassis).

Heutzutage bilden Kaffee, Bier, Anisschnäpse vom Typ Pastis, offen im Glas ausgeschenkter Wein sowie eine ganze Batterie gezuckerter Fruchtsäfte die Hauptgetränke in den Cafés. Als Imbiß sind vor allem der *croque monsieur* – ein mit geriebenem Käse bedecktes und dann gegrilltes Schinken-Sandwich – und das *sandwich mixte* – eine dick mit Butter bestrichene, mit Gruyère und dünnen Scheiben *jambon de Paris* belegte Baguette – sehr populär. Für Leute mit mehr Hunger bieten viele Cafés auch auf Fleischgrundlage aufgebaute *plats du jour,*

»In jenen Tagen gingen viele Leute in die Cafés an der Ecke des Boulevard du Montparnasse und des Boulevard Raspail, um von allen gesehen zu werden, und in gewisser Weise waren solche Cafés die Vorgänger der Klatschkolumnisten – täglicher Ersatz für die Unsterblichkeit.«
Ernest Hemingway aus »Paris – ein Fest fürs Leben«

Schweine-rillettes, Pâtés, *crudités* genannte Rohkost-Teller, *salades niçoises* und auch heiße Würstchen an.

Kaffee und andere heiße Getränke kommen in den verschiedensten Formen auf den Tisch. Das nachstehende kleine Glossar mag Ihnen bei Ihrer Bestellung behilflich sein.

Café noir oder **café express:** einfacher schwarzer Espresso

Double express: ein doppelter Espresso

Café serré: ein extra starker Espresso, der mit nur der halben Menge Wasser gemacht ist

Café allongé: ein abgeschwächter Espresso; oft wird der Kaffee zusammen mit einer Karaffe heißen Wassers serviert, damit der Gast selbst dosieren kann

Café au lait oder **café crème:** ein Espresso, der mit warmer oder kurz dampferhitzter Milch aufgefüllt wird

Grand crème: großer oder doppelter Espresso mit Milch

Décaféiné oder **déca:** koffeinfreier Espresso

Café filtre: Filterkaffee deutscher oder österreichischer Art (man bekommt ihn nicht in allen Cafés)

Chocolat chaud: heiße Schokolade

Infusion (*menthe, verveine, tilleuil* etc.): Kräutertee (Pfefferminz, Eisenkraut, Lindenblüten usw.)

Thé nature, thé citron, thé au lait: einfacher schwarzer Tee; schwarzer Tee mit Zitrone; schwarzer Tee mit Milch

L'INNOCENT
12, Rue Berger, Paris 1
℡ 2365531
Metro: Les Halles
Täglich von Mittag bis
1 Uhr nachts geöffnet

Im Les-Halles-Viertel mangelt es gewiß nicht an Cafés mit sonnenüberfluteten Trottoir-Tischen, aber von allen Lokalen am baumumsäumten Square des Innocents hat dieses den meisten Charme. Die Innenausstattung ist rein Art Déco, wobei die Wände mit schrägkantigen weißen Metro-Fliesen gekachelt sind, auf denen Plakate von aktuellen Kunstausstellungen hängen. In diesem Café stehen dem Gast auch noch Tageszeitungen zur Verfügung; er darf sich ein sonniges Plätzchen gegenüber dem gewaltigen, den Unschuldigen Kindern gewidmeten Renaissance-Brunnen suchen und in Muße *Le Monde* oder *Le Matin* lesen. Oder er kann sich, die Horden der Fußgänger fliehend, weiter nach hinten in den Schatten eines Sonnenschirms zurückziehen. Übrigens liegt dieser Platz genau an der Stelle, wo sich der mittelalterliche Cimetière des Innocents, der Hauptfriedhof von Paris, befand, bevor 1785 die sterblichen Überreste der hier Begrabenen in die Catacombes überführt wurden.

LA SAMARITAINE CAFE

19, Rue de la Monnaie, Paris 1 (Gehen Sie in das Magasin 2 in den 5. Stock und folgen Sie den Hinweisschildern)

✆ 508 33 33

Metro: Pont-Neuf

Bar geöffnet von 9.30 bis 18.30 Uhr, am Mittwoch bis 22 Uhr; warme Küche ab 11.30 Uhr; geschlossen: Sonntag

Der gängige Slogan des bekannten Kaufhauses, zu dem dieses Café gehört, heißt »On Trouve Tout à la Samaritaine«, also: »Im Samaritaine findet man alles«. Alles, das schließt auch einen der spektakulärsten Panoramablicke über die Stadt ein. Nehmen Sie sich den Besuch hier für einen sonnigen Nachmittag vor, bestellen Sie sich einen *citron pressé*, frischgepreßten Zitronensaft, oder ein Bier (vor oder nach einer Wanderung durch das Labyrinth dieses Mammutkaufhauses).

Ein Plausch im MA BOURGOGNE

Marais, Hôtel-de-Ville, République, Gare de l'Est, Ile Saint-Louis
4., 10. und 11. Arrondissement

MA BOURGOGNE
19, Place des Vosges,
Paris 4
☏ 278 44 64
Metro: Saint-Paul
Geöffnet: 8 Uhr morgens
bis 1 Uhr nachts; geschlossen: Montag

Dies ist das wohl beste und zugleich betriebsamste Café im Marais, und dann liegt es auch noch unter den Arkaden des ältesten Platzes von Paris. Machen Sie es sich in einem der Rohrstühle (im traditionellen Beige und Rot) vor dem Café bequem, und nehmen Sie die Schönheit einer Architektur in sich auf, die bis auf das Jahr 1407 zurückgeht. Morgens ist es hier ruhig, um die Mittagszeit hingegen vollgestopft mit in der Nähe arbeitenden Büroangestellten. Nicht schlecht sind die Pommes frites, aber verlangen Sie sie *bien cuites* – gut durchgegart. Autor Georges Simenons Inspektor Maigret verbringt in diesem Lokal eine Menge Zeit, wohl um die so verschiedenartige Clientèle ins Visier zu nehmen; denn zu ihr gehören ebenso die alten Originale aus der Umgebung, die sich regelmäßig hier einstellen, wie auch flüchtige Touristen oder schicke junge *résidents,* die eine der besten Adressen von Paris ihre Heimat nennen.

Hochstimmung an einem Tisch in MA BOURGOGNE

LE CLOWN BAR
114, Rue Amelot, Paris 11
✆ 70 05 11 8
Metro: Filles-du-Calvaire
Geöffnet: 7.30 bis 19.30
Uhr;
geschlossen: Sonntag

Eine Spelunke, gewiß, aber zugleich doch ein ehrenwertes *café du quartier,* und wenn man etwas fürs Zirzensische, für Clowns und Wandkeramiken der Belle Epoque übrig hat, sollte man ruhig einmal hingehen. Das Gute an diesem Lokal ist, daß es wahrscheinlich während der letzten 50 Jahre unverändert blieb; schlecht daran ist, daß es wahrscheinlich ebenso lange nicht mehr richtig gereinigt wurde. Zusammen mit seinen schmutzverkrusteten Fenstern und den mit Star-Fotos des Cirque d'Hiver (das Gebäude des Winter-Zirkus befindet sich am Ende der gleichen Straße) gepflasterten Wänden hat dieses Café ein ganzes Stück eigener Geschichte erlebt, und die roten und gelben Wandbilder von Akrobaten, Clowns und anderen Artisten erzählen uns etwas vom schäbigen Charme des kleinen Zirkuslebens.

LE FLORE EN L'ILE
42, Quai d'Orléans, Paris 4
☎ 329 88 27
Metro: Pont-Marie
Täglich geöffnet von
11 bis 1.45 Uhr

Dieses auf der Ile Saint-Louis gelegene Etablissement, eine Mischung aus Café, Teestube und Restaurant, ist von außen nichts Besonderes, doch wenn man einen Platz an den zum Trottoir geöffneten Fenstern ergattern kann, hat man einen atemberaubenden Blick auf die gleich jenseits der Brücke liegende Kathedrale Notre Dame. Gehen Sie also ruhig hinein, angeln Sie sich eine der Zeitschriften von den Bambusgestellen entlang der *caisse,* und geben Sie sich ganz dem Genuß eines der mit Recht berühmten Berthillon-Sorbets oder -Eisbechers hin. Tee bedeutet hier nicht, daß man einen Beutel in heißes Wasser hängt, nein, frischer Tee aus der Dose wird überbrüht und kommt dampfendheiß vor den Gast. Die klassische Musik im Hintergrund und vom Fenster her die leichte Brise an einem warmen Tag versetzen in eine angenehme, friedliche Stimmung.

EIN WENIG LOKALGESCHICHTE ZUM PARISER KAFFEE

Als Ludwig XIV. im Jahre 1664 zum ersten Mal Kaffee kostete, war er nicht sonderlich beeindruckt. In den feinen Gesellschaftskreisen von Paris hingegen fand man rasch Gefallen an dem stimulierenden Gebräu und genoß es bei den verschwenderischen exotischen Privatparties, die der 1669 in der französischen Hauptstadt eingetroffene türkische Gesandte gab.

Aber auch die Allgemeinheit bekam schon 1670 eine Vorstellung von dem starken koffeinhaltigen Getränk, als nämlich ein Armenier namens Pascal es auf der Frühjahrsmesse von Saint-Germain feilbot. Er nahm Kellner in Dienst, die sich, berufsmäßig und korrekt gekleidet und laut »Café, Café!« rufend, unter die Menge mischten und durch die Straßen liefen. Später eröffnete Pascal eine kleine Kaffeestube in der Art, wie er sie in Konstantinopel gesehen

AU PETIT FER À CHEVAL, ein Plätzchen für Kaffee und klassische Musik

hatte. Das Unternehmen war nicht gerade ein durchschlagender Erfolg, aber mit Hilfe der wandernden Kellner, die mit ihren Krügen voll starken schwarzen Kaffees sogar von Tür zu Tür zogen, hielt der kleine Laden sich über Wasser. Einzige Konkurrenz war ›le Candiot‹, ein Krüppel, der in den Straßen von Paris Kaffee für magere zwei Sous verkaufte – Zucker inbegriffen.

Damals wie heute diskutierten die Ärzte über Tugenden und Übel des Kaffees. Diejenigen, die das Getränk guthießen, schrieben ihm heilende Eigenschaften zu: Es sollte Skorbut vertreiben, Pocken und Gicht lindern, ja Kaffee wurde gar zum Gurgeln empfohlen, denn manche glaubten, er verschönere die Stimme. Man lobte die medizinischen Qualitäten des *café au lait,* und es war im Jahre 1688, als Madame de Sévigné, deren Briefe jene Zeit dokumentieren, Milchkaffee als Mittel gegen Erkältung und Brustkrankheiten erwähnte.

Als das erste richtige Café der Stadt, LE PROCOPE, im Jahre 1686 seine Holztüren öffnete, war der Kaffee schon auf dem besten Wege, die Gaumen der Pariser zu erobern.

LE PETIT CHATEAU D'EAU

34, Rue du Château d'Eau, Paris 10

℡ 208 72 81

Metro: République

Geöffnet: 7.45 bis 20.30 Uhr; geschlossen: Samstag und Sonntag

Dies ist das perfekte Stammgast-Café für Leute aus der Umgebung. Es liegt gleich unterhalb der altmodischen kleinen Château-d'Eau-Markthalle in der gleichen Straße. Der kugelbäuchige *patron* mit seiner tiefdröhnenden Stimme trägt gewöhnlich Blue Jeans und rote Hosenträger, wenn er hinter dem halbmondförmigen *zinc* steht, Getränke ausschenkt und mit den Einheimischen hofhält. LE PETIT CHÂTEAU D'EAU nennt eines der klassischen Interieurs von Paris sein eigen: Türen aus facettiertem Glas führen in ein makellos sauberes kleines Café, das heiter wirkt mit seinem neuen Anstrich und den frischen Sträußen direkt vom Blumenmarkt. Die großen, von antiken grünen und weißen Kacheln eingefaßten Spiegel machen den Raum noch gemütlicher, vor allem wenn man sich mit

144

einer der für die Gäste ausgelegten Zeitschriften in die braunen Polster einer Sitzecke gleiten läßt.

AU PETIT FER A CHEVAL
30, Rue Vieille-du-Temple, Paris 4
☎ 272 47 47
Metro: Hôtel-de-Ville
Geöffnet: 7.30 bis 20.30 Uhr; geschlossen: Sonntag

Ein niedliches Café, beliebt und den Bewohnern des Stadtviertels verbunden. Seine Anfänge gehen auf das Jahr 1903 zurück, als die Familie Combes es als CAFÉ DE BRÉSIL eröffnete. Noch heute sind die legendäre, marmorbedeckte Bar in der Form eines Hufeisens *(fer à cheval)*, der urige zusammengestoppelte Fliesenboden und die auch nicht mehr ganz jungen Spiegelwände der Stolz des Hauses. André Collin, der *patron*, hat den Raum wohl ein bißchen geschönt, aber wo auch immer ein Spiegel, ein schwerer Leuchter oder Regale aus Glas und Backstein hinzukamen, hat die Authentizität des Lokals nicht darunter gelitten. Anstelle der lästigen, in vielen Cafés mittlerweile üblichen Musik- und Spielautomaten läßt Monsieur Collin beruhigende klassische Melodien erklingen. Im hinteren Teil des Raumes, wo zur Mittagszeit wegen des *plat du jour* immer Andrang herrscht, hängt eine riesige Metro-Übersichtskarte an der Wand. Die Sitznischen sind aus alten Holzbänken der Pariser Untergrundbahn gezimmert.

BRASSERIE DU PONT LOUIS-PHILIPPE
66, Quai de l'Hôtel-de-Ville, Paris 4
☎ 272 29 42
Metro: Pont-Marie
Geöffnet: 12 bis 14.30 Uhr und 19.30 bis 23.30 Uhr; geschlossen: Montag

Dieses kleine Café gegenüber dem Pont Louis-Philippe, einer der zur Ile Saint-Louis führenden Brücken, hat so etwas wie die höchste Auszeichnung für einfaches Dekor verdient: durchgehend weiße Wände, gewaltige weiße, mit leuchtend bunten Schnittblumen gefüllte Vasen, ovale facettierte Spiegel und zur Straße hin weit geöffnete Fenster. An schönen Tagen sollte man draußen auf den weißen Klappstühlen in der Sonne sitzen und vielleicht in einem Buch schmökern, das man gerade an einem Verkaufsstand der *bouquinistes* aufgestöbert hat. Abends ist dieses Café eine beliebte Futterkrippe, wo man preiswert essen kann.

Quartier Latin, Luxembourg, Saint-Germain, Sèvres-Babylone
5. und 6. Arrondissement

AUX DEUX MAGOTS
170, Boulevard Saint-
Germain, Paris 6
✆ 54 85 55 25
Metro: Saint-Germain-
des-Prés
Täglich geöffnet: 8
bis 2 Uhr; geschlossen:
im August

Ein Pariser Café par excellence. Hier kann man ebenso die neuesten Moden bewundern wie auch an einem frostig-kalten Nachmittag bei einer heißen Schokolade seine Lebensgeister wecken. Immer noch wird der Kaffee in dicken weißen Restauranttassen serviert. Wer Whisky liebt, kann unter 25 verschiedenen Sorten auswählen. Auf dem Trottoir wechseln die Darbietungen einander ab: Feuerschlucker, Drehorgelmänner und Bob Dylan-Epigonen. Drinnen im Café ist es ruhig, und zwischen den roten Mahagoni-Bänken, den Tischen mit den Messingbeschlägen, den Spiegelwänden und den Kellnern mit ihren knöchellangen weißen Wickelschürzen und sauber anliegenden schwarzen Westen fühlt man sich einfach wohl. Sie können unter den berühmten Holzstatuen der beiden chinesischen Würdenträger Platz nehmen – den *deux magots*, die dem Café seinen Namen gaben. (Jedenfalls stammt die Bezeichnung nicht von *maggots* – Maden –, wie einige kurzschlüssige englischsprachige Schriftsteller vermuteten). Der Eigentümer entsinnt sich noch, jeden Morgen Jean-Paul Sartre hereinkommen, von zehn bis halb eins schreiben und dabei eine Zigarette nach der anderen rauchen gesehen zu haben. Schon Hemingway frequentierte in den Jahren nach dem Ersten Weltkrieg dieses Café, um, wie er sagte, »ernsthafte Gespräche« zu führen und um aus seinen jüngsten Werken vorzulesen.

Aux Deux Magots

CAFÉ DE FLORE
172, Boulevard Saint-
Germain, Paris 6
✆ 54 85 55 26
Metro: Saint-Germain-
des-Prés

Ein unmittelbarer Rivale von Aux Deux Magots ist das benachbarte Café de Flore. Noch mehr als das erste war es Sammelpunkt der literarischen Szene, bekannt als das Stammcafé von Simone de Beauvoir, Sartre und Albert Camus. Während der Besetzung im Zweiten Weltkrieg waren die Cafés des Mont-

Täglich geöffnet: 8 bis 2 Uhr; geschlossen: im Juli

parnasse voller deutscher Soldaten, und die Pariser zogen es vor, ins FLORE zu gehen, wo es nicht nur kein Militär gab, sondern wo sogar ein Kohleöfchen stand! Nach dem Krieg, in den späten vierziger Jahren, als es die meisten Künstler immer noch zum Montparnasse zog, pflegte auch Picasso jeden Abend ins Flore zu kommen. Er setzte sich an den zweiten Tisch vor der

CROQUE-MONSIEUR
(SANDWICH MIT GEGRILLTEM SCHINKEN UND KÄSE)

Es gibt kein Sandwich, das für Paris typischer wäre als der croque-monsieur. *Eigentlich besteht der Belag nur immer aus gegrilltem, mit geriebenem Käse bestreutem Schinken, doch erscheint der* croque-monsieur *in sehr verschiedener Gestalt. Es würde Wochen dauern, ehe man, von Café zu Café ziehend, alle Varianten erfaßt und sich die Zubereitungsformen gemerkt hätte, die man selbst bevorzugt. So findet man dieses Sandwich manchmal mit einer dicken, béchamelartigen Käseschmelze überzogen oder, durch Zugabe von Ei, in eine* croque-madame *verwandelt, aber offen gesagt, nur wenige Pariser Cafés werden dem Sandwich, so wie es wirklich sein sollte, gerecht. Leider nur zu oft ist der* croque-monsieur *einfach aus dem wattigen Weißbrot der Brotfabrik gemacht, mit zweitklassigem Schinken belegt, und der Käse ist eben auch nicht immer Gruyère. (In den Pariser Supermärkten werden sogar tiefgefrorene, fertige* croque-monsieur *angeboten, die man nur noch in den Ofen zu schieben braucht!) Wenn Sie einen richtig guten* croque-monsieur *haben wollen, machen Sie ihn am besten selbst, und zwar mit einem wunderbaren, selbstgebackenen* pain de mie, *jenem leicht buttrigen Weißbrot, das als Produkt der Brotindustrie so degeneriert ist.*

3 Eßlöffel Butter
12 kleine dünne Scheiben von selbstgebackenem *pain de mie* (siehe Rezept Seite 224)
6 dünne Scheiben erstklassiger Schinken
125 g Gruyère, gerieben

1. Den Grill vorheizen.
2. Sechs Scheiben Brot einseitig mit Butter bestreichen, mit je einer Scheibe Schinken belegen und mit den anderen Brotscheiben bedecken.
3. Die Sandwiches auf der Oberseite goldbraun grillen, herausnehmen, umdrehen, mit geriebenem Gruyère bedecken und wieder unter den Grill legen, bis der Käse Blasen wirft und goldgelb wird.
Das ergibt 6 servierfertige *croque-monsieur.*
Man macht aus einem *croque-monsieur* eine *croque-madame*, indem man das Sandwich, kurz bevor der Käse sein goldgelbes Endstadium erreicht hat, aus dem Grillofen nimmt und aus der oberen Scheibe ein zylinderförmiges Stück Brot herausschneidet, so daß man

den Schinken sehen kann. Dann schlägt man ein kleines Ei in das Loch und setzt das Sandwich noch einmal 2 bis 3 Minuten lang der Oberhitze des Grills aus. Vor dem Servieren das mit Käse bedeckte ausgeschnittene Brotstück wieder einsetzen.

Ein französisches Kochbuch bietet sogar ein Rezept für ein nach dem Restaurantkritiker Curnonsky benanntes Sandwich an. Für einen *croque Curnonsky* stellt man eine Mischung aus gleichen Teilen Butter und Roquefort her, bestreicht damit dünne Scheiben *pain de mie,* belegt sie mit Schinken, schließt sie mit einer zweiten Scheibe Brot und grillt das Sandwich auf beiden Seiten.

CAFÉ DE FLORE

Eingangstür, nippte an einem Glas Mineralwasser und plauderte mit seinen spanischen Freunden. Nicht viel hat sich geändert seitdem. Das einfache, klassische Art Déco-Interieur ist noch dasselbe wie damals: rote Bänke, mahagonigetäfelte Wände mit Spiegeln und ein großes Schild, das das Pfeiferauchen im Lokal zwar nicht untersagt, aber immerhin konstatiert: »L'odeur de certains tabacs de pipe parfumés incommode la plupart de nos clients.« Mit anderen Worten: »Ein höflicher Gast raucht hier keine Pfeife.« Als Trottoir-Café ist das FLORE weder so hübsch noch so leicht zugänglich wie AUX DEUX MAGOTS, aber es ist deshalb nicht weniger beliebt.

BRASSERIE LIPP

151, Boulevard Saint-
Germain, Paris 6
✆ 548 53 91
Metro: Saint-Germain-
des-Prés
Geöffnet: 8 bis 0.45 Uhr;
geschlossen: Montag und
im Juli

Eines der bekanntesten Café-Restaurants der Stadt, das viele noch gerne zu später Abendstunde aufsuchen. Zu diesen Gästen gehören Politiker wie François Mitterand, Modeschöpfer wie Yves Saint-Laurent und Verleger wie Gallimard und Hachette. Tagsüber ist die ziemlich beengte und schlecht gelüftete Terrasse voller Amerikaner, Engländer und Deutscher, die um Schinken- und Käseplatten herumsitzen und köstliches Elsässer Bier trinken. Die Wände der Innenräume sind auf eine gelungene Weise in klassischem, trüben Braun gehalten. Farbenfrohe, mit Papageien und Kranichen bemalte Keramikplatten verleihen dem zu ebener Erde gelegenen großen Speiseraum ein leichteres Fluidum, und die altertümlichen Leuchter tauchen den Raum in taghelles Licht. Ungeachtet der Tatsache, daß das Essen hier kaum diesen Namen verdient – die berühmte *choucroute* ist drittklassig, der ansonsten so beliebte *gigot* ohne Geschmack, die Backwaren erweisen sich als klebrig und fade – zieht das LIPP Abend für Abend massenweise Besucher an. Telefonische Reservierungen werden nicht angenommen, und die Erlangung eines Tisches im großen Speiseraum geschieht nicht ohne Aufhebens. Und wem es gar vergönnt ist, im oberen Stockwerk zu essen, behält es lieber für sich.

LUTETIA

23, Rue de Sèvres, Paris 6
✆ 544 38 10
Metro: Sèvres-Babylone
Täglich geöffnet, von 12
Uhr bis Mitternacht

Obwohl man sich, wenn man einen Tee oder Kaffee trinken will, an der kleinen Espresso-Bar im Freien durchaus wohlfühlen kann, liebe ich das großartige, von Spiegeln und Silber geprägte Jugendstil-Dekor im Innern, wo eine hufeisenförmige Theke den Raum beherrscht. LUTETIAS typische Kundschaft ist etwas älter, gut betucht und kommt hierher, um eine Zwiebelsuppe oder einen der kleinen mit geräucherter Gänsebrust veredelten Rohkostsalate zu essen. Betrieb ist in dieser Gegend immer, denn das Bon-Marché-Kaufhaus, die Bäckerei Poilâne, eine ganze Reihe von Boutiquen und ein süßer kleiner Park am unteren Ende der Fußgängerzone der Rue Récamier liegen in unmittelbarer Nähe.

CAFE MOUFFETARD
116, Rue Mouffetard,
Paris 5
℘ 33 14 2 50
Metro: Monge
Geöffnet: 6 bis 20 Uhr; geschlossen: Montag

Ein großes Schild verkündet in kühnem, burgunderfarbenem Schriftzug ›Brasserie‹, aber wenn man dieses inmitten der geschäftigen Marktstraße Rue Mouffetard gelegene urige Lokal betritt, spürt man, daß man sich in einem der heimeligen Cafés von Paris befindet. Im rauchgeschwängerten MOUFFETARD treffen sich gerne die einfachen Handwerker und Arbeiter der Gegend. Aufmerksam geworden auf dieses Café bin ich durch eine amerikanische Kollegin, die die hausgemachten Backwaren in ihren Bann zogen: üppige, butterzarte *croissants* und köstliche, schon fast sahnig zu nennende *brioches*. Wahrscheinlich ist dies das einzige Café der Stadt, wo der *patron* und seine Frau die Nacht über mit dem Backen ihrer eigenen *croissants* und *brioches* beschäftigt sind, damit die auf dem Markt arbeitenden Leute während ihres langen Vormittags etwas Warmes und Frisches in den Magen bekommen. Im Winter bietet das Ehepaar seinen Kunden kleine *chaussons aux pommes,* warme Apfeltörtchen, zu denen sich eine Riesentasse *café crème* besonders gut macht.

Zeit für einen Mittagsimbiß im Café

KLEINE IMBISS-KARTE

Der gängige Imbiß in einem Café ist das Sandwich. Es wird entweder aus der langen schmalen *baguette*, aus *pain de mie*, dem viereckigen Weißbrot, oder aus *pain Poilâne*, dem in Paris bekanntesten Landbrot, bereitet. Poilâne-Brot als Sandwich wird oft in Form der *tartine* gereicht, das heißt also als einfache Schnitte, die verschieden belegt ist.

Hier einige der gängigen Belage für Sandwiches sowie ein paar typische Imbiß-Begleiter:

Jambon de Paris: gekochter Schinken

Jambon de pays: Landschinken, meist roh

Saucisson sec oder saucisson à l'ail: luftgetrocknete Wurst, mit oder ohne Knoblauch

Rillettes: weiche, streichfähige Schweine- oder Gänse-Pâté

Pâté de campagne: Schweine-Pâté

Sandwich mixte: eine mit Schinken oder Gruyère belegte Baguette

Cornichons: Pfeffergürkchen oder französische Pickles

Œuf dur: hartgekochtes Ei

Carottes rapées: Karottensalat, meist mit einer Vinaigrette angemacht

Crudités: salatartige Zusammenstellung aus verschiedenen Rohkostarten, die meist geriebene Karotten, Rote Beete und Tomaten einschließt

Assiette de charcuterie: ein gemischter Teller mit luftgetrockneter Wurst, *pâté* und *rillettes*

LA PALETTE
43, Rue de Seine, Paris 6
✆ 32 66 8 15
Metro: Mabillon
Täglich geöffnet: 8 bis 2
Uhr; geschlossen:
im August

Dieser Künstlertreff hat seine beste Zeit an einem sonnigen Sommernachmittag, wenn der Belegung der Trottoir-Tische nur noch durch Gesetz und Selbsteinsicht Grenzen gesetzt sind. Alle Welt ist in leichter Stimmung, und jeder scheint jeden zu kennen. So hat LA PALETTE etwas von dieser ganz speziellen pariserischen Atmosphäre. Der *patron* macht die Runde an den Tischen, schüttelt Hände und plaudert mit seinen elegant gekleideten Gästen, die hier einen starken Kaffee zu sich nehmen und belegte Poilâne-Brote verzehren.

AU PETIT CAFÉ CLUNY
20, Boulevard Saint-Michel, Paris 5
✆ 3542364
Metro: Saint-Michel
Täglich von 7 bis 2 Uhr geöffnet, samstags die ganze Nacht hindurch

Dies ist einer jener großen Café-Kästen an den Hauptstraßen des Quartier Latin, die man nicht wegen des besonderen Rahmens oder wegen des Essens aufsucht, sondern einfach nur, um faul dazusitzen und Leute zu beobachten. Das CLUNY befindet sich nur wenige Schritte vom gleichnamigen Museum entfernt an einer der belebtesten Straßenecken der Stadt, und zwar am Schnittpunkt von Boulevard Saint-Michel und Boulevard Saint-Germain.

Opéra, Champs-Elysées
8. und 9. Arrondissement

LE FOUQUET'S
99, Avenue des Champs-Elysées, Paris 8
✆ 7237060
Metro: George V
Täglich von 9 Uhr bis Mitternacht geöffnet

Eines der rechts der Seine gelegenen Cafés mit dem meisten Zulauf, denn von hier aus läßt sich das auf- und abwogende Leben auf den Champs-Elysées hervorragend verfolgen. Für die Gesellschaftsspalten der Medien ist LE FOUQUET's ein ergiebiger Platz. Hier ist es, wo Starlets und Journalisten durch ihre Interviews von sich reden machen. James Joyce pflegte jeden Abend im LE FOUQUET's zu speisen, und heutzutage kehrt Paul Bocuse hier ein, wann immer das französische Kochgenie gerade in Paris ist. Trotzdem gehören die meisten Gäste eher zur eiligen Art. Sie kommen nicht des Essens oder der Szenerie wegen, sondern sind vor oder nach einem Filmbesuch auf einen raschen Imbiß aus, denn Dutzende von Uraufführungstheatern säumen die Avenue. Frauen genießen in LE FOUQUET's keine uneingeschränkte Freiheit. Ein Schild warnt: »Les dames seules ne sont pas admises au bar« (Damen ohne Begleitung haben zur Bar keinen Zutritt). Das Schild befindet sich schon seit der Jahrhundertwende, als das Restaurant eröffnet wurde, an der kleinen Bar mit den sieben Hockern, und die

Geschäftsführung betont, die Maßnahme solle Frauen nicht diskriminieren, sondern im Gegenteil schützen. Das mögen manche Besucherinnen heute anders sehen. Interessant ist übrigens, daß der Name des Lokals nicht korrekt französisch, sondern so ausgesprochen wird, wie man ihn schreibt, ein linguistischer Erinnerungsposten aus der Zeit – zum Beginn dieses Jahrhunderts –, als Englisch fashionable war.

BELIEBTE APERITIFS

Absinth, der hochprozentige Anisschnaps, den ein Franzose 1797 erfunden hatte, wurde 1915 verboten, nachdem seine schädlichen Nebenwirkungen auf das Nervensystem erkannt worden waren. Schnell lösten zwei andere beliebte, aber weniger gefährliche Getränke den gelben Aperitif ab: der *pastis* und der *anis*. Beide Apéros sind dem Absinth sehr ähnlich, weisen jedoch eine geringere Alkoholkonzentration auf und enthalten nicht mehr das giftige Thujon (das früher Bestandteil des Wermut war), jene Substanz, wegen der die Herstellung von Absinth untersagt wurde.

Pastis: ein alkoholisches Getränk auf Anis-Basis; beim Verdünnen mit Wasser wird es milchig-weiß (bekannte Marken: Pernod und Ricard)

Suze: ein bitter-süßes, aus dem gelben Enzian niederer Bergregionen gewonnenes alkoholisches Getränk

Picon und **Mandarin:** bitter-süße alkoholische Getränke auf Orangen-Basis

Pineau des Charentes: süßer, hochprozentiger Aperitif-Wein aus der Cognac-Region

Kir: trockener Weißwein, mit *crème de cassis* (Schwarzem-Johannisbeer-Likör) gemischt

Kir royal: Champagner, mit *crème de cassis* gemischt

CAFÉ DE LA PAIX
12, Boulevard des
Capucines, Paris 9
✆ 26 81 2 13
Metro: Opéra
Täglich von 10 bis 1.30
Uhr nachts geöffnet

Diesem weiträumigen offenen Café nahe der Oper haftet noch etwas vom Prunk vergangener Zeiten an. Das Gebäude steht unter Denkmalschutz, und unter einem der lebhaft grün-weiß gestreiften Sonnenschirme zu sitzen und am Strohhalm zu ziehen, ist durchaus nicht das Schlechteste. Das immerwährende Schauspiel der Passanten, seien es Touristen oder Einheimische, muß eigentlich jedem Vergnügen bereiten.

Montparnasse
14. Arrondissement

CLOSERIE DES LILAS
171, Boulevard du Montparnasse, Paris 14
✆ 326 70 50
Metro: Port-Royal
Täglich von 12 bis
1 Uhr nachts geöffnet

Flieder *(lilas)* gibt es zwar schon lange keinen mehr, aber noch immer lebt in diesem bekannten Café-Restaurant etwas von der Romantik jener Tage fort, da Männer wie Henry James und Ernest Hemingway hier ein und aus gingen. Inmitten der Gartengewächse und unter den leuchtend grün-weißen Markisen kann man, im Freien sitzend, seinen Kaffee trinken, in der geschlossenen Veranda eine wirklich echte *salade niçoise* verspeisen oder auch im überdachten Teil des Gartens eine volle Mahlzeit zu sich nehmen. Mit einem (immer noch reputierlichen) *loup de mer flambé au fenouil* (ganzer Wolfsbarsch mit flambierten Fenchelstangen) treffen Sie hier die rechte Wahl.

CLOSERIE DES LILAS ist ein sehr angenehmes Plätzchen für ein sonntägliches Mittagessen im August, wenn sonst überall die Rolläden dicht sind. Ansonsten kommen Filmstars und die junge französische Schikkeria gerne hierher, wo man in Muße herumsitzen und im *L'Express* oder *Paris Match* blättern kann, Zeitschriften, die für die Gäste immer ausliegen.

LA COUPOLE
102, Boulevard du Montparnasse, Paris 14
✆ 320 14 20
Metro: Vavin

Dieses Café-Restaurant ist wie eh und je ein beliebter Treffpunkt für Künstler, Modelle und ausländische Touristen, und es wirkte bereits seit der Eröffnung im Jahre 1927 wie ein Magnet auf junge Amerikaner. Zwar gibt es heute nur noch wenige

Täglich von 8 bis 2 Uhr
nachts geöffnet;
geschlossen: im August
(vgl. S. 103)

Künstler, die es sich leisten können, in diesem weltbe-
kannten Stadtviertel zu wohnen, und trotzdem hat
sich seit einem Jahrhundert hier eigentlich kaum etwas
verändert. Die Künstler, die weiterhin ins LA COUFO-
LE kommen, nehmen auf der linken Seite Platz, wo die
Plakate aktueller Kunstausstellungen hängen, der Pariser Jet-Set dagegen speist zur Rechten. Sonntags,
wenn ganze Familien hier zu Mittag essen wollen, sind
Reservierungen sehr angebracht. Die weniger überlau-
fenen Zeiten gehören den ›Oldtimern‹, die den geräumigen Saal füllen, seit Jahrzehnten an den gleichen
Tischen sitzen und sich von den Bambusgestellen mit
Lesematerial versorgen. Für ein so traditionsreiches
Etablissement ist die Qualität der Speisen überdurchschnittlich. Empfohlen seien hier die meerwasserfrischen Belon-Austern, gegrillte Lamm-Chops, die saftigen Würste mit Pistazien oder auch der Ostsee-Hering, den Berge von *crème fraîche* und frische Apfel-
stücke begleiten. Stets kann man – sei es nun für einen
Imbiß oder auch für ein mehrgängiges Essen – hierherkommen, ohne das Gefühl zu haben, in irgendeiner
Weise zur Eile angetrieben zu werden.

IM CAFÉ DE FLORE: Sehen und
gesehen werden

ANDERE ALKOHOLISCHE GETRÄNKE

Calvados: Apfelschnaps
Marc de Bourgogne: (ausgesprochen: ›mar‹);
ein aus Traubentrester destilliertes *eau-de-vie*
Peppermint Get: leuchtend-grünes, alkoholi-
sches Pfefferminzgetränk
Cidre: Apfelwein (moussierend)

LE DÔME
108, Boulevard du Mont-
parnasse, Paris 14
✆ 35 45 36 1
Metro: Vavin
Geöffnet: 10 bis 2 Uhr
nachts; geschlossen:
Montag

Als LE DÔME um die Jahrhundertwende eröffnet wurde, war es nicht mehr als eine Trinkbude und Montparnasse eine Art Appendix zum Quartier Latin. Heute teilen sich junge und alte Bewohner diesen gut besiedelten Stadtteil und lassen sich gerne zu einer Tasse Kaffee, einem *ballon* Rosé, einem *croque-monsieur* oder einem *sandwich mixte* auf der von Farnpflanzen begrünten Terrasse des DÔME nieder.

**BELIEBTE NICHTALKOHOLISCHE
GETRÄNKE**

Orangina: mit Kohlensäure versetzte Oran-
genlimonade; das in Cafés am meisten bestellte
nichtalkoholische Getränk
Citron, orange, pamplemousse pressé: Zitro-
nen-, Orangen- oder Pampelmusen-Saft; er
wird mit einer Karaffe Wasser und mit Zucker
zur Selbstbedienung serviert
Gini: Bitter Lemon
Limonade: Limonade verschiedener Marken
Diabolo: mit Fruchtsirup angereicherte Zitro-
nenlimonade
Menthe: süßer, leuchtend-grüner Sirup mit
Pfefferminzgeschmack; er wird mit Wasser ver-
dünnt
Diabolo menthe: Pfefferminz-Sirup mit Zitro-
nenlimonade

LA ROTONDE
105, Boulevard du Montparnasse, Paris 14
✆ 32 66 88 84
Metro: Vavin
Täglich von 8 bis 2 Uhr nachts geöffnet

Schon Lenin und Trotzki saßen 1915 hier vor ihrem *café crème,* und um sie herum die andere internationale Intelligenzia, die dieses Café berühmt gemacht hat. Im Laufe der Zeit ist das Lokal, und nicht immer zu seinem Vorteil, völlig umgestaltet worden. Nachmittags kann man hier die Sonne genießen, und sie zieht das bunte Völkchen vom Montparnasse an, das hier an seinem Ricard nippt und Gitanes dazu raucht.

Bois de Boulogne
16. Arrondissement

LA GRANDE CASCADE
in der Nähe der Rennbahn von Longchamp, Bois de Boulogne, Paris 16
✆ 50 63 35 1
Mit der Metro nicht zu erreichen
Geöffnet: Juni bis September von 12 bis 19.30 Uhr; Oktober bis Mai von 16 bis 18 Uhr

Dieses grandiose alte Café-Restaurant der Belle Epoque offeriert seinen Gästen nachmittags Kaffee oder Tee, während sie mitten im Bois de Boulogne auf einer Terrasse unter freiem Himmel sitzen. Früher einmal soll dieses Restaurant mit den besten Service vor Paris gehabt haben. Heute allerdings macht die einzige Bedienung, ein ältlicher Kellner, keinen Hehl aus seiner sanften Verdrossenheit, und auch die auf Kaffee, Tee und Eis beschränkte Getränkekarte trägt deutliche Zeichen der Lustlosigkeit. Sollten Sie aber eines sonnigen Tages zufällig im Bois spazierengehen, dann ist der mit hübschen Platten belegte und von leuchtenden Geranien geschmückte Patio ein beschaulicher Platz, um älteren französischen Ehepaaren dabei zuzusehen, wie sie ihre Zuckerwürfel an die Vögel verfüttern.

BIER

Die Maße für Bier (*bière*) können sehr verschieden sein; grundsätzlich kann man Bier in der Flasche (*bouteille*) oder vom Faß (*à pression*) bekommen.
Demi – 0,25 Liter
Sérieux – 0,5 Liter
Formidable – 1 Liter

LE JARDIN DE BAGATELLE

Parc Bagatelle, Bois de
Boulogne, Paris 16
☎ 722 88 29
Mit der Metro nicht zu
erreichen
Täglich von 12 bis
19 Uhr geöffnet
Nur kalte Speisen

Die BAGATELLE ist eine der schönsten Anlagen von
Paris, bekannt vor allem durch ihre phantastischen Rosenbeete. Ist man an einem Sonntag durch
den Park geschlendert, dann ruht man sich gerne in
dem Café hinten am Waldrand ein wenig aus. Es ist das
einzige mir bekannte Café in Paris, wo man Zitronen
oder Orangen in natura serviert bekommt, um sich
selbst daraus ein *citron* oder eine *orange pressé* zu bereiten. Mürrische, abgearbeitete Kellner bringen eine
altmodische Zitronenpresse aus Glas an den Tisch und
stellen die sauber geteilte Frucht dazu.

Ein tägliches Ritual:
Zeitunglesen im Café

Salons de Thé
TEESALONS

Im Brocco

Goldgelbe *pains au chocolat*, fruchtbeladene, rubinrote Erdbeertorten und schwere, dunkle Schokoladenkuchen spiegeln sich als farbenprächtiges Stilleben in der blanken Schaufensterscheibe; schaut man hindurch, so glaubt man, einen Hauch von Ruhe, Gelassenheit und Zufriedenheit zu verspüren. Und dann öffnet sich die Tür, und eine geheimnisvolle Mischung aus Jasmintee und mit Vanille gewürzter Apfeltorte und Musik von Haydn strömt einem entgegen. Ganz hinten an einem Tisch vielleicht zwei ältere Damen, dem süßen Klatsch und einer schaumgekrönten heißen Schokolade gleichermaßen ergeben; und gleich daneben ein gut gekleideter Geschäftsmann, mit einer schicken, schlanken Pariserin flirtend, die sich hingegen mehr ihrer *tarte abricot* als seinen Avancen zu widmen scheint. Das ist die typische Atmosphäre in einem Pariser *salon de thé*: Vertraulichkeiten und ein behaglicher Rahmen, wie geschaffen für Frankreichs unersättliche Leckermäuler und die Kunst, ohne das geringste schlechte Gewissen stundenlang in wohligem Müßiggang am Tisch zu sitzen.

Obwohl Teesitten und die für ihre Einhaltung festgelegten Zeiten im allgemeinen viel mehr mit London in Verbindung gebracht werden, zählt Paris 60 oder 70 ausgewachsene *salons de thé*, von denen die meisten durch und durch französisch sind. Mit lappigen Gurken-Sandwiches und trockenen Korinthenbrötchen wissen die Pariser wenig anzufangen – sie frönen ohne Umschweife dem, was sie am liebsten mögen: den Süßspeisen.

In Paris wie in London erreichten die Teestuben den Höhepunkt ihrer Beliebtheit um die Jahrhundertwende. Mit ihrer aufwendigen Ausstattung boten sie den Damen von Rang einen geeigneten Rahmen, um Einladungen außerhalb des Hauses zu arrangieren. Und selbst eine Teestube zu unterhalten, bedeutete für Frauen auch eine Chance zu einem selbständigen, respektablen Beruf.

In den zwanziger Jahren siedelten sich viele Teestuben und Tanz-Salons entlang den Champs-Elysées und in den Restaurants des Bois de Boulogne an: Schon etwas ältere *grandes dames* und junge Männer kamen hierher; man begegnete sich, tanzte, trank Tee miteinander und ging dann wieder seiner Wege.

Einer Renaissance der Teesalons in den siebziger Jahren ist es zu verdanken, daß sie sich in einer geradezu unbeschränkten Vielfalt entwickelten. In Stil und Ambiente und auch im gastronomischen Angebot spiegeln sie die unterschiedlichen Neigungen und Einfälle ihrer Eigentümer wider. Einige dieser Lokale fungieren gleichzeitig noch als Buchläden oder Antiquitätengeschäfte, andere als Konditoreien; die besten unter ihnen zeichnen sich jedenfalls dadurch aus, daß sie eine einzigartige Gelegenheit zum Kosten frischen Backwerks bieten. Eine Tasse Kaffee oder ein Kännchen Tee wird hier immer mehr kosten als in einem Allerwelts-Café, aber dafür genießt man in einem *salon de thé* gewöhnlich die ruhigere Atmosphäre (keine Spielautomaten) und im allgemeinen auch erlesenere Speisen. Mittagessen und manchmal sogar Abendessen ist in den meisten von ihnen erhältlich, doch merkt man nur allzu häufig, daß regelrechtes Restaurantessen eigentlich nicht Sache der Teesalons ist. Es lohnt sich gewiß mehr, am frühen Vormittag oder am späten Nachmittag nur auf eine Tasse Tee und ein Stück Kuchen herzukommen. In einem Teesalon fühlt man sich übrigens auch alleine absolut wohl. Je nachdem, was Sie bestellen, müssen Sie für Tee oder Kaffee und ein Stück Backwerk etwa 40 Francs pro Person veranschlagen.

Palais-Royal, Place des Victoires, Louvre
1. und 2. Arrondissement

A PRIORI THÉ
35, Galerie Vivienne,
Paris 2
✆ 29 74 8 75
Metro: Bourse
Geöffnet: 10 bis 19 Uhr;
geschlossen:

Die Galerie Vivienne ist die schmuckste Pariser Passage der Jahrhundertwende. Es bleibt den Touristengruppen vorbehalten, diesen etwas verschlafenen, aber nichtsdestoweniger eleganten Ort mit Betriebsamkeit zu erfüllen. Ansonsten sind die Besucher des Teesalons vorzugsweise modebewußte Leute, die die Avantgarde-Ausstattungsgeschäfte rings um die

Sonntag und in der ersten
Augustwoche

ANGELINA
226, Rue de Rivoli, Paris 1
✆ 26 07 53 4
Metro: Tuileries
Täglich von 10 bis 18.30
Uhr geöffnet;
geschlossen: in den ersten
drei Augustwochen

FANNY TEA
20, Place Dauphine, Paris 1
✆ 325 83 67
Metro: Pont-Neuf
Geöffnet: Dienstag bis
Freitag 13 bis 20 Uhr;
Samstag und Sonntag 15.30
bis 20 Uhr; geschlossen:
Montag

MUSCADE
36, Rue de Montpensier,
Paris 1

benachbarte Place des Victoires herum durchstöbern und sich anschließend nach etwas klassischer Musik, nach Schokoladengebäck, duftigen Küchlein und vor allem nach viel englischem Tee sehnen. Bequeme Rohrstühle sind zu jeder Jahreszeit in die hell geflieste Passage gerückt, einerlei wie das Wetter draußen auf der Straße aussieht.

In diesem Salon der Jahrhundertwende, dem Jardin des Tuileries gegenüber auf der anderen Straßenseite gelegen, ist man beinahe darauf gefaßt, auf Proustsche Romanfiguren zu stoßen. Bis zum Jahre 1948 beherbergte dieses Lokal das alte, vielgefeierte RUMPELMAYERS. Auch heutzutage hat das ANGÉLINA – mit seinen grüngeäderten Marmortischen, den Wandgemälden und Spiegeln – noch seinen Snob-Appeal, ist teuer, beliebt wie eh und je und so ungefähr der einzige *salon de thé* in Paris, wo echte Schokoladenriegel zu einer geradezu verboten dicken, köstlichen heißen Trinkschokolade zerschmolzen werden.

Die kleine Welt von FANNY TEA, an der winzigen Place Dauphine beim Pont-Neuf gelegen, ist so fremdartig und wunderlich, daß man beinahe erwartet, eine Wahrsagerin ließe sich sanft neben einem nieder und beginne, aus der Hand zu lesen. Gedichtbände und Bücher mit alten französischen Romanen, flackernde Kerzen, gewaltige viktorianische Teekannen aus Zinn und verführerische, nach Vanille duftende warme Apfeltorten machen sich auf den Tischen gegenseitig den Platz streitig. Selten erwischt man im FANNY TEA einen freien Tisch. Dabei ist es das ideale Refugium, um einem regnerischen Pariser Nachmittag zu entrinnen und klassischer Musik zu lauschen, während man vielleicht an seinen Memoiren schreibt. Wenn man ein bißchen Glück hat, sieht man hier Yves Montand auftauchen; er wohnt an der Place Dauphine.

Man muß nicht unbedingt einen Tisch im teuren GRAND VÉFOUR reservieren lassen, um den Ausblick auf den romantischen, rosa leuchtenden Ro-

✆ 2975136
Metro: Palais-Royal
Täglich von 12 bis
23 Uhr geöffnet; Tee,
Kaffee und Desserts nur
von 15 bis 19 Uhr

sengarten des Palais-Royal genießen zu können. Von Mai bis September erweitert das MUSCADE seine Räumlichkeiten um eine Gartenterrasse, die wohl zu den ruhigsten und gepflegtesten von Paris gezählt werden darf. Die Gärten des Palais-Royal sind durchaus ganz volkstümliche Parkanlagen, in denen man ältere Damen eine Baguette mit den Tauben teilen, *bonnes* und Mütter ihre Sprößlinge in wahren Kähnen von Kinderwagen vor sich herschieben und Jungen und Mädchen im Sandkasten spielen sieht. Ein Besuch im Louvre oder in der Comédie Française läßt sich gut mit einer Rast im MUSCADE verbinden. Dabei sollte man über die nachlässige Bedienung hinwegsehen und einfach die frischen Obsttorten und den *café crème* würdigen.

VERLET
256, Rue Saint-Honoré,
Paris 1
✆ 2606739
Metro: Louvre
Geöffnet: Montag bis
Freitag 12 bis 19 Uhr;
geschlossen: Samstag,
Sonntag und im August

Das lebhafte Aroma frisch gerösteten Kaffees, unter das sich die Düfte chinesischen, ceylonesischen, indischen und japanischen Tees mischen, lockt die Vorübergehenden an die Tür von VERLET. Im Kaffee- und Teehandel von Paris genießt dieses beflissene Haus einen besonders guten Ruf. Hier, ganz in der Nähe der Place du Palais-Royal und des zum Louvre gehörenden Musée des Arts Décoratifs, betritt man eine wie beiläufig entstandene, kosmopolitische Welt, vollgestopft mit offenen Kaffeesäcken aus allen Winkeln der Erde, Bergen von Trockenobst und Nüssen sowie buntfarbigen Blechbüchsen mit Tee, der an Ort und Stelle nach den Wünschen des Kunden gemischt wird.

Immer steht hier eine kleine Käuferschlange an, doch wenn Sie in den ungeschmückten Räumlichkeiten aus den dreißiger Jahren ein Plätzchen an einem der Tische finden, verweilen Sie ein wenig, kosten Sie den vielgerühmten Kaffee oder lassen Sie sich aus einer der silberplattierten Kannen, deren Griffe mit farbigem Filz isoliert sind, Tee einschenken. Stets ist auch eine kleine Auswahl an vier oder fünf verschiedenen gutgebackenen Kuchen oder Törtchen erhältlich, und die saftige Aprikosentorte (siehe nachstehendes Rezept), die sich so gut mit einem wohltuenden Jasmintee verträgt, gehört auf jeden Fall dazu.

TARTE ABRICOT VERLET
(APRIKOSENTORTE VERLET)

VERLET *ist ein kleiner Tee- und Kaffeeladen, wo man auch gute selbstgebackene Konditoreiwaren bekommt. Wer Aprikosen mag, wird gewiß auch diesen einfach zu bereitenden Obstkuchen nach Hausmacherart mögen, der nur 20 Minuten Arbeit macht. Verwenden Sie allerdings nur frische Aprikosen, kein Dosenobst.*

Teig:
115 g zerlassene Butter
100 g Zucker
260 g Mehl
1 Teelöffel Butter zum Einfetten der Springform
Füllung:
5 Eßlöffel *créme fraîche* oder dicke Sahne (siehe Rezept Seite 274) vorzugsweise nicht ultrahocherhitzt
1 Ei
50 g Zucker
1 Eßlöffel Mehl
1 Teelöffel Vanille
450 g frische Apriko-sen, entkernt und halbiert
1 Eßlöffel Puderzucker

1. Backofen auf 165° vorheizen.
2. Teigbereitung: Butter und Zucker in einer mittel-großen Schüssel gut miteinander verrühren. Dann das Mehl zugeben und (mit den Händen) ausgiebig durch-kneten. Der Teig wird sehr bröckelig sein. Eine Springform von ca. 27 cm Durchmesser mit Butter einfetten. Den Teig mit den Händen in die Form ein-drücken. 10 Minuten im Ofen backen lassen.
3. In der Zwischenzeit die Füllung bereiten: In einer kleinen Schüssel die *crème fraîche* mit dem Ei gut ver-quirlen. Den Zucker zugeben, wieder gut vermischen, dann Mehl und Vanille zufügen. Diese Mischung auf den vorgebackenen Tortenboden gießen, und dann die Aprikosen mit der Schnittfläche nach unten auf die Cremeschicht setzen.
4. In der Ofenmitte 30 Minuten – oder bis sich ein in die Creme gestochenes Messer sauber wieder heraus-ziehen läßt – backen. Auf Zimmertemperatur abküh-len lassen und vorzugsweise innerhalb von einer Stun-de, mit Puderzucker bestreut, servieren.

Marais, Bastille, République, Beaubourg
3. und 4. Arrondissement

BROCCO
180, Rue du Temple,
Paris 3
✆ 272 19 81
Metro: République

Frischgebackene *croissants* und starker schwarzer Espresso verströmen Düfte, denen man schlecht widerstehen kann. So kommen die Gäste gerne ins BROCCO, eine imposante, sehr ordentlich geführte Art-Déco-*patisserie* mit einem *salon de thé*, gleich ne-

Täglich von 9 bis 19 Uhr
geöffnet;
geschlossen: im August

ben der Place de la République. Zwischen Marmor, Spiegeln und den szenischen Lichtstreifen der Leuchtstofflampen schwirren matronenhafte Kellnerinnen hin und her und verteidigen sich und *la maison* womöglich gegen die Beschwerde eines Gastes über einmal nicht ganz so perfekt wie gewohnt gelungene *pains au chocolat*. Aber auf einem kleinen Rohrstuhl vor einem dreieckigen Eichentischchen sitzend und aus einer schönen Porzellantasse den sahnigen Schaum von einem *café crème* abtrinkend, sieht man gern einmal über einen Lapsus des Konditors hinweg.

DATTES ET NOIX
4, Rue du Parc-Royal,
Paris 3
✆ 88 78 88 94
Metro: Saint-Paul
Geöffnet: Montag bis
Samstag 12 bis 2 Uhr;
Sonntag 12 bis 20 Uhr

D ATTES ET NOIX – Datteln und Nüsse – ist einer der besten Teesalons im Marais. Den prächtigen Anlagen des Parc-Royal und dem Musée Carnavalet liegt er genau gegenüber. Von seiner Ausstattung springen die völlig weiß gefliesten Böden und die zeitgenössischen Graphiken an den Wänden ins Auge. Der Service hier ist mehr als zwanglos, die *tarte Tatin* und der Schokoladenkuchen zweifellos von einer Qualität, die den Abstecher in diesen Teesalon lohnt. Kurz vor dem Mittagessen kommen aus der Nachbarschaft gerne Französinnen mit ihren Kindern hierher, um sich einen Nachtisch mit nach Hause zu nehmen: köstliche Eissorten und Sorbets.

LE LOIR DANS LA THEIERE
3, Rue des Rosiers, Paris 4
✆ 27 29 06 61
Metro: Saint-Paul
Geöffnet: Dienstag bis
Samstag 12 bis 19 Uhr;
Sonntag 11 bis 19 Uhr;
geschlossen: Montag

L E LOIR DANS LA THÉIÈRE, das die Erinnerung an Lewis Carrolls Haselmaus in der Teekanne wieder aufleben läßt, hat als Lokal nicht den Ehrgeiz,

Im BROCCO muß es ein *café crème* sein

mehr zu sein als ein Ort, an dem man seine Zeit angenehm verbringt. Der speicherartige Raum mit seinen gewaltig gepolsterten Ledersesseln im Jugendstil, mit den langen durchgehenden Holztischen und dem täglich frischen Angebot an Gebäck, Kuchen und Torten, präsentiert sich gleichzeitig als Konditorei und als Kunst- und Fotogalerie. Vielleicht wirkt alles schon ein bißchen verblichen und abgenutzt, aber es geht hier ordentlich und dabei doch ganz zwanglos zu, und so kann man ebenso mit seiner Mutter wie mit seinen Kindern zu einem sehr preiswerten Mittagessen oder einem Nachmittags-Imbiß herkommen. Die Zitronentorte hier schmeckte so herrlich ›zitronig‹ und war so wunderbar frisch, daß ich es mir nicht verkneifen konnte, das Rezept zu erbitten und es in diesem Buch wiederzugeben:

TARTE AU CITRON LE LOIR DANS LA THEIERE
(ZITRONENTORTE LE LOIR DANS LA THEIERE

In dieser gemütlichen Teestube im Marais ist es quasi ein Ritual, zur Vitrine hinüberzuschlendern und die ausgestellten Backwaren zu inspizieren, um zu sehen, was am frischsten und verlockendsten erscheint. Das einzige Problem dabei ist, daß, kaum hat man sich gerade wieder hingesetzt, schon die nächste Köstlichkeit aus der Backstube kommt, und im Zweifel ist sie noch verführerischer. Ich liebe Zitrone (wenn auch nicht ganz so wie Schokolade), und als ich LE LOIR DANS LA THÉIÈRE meinen ersten Besuch abstattete, schlug diese Torte wirklich alles andere. Sie erweckte auch gleichzeitig Erinnerungen: wie ich nämlich als Kind Zitronenküchlein buk. Der Teig für diese Torte, mit eine Spur Zitrone und Mandeln aromatisiert, ist leicht zu machen und auch abwandelbar. Man kann ihn mehrere Tage im voraus bereiten und einfrieren.

Teig:
160 g Mehl
50 g Zucker
35 g Mandeln, fein-
gemahlen
die abgeriebene Schale
von 1 Zitrone
eine Prise Salz
115 g Butter, Zimmer-

1. Teig: Mehl, Zucker, gemahlene Mandeln, abgeriebene Zitrone sowie eine Prise Salz in eine mittelgroße Schüssel geben und gut vermischen. In die Mitte eine Mulde drücken und Butter, Ei, Rum und Milch einfüllen. Das Ganze gut durchkneten. Die Masse sollte dann die Konsistenz eines weichen Kuchenteigs haben. In eine Frischhaltefolie hüllen und mindestens 1 Stunde lang im Kühlschrank ruhen lassen. Eine Springform von ca. 27 cm Durchmesser mit Butter

temperatur, in Würfel geschnitten

1 Ei

1 Teelöffel Rum

1 Teelöffel Milch

1 Teelöffel Butter zum Einfetten der Spring-form

Füllung:

4 Eier

200 g Zucker

die abgeriebene Schale von 2 Zitronen

der Saft von 2 Zitronen

140 g Mandeln, fein-gemahlen

170 g zerlassene Butter

einfetten. Die Hände mit Mehl bestäuben und den kalten Teig in die Form drücken. Zur Seite stellen.

2. Den Backofen auf gut 200° vorheizen.

3. Füllung: Eier, Zucker, abgeriebene Zitronenschale, Zitronensaft und gemahlene Mandeln in eine mittelgroße Schüssel geben und vermischen. Die zerlassene Butter zugeben, erneut durchmischen und die Füllung auf den Tortenboden gießen.

4. In der Ofenmitte 30 bis 40 Minuten backen lassen. Wenn die Torte auf Zimmertemperatur abgekühlt ist, servieren.

Quartier Latin, Luxembourg, Sèvres-Babylone, Ecole Militaire
5., 6. und 7. Arrondissement

LE SALON BELUSA
86, Rue du Cherche-Midi, Paris 6
✆ 22 25 25 8
Metro: Sèvres-Babylone
Geöffnet: 12 bis 18 Uhr; geschlossen: Sonntag

Geradezu alles gibt es bei LA BELUSA zu kaufen, einer etwas verwegen wirkenden kleinen Teestube, die sich zugleich als eine Art Antiquitätenladen versteht. Mit Perserbrücken, einem Sammelsurium von Gemälden und einem Klavier ein bißchen wie Großmutters gute Stube ausstaffiert, steht dieser gemütliche kleine Laden für den spezifischen Snobismus der Rue du Cherche-Midi; aber die anheimelnde Atmosphäre wie auch die Ansammlung antiken Porzellans und allerlei dem Teezeremoniell zugehörigen Nippes machen LA BELUSA zu einem angenehmen Ansteuerungspunkt für eine Teepause am Spätnachmittag. In der heißen Schokolade bleibt hier, wie bei einer *mousse*, fast der Löffel stecken, und die Linzer Torte ist herzhaft köstlich.

A LA COUR DE ROHAN

59–61, Rue Saint-André-des-Arts, Paris 6
∅ 32 57 9 67
Metro: Odéon
Geöffnet: Dienstag bis Freitag 12 bis 19.30 Uhr; Samstag und Sonntag 15 bis 19.30 Uhr; geschlossen: Montag und im August

Auf den ersten Blick wirkt das in einer Passage bei der Odéon-Metro gelegene A LA COUR DE ROHAN wie eine Boutique für modische Accessoires und nicht wie eine Teestube. Aber durchstreifen Sie nur einmal die Innenräume, dann werden Sie einen erstklassigen, in Weiß- und Grüntönen gehaltenen Teesalon im englischen Landhausstil vorfinden. Die von Darjeeling und *gâteau Opéra* geschwängerte Luft und die sanften Klänge klassischer Musik wirken wie eine Einladung, den Nachmittag hier zu verbringen. Sollte Ihr Besuch auf einen Tag fallen, an dem es die vortreffliche Birnentorte mit Mandeln gibt, wählen Sie diese an dem runden Tisch in der Mitte des Raumes aus, wo das Backwerk dargeboten wird. An manchen Freitagabenden finden im A LA COUR DE ROHAN auch Konzerte klassischer Musik mit kleinen Ensembles statt.

LA MOSQUEE DE PARIS

1, Rue Daubenton und 39, Rue Geoffroy-Saint-Hilaire, Paris 5
∅ 33 11 8 14
Metro: Censier-Daubenton
Täglich von 11 bis 20 Uhr geöffnet

Aus den Baumschatten eines herrlichen Gartens taucht man plötzlich in Dunkelheit, wenn man in die geheimnisvolle Atmosphäre dieses im maurischen Stil gehaltenen Teesalons kommt. Lassen Sie sich auf einer der gepolsterten Steinbänke nieder, und saugen Sie etwas von der orientalischen Stimmung ein, während ein Kellner mit seinem Tablett die Runden macht und die Gäste mit süßem Tee aus frischer Minze und mit Blätterteiggebäck versorgt. Dies ist kein Ort für eilige Besucher. Bringen Sie also ein Buch mit hierher, oder lassen Sie sich von einem Freund begleiten, der Ihre Begeisterung für die Mosaik-Fußböden, die bunten Glasfenster und das andere exotische Dekor teilt. Der Salon bildet einen Anbau zur ersten in Frankreich errichteten Moschee.

LE PETIT BOULE

16, Avenue de la Motte-Picquet, Paris 7
∅ 55 17 7 48

LE PETIT BOULÉ, nahe der Ecole Militaire, ist einer der in seiner Originalität erfreulichsten Teesalons von Paris. Jedem Detail geht man hier mit Geschmack und Sorgfalt nach, und es überrascht nicht, als Eigen-

Metro:
La Tour-Maubourg
Geöffnet: Mittwoch bis
Sonntag 10.30 bis 19 Uhr;
Dienstag 14.30 bis 19 Uhr;
geschlossen: Montag

tümer dieses Tee- und Konditorladens mit russischem Flair die Familie Petrossian auszumachen, die sich auch auf dem Gebiet der Lachs- und Kaviarspezialitäten einen Namen gemacht hat. Allem, was diese Russen anfassen, das spürt man, verleihen sie eine besondere Note. In der sonnigen Atmosphäre des Lokals spiegeln sich Viktorianische Korbsessel, Marmortischchen und Art Déco-Leuchter aus Milchglas an den Wänden wider. Die Erzeugnisse der Konditorei sind wie Juwelen ausgestellt. Berge von goldschimmernden Croissants, mit kräftigen runden Piroggen (mit Fleisch und Kohl gefüllte Teigtaschen) beladene Bambustabletts und duftige Obsttörtchen locken im Schaufenster. Und mittags gibt es hier natürlich auch Lachs und Blini, Kaviar und Wodka. Wenn Sie sich an dem Dekor sattgesehen und den Wohltaten des Hauses genug zugesprochen haben, sollten Sie nicht versäumen, eine der 30 Teesorten, von dem ausgezeichneten *miel de sarrasin* (Buchweizenhonig), eine zugleich ausgefallene und leckere *confiture de kumquat* oder einige der Dutzenden von Marmeladen, Gemüse-Pürees und ländlichen Gerichten aus Südwestfrankreich mit nach Hause zu nehmen, die unter den Händen der Petrossians entstanden sind.

PONS
2, Place Edmond-Rostand,
Paris 6
✆ 32 93 11 0
Metro: Luxembourg
Geöffnet: 9.15 bis 19 Uhr;
geschlossen: Sonntag, in
der letzten Juliwoche und
in den ersten drei Augustwochen

Lassen Sie sich nach einem Spaziergang durch den Jardin du Luxembourg einmal im PONS nieder, einem geradezu aristokratisch wirkenden Teesalon der ›Alten Welt‹. Von der ausladenden Terrasse aus schaut man direkt in die Grünanlagen und auf den eindrucksvollen Springbrunnen der Place Edmond-Rostand. Bei den patzigen jungen Kellnerinnen in ihren roten ›Uniformen‹ hat man zwar den Eindruck, sie würden lieber alles andere tun, als hier zu bedienen, aber sehen Sie darüber hinweg: das PONS ist nämlich im Sommer einer der klassischen Plätze von Paris, wo man Menschen beobachten und seine Studien treiben kann. Im Winter sollte man morgens gegen zehn die gewundene Steintreppe zum Teesalon hochgehen, sich an einen der die Gartenanlagen überschauenden Tische setzen, eine Tasse dampfenden chinesischen Tees kommen lassen und eine kleine *brioche* in Ruhe genießen.

GATEAU AU CHOCOLAT LA TCHAIKA
(SCHOKOLADENKUCHEN LA TCHAIKA)

Beim Genuß aller guten Schokoladenkuchen ›versündigt‹ man sich, das liegt in der Natur der Sache. Dennoch ist bei diesem die Sünde gewiß noch größer als bei den meisten anderen. Im LA TCHAÏKA *findet man den* gâteau *gewöhnlich auf dem Kuchentablett, aber Alt und Jung zögern zu entscheiden, ob man nun den Schokoladenkuchen oder die* Vatruschka, *die russische Version des Käsekuchens, nehmen soll. Die Konditorin ändert (bei der Herstellung) die Schokoladenmenge ein bißchen nach Lust und Laune, aber ich habe mir zur Gewohnheit gemacht, volle 400 Gramm Zartbitter-Schokolade für das Rezept einzusetzen.*

Kuchen:
300 bis 400 g Zartbitter-Schokolade sehr guter Qualität
6 Eier, Eigelb und Eiweiß getrennt
100 g Puderzucker
140 g Mandeln, feingemahlen
1 Eßlöffel Stärkemehl
170 g Butter (Zimmertemperatur)
eine Prise Salz
1 Teelöffel Butter zum Einfetten der Backform
Guß:
100 g Zartbitter-Schokolade, kleingebrochen
125 ml *crème fraîche*
(siehe Rezept Seite 274)

1. Den Backofen auf 190° vorheizen.

2. Die Schokolade zusammen mit 3 Eßlöffel Wasser in einer kleinen Pfanne bei sehr mäßiger Hitze zum Schmelzen bringen.

3. In einer mittelgroßen Schüssel die Eigelb mit dem Zucker schlagen, bis sie blaß zitronengelb sind. Die weiteren Zutaten in folgender Reihenfolge zufügen und jedesmal gut durchrühren: die geschmolzene Schokolade, den Zucker, die gemahlenen Mandeln, das Stärkemehl, die Butter. Die Mischung bereithalten.

4. In einer anderen Schüssel das Eiweiß mit der Prise Salz steif-, aber nicht trockenschlagen.

5. Ein Drittel vom geschlagenen Eiweiß vorsichtig, aber gründlich in die Schokoladenmasse einarbeiten. Das restliche Eiweiß ebenso sorgfältig folgen lassen. Die Masse soll homogen, aber nicht ›totgemischt‹ sein.

6. Eine Springform von 22 cm Durchmesser mit der Butter einfetten und mit dem Teig füllen. 35 bis 45 Minuten lang (oder bis die Oberfläche des Kuchens fest ist und federt) im Ofen backen. Vor dem Öffnen der Springform den Kuchen abkühlen lassen, und erst wenn er völlig erkaltet ist, den Guß aufbringen.

7. Zubereitung des Gusses: Die *crème fraîche* in einem kleinen Topf bei mäßiger Hitze zum Kochen bringen. Die Hitze reduzieren, und die Schokolade unter ständigem Rühren stückweise nacheinander zugeben. Wenn alle Schokolade geschmolzen ist, vom Feuer nehmen und abkühlen lassen. Der Guß sollte die Konsistenz einer dicken, aber streichfähigen Zucker-

glasur haben. (Beginnt der Schokoladenguß vor dem Auftrag hart zu werden, erneut vorsichtig erhitzen, bis die gewünschte Konsistenz erreicht ist). Oberfläche des Kuchens einschließlich der Seiten mit einem dünnen Schokoladenüberzug versehen.

»Wenn die Cholera nach Paris kommt, versäume auf keinen Fall, morgens nach dem Aufwachen eine Tasse Tee und eine gebutterte *tartine* zu Dir zu nehmen.«
Aus einem Brief von Honoré de Balzacs Mutter an ihren Sohn (17. November 1848)

Stets ein Lächeln und ein liebenswürdiger Empfang: LA TCHAÏKA

LA TCHAIKA

9, Rue de l'Eperon, Paris 6
☎ 354 47 02
Metro: Odéon
Geöffnet: 11.30 bis
22.30 Uhr; geschlossen:
Sonntag, Montag und
im August

Diese ganz in der Nähe der MAISON DU LIVRE ETRANGER gelegene freundliche kleine Teestube mit Restaurant, wo man sich ganz zu Hause fühlen kann, gehört, sei es nun zum Mittagessen oder für einen entspannt genossenen Nachmittag, zu meinen Lieblingsplätzen. Der mit einem Gefühl für Intimität im russischen Stil eingerichtete Salon birgt allerlei Trouvaillen, die von Flohmärkten oder viktorianischen Mansarden stammen könnten. In Rotnuancen gehaltene Stoffbespannungen verleihen dem Raum zusätzlich Wärme. An den Wänden hängen Steinreliefs von Tschechow und Tolstoi, und ein launischer Einfall hat die Besitzer das Wahrzeichen des Lokals – eine Tchaïka (Möwe) – als Mobile anbringen lassen.

Obwohl man hier leicht einmal auf ein eiliges Mittag- oder Abendessen herkommt (mit entsprechender Reservierung), strahlt LA TCHAÏKA jene Wohnzimmergemütlichkeit aus, die einen so gern verweilen läßt, ja förmlich dazu herausfordert.

Das Essen hier ist gut, frisch zubereitet und hält, was es verspricht. Der Gast kann ebensogut eine Suppe aus der Terrine wählen und ein Glas Wein dazu trinken wie auch eine volle Mahlzeit bestellen. Täglich gibt es einen warmen *plat du jour*, und LA TCHAÏKA offeriert das Standardrepertoire an *Sakuski* (russischen Vorspeisen); dazu gehören ausgezeichnete *tarara*, Hering, Sprotten, Hühnerleber-Pâté und außerdem Lachs, Kaviar und natürlich Wodka. Ich bestelle mir jedesmal *Borschtsch* (siehe nachstehendes Rezept), den besten, den ich kenne. Diese Suppe besteht aus einer kräftigen selbstbereiteten Fleischbrühe, aus Rüben und Weißkohl und ist mit Essig und gehacktem Dill abgeschmeckt. Die *Blini* sind wohlschmeckend und frisch wie Buttermilch und werden mit Lachs aus dem Hause Petrossian serviert.

Die Desserts sind unwiderstehlich. Zur Osterzeit gibt es hier die klassische *Paschka*, einen mit Obst und Nüssen gefüllten Käsekuchen, und jahraus, jahrein bekommt man einen mit erstaunlich wenig Mehl gemachten Schokoladenkuchen (siehe Rezept), der aus einer satten Mischung von Bitterschokolade, Mandeln, Eiern, Butter und Zucker besteht. Die *Vatrusch-*

171

ka, eine russische, aus *fromage blanc* gemachte Torte (unter der Bezeichnung Käsekuchen besser bekannt) ist federleicht und auch nicht allzu süß.

BORSCHTSCH LA TCHAIKA

Dies ist eine herbe und erfrischende Version des beliebten russischen Borschtsch, jener Suppe aus Kohl, Rüben und Fleischbrühe, die durch frischen Dill und einen Schuß Essig belebt wird. Man bezeichnet sie manchmal als ›kleine Borschtsch‹ im Gegensatz zur vollständigeren, aber kompliziert zuzubereitenden ›großen‹ Borschtsch-Suppe. Als ich sie zum ersten Mal in La Tchaïka *kostete, bestellte ich mir einen kühlen Cassis dazu, einen lebhaften provenzalischen Weißwein, und ich fand den Kontrast in Farbe und Temperatur ausgesprochen reizvoll. Zu Hause nehme ich Borschtsch gern mit einem kalten Weißwein von der Loire, etwa einem Sancerre oder einem Pouilly Fumé, und dazu knuspriges Roggenbrot.*

Da man auf französischen Märkten Rote Beete findet, die bereits gekocht sind, nimmt die Zubereitung der Suppe hier nur ungefähr 20 Minuten in Anspruch. Borschtsch kann vorgekocht und später wieder aufgewärmt oder kalt serviert werden. In La Tchaïka *bereitet der Küchenchef, Maud Seligmann, den Fond aus Rindfleisch, aber meiner Erfahrung nach läßt sich jede Art guten Fleisches, Huhn eingeschlossen, für die Brühe verwenden. Es entspricht der Borschtsch-Tradition, die Suppe mit einem in der Mitte der Schüssel schwimmenden Klacks* crème fraîche *oder saure Sahne auf den Tisch zu bringen.*

2 Eßlöffel Butter
½ mittelgroßer Weißkohl, sehr fein-gehobelt
2 Liter warme Fleisch- oder Hühnerbrühe
1 große rote Rübe, gekocht und in sehr feine Streifen geschnitten
3 Eßlöffel frischer Dill, feingehackt
60 ml Rotweinessig bester Qualität
Salz nach Geschmack
60 ml *crème fraîche* oder saure Sahne
(siehe Rezept Seite 274)

1. Die Butter in einem großen Topf bei mäßiger Hitze zergehen lassen. Den Kohl zugeben und schmoren lassen, bis er welkt, er darf jedoch nicht bräunen.
2. Die warme Fleischbrühe und die rote Beete zugeben und bei mittlerer Hitze 15 Minuten kochen lassen. Dann Dill, Essig und Salz hinzufügen. Abschmecken und gegebenenfalls nachwürzen. Heiß auftragen, auf Wunsch mit *crème fraîche* oder saurer Sahne.
Für 4 Personen.

Concorde, Madeleine, Pigalle
8. und 9. Arrondissement

LADUREE
16, Rue Royale, Paris 8
℡ 26 02 1 79
Metro: Madeleine
Geöffnet: 8.30 bis 19 Uhr;
geschlossen: Sonntag und
im August

Croissants zum Frühstück haben mir ausgesprochen wenig bedeutet, bis ich eines morgens gegen zehn die Köstlichkeiten des LADURÉE entdeckte. Im ganzen habe ich über 60 *salons de thé* aufgesucht, aber wenn ich an meine Streifzüge kreuz und quer durch Paris zurückdenke, dann sind es der schäumende *café au lait* und die flockigleichten, zarten Croissants im LADURÉE, nahe der Place de la Madeleine, von denen ich noch heute träume.

Wo könnte am frühen Vormittag pariserisch-elegante Atmosphäre stimmiger sein als hier? Der Rahmen ist intim und vom Stil der Jahrhundertwende geprägt: holzgetäfelte Wände in blassem Oliv, Stühle mit gerader Rückenlehne, niedliche Marmortischchen, nicht ein Wort zuviel verlierende Kellnerinnen in weißen Spitzenschürzen, und eine Clientèle, die ebensogut im RITZ wie bei Cartier zu Hause ist. Das Fluidum ist nicht eigentlich versnobt, aber doch ein bißchen blasiert. Wahrscheinlich würde jeder Vogel von den hier gereichten Sandwiches verhungern; die frischen Backwaren aus der Konditorei dagegen sind köstlich; die sich fast wie weiches Marzipan essenden, aus Mandeln gemachten *financiers* schmecken geradezu himmlisch. Und was den *café au lait* angeht, so habe ich in ganz Paris keinen besseren gefunden.

Bevor Sie das LADURÉE wieder verlassen, sollten Sie einen Blick auf das Deckengemälde im großen Salon werfen: Engel schweben durch pastellfarbene Wolken, während ein Cherub mit weißer Kochmütze und rosa-glühenden Backen seine Torten an der Sonne bäckt.

MARQUISE DE SEVIGNE
32, Place de la Madeleine,
Paris 8
℡ 265 19 47

Während man sich in der Teestube von FAUCHON an die Schnellbedienungstheke einer Omnibushaltestelle erinnert fühlt, wirkt das gleich nebenan gelegene MARQUISE DE SÉVIGNÉ, eine Verbindung von Schokoladengeschäft und Teestube, wohltuend ruhig

Metro: Madeleine
Geöffnet: 9.45 bis 19 Uhr;
geschlossen: Sonntag

PENY
3, Place de la Madeleine,
Paris 8
∅ 26 50 06 75
Metro: Madeleine
Geöffnet: 8 bis 20 Uhr;
geschlossen: Sonntag und
im August

TEA FOLLIES
6, Place Gustave-
Toudouze, Paris 9
∅ 28 00 08 44
Metro: Saint-Georges
Geöffnet: Montag bis
Samstag 12 bis 19 Uhr;
Sonntag 12.30 bis 19 Uhr;
geschlossen: in den ersten
zwei Augustwochen

TORAYA
12, Rue Saint-Florentin,
Paris 8
∅ 26 01 30 00
Metro: Concorde
Geöffnet: 10 bis 19 Uhr;

und zurückhaltend. Dies ist ein angenehmes Plätzchen, um sich bei einer Tasse Kaffee und einer der
vielleicht ein Dutzend Süßspeisen, von denen die meisten auf Schokoladenbasis gemacht sind, ein wenig
auszuruhen. Allerdings sollten Sie nicht den *gâteau au
chocolat* wählen; mich hat sein Geschmack an gekochte Milch erinnert. Nehmen Sie statt dessen lieber den
aus Schokolade, Krokant und kandierten Mandeln gemachten *praliné*-Kuchen oder einfache Makronen, die
in dieser Güte auch im leckermäuligen Paris kaum ih-
resgleichen haben.

Die besten Tische im PENY (auch als PENNY bekannt) sind die draußen auf dem Trottoir gegenüber der Place de la Madeleine. Obwohl dieses gerade
im Sommer sehr beliebte Lokal mehr nach einem gewöhnlichen Café aussieht, verdient es den Status einer
Teestube, denn alleine der ofenfrische, süße Kokos-
kuchen hat das PENY unter den in Paris ansässigen
Ausländern zu einem beliebten Anziehungspunkt gemacht.

Das TEA FOLLIES präsentiert sich hell, heiter und
ungezwungen, und wenn man hier einkehrt,
kommt man in den Genuß eines wunderbaren Nach-
mittagstees auf einer mit Tageszeitungen, Magazinen
und frischen Blumen gespickten Veranda. Der moderne, in Rot, Weiß und Grau gehaltene Teesalon öffnet
sich zur baumbestandenen Place Gustave-Toudouze
im 9. Arrondissement hin. Bei schönem Wetter stellt
man auch Tische aufs Trottoir hinaus, wo die Gäste
sich sonnen, palavern und die gaumenverwöhnende
Zitronen-Quark-Torte essen. Auch eine gute Auswahl von Weinen wird hier angeboten. Jeden Sonntag
gibt es einen Brunch nach angelsächsischer Art.

Die gebackenen Miniaturen aus der Konditorei
nehmen sich, ebenso wie die handgefertigten
Keramikstücke, im Schaufenster aus wie die Diaman-
ten eines Schmuckgeschäfts. Die modernen, nüchternen Innenräume sind makellos auf Schwarz, Grau und
Weiß abgestimmt. Das TORAYA ist eine unverfälschte,

geschlossen: Sonntag

moderne japanische Teestube, in der natürlich auch die weißen Keramiktassen nicht fehlen, aus denen man die beim japanischen Teezeremoniell gereichte *Matcha* (schaumig geschlagener, leicht bitter schmeckender, grüner Tee) trinkt. Für unseren westlichen Geschmack sehen die Süßspeisen weit besser aus als sie munden. Dennoch wird jeder Unternehmungslustige die winzigen, vielfarbigen, aus dem Bohnenpüree *Azuki* gemachten Variationen oder die in Blätter gewickelten klebrigen Reisklößchen einmal versuchen wollen. Jedenfalls ist dieser Ausflug ins TORAYA erheblich billiger als eine Reise nach Tokio, und wer sich für unsere mit Sahne und Zucker beladenen Schleckereien nicht so recht begeistern mag, findet den exotischen Abstecher vielleicht ganz reizvoll.

Trocadéro
16. Arrondissement

CARETTE
4, Place du Trocadéro,
Paris 16
☎ 727 88 56
Metro: Trocadéro
Geöffnet: 8 bis 19 Uhr; geschlossen: Dienstag, die letzte Juliwoche und die ersten drei Augustwochen

Kaum ist es neun Uhr morgens, wimmelt dieser auf den Trocadéro schauende geräumige Teesalon mit Terrassenvorbau auch schon von gutgebauten Frühsportlern, die vom Joggen zurückkommen und sich ein wenig stärken wollen. Es ist keineswegs ungewöhnlich, einen schlanken, muskulösen Franzosen in Rekordzeit zwei *pains au chocolat* verschlingen sowie einen frischen Orangensaft und einen *café au lait* hinunterstürzen zu sehen, während er seine Nase in *l'Equipe,* das französische Sportjournal, steckt. Das *pain au chocolat* schmeckt hefefrisch, und der rauchfarbene chinesische Tee ist von der besten Sorte, doch die *fianciers* hier sollte man lieber anderen überlassen. Und kommen Sie keinesfalls nachmittags hierher – es sei denn, Sie wollen im Zigarettenqualm ersticken.

Bistros à Vin
WEIN-BISTROS

Hier nun betreten wir die Gefilde, in denen Beaujolais und Käse, Brot und *charcuterie* zu Hause sind. Unter der Bezeichnung *bistros à vin* bekannt, öffnen die meisten dieser gemütlichen, volkstümlichen Lokale ungefähr um die Zeit, da Paris sich zum Frühstück erhebt. Von außen sehen viele wie gewöhnliche Cafés aus, aber gehen Sie nur hinein, und lassen Sie sich ein Glas vom seidigen, aromatischen Fleurie oder vom frischen, duftigen Sancerre über die Zunge laufen und beißen Sie in eine dicke, mit *rillettes* (Schweine- oder Gänse-Pâté) bestrichene und mit Knoblauch und Thymian bestreute Landbrotscheibe, dann merken Sie den Unterschied.

Essen und Geselligkeit haben hier durchaus ihren Platz, aber noch wichtiger ist der Wein – glas-, karaffen- oder flaschenweise. König unter den Weinen ist der leichte, fruchtige Beaujolais, doch auch der feinsinnige Bourgueil von der Touraine, junge Weine von Bordeaux, vom Chinon, von den Côtes-du-Rhône, blumiger Muscadet von der Loire, lieblicher weißer Arbois aus dem Jura und kraftvoller, berauschender Gigondas werden in den *bistros à vin* ausgeschenkt. Natürlich hat nicht jedes Bistro alle Weinsorten auf Vorrat, aber zwischen 12 und 30 verschiedenen Gewächsen anbieten zu können, die pro Glas von vier bis zwanzig Francs kosten, ist eigentlich die Regel. Dazu kann man – im geringsten Falle – kalte Platten mit Käse oder mit *charcuterie* bestellen, die das kleine gastronomische Angebot abrunden. Die meisten dieser Lokale werden eher zwanglos betrieben und legen daher auch keine gedruckte Speisekarte aus. Die im Ausschank befindlichen Weine und die jeweiligen Tagesgerichte werden jedoch üblicherweise mit der Hand auf Tafeln hinter dem Tresen geschrieben.

Gibt es nun einen Grund, wegen eines Glases Wein statt in ein Café in ein Wein-Bistro zu gehen? Eindeutig! Der in den meisten Cafés servierte Wein kommt aus Massenproduktionen, schmeckt banal und ist manchmal (obwohl so bezeichnet) nicht einmal französischen Ursprungs. Solche Weine können wässrig und geradezu ungenießbar sein. Der in den Wein-Bistros angebotene Rebensaft dagegen wird gewöhnlich von den *bistrotiers* selbst sorgfältig ausgesucht; das geschieht bei diesen Weinkennern vielfach mit großer Hingabe. Wenn sie nicht gerade hinter der Theke stehen, reisen viele von ihnen über Land, immer auf der Suche nach guten ›kleinen‹ Weinen. Was sie aufkaufen, wird meist in Fässern direkt zum Bistro transportiert (das ist billiger). Der *bistrotier* besorgt den Flaschenabzug selbst und lagert den Überschuß im Kellergewölbe unter dem Lokal.

Das Essen – so einfach und bescheiden es auch sein möge – wird mit der gleichen Sorgfalt ausgewählt. In den meisten *bistros à vin* erhält man französische Käseplatten, mehrere Sorten Schinken, luftgetrocknete Würste und Pâtés sowie Brot, entweder von Lionel oder Max Poilâne, deren berühmtes Landbrot (siehe Rezept Seite 244) frisch und nach Sauerteig duftend aus den riesigen Holzöfen kommt. Manchmal bereitet die Frau des Bistro-Wirtes auch typische Hausmacherkost, wie Pâtés, Quiches oder Dessert-Törtchen selbst zu, also gerade solche Speisen, die zu den Weinen des Hauses passen. Einige Wein-Bistros bieten noch deftigere Gerichte, etwa *daubes* (Schmorbraten) an kalten Tagen, Platten mit Siedewürsten oder *confit d'oie* (eingelegte Gans) an. Ein *bistrotier* hat die Branchenphilosophie so zusammengefaßt: »Wein ist dazu da, zum Essen getrunken zu werden. Das Trinken von Wein alleine sollte man den Experten überlassen.«

Der größte Vorzug von Wein-Bistros ist es vielleicht, eine Art Probierstube zu sein, wo man Weine, die man schon kennt, und andere, die man erst entdeckt, gegeneinander abschmecken kann. Gerade weil viele Wein-Bistros wenig bekannte Lagen mit begrenzter Produktion im Sortiment führen und der Ausschank glasweise geschieht, hat man hier Gelegenheit, sich etwa mit einem Montlouis oder Quarts de Chaume, beide von der Loire, bekannt zu machen oder mehrere der neun *cru* Beaujolais, vielleicht einen Moulin-à-Vent, einen Juliénas und einen Chiroubles, untereinander zu vergleichen.

Während sich noch vor Jahren die meisten Wein-Bistros auf junge, preiswerte Weine verlegten, die man auch in tüchtigen Mengen trank, hat sich inzwischen, dem Zeitgeschmack folgend, ein neuer Typ von ›Wein-Bar‹ – etwas vornehmer und mehr im englischen Stil – herausgebildet. WILLI's, die BLUE FOX BAR und L'ECLUSE sind hierfür Beispiele. Ihre Weinliste ist umfangreicher, enthält edlere Gewächse und ältere Jahrgänge.

Die Straßen von Paris sind mit Wein-Bistros nur so gepflastert. Auf einige besonders erwähnenswerte wird hier näher eingegangen. Sie eignen sich gut für ein schnelles Mittagsmahl, für eine am Nachmittag improvisierte Pause oder für einen Imbiß zu vorgerückter Stunde. Alle diese Lokale bieten eine recht annehmbare Alternative zu einer mehrgängigen Speisefolge: eine Art kleines ›Trinkgelage‹ oder das urbane Pendant zum Picknick im Freien. Je nachdem, was man wählt, sollte man in einem Wein-Bistro für 40 bis 120 Francs gut zu Mittag essen können. Die meisten von ihnen sind mittags überfüllt. Wenn man sich jedoch entweder sehr früh oder aber erst gegen 14.30 Uhr einfindet, bekommt man sehr wahrscheinlich einen Platz und kann auch so den Bistro-Betrieb noch genießen.

Les Halles, Palais-Royal, Louvre
1. Arrondissement

LA CLOCHE DES HALLES
28, Rue Coquillière,
Paris 1
∅ 236 93 89
Metro: Les Halles
Geöffnet: 7.30 bis 22 Uhr;
geschlossen: Sonntag

Weine:

Morgon, Brouilly, Beaujolais-Villages, Côtes-du-Rhône, roter und rosé Sancerre, Sauternes

Spezialitäten:
Charcuterie, Ziegenkäse

Der Name dieses ansprechenden kleinen Wein-Bistros geht auf die *cloche*, die Bronzeglocke, zurück, deren Läuten früher die tägliche Öffnung und Schließung der benachbarten Großmarkthalle Les Halles ankündigte, die in den siebziger Jahren abgerissen wurde. Aber dieses Marktviertel hat kaum etwas von seiner Lebendigkeit verloren, und LA CLOCHE DES HALLES ist nach wie vor das Stamm-Bistro der vielen Fleisch-, Geflügel- und Gemüsehändler, die es damals vorgezogen haben, in diesem Stadtviertel zu bleiben.

CAFE-TABAC HENRI IV
13, Place du Pont-Neuf,
Paris 1

Der Statue von Namensvetter Henri IV gegenübergelegen, ist dieser Tabakladen von jenem altmodischen, etwas schlampigen Pariser Charme erfüllt, zu dem auch die Personen passen: *Le Monde*

✆ 354 27 90
Metro: Pont-Neuf
Geöffnet: 11.30 bis
21.30 Uhr; geschlossen:
Samstag, Sonntag, im
August und an Feiertagen
Reservierung wird emp-
fohlen

Weine:
Beaujolais-Villages, Mor-
gon, Fleurie, Loiretal, Sancerre, Muscadet-sur-Lie

Spezialitäten:
Charcuterie und
Käseplatten

oder *France Soir* lesende Männer, die dazu schmatzend
ihre mit Gänse-Pâté bestrichene *tartine* kauen und
zwischendurch schluckweise urigen Morgon kippen.
Hier ist man richtig, wenn man so seltene Lagen wie
den lieblichen Montlouis oder einen goldenen Quarts
de Chaume, beide von der Loire, probieren will. Der
Eigentümer des HENRI IV gewann 1960 den *Meilleur
Pot.*

DAS HERZ ALLER DINGE

Die meisten Wein-Bistros öffnen schon
frühmorgens und kommen damit denjenigen Franzosen – immerhin fast fünf Prozent der
Bevölkerung – entgegen, die schon zum Frühstück etwas Alkoholisches zu sich nehmen, eine
Gewohnheit, die als *tuer le ver,* den Wurm töten, bezeichnet wird. Dem Volksmund nach
starb nämlich eine gewisse Madame de la Varen-
ce eines Tages daran, daß ihr ein Wurm am
Herzen fraß. Man führte eine Autopsie durch
und fand den Wurm immer noch lebend, ja alle
Versuche, das Tier zu töten, schlugen fehl.
Schließlich verfiel jemand auf die Idee, den
Wurm mit Wein zu übergießen, und das machte
seinem Leben rasch ein Ende. Die Moral von
der Geschichte: ein Gläschen Wein am frühen
Morgen hält einem die Würmer vom Leibe.

LE RUBIS
10, Rue du Marché-Saint-Honoré, Paris 1
☎ 26103 34
Metro: Tuileries
Geöffnet: 7 bis 22 Uhr;
geschlossen: Samstag,
Sonntag und im August
Warme Mahlzeiten nur
mittags erhältlich

Weine:
Beaujolais, Brouilly, Morgon, Chiroubles, Juliénas, Côtes-du-Rhône, Bordeaux, Muscadet, Anjou, Bourgueil

Spezialitäten:
Sandwiches, *rillettes, charcuterie,* Käse sowie Schinken- und Käse-Omeletts. Täglich ein warmes Spezialgericht.

WILLI'S WINE BAR
13, Rue des Petits-Champs, Paris 1

Ein klassisches, sehr geschäftiges Wein-Bistro von jener glücklich-rauhen Art, wo das Mittagessen zur freundlichen Balgerei wird, wenn die in fünf oder sechs Reihen vor der Theke hintereinanderstehenden Gäste, sich gegenseitig mit den Ellbogen knuffend, den hin- und hereilenden Kellnern ausweichen. Bei schönem Wetter kann man auch im Freien essen. Dann steht man an einem der Weinfässer, die als Tische dienen. 1963 kam der *Meilleur Pot* zum *bistrotier* vom LE RUBIS.

DER MEILLEUR POT

Die jährliche Vergabe des *Meilleur Pot* bestimmt die Elite unter den Pariser Wein-Bistros. Der nach dem traditionellen Beaujolais-*pot,* einem Halbliter-Krug, benannte Wanderpokal wird an die *bistrotiers* verliehen, die die alte Sitte, über Land zu fahren und bei den Winzern gute Weine direkt aufzukaufen, am besten pflegen. Die Bistro-Inhaber ziehen solche Weine selbst auf Flaschen und verkaufen sie dann in der Flasche oder im Glas über die Theke.

Der Preis, der 1957 in Paris gestiftet wurde, geht an den *bistrotier* selbst, nicht an seinen Betrieb. Verkauft er sein Bistro oder läßt er sich woanders nieder, stets begleitet ihn der Titel, und das bis in die Pensionierung hinein. Für den *Meilleur Pot* gibt es nur einen Preisträger im Jahr. Seine Bestimmung erfolgt zwischen April und Dezember, wenn eine zehnköpfige Jury anonym zwischen den verschiedensten Pariser Wein-Bistros unterwegs ist. Ende Dezember oder Anfang Januar findet dann die Verleihungszeremonie statt, bei der der alte Titelhalter die Trophäe an den neuen weitergibt.

Das gepflegteste und schickste Wein-Bistro von Paris, besucht von der versnobtesten Clientèle. Wenn Sie jedoch Zugang zu den Wonnen vieler ver-

✆ 26 10 50 9
Metro: Pyramides
Die Bar ist geöffnet:
11 bis 22.30 Uhr; das Re-
staurant 12.15 bis 14.30
Uhr und 19.15 bis 22 Uhr;
geschlossen: Samstag und
Sonntag
Platzreservierung für
mittags empfehlenswert

Weine:
Eine hervorragende
Auswahl an Côtes-du-
Rhône-Lagen

Spezialitäten:
Salate, Schinken- und
Käseplatten sowie ein
warmer *plat du jour*

WILLI'S WINE BAR
18, Rue des Halles, Paris 1
✆ 236 81 80
Metro: Châtelet
Geöffnet: von 12 bis 14.30
und 20 bis 22.30 Uhr; ge-
schlossen: Samstag und
Sonntag

schwiegener Côtes-du-Rhône-Weine erlangen wollen, holen Sie einmal tief Luft, arbeiten Sie sich durch die hier versammelten Schäferhunde und die wunderschönen, sonnengebräunten Leute hindurch an die Bartheke vor und kauen Sie genießerisch den intensiven, vollen, ausgewogenen Hermitage von Gérard Chave oder George Bernards trockenen fruchtigen Tavel, einen Rosé, den nicht wenige für den besten der Welt halten. Das Essen dient hier nur zur Unterhaltung des Weinkults, obwohl man sich mit einem ständig wechselnden Angebot von warmen Tagesgerichten und einer ordentlichen Salat-Palette redliche Mühe gibt. Das Brot, leider muß das gesagt werden, ist völlig ungenießbar. (In einem Wein-Bistro ist gutes Brot aber obligatorisch!) Willi selbst – der Engländer Mark Williamson – berät Sie gerne bei Ihrer Weinbestellung, ob glas- oder flaschenweise. WILLI's ist eine hübsch eingerichtete Weinbar mit auf Hochglanz poliertem Holzbüfett. Die Stimmung ist heiter und sorglos. Man befindet sich hier nur einen Häuserblock von den stillen, im 18. Jahrhundert erblühten Gärten des Palais-Royal und wenige Gehminuten vom Louvre und der Place de l'Opéra entfernt.

Dies ist die zweite jüngere Ausgabe von WILLI's in der Rue des Petits-Champs. Die gleichen Weine, die gleiche Atmosphäre und ähnliches Dekor.

Marais, Bastille, Ile Saint-Louis
4. und 11. Arrondissement

AU FRANC PINOT
1, Quai de Bourbon,
Paris 4

Dieses hinter schmiedeeisernen Gittern verborgene Wein-Bistro wirkt ein wenig düster und oft ziemlich verlassen, ist aber in Wirklichkeit ein hüb-

✆ 32946 98
Metro: Pont-Marie
Geöffnet: 11.30 bis 14.30
und 18 bis 23.30 Uhr; ge-
schlossen: Sonntag und
Montag

Weine:
Beaujolais, Sancerre, Graves, Rully, Côtes du Jura

Spezialitäten:
Käseplatten, luftgetrock-
netes oder geräuchertes
Fleisch, Lachs und Salate

JACQUES MELAC
42, Rue Léon-Frot,
Paris 11
✆ 3705927

sches, ruhiges Plätzchen zum Ausruhen, wenn man
gerade die Ile Saint-Louis, den Marais durchwandert
oder Notre Dame besucht hat. Die Bedienung ist
freundlich, und die tägliche Auswahl an Weinen und
kleinen Gerichten wird mit Kreide auf eine große Tafel
geschrieben. Zu empfehlen sind: die einfache, mit
Crottin de Chavignol-Ziegenkäse gemachte *tartine*
oder der köstliche Salat aus Lammfleischscheiben und
Rohkost, angemacht mit Walnußöl.

D as wohl echteste und zugleich eines der lebhafte-
sten Wein-Bistros von Paris. Man findet es gleich
westlich der Place de la Bastille im 14. Arrondissement, einem Viertel, in dem viele Kunsttischler und

Jacques Mélac, stolzer *patron*
mit Charisma, pausiert mit
seiner Equipe

Metro: Charonne
Geöffnet: Mittwoch, Frei-
tag und Samstag 8.30 bis 19
Uhr; Dienstag und Don-
nerstag 8.30 bis Mitter-
nacht; geschlossen: Sonn-
tag, Montag und im Juli
Platzreservierung empfeh-
lenswert
Warme Mahlzeiten nur
mittags und dienstags
abends
Weinverkauf über die
Straße

Weine:
Beaujolais, Chinon, Saint-
Joseph, Gigondas, Ca-
hors, roter Rully, Sancer-
re, Sauternes, Côtes du
Jura, Vin Jaune, Lirac

andere Handwerker zu Hause sind. Der aufgeweckte
energiegeladene *patron* ist Jacques Mélac, ein stolzer
Auvergnat, der geradewegs einer Filmszene entsprun-
gen zu sein scheint. Unter seinem geschwungenen
Schnurrbart sprudeln die Worte nur so hervor, und auf
sein Essen und die in dem winzigen, ganze fünf Tische
zählenden Lokal angebotenen Weine hält er sich einiges zugute. Offensichtlich bereitet ihm das, was er den
ganzen Tag tut, selbst so viel Freude, daß sich seine
Stimmung den Gästen mitteilt: Aus seinem Eck-Bistro
kann man eigentlich nur gutgelaunt herauskommen.
Und sollte es irgend jemandem nicht völlig klar sein,
um was es bei Jacques Mélac geht, so belehren ihn an
der Wand hängende Schilder: »Falls Sie Wasser wünschen, geben Sie Ihre Bestellung bitte einen Tag vorher
auf.« Ein anderes handgeschriebenes Poster verkündet: »Wasser ist zum Kartoffelkochen da.« Bestellungen für Kaffee kommt man hier nur widerstrebend
nach, und Limonade ist Kindern unter elf Jahren vorbehalten.

Zur Mittagszeit geht es hier so hektisch zu wie in
der heißesten Stunden an der Börse. Arbeiter, Geschäftsleute und Sekretärinnen drängen sich an der Bar
oder versuchen, an einem der mit rotem Wachstuch

Spezialitäten:
Typische Erzeugnisse der
Auvergne (auch die war-
men Tagesgerichte), Käse
der Region, wie Bleu des
Chausses, Saint-Nectaire,
Laguiole und Ziegenkäse

gedeckten Tische einen wackligen Stuhl zu ergattern,
um das mit ordentlichen Portionen Fleisch bereitete
Tagesgericht einzunehmen. Das kann etwa gekochte
Ochsenzunge mit kleinen Kartoffeln in einer wohlschmeckenden Senfsauce sein, ein durchaus rustikales
Mahl. Die Omeletts sind köstlich und zart wie Sahne.
Jacques Mélac bietet verschiedene regionale Weine an,
die man außerhalb Frankreichs nicht so leicht bekommt; dazu gehört auch der Vin Jaune aus dem Jura.
1982 landete der *Meilleur Pot* bei Jacques Mélac.

Das Wein-Bistro ist zugleich auch ein Weinladen.
Wer zum Essen hierherkommt, kann sich seine Flasche gleich aus dem Regal nehmen, den Wein versuchen und, wenn er gemundet hat, später eine Flasche
oder auch eine ganze Kiste davon mit nach Hause nehmen. Mélac ist übrigens das einzige *bistro à vin* in Paris
mit eigenem ›Wingert‹ – an den Außenwänden ranken
sich Reben hoch, und jeden Herbst wird die Trauben-
ernte gefeiert.

LA TARTINE
24, Rue de Rivoli, Paris 4
✆ 27 27 6 85
Metro: Saint-Paul
Geöffnet: 7.30 bis 22 Uhr;
geschlossen: Dienstag und
im August
Nur kalte Speisen

Weine:
Beaujolais, Touraine, An-
jou, Loiretal, Burgunder,
Côtes-du-Rhône

Spezialitäten:
Tartines (belegte Brote,
hier mit *charcuteries*),
Crottin de Chavignol-Zie-
genkäse

Angelsachsen mit einem Hang zum Französischen
würden dieses Lokal eine *luncheonette* nennen.
Aber wir sind hier in Paris, und LA TARTINE ist ein
Wein-Bistro im ältesten Sinne des Wortes. (Tatsächlich hat man LA TARTINE als Café für Weintrinker
bezeichnet.) Es ist ein typisches Stammlokal der Arbeiter und Handwerker – Männer wie Frauen –, die
sich in den Mittagsstunden hier drängen, um gemeinsam einen bescheidenen Imbiß, dünngeschnittenen
jambon de Paris, zu nehmen. Dieser in Salzlauge ge-
beizte und dann gekochte Schinken wird in den Cafés,
vor allem für die Zubereitung des *sandwich mixte,* am
meisten verwendet.

Alle Welt scheint in LA TARTINE die rothaarige Kellnerin zu kennen, die ganz alleine die von vielleicht 20
hier zusammengepferchten Tischen heranschwirren-
den Bestellungen auffängt und weitergibt. Durch den
allgemeinen Lärm in diesem düsteren, antiquierten
Lokal hindurch kann man die Männer in den blauen
Latzhosen »Suzette, Suzette« rufen hören, wenn sie
nach einem *double express* verlangen, bevor sie wieder
auf die Straße und in ihre Werkstätten zurückeilen. LA

TARTINE verfügt über ein reichhaltiges Weinangebot, im Kellergewölbe lagern über 30000 Flaschen. Mehr als 30 verschiedene Weinsorten, auf eine kleine hinter dem Tresen aufgehängte Tafel geschrieben, werden im Glas ausgeschenkt. Was hier einen Versuch lohnt, sind der feste, aromatische Crottin de Sancerre, der kurz gereifte Ziegenkäse aus dem Loiretal, zu dem der trockene weiße Sancerre-Wein am besten paßt. In LA TARTINE einzukehren, läßt sich gut mit einem Besuch m Marais verbinden. Dieses Stadtviertel war einst der Zufluchtsort vieler osteuropäischer Flüchtlinge, und Trozki wohnte hier gleich um die Ecke in der Rue Ferdinand Duval. 1965 kam der begehrte *Meilleur Pot* ins LA TARTINE.

Luxembourg, Saint-Michel, Sèvres-Babylone, Ecole Militaire
5., 6. und 7. Arrondissement

L'ECLUSE
15, Quai des Grands-Augustins, Paris 6
✆ 633 58 74
Metro: Saint-Michel
Geöffnet: 12 bis 2 Uhr nachts; geschlossen: Sonntag
Durchgehende Küche, Platzreservierung für mittags empfehlenswert

Weine:
roter und weißer Bordeaux von großen und kleinen Châteaux

Spezialitäten:
Täglich ein *plat du jour,*

Man mag sich mit Recht fragen, ob Lokale, die Teil einer gastronomischen Kette sind, schick und reizvoll bleiben und wenigstens noch einen Hauch von Authentizität bewahren können, aber im Falle der ECLUSES muß man das effektiv bejahen. Über die letzten Jahre hin sind überall in Paris kleine Ableger der ersten L'ECLUSE am Quai des Grands-Augustins wie Pilze aus dem Boden geschossen und dem Erfolgsrezept des Stammhauses gefolgt.

Ausstattung, Stil und Menü sind bei allen gleich, und ähnlich ist bei allen auch die internationale Kundschaft von weitgehend gutbetuchten Geschäftsleuten. Belle Epoque-Poster, Gaslampen-Faksimiles, eine lange hölzerne Bar und die spiegelbesetzten Wände geben dem L'ECLUSE das Flair einer um die Jahrhundertwende entstandenen Weinstube, obwohl Speisen und Getränke absolut in die heutige Zeit gehören. Immerhin sollte man wissen, daß eine Mahlzeit hier nicht ganz billig ist. Die Bedienung geht eher langsam von-

foie gras, geräucherter Lachs, Ziegenkäse, Schokoladenkuchen

statten, und das könnte Absicht sein. Das erste Glas Wein wird schnell serviert, aber bis Ihr bestellter Imbiß oder Ihre Mahlzeit nachkommt, ist es wahrscheinlich schon geleert. Wenn Sie also glauben, mehr als ein Glas trinken zu wollen, ordern Sie lieber gleich eine Karaffe oder eine Flasche – das wird am Ende günstiger kommen.

Gehen Sie auch nicht hin, wenn Sie auf Beaujolais eingestimmt sind; hier ist der Bordeaux zu Hause. Sie können unter mehr als 70 Château-Abfüllungen wählen, von denen etwa 18 im Glas serviert und auf einer Weinkarte geführt werden, die alle drei Wochen wechselt. Mit folgenden Bestellungen liegen Sie gut: eine Scheibe *foie gras* und dazu ein Glas Sauternes oder Barsac; ein Teller *carpaccio* mit einem jungen roten Bordeaux; und dann eine Schnitte butterzarten *gâteau au chocolat* mit dickem schwarzem *express*. Da die Ecluses bis in die frühen Morgenstunden geöffnet haben, sind sie gute Anlaufstellen für spätabendliche Besucher, die aus dem Theater, der Oper oder aus den Kinos kommen.

CAFE DE LA NOUVELLE MAIRIE
19, Rue des Fossés-Saint-Jacques, Paris 5
✆ 326 80 18
Metro: Luxembourg
Geöffnet: 12 bis 21 Uhr; geschlossen: Samstag und Sonntag
Nur kalte Gerichte

Weine:
Beaujolais, Chinon, Cabernet de Touraine, Saint-Nicolas-de-Bourgueil, Gamay

Spezialitäten:
Tartines mit *pâté de foie de porc*

Dieses an einem der hübschesten Plätze links der Seine gelegene ›Café‹ ist der Prototyp des Pariser Wein-Bistros. Die burgunderrot und cremefarbene Markise – die stolz die *Meilleur Pot*-Verleihung von 1983 an Bernard Pontonnier verkündet – wirkt wie ein Signal, und tritt man dann ein, trifft man auf eine wahrhaft demokratische Zusammensetzung von Gästen: Arbeiter und Journalisten, Musiker und dazu der allen bekannte Bäcker von der anderen Straßenseite. Dieses Lokal ist ganz schlicht und ganz echt – alles ist einfach und unprätentiös – von den herzhaft-frischen, mit *pâté de foie de porc* bestrichenen *tartines* bis zu dem fruchtigen, lebhaften jungen Beaujolais. Im Sommer werden Tische aufs Trottoir hinausgerückt, und obwohl die Nouvelle Mairie offiziell um neun Uhr abends schließt, bleiben die Stammgäste noch ein ganzes Stückchen länger. Aber seien Sie gewarnt: gar mancher kommt nur auf ein Gläschen und geht dann nicht mehr weg.

(Schweineleber-Pâté), *saucisson, jambon cru* (roher Schinken) und Camembert

Ein Schlückchen Beaujolais und eine *tartine* dazu – ein wahres Vergnügen

PETIT BACCHUS
13, Rue du Cherche-Midi, Paris 6
✆ 54 40 1 07
Metro: Sèvres-Babylone
Geöffnet: 9.45 bis 19.30 Uhr; geschlossen: Sonntag und 15. Juli bis 15. August
Weinbar nur mittags von Montag bis Freitag geöffnet
Weinverkauf über die Straße

Weine:
Eine ganze Reihe junger regionaler Weine aus Frankreich

Spezialitäten:
Würste, *pâtés*, Käse

Dies ist genau die richtige Gegend für *bon chic, bon genre*, und jede Woche bietet Jean-Marie Picard, der Eigentümer des aus Bistro und Weinhandlung bestehenden Hauses, seinen Mittagsgästen drei verschiedene Weine zum Probieren an. Gewöhnlich handelt es sich um zwei Rote und einen Weißen, ausgesucht aus dem Bestand an preiswerten ›kleinen‹ Weinen, die aus den verschiedensten Provinzen Frankreichs stammen und in dem winzigen Laden flaschenweise verkauft werden. Wie der Name schon sagt, ist PETIT BACCHUS ein kleines Lokal – an der Theke stehen gerade sechs Hocker –, aber es macht Spaß, hier ein Gläschen zu probieren und dazu einen Teller Würste oder Pâtés aus der Auvergne zu essen, einen der Jahreszeit entsprechenden Käse und die von Madame Picard gemachten Desserts, wenn sie gerade dazu aufgelegt ist, welche zu machen. Der Eigentümer reist jahraus, jahrein durch Frankreich und sucht die Weine für sein Lokal persönlich aus. In allen Anbaugebieten sei er schon gewesen, so sagt er, mit Ausnahme des Muscadet. An jedem Samstagmittag im Herbst und im Winter ist im PETIT BACCHUS ein anderer Winzer zu Gast; er trifft hier auf interessierte Besucher, läßt sie seine Erzeugnisse kosten und erzählt ihnen etwas vom Anbau im Wingert und vom Ausbau der Weine im Faß. »Weinbauern sind oft relativ isoliert«, sagt Picard. »Dabei möchten sie gerne wissen, wie ihre Weine beim Publikum ankommen. Umgekehrt entsteht bei den Weintrinkern leicht eine Vorliebe für solche Weine, deren Erzeuger man persönlich kennt.«

SANCERRE
22, Avenue Rapp, Paris 7
∅ 55 17 59 1
Metro: Ecole Militaire
Geöffnet: Montag bis Freitag 8.30 bis 20.30 Uhr;
Samstag bis 16.30 Uhr; geschlossen: Sonntag
Auch Weinverkauf über die Straße

Wein:
Sancerre

Spezialitäten:
Crottin de Chavignol-Ziegenkäse, Omeletts

Ein unauffälliges, legeres kleines Wein-Bistro mit der Folklore des bezaubernden Winzerstädtchens Sancerre, kaum 200 Kilometer von Paris entfernt. Der trockene, an Steinweine erinnernde weiße Sancerre von der Domaine la Moussière findet hier im trockenen, mitunter scharfen Crottin de Chavignol-Ziegenkäse sein ideales Pendant. Von den nahen französischen Fernseh-Studios kommen die dort Beschäftigten gerne ins SANCERRE herüber.

AU SAUVIGNON
80, Rue des Saint-Pères, Paris 7
∅ 54 84 9 02
Metro: Sèvres-Babylone
Geöffnet: 9 bis 23 Uhr; geschlossen: Sonntag und im August
Nur kalte Gerichte

Weine:
Beaujolais, Burgunder, Saint-Emilion, Rosé San-

Das puppige AU SAUVIGNON gehört zu den elegantesten Wein-Bistros von Paris. Es liegt nur wenige Schritte vom Warenhaus BON MARCHÉ und vielen bekannten Boutiquen der Rive Gauche entfernt. Wie bei manchen anderen Wein-Bistros schlagen hier die Wellen höher, wenn der 15. November gekommen ist, der erste Tag, an dem Beaujolais *primeur*, der junge Beaujolais, ausgeschenkt wird. Die Wände des Lokals sind mit Karten von Frankreichs Weinstraßen gepflastert; Poster triumphieren: »Vive le Beaujolais.« Wenn man das in grellem Blau und Gelb erstrahlende AU SAUVIGNON betritt, glaubt man, sich zwischen Bühnenkulissen zu bewegen, dermaßen beengt ist der

Lächeln und Toasts im
AU SAUVIGNON: Der junge
Beaujolais ist da

cerre, Rosé d'Anjou,
Quincy, Riesling

Spezialitäten:
Charcuterie-Platten,
jambon d'Auvergne
(luftgetrockneter Land-
schinken), luftgetrocknete
Würste, Cantal

Raum: von der Tür aus vier Schritte, und man stößt
gegen die Rückwand. Im Sommer ist auf der Mini-
Terrasse kaum ein Stuhl zu bekommen. Nichtsdestoweniger nimmt man hier gerne einen raschen Mittagsimbiß oder eine kleine Nachmittagsstärkung ein und
läßt sich zur *pâté de porc* und zum *jambon d'Auvergne*
einen Beaujolais, einen Elsässer oder einen Saint-Emilion munden. 1961 fand der *Meilleur Pot* seinen Weg
hierher.

Madeleine, Champs-Elysées, Grands Boulevards
8. Arrondissement

BLUE FOX BAR
25, Rue Royale (Cité Ber-
ryer; Eingang zwischen
den Hausnummern 23 und
25 der Rue Royale), Paris 8
℡ 265 10 72
Metro: Madeleine
Bar 11 bis 23 Uhr, Restaurant 12 bis 15 und 19 bis 23
Uhr geöffnet; geschlossen:
Samstagabend und
Sonntag
Warme Gerichte nur mit-
tags im Winter, sonst nur
kalte Gerichte
Keine Reservierungsmög-
lichkeit

Weine:
15 verschiedene französi-
sche Weine täglich, die
glasweise ausgeschenkt
werden

Spezialitäten:
Gemischte Salate, Käse,
Desserts

L'ECLUSE
15, Place de la Madeleine,
Paris 8
℡ 265 34 69
Metro: Madeleine
Geöffnet: 12 bis 2 Uhr
nachts; geschlossen: Sonntag. Siehe L'Ecluse,

Eines meiner liebsten Wein-Bistros, das einen gewissen, nicht zu gewollt wirkenden Chic besitzt.
Die Küche bietet einige einfache Salate, aber wirklich
aufregend ist die Auswahl an im Glas angebotenen
Weinen zu passablen Preisen und natürlich die betont
modische internationale Gästeschar; ein idealer Ort
also, um Leute zu beobachten. Service ist hier eher ein
Fremdwort, so lässig kann er sein.

Am besten kommen Sie also, wenn Sie selbst in ge-
lassener Stimmung sind, und nach einem guten Glas
Wein werden Sie bald schon zufrieden aussehen. An
der Theke geht es immer lebhaft zu, und richtiggehen-
der Hochbetrieb herrscht dienstags und freitags, wenn
der Straßenmarkt der Cité Berryer in vollem Schwung
ist.

BEAUJOLAIS

In Paris läutet der 15. November – der erste
Tag, an dem der Beaujolais *primeur,* der junge Beaujolais, ausgeschenkt wird – eine festliche
Saison ein, die erst irgendwann im Januar, wenn
auch die Feiertagsschwelgereien allmählich ab-
ebben, wieder zu Ende geht. In diesen beweg-
ten Wochen schlägt die Stimmung hohe Wellen,
und in den Wein-Bistros überall in der Stadt
leeren aufgekratzte Zecher Gläser, Karaffen
oder auch gleich ganze Flaschen von dem fruchtigen roten Rebensaft, der vor etwa drei Jahrzehnten in Mode kam.

Es ist in der Tat unerheblich, ob die Trauben-
ernte in dem betreffenden Jahr besonders reich
ausgefallen ist, ob es dem Wein vielleicht an
Säure fehlt oder ob er gar jene Fruchtigkeit vermissen läßt, die man am Beaujolais so schätzt.
Es spielt auch keine Rolle, daß sich fast alle in

6. Arrondissement, Seite 185

L'ECLUSE

64, Rue François-1er, Paris 8

✆ 720 77 09

Metro: Franklin-D.-Roosevelt

Täglich von 12 bis 2 Uhr nachts geöffnet. Siehe L'ECLUSE, 6. Arrondissement, Seite 185

Paris – und zwar selbst diejenigen, die den Beaujolais regelmäßig ausschenken oder trinken – darüber einig sind: Die Publizität, die dieser Wein genießt, übertrifft deutlich seine Qualitäten. Beaujolais ist ganz einfach ein frohgemut stimmender Wein, dazu da, genossen zu werden; man darf das alles nicht zu ernst nehmen.

Wo immer Beaujolais in Wein-Bistros zum Ausschank kommt, kann man ihn das ganze Jahr über im Glas bestellen. Obwohl die Begriffe *primeur* und *nouveau* wechselweise gebraucht werden, ist die Bezeichnung *primeur* eigentlich dem vom 15. November bis zum 15. Dezember servierten Beaujolais vorbehalten (wenn auch dieser erste Anstich in den meisten Bistros bis in die ersten Wochen des neuen Jahres hinein über den Schanktisch geht). Die Bezeichnung *nouveau* hingegen gilt, genau genommen, für den erst ab 15. Dezember zum Verkauf freigegebenen Beaujolais, der dann bis zum nächsten November getrunken wird.

MA BOURGOGNE

133, Boulevard Haussmann, Paris 8

✆ 563 50 61

Metro: Miromesnil

Geöffnet: 7 bis 20.30 Uhr; geschlossen: Samstag und im August

Warme Gerichte nur mittags

Platzreservierung für mittags empfehlenswert

Weine:

Beaujolais, Chénas, Juliénas, Fleurie, Moulin-à-Vent, Mâcon, Sancerre, Pouilly-Fumé, Rully

Gut gekleidete Geschäftsleute und adrette Frauen stehen hier um die Mittagszeit dichtgedrängt an der Theke, denn ohne Reservierung ist dann kein Sitzplatz zu bekommen. Das MA BOURGOGNE ist ein ge-

Spezialitäten:
Jambon du Morvan (Land-
schinken), *jambon persillé*
(Petersilienschinken), Ziegenkäse, Tagesgerichte,
gegrilltes Fleisch wie auch
deftige Burgunder Fleisch-
speisen, die von Tag zu Tag
wechseln

LE VAL D'OR
28, Avenue Franklin-D.-
Roosevelt, Paris 8
∅ 35 99 95 81
Metro: Saint-Philippe-du-
Roule
Geöffnet: 8 bis 21.30 Uhr
an Wochentagen; bis 20
Uhr am Samstag; geschlos-
sen: Sonntag und Montag
Warme Gerichte nur mit-
tags

Weine:
Beaujolais-Villages, Côte
de Brouilly, Fleurie, Morgon, Juliénas, Côte de Nu-
its-Villages, Aloxe-Cor-
ton, weißer Mâcon, San-
cerre, Pouilly-Fumé

Spezialitäten:
*Jambon, terrine de foies de
volailles* (Geflügelleber-
Terrine), *quiche, tarte
Tatin* sowie Cantal, Brie
und Ziegenkäse, warme
Tagesgerichte

diegenes, seriöses Bistro, und was hier *sérieux,* also
ernstgenommen wird, ist einzig das Thema Wein. So
herrscht denn die wohltuend aufgeräumte Stimmung,
die man eigentlich auch von einem Lokal erwartet, wo
die Schinken und Würste von den Deckenbalken bau-
meln. Der freundliche, gern zum Plaudern aufgelegte
patron, Louis Prin, gewann den *Meilleur Pot* 1962.

In Géraud Rongiers geschäftiges Wein-Bistro hinter
den Champs-Elysées zu gehen, macht das ganze
Jahr hindurch Freude, aber zum ganz besonderen
Spaß wird der Besuch in der Zeit vom 15. November
bis zum Jahresende, denn dann findet man hier ge-
wöhnlich einige der besten in Paris ausgeschenkten
Beaujolais *primeurs.* Zu den Mittagsstunden, wenn
Büroangestellte vor der Theke Schlange stehen, ist das
VAL D'OR überlaufen wie irgendein gewöhnliches
Eck-Café, aber dank Monsieur Rongier – *Meilleur
Pot*-Gewinner von 1973 – lohnt sich der Umweg über
sein Bistro immer. Morgen für Morgen kann man den
Eigentümer auf dem Großmarkt Rungis am Stadtrand
von Paris treffen, wo er sich mit den nötigen Zutaten
für seinen *plat du jour* eindeckt; die wohlbestallten
Geschäftsleute, die den kleinen Speiseraum im Souter-
rain füllen, wissen das zu schätzen. Wenn Sie den kräftig schmeckenden *bœuf bourguignon* auf dem Speisezettel finden, lassen Sie ihn sich nicht entgehen, und
das gilt ebenso für die in vollblütigem Côte de Brouilly
gekochten *saucissons.* Die *tarte Tatin* ist nicht immer
zu haben, aber wenn sie gerade zum Dessertangebot
gehört, ist auch sie *de rigueur.* Diese gestürzte Apfeltorte wird im VAL D'OR frisch zubereitet und mit
einem großen Topf *crème fraîche* serviert.

Im großen Speiseraum läßt Géraud Rongier herzhaften Schinken und Quiche, reichhaltige Platten mit
ausgezeichneter *charcuterie* und mit dicken Scheiben
jambon à l'os (Knochenschinken) belegte Baguettes
auftragen. Bestellter Wein kommt hier in der ganzen
Flasche auf den Tisch; berechnet wird am Ende nur,
was man davon getrunken hat.

Gare Montparnasse, Denfert-Rochereau
14. Arrondissement

**LE PERE TRAN-
QUILLE**
30, Avenue du Maine,
Paris 14
✆ 222 88 12
Metro: Montparnasse
Geöffnet: 9 bis 20 Uhr; geschlossen: Sonntag und
Montag, und wann immer
sonst es dem Inhaber be-
liebt
Platzreservierung für mittags empfehlenswert

Weine:
Beaujolais, Bourgueil, ro-
ter und weißer Graves,
Touraine, Gamay,
Savennières

Spezialitäten:
Jeden Mittag warmer *plat
du jour;* außerdem *casse-
croûte,* also belegte Schnitten, und *charcuterie*

Der Name dieses Wein-Bistros ist eine glatte Fehl-
benennung. Um ihn zu besuchen, muß man
schon eine besondere Vorliebe für kauziges Verhalten
haben, denn der Eigentümer und *Meilleur Pot*-Gewin-
ner von 1979, Jean Nouyrigat, ist alles andere als ein
›ruhiger Vater‹. Wenn ihm Ihre Nase nicht gefällt,
kann es sein, daß er Sie sachte wieder vor die Tür setzt.
Mag er Sie aber, so kann es ebensogut sein, daß Sie den
halben Tag dort verbringen, seine Weine durchprobie-
ren und einen *plat du jour* kosten, der nicht von
schlechten Eltern ist (auch wenn Sie immer erst dann,
wenn der Teller vor Ihnen steht, wissen, was es an
diesem Tag gerade gibt). Die hinter dem Tresen ausge-
hängte Weinliste hat keinerlei Bedeutung, denn einige
dieser Weine sind schon seit Äonen nicht mehr zu
haben. Da Monsieur Nouyrigat sein Bistro öffnet und
schließt, wann es ihm gefällt, ist ein Telefonanruf in
jedem Fall angebracht, bevor man sich zu ihm auf den
Weg macht.

LE RALLYE
6, Rue Daguerre, Paris 14
✆ 322 57 05
Metro: Denfert-Roche-
reau
Geöffnet: 9.30 bis 20.30
Uhr; geschlossen: Sonn-
tag, Montag und vom 15.
Juli bis 15. September
Auch Weinverkauf über
die Straße

Ein kleines Einfache-Leute-Bistro gleich hinter der
belebten Marktstraße Rue Daguerre. Das Essen
ist schlicht, die angebotenen Weine sind gut gewählt,
ein kleiner Weinladen befindet sich unmittelbar nebenan. 1967 gewann Bernard Péret, der Eigentümer,
den *Meilleur Pot.*

Weine:
Beaujolais, Côtes-du-
Rhône, Sancerre, Bandol,
Muscadet-sur-Lie

Spezialitäten:
Charcuterie, Cantal, Bleu
d'Auvergne, Ziegenkäse

Arc de Triomphe
17. Arrondissement

LE PAIN ET LE VIN
1, Rue d'Armaillé, Paris 17
∅ 763 88 29
Metro: Ternes
Geöffnet: 11.30 bis 2 Uhr;
geschlossen: Samstag und
Sonntag
Täglich warme Gerichte

Weine:
Aus allen Anbaugebieten
Frankreichs. Besonders
gut: Madiran, Gigondas,
Cahors, sowie verschie-
dene Loire-Lagen, Bor-
deaux- und Burgunder-
Weine

Spezialitäten:
Belegte Brote und Salate;
warme Tagesgerichte, wie
daube de canard (Enten-
Schmorbraten) und *nava-
rin d'agneau* (Lamm-Ra-
gout)

PETRISSANS
30 bis, Avenue Niel,
Paris 17
∅ 227 83 84
Metro: Ternes
Geöffnet: 9.30 bis 13.30
Uhr und 15 bis 21 Uhr; geschlossen: Samstagabend,
Sonntag, Montag, im Au-
gust und in der ersten Septemberwoche

Diese geschäftige kleine Bodega mit ihrem hinrei-
ßenden Blick auf den Arc de Triomphe hat gleich
vier Chefs: Alain Dutournier vom AU TROU GASCON,
Bernard Fournier von LE PETIT COLOMBIER, Jean-
Pierre Morot-Gaudry vom gleichnamigen Restaurant
MOROT-GAUDRY und Henri Faugeron vom FAUGE-
RON. Gemeinsam legen sie hier eine Weinkarte vor, die
besser ist als die der meisten Restaurants. Der *plat du
jour* wechselt von Tag zu Tag; es gibt Teller mit Räucherlachs, mit Käse sowie mit Enten-*rillettes, foie gras*
oder mit York-Schinken belegte Brote.

Dies war einstmals das PETIT CAFÉ, in den neunzi-
ger Jahren des letzten Jahrhunderts das Stammlokal des französischen Dramatikers Tristan Bernard.
Heute ist das PETRISSANS ein kleines, von treuen Kunden gerne besuchtes Wein-Bistro etwas unterhalb
einer Filiale des Kaufhauses AU PRINTEMPS.

Manchmal völlig ruhig, dann wieder recht animiert
wirkend, hat dieses elegante Lokal mit den Spiegelwänden und dem mahagonifarbenen Holz etwas von
der behaglichen Atmosphäre eines Herrenclubs. Das
Menü ist einfach und im Angebot beschränkt. Es gibt

Auch Weinverkauf über die Straße

Weine:
Cahors, Madiran, Chinon, Burgunder und junger Bordeaux

Spezialitäten:
Belegte Brote, *poitrine d'oie fumée* (geräucherte Gänsebrust)

eine Reihe von offenen Weinen im Glas; dazu kann man sich kleine Teller mit Schinken, Käse oder Wurst bestellen. Samstag, wenn die Mütter an den offenen Marktständen der nahen Rue Poncelet einkaufen, sieht man im PETRISSANS viele Väter Babies hüten.

Saint-Ouen

CHEZ SERGE
7, Boulevard Jean-Jaurès, Saint-Ouen
☎ 25 40 6 42
Metro: Mairie de Saint-Ouen
Geöffnet: Montag bis Freitag 7 bis 21 Uhr, Samstag 7 bis 15 Uhr; geschlossen: Sonntag
Platzreservierungen empfehlenswert
Auch Weinverkauf über die Straße

Weine:
Beaujolais, Chénas, Brouilly, roter Poitou, weißer Graves, Pouilly-Fuissé, Sauternes

L iebe zum Wein und ein wenig Abenteuerlust sind erforderlich, um sich zu diesem Arbeitervorort gleich jenseits der Stadtgrenze aufzumachen. Aber die urige Weinkneipe ist voller Leben, die hausgemachte *foie gras* kann sich sehen lassen und ebenso das, was von Michelle, Serge Cances Frau, aus der Küche kommt. Monsieur Cance holte 1975 den *Meilleur Pot* in sein Lokal. Gehen Sie nicht wieder weg, ohne den köstlichen, trockenen weißen Graves probiert zu haben.

Spezialitäten:
Umfangreiche Tageskarte; daneben auch *dégustations* (verschiedene kleine Gerichte zum Kosten) von hausgemachter *charcuterie;* Käseplatten

Marchés
MÄRKTE

An den meisten Vormittagen ziehe ich gleich nach meinem frühmorgendlichen Dauerlauf durch den Parc Monceau ein Einkaufsnetz aus der Tasche meines Jogginghemds und eile schnurstracks in die Rue Poncelet, die nur wenige Häuserblocks entfernte Marktstraße mit den offenen Ständen. Am frühen Morgen, wenn der Gemüsemann noch gutgelaunt (und nüchtern), die Ware ganz frisch und der Andrang gering ist, läßt sich am besten einkaufen.

Der in seiner bunten Fülle verwirrende Markt – nur einer von vielen über ganz Paris verstreuten Märkten – öffnet um Punkt 9 Uhr morgens, eine Zeit, zu der an den meisten Tagen der Himmel noch bedeckt ist und in seinem vielfach abgestuften Grau über der gerade erwachenden Stadt hängt. Ein Rundgang über die Pariser Märkte gewährt einen außerordentlich interessanten Einblick in ein ungeheuer wichtiges französisches Ritual – nicht weniger aufschlußreich übrigens auch für alle, die keine ausgesprochenen Anhänger der Eßkultur sind –, denn hier gewinnt man einen unmittelbaren Eindruck vom zeitgenössischen gallischen Sozialgefüge.

Einen großen Teil des Tages verwenden die Pariser auf Fragen der Versorgung mit frischen Lebensmitteln, und ganz offensichtlich beschäftigen sie sich zwischen den Mahlzeiten vorwiegend damit, Bedarfslisten aufzustellen, einkaufen zu gehen, bereits Verspeistes und noch zu Genießendes zu erörtern. Immer noch ist der tägliche

Einkauf hier, wo alles, vom Camembert bis zur Melone, zum baldigen Verzehr – möglichst innerhalb von wenigen Stunden – bestimmt ist, die Regel. Und ich muß jedesmal anerkennend lächeln, wenn mich der Käsehändler fragt, ob der gewünschte Camembert vielleicht mittags oder abends verspeist werden soll, und wenn der beflissene Mann, dieses oder jenes Stück mit dem Finger prüfend oder mit einem Hölzchen anstechend, seine Vorratskammer durchwühlt, um den Käse mit dem exakt richtigen Reifegrad und der gewünschten Cremigkeit herauszusuchen.

Die meisten Händler besitzen einen geradezu ingrimmigen Stolz, und obwohl manch einer sich ungehobelt und bauernhaft geben mag, offenbaren sie doch alle einen erstaunlichen Sinn für Ästhetik. Der Gemüsemann beispielsweise geht sein Metier mit der bemerkenswerten Verve eines Künstlers an: Jeden Morgen, und das heißt für ihn etwa um sieben Uhr früh, beginnt er, Obst und Gemüse in sauberen Reihen anzuordnen, wobei genau auf Form, Beschaffenheit und Farbgebung geachtet wird. Das Ergebnis ist ein vibrierendes buntes Mosaik: Grüner Stangensellerie kommt neben blütenweißen Blumenkohl zu liegen, daneben die krausen Blätter des Mangold, gefolgt von weiß-gelbem belgischem Chicoree, Artischocken von blassem Blaugrün und dann – welch ein Farbsprung! – rote Tomaten und rubinrote Pfefferschoten. Quer durch den Garten sind glänzend grüne Granny-Smith-Äpfel längs der italienischen Blutorangen aufgereiht (besonders geschätzt wegen ihres herrlich blutroten Saftes), während Bananen aus Martinique und Walnüsse aus Grenoble die Palette abrunden.

Eigenheiten und Rituale der französischen Einkaufsgewohnheiten zu beherrschen ist übrigens keineswegs einfacher als die Landessprache zu erlernen, und es kann genauso frustrierend sein. Und natürlich braucht man Geduld. Ein ernstzunehmender Gang über den Markt – der nur den Bedarf für die nächste Mahlzeit deckt – kann eine gute Stunde dauern, und wenn man wirklich gewissenhaft ist, auch länger.

Selbst auf den kleinsten Märkten ist die Auswahl überwältigend. In einer großen *rue commerçante* (Marktstraße) wie der Rue Poncelet aber kann man leicht ein halbes Dutzend *boulangeries* und ebenso viele *pâtisseries* finden; zwei Supermärkte; an die fünfzehn Obst- und Gemüsestände; einen Kaffee-, Tee- und Gewürzladen; drei Fischhändler; vier oder fünf Cafés; zwei Bodegas; drei Blumengeschäfte, vier Geflügelhändler; zwei *triperies*, wo man Innereien bekommt; zwei Käseläden; einen Pferdemetzger; fünf andere *boucheries;* vier *charcuteries* (Würste, Schinken, Pâtés usw.); zwei oder drei Geschäfte für regionale oder ausländische Spezialitäten; und ein halbes Dutzend Restaurants. Jeder einzelne Einkauf kann, je nach Länge der Käuferschlange und der Redseligkeit des Händlers, fünf bis zehn Minuten dauern.

Händler auf einem französischen Markt, das muß man wissen, sind nicht einfach Händler. Sie sind Philosophen und Dichter, Komiker und Lehrmeister, sie sind auch kulinarische Berater. Die Pariser Hausfrau kann auf Kochbücher verzichten. Metzger, Geflügelhändler und Fischverkäufer liefern zur Ware auch bereitwillig mündliche Rezepte. (Ansonsten sind die Händler nicht gerade für Großzügigkeit bekannt, wenn auch der Fischhändler gelegentlich zum Lachs ein Sträußchen Dill gibt.)

Den ganzen Vormittag erfüllen die lärmenden Stimmen und die schrillen Rufe der Händler die Luft, wenn sie von wackligen Schiebkarren oder schmalen Ständen aus das Beste anpreisen, was sie zu bieten haben. Eine durchdringende Stimme rühmt »la très belle salade«, während eine andere auffordert: »Jetez un petit coup d'œil« (werfen Sie einen kurzen Blick) auf die »canette de Barbarie extra« (die junge Berberente, die absolut Spitze ist). Und ein rotgesichtiger Metzger hält einem Kunden einen frischen *boudin* unter die Nase und verkündet dabei, diese dralle Blutwurst entfalte »une véritable symphonie« von Aromen.

Und bei all dem kann es passieren, daß man an einer Ecke plötzlich in einen Esel hineinläuft, der von einem Händler exotischer Kräuter und Essenzen durch die Straßen geführt wird, und vielleicht spielt gleichzeitig irgendwo eine kleine Jazz-Band auf.

Marktgespräche können äußerst amüsant sein. Ich erinnere mich, an einem Herbsttag mitangehört zu haben, wie eine Hausfrau ein Kilo *raisins de Hambourg,* die bekannten französischen Muskattrauben, verlangte. Dann fiel ihr irgendwie auf, daß die dicken purpurfarbenen Trauben, die der Händler einpackte, aus der Provence stammten. »Ich dachte«, sagte sie etwas verwirrt, »sie kämen aus Deutschland.« »Aber Madame«, entgegnete der Obsthändler mit einem verschmitzten Lächeln augenzwinkernd, »Sie wissen doch, wie schrecklich kompliziert die Landwirtschaft bei uns ist.«

Bevor ich irgend etwas zu kaufen beginne, laufe ich immer erst einmal den gesamten Markt, das heißt also die Läden und die Stände im Freien, von einem Straßenende zum anderen ab. Dabei verschaffe ich mir einen Überblick über das Angebot, winke auch kurz meiner Blumenfrau zu (die mich, meiner Vorliebe für rote Tulpen wegen, »Madame Tulipe« nennt) und merke mir einige Preise, die mit Kreide auf Schiefertäfelchen über den Ständen gemalt sind.

Eine Menge Dinge funktionieren hier nach dem »pas possible«-Prinzip, wie das Freunde von mir genannt haben. Was soviel bedeutet wie: Hier wird das so gemacht, und wenn Sie es partout anders wollen, dann haben Sie Pech gehabt! Die Händler reagieren allergisch auf jedes Ansinnen, das nicht dem Brauch entspricht, und ganz besonders, wenn es von Ausländern kommt. Eine Freundin von mir bearbeitete ihren Metzger wochenlang, um ihn dahin zu bekommen, ihr die *poitrine fumée,* den geräucherten Schinkenspeck, fein genug zu schneiden, damit sie ihn, so wie sie das von zu Hause her kannte, nach amerikanischer Art braten könnte. Aber der Metzger gewann. Wenn er den Speck dünner schnitte, insistierte er, hätte sie schließlich nur noch Schnürsenkel in der Pfanne.

Ich habe lange gebraucht, mir die gewohnte, sozusagen demokratische Art des Einkaufens abzugewöhnen: die Selbstbedienung. Hier in Frankreich lautet die Regel: *ne touchez pas* – nicht berühren –, und jeder, der es sich einfallen ließe, seine Birnen oder Pfirsiche selbst auszusuchen, würde deutlich zurechtgewiesen.

Der atmosphärische Reiz eines Marktes schwankt mit der Tageszeit. In vollen Zügen kann man ihn ebenso morgens bei der Eröffnung wie beim mittäglichen

Marktschluß, Punkt ein Uhr, genießen. Ein Uhr ist die Zeit, zu der eine plötzliche Stille über ganz Paris fällt. Die Käufer eilen nach Hause, das Marktvolk verfällt in einen fröhlichen Singsang, und es ertönen ausgelassene Rufe wie von in die Pause stiebenden Schulkindern. Wenige Minuten später liegen die Straßen verlassen da, und man sieht nur noch einige *chlochardes,* große Tragetaschen in der Hand, in dem von den Ständen übriggebliebenen Ausschuß herumstöbern, der in den Rinnsteinen liegt.

Wie in den einzelnen Stadtteilen, so spiegelt sich auch in den Märkten die ganze Skala des kulturellen und sozialen Gefüges wider, und ein Einkaufsbummel hier und da lehrt den Besucher viel über das tägliche Leben in dieser Stadt und über die Sitten und Gebräuche der Menschen, die in den einzelnen Vierteln wohnen.

Man unterscheidet drei Grundtypen von Märkten: Die *rues commerçantes,* also regelrechte Einkaufsstraßen mit Läden und festen Ständen; sie sind im allgemeinen recht weitläufig und bunt zusammengewürfelt und haben an sechs Tagen in der Woche geöffnet. Weiter verfügt Paris über 14 *marchés couverts,* überdachte Markt-hallen, luftig und ausladend; hier haben insgesamt 740 Händler ihre Stände. Und dann gibt es noch 57 *marchés volants,* Wandermärkte, die 5000 unabhängige, an jeweils bestimmten Tagen von Stadtteil zu Stadtteil ziehende Händler umfassen.

Die nun folgenden Märkte sind nach Typen zusammengefaßt und dann in alphabe-tischer Reihenfolge aufgeführt.

Rues Commerçantes
Marktstraßen

Normale Öffnungszeiten: Dienstag bis Samstag 9 bis 13 und 16 bis 19 Uhr; Sonntag 9 bis 13 Uhr. Die meisten Stände und Geschäfte haben montags geschlossen; in den Ferienmonaten Juli und August ist ihre Anzahl erheblich reduziert.

RUE DES BELLES-FEUILLES
von der Avenue Victor-Hugo, Paris 16, an
Metro: Victor-Hugo

Was der Straße selbst an Charakter fehlt, gleicht die Qualität der angebotenen Ware – vom Besten, was die Stadt zu bieten hat – wieder aus, und viele wohlhabende Pariser kaufen hier ein. Zu den Läden, in die man mal hineinschauen sollte, gehören die Lillo Fromagerie (Hausnummer 35), ein sauberes, freundliches Geschäft mit einem ungewöhnlich guten Käse-Sortiment; und Herrier (Nr. 39), einer der besten Fischhändler, bei dem man einen exzellenten Loire-Lachs bekommt.

RUE CLER

von der Avenue de la Motte-Picquet, Paris 7, an
Metro: Ecole Militaire

Einer der mustergültigen Märkte für hohe Ansprüche, zudem mit einer breiten Fußgängerzone, die ein bequemes Bummeln erlaubt. Da in dieser Gegend viele Ausländer leben, sind die Kaufleute an erstaunte Blicke und fortwährende Befragungen über alle für die Fremden ungewöhnlichen Produkte gewöhnt. Es lohnt sich, einen Blick in die CHARCUTERIE GONIN (Nr. 40) zu werfen, ein blitzsauberes Eckgeschäft mit einem riesigen Angebot an fertigen Leckereien zum Mitnehmen; darunter *Musaka, Kulibiak* vom Lachs und Torten. Auch DAVOLI (Nr. 34), eines der wenigen authentischen italienischen Geschäfte von Paris, ist einen Besuch wert; alles ist hier Spiegel und schwarzer Marmor, und dazu der amüsante Kontrast der hunderterlei Würste und Schinken. In der Rue du Champ-de-Mars, einer Seitenstraße der Rue Cler, bietet einer der neueren Läden, MARIE-ANNE CANTIN (Nr. 12), eine bemerkenswerte Auswahl an Ziegenkäse sowie ausgezeichneten Camembert an.

RUE DE LEVIS

vom Boulevard des Batignolles, Paris 17, an
Metro: Villiers

»Die Luft war von den verschiedenen Gerüchen der Stadt und ihrer Märkte geschwängert: dem beißenden Aroma von Lauch, vermischt mit dem schwachen, aber beständigen Duft des Flieders, alles herangeweht in dieser scharfriechenden Brise, welche die wahre Luft von Paris ist.« Jean Renoir

Eine lebendige kleine Marktstraße unweit des winzigen, gepflegten Parc Monceau, wo sich mit den auf dem Markt erstandenen Leckerbissen auch gleich das entsprechende Picknick arrangieren läßt. Beginnen Sie bei der Hausnummer 21, der BOULANGERIE COUASNON, wo Louis Couasnon, ein engagierter junger Bäcker, seine ausgezeichneten, mit einer Prise Roggenmehl angesetzten Baguettes sowie sein *pain paillasse,* ein aus Sauerteig gemachtes, urwüchsiges Landbrot herstellt. Nur wenig weiter, unter der Hausnummer 23, bietet die FROMAGERIE JEAN CARMÈS ET FILS mehr als 100 verschiedene französische Käsesorten an, alle in den eigenen Kellern gereift.

DER GROSSMARKT RUNGIS

Frankreichs größter Lebensmittel-Markt, südlich von Paris in der Nähe des Flughafens Orly gelegen, erstreckt sich über eine Fläche von 1,8 Quadratkilometern und beherbergt unter seinem schwarzen Dach 864 Großhändler und 1050 Erzeuger, die alles anbieten, von frischem Obst und Gemüse bis zu halben Ochsen oder körbeweise Austern aus der Bretagne. Um die zehn Millionen Einwohner von Paris zu versorgen, werden jährlich 700 000 Tonnen Kartoffeln, 500 Millionen Eier, 560 000 Tonnen Fleisch und 750 Millionen Liter Wein durch den Rungis-Großmarkt geschleust.

Ganz ohne Zweifel besitzt Rungis – in Betrieb seit 1969 – nicht mehr jenen schmuddeligen Charme der alten Pariser Markthallen, Les Halles, die er ersetzen mußte. Aber der moderne Güterumschlag erfordert mehr Platz und Hygiene, und so reihen sich hier heute nüchterne graue Gebäude aneinander, Trakt auf Trakt. Der Fischhandel eröffnet den Markttag morgens um 3 Uhr, dann geht der Betrieb bis um 11 Uhr vormittags weiter, wenn der Blumenhandel schließlich auf die Bildfläche tritt. Zugang zu Rungis hat nur der Fachhandel; gelegentliche private Zuschauer sind nicht gerade gerne gesehen. Allerdings gibt es zwei offizielle Führungen. Der Rungis-Markt selbst bietet für 24 Francs jeden Donnerstag um 11 Uhr vormittags eine Führung in Französisch an, die man einzeln oder in Gruppen unter der Rufnummer 68 73 53 5 telefonisch im voraus buchen kann. Rungis erreicht man von Paris aus mit den Omnibuslinien 183, 185, 285 und 131.

Robert Noah, ein Amerikaner, der die Kochschule PARIS EN CUISINE leitet, veranstaltet Führungen in Englisch. Sie kosten 150 Francs, beginnen morgens um 5.30 Uhr, gehen dann, von ausgiebigen Kommentaren begleitet, über alle wichtigen Märkte und enden gegen 9 Uhr. PARIS EN CUISINE, 78, Rue de la Croix-Nivert, 75015 Paris, ist unter der Telefonnummer 250 04 23 zu erreichen.

RUE MONTORGUEIL
von der Rue Rambuteau,
Paris 1, an
Metro: Les Halles

Les Halles, die berühmten Markthallen von Paris, gehören der Vergangenheit an, aber noch immer gibt es die Rue Montorgueil. Auf diesem schäbig wirkenden, doch echten alten Markt kaufen viele der besten Küchenchefs von Paris ein, und zwar oft indem sie Arbeitsteilung machen: Einer besorgt Fisch, der andere Fleisch, ein Dritter schaut sich nach Gemüse und Zutaten um, und am Ende treffen sich alle wieder zu einem Kaffee und begeben sich dann mit geteilter Beute in ihre Restaurants zurück. Wenn Sie in der

Kleine Pause zwischen den
Verkäufen

Gegend sind, versäumen Sie nicht, sich die majestätische Kirche Saint-Eustache aus dem 16. Jahrhundert anzusehen.

RUE MOUFFETARD
von der Rue de l'Epée-de-Bois, Paris 5, an
Metro: Monge

Die Pariser beklagen sich gerne über hohe Preise, Ware von mäßiger Qualität und zu viele Touristen, aber in der Rue Mouffetard begegnet man noch immer einer unverfälschten, sehr beliebten alten Marktstraße der Seinestadt. Beginnen Sie Ihren Rundgang, wenn das Marktgeschehen kurz vor Mittag seinen Höhepunkt erreicht, dann bekommen Sie ein Gefühl für die Wesensart dieser Straße und ihren etwas abgenutzten, aber ehrenwerten Charme. Was für ein Feilschen und was für eine Rempelei, während die gewitzten Händler ihre Ware aus Lattenkisten verkaufen, die auf wackeligen Holzböcken stehen.

Ein kleiner Umweg über die Passage Passé Simple führt zu einem puppigen Blumenmarkt und zwei ausnehmend guten Auvergnat-Läden, in denen alle nur erdenklichen Arten von Schweinefleisch sowie getrocknete Bohnen und Nüsse direkt aus den übervollen Jutesäcken heraus verkauft werden. Etwas weiter unten, über die Rue de l'Arbalète hinaus, befindet sich ein recht belebter afrikanischer Markt, auf dem alle möglichen Sorten Trockenfisch, Korbwaren und Sandalen feilgeboten werden. Wieder in der Rue Mouffetard, pausieren Sie unter der Hausnummer 116, und gönnen Sie sich im Café Mouffetard eines der schweren buttrigen Croissants oder eine köstliche Brioche. Auch in das italienische Spezialitätengeschäft FACCHETTI (Nr. 134) mit seinen vier Stockwerke hohen Wandmotiven – Tiere im Wald – sollten Sie noch einen kurzen Blick werfen.

RUE PONCELET
von der Avenue des Ternes, Paris 17, an
Metro: Ternes

B esondere Anziehungspunkte dieses Marktes sind AUX FERMES D'AUVERGNE (Nr. 13), wo pausbäckige Händler mit freundlichem Gesicht ihre selbstgemachte *foie gras*, ihren *boudin*, 15 Schinkensorten und 20 verschiedene *pâtés*, Käse aus ihrer Region, frische Nüsse und Trockenobst verkaufen, und weiter LE MOULE À GÂTEAU (Nr. 10) mit den herrlich schmeckenden *chaussons aux pruneaux* (Pflaumentaschen) und anderen Backwaren. Sollten Sie an einem Dienstag, an einem Samstag oder Sonntag in dieser Marktstraße sein, schauen Sie einmal in die kleine Quergasse zwischen den Hausnummern 25 und 29 der Rue Poncelet. Ganz gewiß steht dort eine Warteschlange und an ihrem Kopf ein aufgeweckter *maraîcher,* ein Gemüsebauer, der von stadtnahen Feldern seine frischgeernteten Erzeugnisse anführt. Und gleich um die nächste Ecke, in der Avenue des Ternes Nr. 16, verbirgt sich hinter der Glasfassade eine der gepflegtesten *charcuteries* dieser Gegend.

Blumen gefällig?

LES MARCHES BIOLOGIQUES
(BIOMÄRKTE)

D iese Märkte unterscheiden sich schon äußerlich von den anderen Pariser Märkten: Sie wirken mehr wie Wochenmärkte alten Stils auf dem Lande. Jeweils am ersten und dritten Samstag eines jeden Monats bauen zwischen 30 und 50 selbständige biologische Landwirte ihre Stände entlang einer der Hauptstraßen der Pariser Vororte Boulogne und Joinville auf. Was sie verkaufen, ist Obst und Gemüse aus biologisch-dynamischem Anbau, ferner selbstgebackenes Brot und dann Trockenobst und Nüsse; *charcuterie;* auf dem Bauernhof frei aufge-

zogene Hühner, Enten und Gänse; und schließlich sogar Wein, der ›natürlich‹ zu sein garan-
tiert wird. Die *biologique* genannte Bewegung
in Frankreich ist recht aktiv und gut organisiert,
und diese beiden Märkte beweisen deutlich ihren Erfolg. An bestimmten Samstagen können
Sie hier auch einen Stand finden, an dem frisch-
gemachte Pizza oder, an einem anderen, Vollkornbrot nach Bauernart verkauft wird. Auch
zu Hause gekelterten Cidre aus Äpfeln oder
Birnen gibt es; eine überwältigende Auswahl
handgemachter Ziegenkäse, Würste, ja selbst-
gebrautes Bier, und an einem Stand werden sogar prächtige, in vielen Farben leuchtende
Trockenblumensträuße angeboten. Für beide
Märkte gilt, daß sich ein Besuch immer zu den
frühen Vormittagsstunden empfiehlt, wenn die
Auswahl noch am größten ist.

Le Marché Biologique, 140, Route de la Reine,
92, Boulogne-sur-Seine. Metro: Boulogne –
Porte de Saint-Cloud, oder auch mit dem Li-
nienbus Nr. 72 zu erreichen. Öffnungszeiten:
jeden ersten Samstag im Monat von 9 bis 17
Uhr.

Le Marché Biologique, Place de Verdun, 94,
Joinville. Metro: RER-Linie A 2 nach Joinville,
oder auch mit den Vorortbussen Nr. 106 und
Nr. 108 zu erreichen. Öffnungszeiten: jeden
dritten Samstag im Monat von 8 bis 13 Uhr.

Weitere Informationen sind bei **Nature et
Progrès** unter der Telefonnummer 22 28 99 zu
erhalten.

RUE DU POTEAU
von der Place Jules-Joffrin,
Paris 18, an
Metro: Jules-Joffrin

Einer der schönsten und ursprünglichsten Märkte
von Paris, der, hoch über Sacré-Cœur, eine Reihe
bezaubernder, gewundener Gassen durchzieht. Ein
Ausflug zu diesem Markt lohnt sich allein schon des-
wegen, weil er eine Vorstellung davon vermittelt, wie
ein typischer Pariser Stadtteil vor einigen Jahrzehnten
noch ausgesehen haben mag. Gehen Sie frühmorgens

von der Place Jules-Joffrin aus los, und laufen Sie zur Rue du Mont-Cenis Nr. 81, wo Sie in der PATISSERIE HELLEGOUARCH einige der besten Croissants und *pains au chocolat* von Paris erwarten. Nehmen Sie sich genügend Zeit, um die in der Rue du Poteau aufgereihten Läden anzuschauen, die adretten Häuserfassaden der Jahrhundertwende werden Ihnen gefallen. Eine regelrechte Entdeckung ist die FROMAGERIE DE MONT-MARTRE (Nr. 9), wo man gewiß sein kann, unter den 40 verschiedenen Sorten Ziegenkäse und unter 100 anderen aus Kuh- und Schafsmilch gewonnenen Käsen etwas Geeignetes zu finden.

RUE DE SEINE/BUCI
vom Boulevard Saint-Germain, Paris 6, an
Metro: Odéon

Diese Marktstraße gilt als die teuerste von Paris und ist gewiß zugleich auch eine mit dem meisten Zulauf. Die Anbieter hier halten untereinander fest zusammen und wechseln ihre Standpositionen von Tag zu Tag. Die untersetzte Hellblonde mit der heiseren Stimme will Ihnen vielleicht heute vormittag noch ein Kilo Mandarinen verkaufen, und am nächsten Tag dann finden Sie dieselbe Frau hinter einem Berg Blattgemüse wieder. Das Ganze ist etwas verwirrend, denn kaum hat man sich an ein paar witzige Standardfloskeln mit dem Apfelsinenhändler gewöhnt, da wird er zu den Tomaten versetzt. Beachten Sie den Käseladen BARTHÉLÉMY unter der Hausnummer 81. Seine Ziegenkäse gehören zu den besten im Stadtviertel. Außer-

Ein Händler der Rue Poncelet

dem ist diese *fromagerie* eine der wenigen in Paris, die *fromage frais bien égoutté* – also schön trockenen Quark, wie man ihn für Käsekuchen braucht – für die Kunden bereithält. Ein großer Stand an der Ecke zwischen Rue de Seine und Rue de Buci bietet eine Vielfalt von exotischen Produkten an, darunter bergeweise getrocknete Pilze. Im Stand nebenan rühmt sich ein bärbeißiger alter Händler seines wunderschönen Selleries, seiner schwarzen Rettiche und frischen Kräuter. Biegen Sie rechts in die Rue de Buci ein, so werden Sie unter der Hausnummer 6 die BOULANGERIE BOUDIN und eben dort eine außergewöhnlich gute *fougasse* finden, einen flockigen, flachen, aus Blätterteig gemachten Kuchen. Er ist allerdings nur mittwochs erhältlich, wird jedoch auch auf Bestellung gebacken – und kann dann besonders gut zu einem Brunch am Sonntag oder zu einem Kaffeeimbiß am Nachmittag sein. Was in diesem Laden sonst noch an Brot oder Kuchen zu haben ist, sollte man hingegen vergessen.

Marchés Couverts
Markthallen

Öffnungszeiten: Dienstag bis Samstag 8 bis 13 und 16 bis 19.30 Uhr. Auf vielen dieser Märkte hat im Laufe der Jahre die Zahl der Verkaufsstände und Kunden abgenommen, so geht es auf ihnen heute ruhiger und verhaltener zu als in den Marktstraßen oder auf den Wandermärkten. Bei Regen ist ein Einkauf dort besonders praktisch.

MARCHE CHATEAU-D'EAU
in der Rue du Château-d'Eau und der Rue Bouchardon, Paris 10
Metro: Château-d'Eau

Das ist eine Markthalle, wie man sie sich eigentlich vorstellt: ein bodenständiger alter Markt mit Tradition, wo die Ware weniger ausgefallen und die Qualität nicht so anspruchsvoll ist; sie vermittelt einen Eindruck davon, wie es früher in Les Halles zugegangen sein muß. Sie werden hier noch Metzger sehen, die das Kalbsbries am Brunnen in der Mitte der Halle auswaschen, während großmütterliche Hausfrauen mit verbeulten Metallkarren vorbeitrotten. So viel Zeit sollten Sie auf jeden Fall mitbringen, daß Sie auch einmal durch die nahe Passage du Marché schlendern können: ein Stück des Frankreich von Gestern.

ENFANTS ROUGES
39, Rue de Bretagne,
Paris 3
Metro: Filles-du-Calvaire

Alle, die sich für die Stadtgeschichte von Paris begeistern können, werden sich von diesem Markt in alte Zeiten entführen lassen. Die hier ausgebreiteten Erzeugnisse sind alles andere als Spitzenklasse, aber die Atmosphäre ist so dicht wie ein bedeckter Pariser Winterhimmel. Schauen Sie sich nur den alten Kaffeeladen an; er sieht aus wie eine Bühnenstaffage aus der Stummfilmzeit. Zwei lohnenswerte Ansteuerungspunkte in unmittelbarer Nähe: die BOULANGERIE CONFROY in der Rue de Saintonge Nr. 34 (hier gibt es das einwandfrei beste Roggenbrot der Stadt) und der liebliche Square du Temple, ein Park, wo sich mittags gut picknicken läßt.

MARCHE DE PASSY
Ecke Rue Bois-le-Vent
und Rue Duban, Paris 16
Metro: La Muette

Eine begeisternde Kleinmarkthalle mit wunderschöner Dachverglasung. Hier gibt es ausgezeichnete *charcuterie* von Lyon, einen ansprechenden italienischen Stand und, bei Monsieur Gay, erstklassigen Käse. Wenn es Ihre Zeit erlaubt, bummeln Sie noch durch die Rue de l'Annonciation, eine der besseren Marktstraßen von Paris.

MARCHE SAINT-GERMAIN
In der Rue Mabillon und
der Rue Lobineau, Paris 5
Metro: Mabillon

Sauber, ruhig und immer noch ganz charakteristisch, präsentiert sich diese Markthalle als eine Ansammlung von vielen kleinen Ständen mit äußerst freundlichen Händlern und ausnehmend frischen Erzeugnissen. Das ist besonders augenfällig an allen Dienstagen, Donnerstagen und Samstagen, wenn neue Ware angeliefert wird.

AUF ZUM MARKT

Der erste Lebensmittelmarkt von Paris entstand auf der heutigen Ile de la Cité bereits irgendwann im 5. Jahrhundert. Mit der Ausdehnung der Stadt ging die Einrichtung weiterer Märkte einher, zunächst an den Stadttoren und dann, vom 13. Jahrhundert an, bei den alten Betrieben zur Eisenverhüttung zwischen

Von der Rue Montmartre geht in Höhe des Hauses Nr. 16 eine kleine Seitengasse ab, die den eigenartigen Namen *Passage Reine de Hongrie* (Passage der Königin von Ungarn) trägt. Die Bezeichnung geht auf eine kleine Begebenheit im 18. Jahrhundert zurück. Damals kam Königin Marie Antoinette eines Tages durch das Gäßchen, und eine Marktfrau, die dort einen Verkaufsstand unterhielt, übergab ihr eine Bittschrift. Der Königin fiel die Ähnlichkeit dieser Frau mit der Königin von Ungarn auf, und bald wurde die Passage entsprechend umbenannt.

der Rue Saint-Denis, der Rue Saint-Honoré und der Rue Croix des Petits-Champs, an der Stelle also, wo sich jetzt das Einkaufszentrum FORUM DES HALLES befindet.

Zu jener Zeit waren die Märkte, die großen *halles*, Sammelplätze von Händlern, Handwerkern und Hausierern, die Waren aus aller Welt feilboten. Um den Absatz in den Markthallen zu fördern, bekamen die anderen Händler und Handwerker der Stadt die Auflage, ihre Geschäfte an zwei Tagen in der Woche geschlossen zu halten. Erst im 16. Jahrhundert, als Paris auf 300000 Einwohner angewachsen war, schob sich der reine Lebensmittelhandel auf den Märkten in den Vordergrund. Dabei wurden unehrliche Kaufleute nicht geduldet; bei Betrügereien ertappte Händler prangerte man in der Nähe der Kirche Saint-Eustache, die heute noch steht, öffentlich an.

Im Jahre 1546 verfügte Paris dann bereits über vier größere Brotmärkte und einen Viehmarkt. Im 17. Jahrhundert war der damals im Volksmund ›Jammertal‹ genannte Quai de la Mégisserie am rechten Seine-Ufer – heute Standplatz der Vogelhändler – der ständige Markt für Wild und Geflügel, Spanferkel, Lamm- und Ziegenfleisch; die Rue de la Poissonnière füllte sich mit Fischständen; die Weinhändler schlugen ihre Zelte entlang des Quai Saint-Bernard am linken Flußufer auf.

Die Französische Revolution von 1789 machte dem königlichen Privileg, Märkte zu konzessionieren, ein Ende; die Markthoheit ging auf die Stadt über. Bis zum Jahre 1860 war die Anzahl der Pariser Märkte auf 51 angestiegen, von denen 21 überdacht waren.

Die Zentralmarkthalle LES HALLES wurde Mitte des 19. Jahrhunderts so reparaturbedürftig, daß man die Errichtung einer neuen Halle – eine Eisengerüstkonstruktion mit verglastem Dach, ähnlich der bis heute existierenden Gare de l'Est – ins Auge faßte; zwischen 1854 und

1866 wurde dann die neue Halle nach den Plänen des Architekten Baltard gebaut. Mit ihren ausgedehnten unterirdischen Lagerräumen und den überdachten, untereinander verbundenen Passagen sollten die damals neuen Hallen zum Modell für Markthallen in ganz Frankreich und in vielen Teilen der Welt werden. Rund einhundert Jahre später konnte diese Marktfläche jedoch nicht mehr dem Bedarf der rapide gewachsenen Stadt entsprechen, und so verlegte man den zentralen Großmarkt von Paris 1969 nach Rungis, in die Nähe des Flughafens Orly. Les Halles wurden abgerissen, um einem modernen Einkaufszentrum Platz zu machen, das noch im Entstehen ist.

MARCHE SAINT-QUENTIN
Ecke Boulevard de Magenta und Rue de Chabrol, Paris 10
Metro: Gare de l'Est

Diese riesige, kürzlich renovierte Markthalle gehört zu den gepflegtesten und am meisten besuchten überdachten Märkten aus der Zeit der Jahrhundertwende. Ein ausgezeichnetes Angebot an Käse, Wein und *charcuterie* findet man hier, gerade richtig, um sich noch kurz vor der Zugabfahrt von der nahen Gare du Nord oder der Gare de l'Est mit appetitlichen Happen einzudecken. In der Mitte der Halle steht einer der grünen Wallace-Brunnen der Stadt.

Marchés Volants
Wandermärkte

Man sollte wissen, daß Wandermärkte nur an bestimmten festgelegten Tagen von 7 bis 13.30 Uhr stattfinden. Ganz allgemein läßt sich sagen, daß man dort preiswerter einkaufen und oft auch frischere Artikel bekommen kann; dafür ist jedoch die Auswahl manchmal geringer. Solche Märkte sind an zwei oder drei Tagen in der Woche, und zwar nur vormittags, geöffnet. Sie installieren sich in der Regel auf Trottoirs oder langen Verkehrsinseln größerer Boulevards und decken die ganze Angebotsskala frischer Lebensmittel ab: Obst und Gemüse, Fleisch, Geflügel, Fisch und Käse. Auch frische Blumen kann man hier kaufen.

BERCY
Boulevard de Reuilly,
zwischen der Rue de
Charenton und der Place
Félix-Eboué, Paris 12
Metro: Daumesnil
Dienstag und Freitag

CITÉ BERRYER
von der Rue Royale, Paris
8, an (Eingang zwischen
den Hausnummern 23 und
25 der Rue Royale)
Metro: Madeleine
Dienstag und Freitag

BRETEUIL
Avenue de Saxe, von der
Avenue de Ségur zur Place
Breteuil, Paris 7
Metro: Ségur
Donnerstag und Samstag

COURS LA REINE
auf der Verkehrsinsel zwischen der Avenue Prési-
dent Wilson und zwischen
der Rue Debrousse und der
Place Iéna, Paris 16
Metro: Alma Marceau
Mittwoch und Samstag

EDGAR-QUINET
auf dem Boulevard Edgar-
Quinet, von der Rue
Delambre, Paris 14, an

ALLO, MENU
(TELEFONISCHER ANSAGEDIENST:
KÜCHENREZEPTE)
Was machen die Pariser, wenn sie nicht wissen, was sie zum Essen auf den Tisch bringen sollen? Nun, sie wählen die Nummer 2556677 und eine gemessene, mütterliche Stim-

Metro: Edgar-Quinet
Mittwoch und Samstag

PLACE MONGE
auf der Place Monge,
Paris 5
Metro: Monge
Mittwoch, Freitag und
Sonntag

RASPAIL
Boulevard Raspail,
zwischen der Rue du Cher-
che-Midi und der Rue de
Rennes, Paris 6
Metro: Raspail
Dienstag und Freitag

me (auf Band) wird ihnen einen Menüvorschlag machen und auch gleich ein minutiöses Rezept dazu aufsagen. Madame *Allô Menu* hält klassische bürgerliche Gerichte bereit, die vom Käse-Soufflé bis zum *lapin à la Solognote,* Kaninchen mit Anchovis- und Kapernsauce, reichen. Keine dieser kulinarischen Rezepturen ist so ausgefallen, daß es dem Durchschnittsbürger nicht möglich wäre, nach der Arbeit nicht noch rasch die erforderlichen Zutaten zu besorgen.

Mit schwerer Last durch die
Rue Poncelet

Pâtisseries
KONDITOREIEN

Voilà – so ißt man eine Madeleine!

Pariser Konditoren verdienen uneingeschränkte Bewunderung. Bedenken Sie nur einmal ihre Verantwortung! Tag für Tag und Saison auf Saison sind sie damit beschäftigt, eine ungeheuer naschhafte Kundschaft zufriedenzustellen.

Wo immer man sich in Paris auch umschaut, irgend jemanden – Mann, Frau oder Kind – wird man gewiß entdecken, der gerade ein *pain au chocolat* verspeist, sich die Nase an einem Schaufenster voll herrlicher, süßer Versprechungen plattdrückt, den letzten Rest Eis aus einer Waffeltüte leckt oder mit beschwingter Behendigkeit einen schleifengeschmückten weißen Karton mit dem Dessert nach Hause trägt.

Möglicherweise liegt die Seinemetropole mit ihrem pro-Kopf-Verbrauch an Butter, Zucker, Sahne und Eiern nicht einmal an der Spitze aller Städte der Welt, aber wenn es einen Preis für Leckermäulerei gäbe, so glaube ich, Paris würde sich die Trophäe holen. Ich habe gertenschlanke Frauen sich drei-, viermal hintereinander ausgiebig mit Nachtisch bedienen und ihn aufessen sehen – unverhohlen, ohne die geringste Reue. Ich habe ein Gespräch zwischen zwei Geschäftsleuten belauscht, die beim Mittagessen die Köpfe zusammensteckten und angeregt und geheimnistuerisch miteinander sprachen. Nicht Politik war das Thema, nicht Mittelstreckenraketen oder Sportwagen, sondern Schokolade. Schokolade! Ich hörte auch, wie ein begei-

sterter *pâtissier* erläuterte, was sich bei seinen Treffen mit anderen Pariser Konditor-
meistern abspielt: »Ich liebe *éclairs* über alles, in meinem Betrieb werden sie aber
nicht hergestellt. Daher falle ich, wenn ich meine Kumpel besuche, nur so über die
éclairs her. Bei sieben höre ich immer auf, aber sieben esse ich gewöhnlich auch.«

Natürlich spielen auch gerade regionale und aus anderen gastronomischen Traditionen hervorgegangene Süßspeisen in Paris eine wichtige Rolle. Der mit Käse
gefüllte *gâteau au fromage blanc* und der in seiner Süße und Buttrigkeit exakt ausge-
wogene *Kougelhopf,* bei uns Gugelhupf, beide aus dem Elsaß, sind in Paris allgegenwärtig; aus dem Baskenland kommt der sahnegefüllte *gâteau basque;* aus der Normandie die einfach perfekte Apfeltorte. Auf keinen Fall sollte man sich eine wenigstens optische Besichtigungsreise durch die Rue des Rosiers, die Hauptstraße des
jüdischen Viertels, entgehen lassen, wo es fast so viele Konditorläden wie Hausnummern gibt; oder einen Besuch in einem der eleganten Geschäfte Gaston Lenôtres, wo
der visuelle Genuß beinahe (aber eben nur beinahe) so groß ist wie die Lust des
Verspeisens selbst.

Überall zu finden sind *croissants* (hinzu kommt ihre schokoladengefüllte, als *pain
au chocolat* bekannte Version); *brioche* (ihre Abwandlung als *mousseline* ist noch
zartschmeckender und typisch pariserisch); die *madeleine,* das leicht zitronig
schmeckende Teeküchlein, dem Proust zur Berühmtheit verhalf; und der *financier*
(mein Lieblingsgebäck), halb Kuchen, halb Plätzchen, jedenfalls viereckige Mandel-
Stückchen, die herrlich schmecken, wenn sie frisch und liebevoll gemacht sind.

Für viele – und dazu gehören ebenso Pariser wie auch Besucher – ist ein Tag ohne
Süßspeise in dieser Stadt wie ein Tag, den zu leben sich nicht gelohnt hat. Warum das
so dramatisch ist, könnte wahrscheinlich nur eine eingehende Untersuchung zutage
fördern. So wird man es beim Augenscheinlichen bewenden lassen müssen: Der
Pariser Zuckerhut ist da, also wird er auch bestiegen.

Les Halles, Bastille
2. und 4. Arrondissement

FINKELSZTAJN
27, Rue des Rosiers, Paris 4
℡ 27 27 89 1
Metro: Saint-Paul

Dieser ist der beste der vielen Konditorläden, die
die Rue des Rosiers im Herzen des jüdischen
Viertels säumen. FINKELSZTAJNS Käsekuchen (besser
unter *Vatruschka* bekannt) nimmt es, besonders wenn

Stets köstlich: französische
Obsttorten

Geöffnet: 9 bis 13.30 und
14.30 bis 19.30 Uhr; ge-
schlossen: Mittwoch, im
Juli und August sowie eine
Woche im Winter

er nachmittags frisch und warm aus dem Ofen kommt,
leicht mit ausländischen Rivalen auf. Der *gâteau aux
figues* setzt internationale Maßstäbe für alle Feigenzu-
bereitungen, und das Sortiment an Mohn- und Hasel-
nußkuchen und an mit Äpfeln und Rosinen, Honig
und kandierten Zitrusfrüchten und sogar Datteln gefüllten Strudeln wird Ihnen gewiß das Wasser im Munde zusammenlaufen lassen. Vergessen Sie die Kalo-
rientafel für einen Tag, und ergeben Sie sich den Verlockungen.

**PATISSERIE
SAINT-PAUL**
4, Rue de Rivoli, Paris 4
∅ 88 78 7 16
Metro: Saint-Paul
Geöffnet: 8 bis 13.30 und
15 bis 19.30 Uhr; geschlossen: Montag, Dienstag (außer im Dezember), im Au-
gust und eine Woche im
Winter

Die Schaufenster dieses geradezu kostbar wirkenden, noch ganz ursprünglichen Geschäftes unweit der Place des Vosges sind voller kleiner Kunstwerke. Christian Pottier, ebenso talentiert wie ehrgei-
zig und jung, geht in seiner Arbeit auf, und das sieht
man: Seine Kuchen und Torten sind anspruchsvoll,
durch und durch echt und immer glänzendfrisch. Eigentlich müßte man sie alle versuchen: die einladende,
butterduftende *brioche*, die nur aus der besten *beurre
des Charentes* bereitet wird; den saftigen *quatre-
quarts*-Sandkuchen, farciert mit Golden Delicious-
Äpfeln und mit einer Spur Zitrone noch spritziger gemacht, oder den *étoile*-Schokoladenkuchen, eine Mischung aus Baiser und Schokoladen-Mousse. In der
übersichtlich organisierten Backstube unter dem Laden stellt Monsieur Pottier außerdem täglich rund 800

nur mit Butter bereitete Croissants her; sie werden ganz leicht mit einem Zuckersirup bestrichen, der innen einen Hauch von Mandel- und Haselnußaroma gibt. Die Croissants kommen jeden Morgen um 8.15 Uhr aus dem Ofen; stellen Sie sich also zur rechten Zeit an.

STOHRER
51, Rue Montorgueil,
Paris 2
☎ 23 33 38 20
Metro: Les Halles
Täglich von 7.30 Uhr bis
20 Uhr geöffnet

Einer der Konditormeister Ludwig XV. eröffnete diesen Laden im Jahre 1730 – und immer noch entzündet sich die Begeisterung der Kunden an den köstlichen für das Haus typischen *pithiviers:* flockig-leichte, mit Sahne gefüllte und wie eine Krone dekorierte Blätterteig-Stückchen. Nicht weniger verführerisch sind die Aprikosen- und Apfeltörtchen und die wunderbar frischen *pains au chocolat.* Kleine ältere Verkäuferinnen schwärmen förmlich durch den Laden, immer auf dem Sprung, Ihnen bei der Auswahl behilflich zu sein. Wenn Sie hier sind, sollten Sie auch dem benachbarten Markt in der Rue Montorgueil einen Besuch abstatten. Sie werden ihn vielleicht nicht sehr sauber finden, aber er hat noch etwas vom Zauber der alten Hallen.

Quartier Latin, Luxembourg, Saint-Germain
5. und 6. Arrondissement

BOUDIN
6, Rue de Buci, Paris 6
✆ 3260413
Metro: Saint-Germain-
des-Prés
Geöffnet: 6.30 bis 20 Uhr;
geschlossen: Montag

Seit den fünfziger Jahren nun schon backen Thérèse und Claude Boudin hier Brot und Kuchen, aber es gibt einen ganz besonderen Grund, sie aufzusuchen. Ihre Konditorei ist wahrscheinlich die einzige in Paris, die eine *fougasse* aus Blätterteig, anstatt, wie üblich, aus Brotteig macht. Zwischen 30 und 40 der großen Rechtecke werden täglich, zumal in den Wintermonaten, gebacken, und zwar einfach, weil Claude Boudin an dieser Spezialität Freude hat. Direkt aus Croissant-Teig ohne Hefezusatz gemacht, ist diese *fougasse* so zart und locker, daß man nicht widerstehen kann, wenn sie gegen halb elf morgens aus dem Ofen kommt. Geht der Verkauf flott vonstatten und erlaubt es die Zeit, so wird am Nachmitag eine zweite Ladung in den Ofen geschoben. Was die anderen Backwaren – speziell das Brot – in diesem Laden anbelangt, so sind sie allerdings nicht sehr aufregend.

LERCH
4, Rue Cardinal-Lemoine,
Paris 5
✆ 3261580
Metro: Cardinal Lemoine
Geöffnet: Mittwoch bis
Samstag 7 bis 13.15 und
15.15 bis 19 Uhr; Sonntag:
8 bis 13.15 und 15.15 bis 19
Uhr; geschlossen: Montag,
Dienstag, im August und
eine Woche im Winter

Der fidele, überaus aktive André Lerch, Chef des Ladens und zugleich auch sein eigener Bäcker, hat aus dem Elsaß das Beste nach Paris gebracht: seinen goldenen *kougelhopf* (siehe nachstehendes Rezept); 20 verschiedene einfache ›hausbackene‹ Obsttorten, deren Belag mit den Erntezeiten geht, große runde Käsekuchen *(tartes au fromage blanc)*, und dann eben, was Meister Lerch sich über Nacht noch einfallen läßt. (Wenn er nämlich nachts nicht schlafen kann, greift er zu einem Kochbuch und läßt sich zu neuen Rezepten inspirieren). Nichts würde er lieber tun, als vier oder fünf Stunden mit dem Dekorieren einer einzigen Torte zuzubringen, aber realistischerweise lenkt er seine kreativen Eingebungen um und wechselt statt dessen öfter das Repertoire. Seine geschäftigste Zeit sind die Monate von November bis März, wenn die Nachfrage nach ›winterlichen‹ Elsässer Backwaren am größten ist: *springerle, quiche lorraine* und *pain d'épi-*

André Lerch mit seinen *madeleines*

ces, Gewürzbrot, alles ist hier vertreten. *Kougelhopf* wird das ganze Jahr über verkauft (und ebenso die dazugehörige typische Elsässer Napfkuchenform, damit die Kunden den Kuchen auch zu Hause backen können), und genauso saisonunabhängig sind die rundlichen, *madeleines* genannten Teeküchlein.

KOUGELHOPF ANDRE LERCH
(ANDRE LERCHS ELSÄSSISCHER GUGELHUPF)

Der Gugelhupf ist ein kranzförmiger Hefekuchen aus dem Elsaß, der Heimat vieler hochwertiger Backwaren. In Paris betreibt André Lerch, ein freundlicher Elsässer, seine populäre Bäckerei, in der er 40 bis 50 Gugelhupfe täglich herstellt, und zwar in Formen, die ein halbes Jahrhundert alt sind. Mit diesen dunkelbraunen Formen aus glasiertem Ton hat es seine besondere Bewandtnis. Alles deutet darauf hin, daß an der Stelle, an der André Lerch heute sitzt, bereits vor dem 2 Weltkrieg eine elsässische Bäckerei existierte. Der Bäcker zog in den Krieg und ließ in der Eile seine zum Backen vorbereiteten, gebutterten und mit ganzen Mandeln bestreuten Formen zurück. Er kehrte nie wieder, und als Jahrzehnte später Monsieur Lerch in die Backstube einzog, fand er die Formen noch so, wie sie waren, hinter den Öfen verstaut. Er besteht darauf, daß lange benutzte Formen das Geheimnis eines guten Gugelhupfes sind. »Eine Form taugt erst dann etwas, wenn sie 200mal gebraucht worden ist«, gibt er zu bedenken. Aber da die meisten von

uns sicher zwei- oder dreimal leben müßten, um diese Gebrauchsnorm zu errei-
chen, bietet Meister Lerch ein abgekürztes Verfahren an: Man buttere eine neue
Form ausgiebig und lasse sie, indem man etwa alle Viertelstunde nachbuttert, bei
mäßiger Hitze mehrere Stunden im Ofen. Die Form wird allmählich den verfüh-
rerischen Geruch gebräunter Butter annehmen und am Ende bereit sein, duftige
goldene Kuchenlaibe hervorzubringen.

80 g helle Rosinen
2 Eßlöffel Kirschwasser
oder anderer Obst-
branntwein
250 ml Milch
1 Päckchen Trocken-
hefe
500 g Mehl
2 geschlagene Eier
100 g Zucker
1 Teelöffel Salz
170 g Butter (Zimmer-
temperatur)
1 Eßlöffel Butter zum
Ausstreichen der Form
70 g ganze Mandeln
1 Eßlöffel Puderzucker

1. Das Kirschwasser und die Rosinen in eine kleine Schüssel geben.
2. Die Hefe in die lauwarm gemachte Milch gut ein-rühren und 5 Minuten stehen lassen, damit sie sich ganz darin löst.
3. Das Mehl in eine große Schüssel sieben und in der Mitte eine Mulde machen. Die Milch mit der Hefe hineingießen, mit Mehl bedecken, dann nacheinander Eier, Zucker und Salz zugeben und jedesmal gut durchmischen. Der Teig wird ziemlich klebrig sein. 10 Minuten mit der Hand durchkneten und ihn dabei ge-gen die Schüsselwand schlagen (oder 5 Minuten mit der Maschine kneten). Die Butter nach und nach hin-einwalken, und den Teig so lange durcharbeiten, bis er geschmeidig ist und nicht mehr an der Schüsselwand haftet. Die Rosinen abtropfen lassen und in den Teig einkneten.
4. Den Teigballen in eine große saubere Schüssel le-gen, mit Folie dicht abdecken und eine Stunde bei Zimmertemperatur gehen lassen, bis sich das Volumen verdoppelt hat.
5. Den Ballen herunterdrücken, sanft durchkneten, erneut bedecken und wieder ruhen lassen, bis das dop-pelte Volumen erreicht ist (ungefähr nach einer Stunde).
6. Den Backofen auf 175° vorheizen.
7. Eine 2-Liter-Gugelhupf- oder Napfkuchenform satt ausbuttern und in die Tiefe jeder Riefe eine Mandel legen. Den Teig in die Form geben und etwa 1 Stunde gehen lassen; er soll dann bis zur Randhöhe der Form hochgekommen sein.
8. 1 Stunde lang backen, bis die Oberfläche goldbraun ist.
9. Aus der Form nehmen und abkühlen lassen. Dann mit Puderzucker bestreuen. Gugelhupf schmeckt am

besten einen Tag nach dem Backen, wenn die Aromen
durchgezogen sind. Der frische Gugelhupf läßt sich
auch gut einfrieren.

LE MOULE A GATEAU

111, Rue Mouffetard,
Paris 5
☏ 33 18 0 47
Metro: Censier-
Daubenton
Geöffnet: Dienstag bis
Samstag 9 bis 13.30 und 16
bis 19.30 Uhr. Sonntag 9
bis 13.30 Uhr; geschlos-
sen: Montag

Das abwechslungsreiche Angebot von regionalen und wie hausgemacht schmeckenden Kuchen und Torten, das LE MOULE À GÂTEAU zu bieten hat, ist immer wieder anregend und einladend. Die in dieser kleinen Ladenkette, die im Pariser Stadtgebiet etliche Geschäfte unterhält, angebotenen Backwaren sind nur unter Verwendung guter Zutaten bereitet, die Bedienung ist freundlich und kennt sich aus, und durch die Glasscheiben der kleinen hübschen Backstube kann die Kundschaft die Entstehung einiger dieser Erzeugnisse unmittelbar verfolgen. Die Philosophie des kleinen Unternehmens: einfache, stets frische Ware parat haben, und die Käufer werden kommen. Der Erfolg gibt ihnen recht. Der beste Einfall dabei war sicherlich, so gut wie alle größeren Artikel auch scheibenweise zu verkaufen; probieren ist hier daher gang und gäbe. Besonders empfehlen kann man die *chaussons aux pruneaux* (Pflaumentaschen) und schöne saftige *pensées aux myrtilles,* mit einer Heidelbeer-Mandel-Creme bedeckte Törtchen aus Mürbeteig. Sollten Sie früh genug, also gegen neun oder halb zehn, im Laden sein, versuchen Sie das *pain au chocolat,* wenn es gerade aus dem Ofen kommt; es ist warm, duftet nach Butter, und die zwei in den Teig eingeschlossenen großzügig bemessenen Schokoladenriegel werden Ihnen auf der Zunge zergehen. (Sind sie aber nicht mehr warm oder eindeutig frisch, dann versuchen Sie lieber etwas anderes).

Sèvres-Babylone, Ecole Militaire, La Tour-Maubourg
7. Arrondissement

CHRISTIAN CONSTANT
26, Rue du Bac, Paris 7
✆ 29 65 35 3
Metro: Rue du Bac
Täglich von 8 bis 20 Uhr geöffnet; geschlossen: im Juli

Wenn Sie sehen wollen, in welcher Weise die *nouvelle cuisine* die französische Konditorkunst inspiriert hat, brauchen Sie nur vor Christian Constants modernem, ganz in Weiß gehaltenem Geschäft stehenzubleiben, wo exotische Kiwi-Torten und winzige Spielereien aus Schokolade das Schaufenster füllen. Nicht alle seine Kreationen verdienen Bewunderung, aber Christian Constant ist auch immer für ein paar klassische Schleckereien gut: Seine ganz eigene *tarte Tatin,* morgens noch warm, macht sich hervorragend zu einem kräftigenden steifen *express,* und beides kann man in aller Ruhe in der kleinen Teestube genießen, die sich an den Laden anschließt.

LENOTRE
44, Rue du Bac, Paris 7
✆ 22 23 9 39
Metro: Rue du Bac
Geöffnet: Dienstag bis Samstag 9.45 bis 19.30 Uhr; Sonntag 9.45 bis 13 Uhr; geschlossen: Montag

Eine kleine Verkaufsboutique, in der eine Auswahl von Lenôtres renommierten Torten und Pralinen angeboten wird. Siehe LENÔTRE, 16. Arrondissement, Seite 230.

André Lerchs *Kougelhopf*

MADELEINES
(MAGDALENEN-KUCHEN)

Während ich für dieses Buch recherchierte, entwickelte sich bei mir eine geradezu fanatische Begeisterung für madeleines, die drallen kleinen, goldgelb gebackenen Küchlein, die wie Jakobsmuscheln geformt sind. Der Genuß frischer madeleines *beschwingte mich irgendwie, wenn ich kilometerweit durch die Stadt lief, um kulinarische Kostbarkeiten aufzuspüren. Ich habe Dutzende dieser Magdalenen-Kuchen versucht, aber nur wenige gefunden, die ›genau richtig‹ waren.*

Die wirklich gute, frische madeleine *zergeht trocken, ja beinahe ›staubig‹ im Mund, wenn sie alleine genossen wird. Es gibt verschiedene Geschmacksversionen, aber eine meiner liebsten Zubereitungsarten ist die von André Lerch.*

Um die Güte einer madeleine *wirklich schätzen zu können – wenn sie »mit exquisiter Genüßlichkeit in die Sinne eindringt«, wie Marcel Proust das empfand –, muß sie in Tee getunkt werden, und zwar am besten in den ein leichtes Zitrusaroma abgebenden Lindenblütentee, der den duftigen, würzigen Zitronengeschmack des Küchleins erst richtig zur Entfaltung bringt. Madeleine-Backformen kann man in allen französischen Fachgeschäften für Gaststätten- und Hotelbedarf sowie in den Haushaltsabteilungen der Kaufhäuser bekommen. Das folgende Rezept habe ich selbst entwickelt.*

4 Eier
200 g Zucker
die abgeriebene Schale
von 2 Zitronen
225 g Mehl
170 g Butter, zerlassen
und wieder abgekühlt
1 Eßlöffel Butter zum
Ausstreichen der
Formen

1. Eier und Zucker in einer großen Schüssel mit dem Schneebesen oder mit einem Handrührgerät schlagen, bis die Masse zitronengelb wird. Die geriebene Zitronenschale zugeben. Das Mehl, dann die Butter unterheben und gleichmäßig einrühren.

2. Die Masse 30 Minuten lang in den Kühlschrank stellen.

3. Den Backofen auf 190° vorheizen.

4. Die Madeleine-Formen mit der geklärten Butter ausstreichen und die Masse mit dem Löffel einfüllen; jede Backform sollte etwa zu drei Viertel gefüllt sein. 10 bis 12 Minuten lang backen (oder bis die Küchlein goldbraun sind).

5. Die *madeleines* gleich nach dem Backen aus den Formen nehmen (stürzen) und auf einem Backblech abkühlen lassen. Die Formen sofort mit Wasser und einer harten Bürste säubern. Die *madeleines* ißt man am besten gleich, nachdem sie abgekühlt sind. Man kann sie allerdings in einem luftdichten Behälter auch mehrere Tage lang aufheben. Mit den angegebenen

> Zutatenmengen erhält man 36 *madeleines* von 8 cm Länge. (Gewöhnlich sind jeweils 6 oder 12 *madeleine*-Formen in ein Blech gestanzt.)

LA MAISON CHAVINIER
39, Avenue Rapp, Paris 7
✆ 70541 48
Metro: Ecole Militaire
Geöffnet: 7 bis 20 Uhr; geschlossen: Sonntag

W enn Sie Ihr Weg in der Nähe vorbeiführt, legen Sie eine Pause ein und kosten Sie die zitronigfeine *madeleine de la maison* oder den berühmten, mit köstlicher Mandelcreme gefüllten *gâteau basque*. Die Brote werden hier im Holzofen gebacken: Versuchen sollte man das *pain de seigle aux raisins*, sehr herzhaft mit Roggen und Rosinen.

Buttrige Croissants, einfach unwiderstehlich

MILLET
103, Rue Saint-Dominique, Paris 7
✆ 5514980
Metro: La Tour-Maubourg
Geöffnet: Dienstag bis Samstag 9 bis 19 Uhr; Sonntag 9 bis 13 Uhr; geschlossen: Montag, und im August

E in klassischer, blitzsauberer Konditorladen, der *madeleines* mit reinem Bienenhonig gesüßt anbietet, nach Ei und Butter schmeckende *brioche mousseline* (Rezept nachstehend), mandelgewürzte *financiers*, vielleicht 20 verschiedene Arten von Kuchen und Torten und noch einmal ebenso viele Sorten Eis. Die Croissants hier gehören zu den besten von Paris, und in sein lobenswertes *pain au chocolat* stopft Denis Ruffel, MILLETS rühriger Konditormeister, zwei Riegel köstlicher Schokolade. Im ersten Stock, hinter den Kulissen, verbirgt sich eine ansehnliche Pralinen-›Produktion‹, während zu ebener Erde eine kleine Teestube zum Probieren der Köstlichkeiten einlädt.

BRIOCHE MOUSSELINE DENIS RUFFEL
(LOCKERE BRIOCHE DENIS RUFFEL)

Pariser Bäckereien offerieren viele Varianten der klassischen brioche, *eines mit Eiern und Butter gesättigten Hefeteigs, der als Backwerk in den verschiedensten Formen und Größen erscheint und einem Frühstück oder kleinen Zwischenmahlzeiten etwas Luxuriöses verleiht. Die hier beschriebene, als* brioche mousseline *bezeichnete Art enthält mehr Butter als die* brioche ordinaire, *bekommt dadurch eine goldene Kruste und schmeckt unglaublich lecker. Brioche mousseline ist eine typische Pariser Spezialität, und der leichte, klebrige Teig wird oft in Kaffee-Blechbüchsen gebacken. Denis Ruffel von der* PÂTISSERIE MILLET *gibt hier das Rezept für seine Art der Zubereitung, nämlich in einer rechteckigen Kastenform, wieder. Seine Spezialglasur verleiht den fertigen Laiben einen gewissen warmen Glanz.*

Brioche:
1 Eßlöffel Trockenhefe
60 ml lauwarme Milch
65 g Zucker
1 Teelöffel Salz
560 g Mehl
8 Eier
280 g Butter (Zimmertemperatur)
2 Teelöffel Butter zum Ausstreichen der Formen
Glasur:
1 Ei
1 Eigelb
eine Prise Salz
eine Prise Zucker
1 Teelöffel Milch

1. Im Gefäß eines Mixers Hefe, Milch und Zucker mit der Hand verrühren und dann 5 Minuten stehen lassen, bis sich die Hefe entwickelt hat.

2. Bei langsam laufendem Mixer löffelweise das Mehl, Salz und dann, eines nach dem anderen, die Eier zugeben, wobei nach jeder Zugabe gut durchgemischt werden muß.

3. Die Butter, Stück für Stück, sanft in den Teig einarbeiten. Der Teig wird in diesem Stadium sehr weich und klebrig sein. Mit einer Folie dicht abschließen und bei Zimmertemperatur 1 Stunde lang gehen lassen.

4. Den Teig mit einem Holzlöffel umrühren, um die entstandenen Gase herauszutreiben. Wieder bedecken, in den Kühlschrank stellen und 1½ bis 3 Stunden gehen lassen.

5. Den Backofen auf 175° vorheizen.

6. Den Teig erneut zusammenschlagen und zu gleichen Teilen in zwei gut gebutterte 1,5 Liter-Kastenformen füllen. Der Teig wird noch immer sehr weich und klebrig sein. Die Formen bedecken und den Teig 1 weitere Stunde gehen lassen. Es ist unerheblich, ob der Teig dabei sein doppeltes Volumen erreicht. Er wird während des Backens noch weiter aufgehen.

7. Die Zutaten für die Glasur miteinander vermischen und die gesamte Oberseite der Laibe damit bestrei-

chen. 35 Minuten (oder bis die Kruste goldbraun ist) backen. Sofort aus den Formen nehmen und auf einem Blech abkühlen lassen. Die *brioche* läßt sich gut einfrieren.

PAIN DE MIE DENIS RUFFEL
(DENIS RUFFELS TOASTBROT)

So ist Frankreichs festes feinkrumiges Sandwich-Brot: milchig, nur ganz leicht gesüßt und köstlich, wenn es frisch und getoastet genossen wird. Denis Ruffel von der PÂTISSERIE MILLET *macht aus einem einzigen Laib* pain de mie *ein komplettes kaltes Büffet, indem er es in Dutzende von ›hochdekorierten‹ Kanapees verwandelt. Einige krönt er mit Kaviar und Räucherlachs, mit Zitronendreiecken garniert, andere belädt er mit einer Mischung aus Roquefort, Walnüssen und Butter, und wieder andere tragen feingeschnittene Wurstscheibchen mit aufgespritzten Butterrosetten. Die* mie *ist die Krume, also das Innere des Brotes, das unter der Kruste liegt, und da das Toastbrot buchstäblich keine Kruste besitzt, wird es* pain de mie *genannt. Einige Pariser Bäcker preisen ihr* pain de mie au beurre *an, womit sie hervorheben wollen, daß es nicht mit Margarine gemacht ist. Der* pain de mie-*Laib wird gewöhnlich in einer mit einem ›Schiebedach‹ versehenen Spezialform gebacken, um ihm eine exakt rechteckige Gestalt zu geben. Diese Formen werden in vielen Geschäften für Haushaltsartikel angeboten; es läßt sich aber ebenso jede andere Kastenform mit ebenen Außenflächen verwenden. Um auch in diesem Falle ein ›geometrisch genaues‹ Brot zu erhalten, decke man die Kastenform mit einer Alufolie ab, lege ein Backblech darüber und beschwere es mit einem Backstein oder einem anderen geeigneten Gegenstand.*

250 ml lauwarme Milch
3 Eßlöffel Butter
(Raumtemperatur)
sowie ein weiterer
Eßlöffel zum Einfetten
von Schüssel und Kastenform
1 Eßlöffel Trockenhefe
2 Eßlöffel Zucker
2 Teelöffel Salz
385 g Mehl

1. Die Milch, 3 Eßlöffel Butter, Hefe und Zucker in einer großen Schüssel miteinander verrühren. Dann 5 Minuten stehenlassen, damit sich die Hefe entwickeln kann.

2. Das Salz einrühren. Das Mehl tassenweise zugeben, und jedesmal die Teigmasse gut durchmischen. 2 bis 3 Minuten mit der Hand kneten, bis sich der Teig zu einer glatten Kugel formen läßt. In eine satt mit Butter ausgestrichene große Schüssel legen und mit einer Folie gut abschließen. Den Teig an einer warmen Stelle gehen lassen, bis er sein doppeltes Volumen erreicht hat; das dauert etwa 1 bis 1½ Stunden.

3. Eine 1,5-Liter Kastenform oder eine gleichgroße *pain de mie*-Form samt Deckel mit Butter ausstreichen. Wird eine Kastenform benutzt, ein entsprechendes Stück Alufolie, das als Abdeckung dienen kann, buttern. Den aufgegangenen Teig herunterdrücken, 1 Minute lang durchkneten und in die Form einbringen. Sanft nach allen Seiten einpressen, damit auch die Ecken ausgefüllt werden, und mit einem Tuch bedecken. Wiederum 1 bis 1½ Stunden gehen lassen, bis sich das Volumen verdoppelt hat.

4. Etwa 30 Minuten bevor der Teig backfertig ist, den Ofen auf 190° vorheizen.

5. 45 Minuten lang (oder bis der Laib goldbraun ist) backen. (Bei Benutzung einer Kastenform auf entsprechende Abdeckung und Beschwerung achten.) Nachdem das Brot aus dem Ofen genommen wurde, sofort aus der Form lösen und auf einem Rost abkühlen lassen. Es wird sich, eingehüllt und bei Zimmertemperatur gelagert, mehrere Tage frischhalten. *Pain de mie* läßt sich auch gut einfrieren.

PELTIER

66, Rue de Sèvres, Paris 7
☎ 734 06 62
Metro: Vaneau
Geöffnet: 9.30 bis
18.30 Uhr; geschlossen:
Montag

Seit 1961 steht der Name PELTIER in Paris für Qualitätskonditorwaren. Und bis heute offeriert das von der Familie geführte, weiträumige, seit seinen Anfängen unveränderte Geschäft einige der besten Kuchen und Torten von Paris, außerdem ausgezeichnete Croissants und sehr ansprechende gefrorene Obst-Soufflés. Versuchen Sie einmal die Spezialitäten – etwa eine mit sieben verschiedenen Obstsorten gemachte Torte oder die mit Mango aromatisierte *charlotte* –, die auf einer Theke in der Ladenecke aufgebaut sind. Und nehmen Sie eine *princesse* mit nach Hause, jenes aus Mandeln, Vanillecreme und *nougatine*-Streuseln gezauberte Backwerk, mit einer wippenden Satinschleife hübsch verpackt.

POUJAURAN

20, Rue Jean Nicot, Paris 7
☎ 705 80 88
Metro: La Tour-

Jean-Luc Poujauran – jung, ambitiös, quirlig und sehr erfolgssicher – muß man einfach gernhaben. Sein verwunschener Laden, in einer vergessenen Straße des 7. Arrondissements versteckt, ist vollgestopft

Maubourg
Geöffnet: 8.30 bis 20 Uhr;
geschlossen: Samstag,
Sonntag und im August

SAFFRAY
18, Rue du Bac, Paris 7
℡ 26127 63
Metro: Rue du Bac
Geöffnet: Dienstag bis
Samstag 7 bis 20 Uhr;
Sonntag 7.30 bis 19 Uhr;
geschlossen: Montag und
im August

mit Zuckerwerk: *gâteau basque,* frischen *financiers*
(Rezept nachstehend), belebendem Gewürzkuchen,
mit Mokka und Nuß gemachten *quatre-quarts* sowie
Pizza (siehe auch unter Bäckereien).

Für denjenigen, der schon alles hat, hält Jean Saffray immer noch etwas bereit: die auf Bestellung
gemachte, lebensechte Büste des Auftraggebers, in
Speiseeis, und zwar aus der Lieblingssorte. Zu diesem
Behufe fertig der Konditor für ganze 7000 bis 8000
Francs einen Originalabdruck Ihres Kopfes, füllt die
Form mit Eis und überzieht die Plastik dann mit weißer Schokolade. Schon für etwas weniger – etwa 150
Francs – kann man eine François Mitterand ähnelnde
Büste erwerben (auf Vorrat angefertigt). Wenn Sie
aber mit Ihren Francs sparsam umgehen müssen und
an Eis-Denkmälern uninteressiert sind, trösten Sie
sich lieber mit Monsieur Saffrays köstlich schmeckenden *financiers.*

FINANCIERS
(MANDELTÖRTCHEN)

Viele der besseren Konditoreien von Paris führen die kleinen viereckigen Mandel-
küchlein, die unter der Bezeichnung financiers *bekanntgeworden sind. Wer sie*
kennt, kann auf gute financiers *so versessen werden wie man auf Schokolade*
verrückt sein kann, und was mich anbetrifft, so laufe ich für ein wirklich ordentli-
ches Mandelstückchen kilometerweit. Die besten Exemplare haben eine feste, kru-
stige Außenseite und sind innen weich und angenehm saftig; das schmeckt fast, als
seien sie mit Mandelpaste gefüllt. Nach der madeleine *ist der* financier *das in*
Frankreich wahrscheinlich beliebteste Gebäck, das Manna der Straße und gang
und gäbe als süße Begleitung zum Morgen- oder Nachmittagstrunk. Der Name
rührt wahrscheinlich von der Ähnlichkeit des financiers *mit einem soliden kleinen*
Goldbarren her. Seltsamerweise findet man, trotz ihrer allgemeinen Beliebtheit,
kaum financier-*Rezepte in Kochbüchern oder der einschlägigen französischen Li-*
teratur.
Das Erfolgsgeheimnis bei einem guten financier *liegt im Backvorgang begrün-*
det: Damit das Gebäck richtig knusprig wird, muß es im Ofen ganz heiß angebak-
ken werden. Dann wird die Temperatur reduziert, damit die innere Feuchtigkeit
erhalten bleibt. Vom Konditormeister Jean-Luc Poujauran, der Monate brauchte,

um seine financiers *– die heute zu den besten von Paris zählen – zu perfektionieren. stammt der wertvolle Hinweis, die Formen im Backofen auf ein dickes Backblech zu setzen. Die echten* financier-*Formen von 5 ×10 cm Größe findet man in den Haushalts-Fachgeschäften. Man kann aber auch die kleinen ovalen* barquette-*Formen verwenden.*

210 g Puderzucker
140 g Mandeln, geröstet, dann feingemahlen
70 g Mehl
185 ml Eiweiß (von etwa 5 bis 6 Eiern)
170 g Butter, zerlassen und wieder abgekühlt
1 Eßlöffel Butter zum Ausstreichen von 18 *financier*-Portionsformen

1. Den Backofen auf 230° vorheizen.
2. Zucker, gemahlene Mandeln und Mehl in einer mittelgroßen Schüssel miteinander vermengen, und die Mischung durch ein feinmaschiges Sieb treiben. Die Mischung sollte dann pulverartig fein sein. Das ungeschlagene Eiweiß einrühren, bis es sich gut mit der trockenen Masse vermengt hat; dann mit der Butter ebenso verfahren.
3. Die Formen buttern und fast bis zum Rand füllen. Nun die Formen auf ein dickes Backblech (oder in eine Schmorpfanne) setzen und in die Mitte des Ofens schieben. Nach 7 Minuten Backzeit die Hitze auf 200° reduzieren, und weitere 7 Minuten backen. Den Ofen abstellen, und die Formen nochmals 7 Minuten darin lassen.
4. Das Backwerk aus dem Ofen nehmen, abkühlen lassen, dann aus den Formen lösen. Die *financiers* mit Tee, Kaffee, Eis oder Sorbet servieren. (Die Formen sollen unmittelbar nach ihrer Entleerung mit kaltem Wasser – ohne Spülmittel – ausgewaschen werden; so behalten sie ihren guten Geruch.) Financiers kann man in einem luftdicht abgeschlossenen Behälter mehrere Tage lang aufheben.
Mit den angegebenen Zutaten erhält man 18 *financiers* von je 5 ×10 cm Größe.

Madeleine, Saint-Philippe-du-Roule
8. Arrondissement

DALLOYAU
101, Rue Faubourg Saint-
Honoré, Paris 8
✆ 35 91 18 10
Metro: Saint-Philippe-du-
Roule
Geöffnet: Montag bis
Samstag 9.30 bis 19 Uhr;
Sonntag 9.30 bis 13 und 15
bis 18.30 Uhr.

Erdbeertorten, bei denen
einem das Wasser im Munde
zusammenläuft

Seit 1802, als Napoleon das Land regierte, hat DAL-
LOYAU sich in den Dienst der feineren Pariser Gastronomie gestellt. Heute sind die Aktivitäten des kleinen Unternehmens außerordentlich breit gestreut,
und Backwaren und Pralinen gehören dazu ebenso wie
charcuterie oder ein kompletter Party-Service. Auf der
süßen Seite des Angebots sind die Mokka-Makronen
oder die aus Schokoladenkuchenteig, *mousse au chocolat* und einer dünnen Auflage Himbeergelee komponierte *mogador*-Torte immer gute Empfehlungen.
(Siehe auch unter Konfiserien).

LADUREE
16, Rue Royale, Paris 8
✆ 26 02 17 9
Metro: Madeleine
Geöffnet: 8.30 bis 19 Uhr;
geschlossen: Sonntag und
im August

LADURÉE – eine renommierte Konditorei mit Tee-salon – ist eines der elegantesten und traditions-reichsten Geschäfte von Paris. Ein Blick durchs Schau-fenster entführt einen in eine andere Welt. Aber was soll man auswählen: butterzarte Croissants am frühen Morgen, Erdbeertorte zur Mittagszeit, eine Schokola-denmakrone am Nachmittag? Wenn die Zeit es erlaubt – und ein Tisch frei ist –, sollte man sich im LADUREE auf einen *café au lait* niederlassen; er gehört zu den besten, die man in Paris bekommen kann. Beim Hin-ausgehen lohnt es sich, noch eine leckere *brioche mousseline* oder eine *cramique* genannte rosinengefüll-te *brioche* mitzunehmen. Ganz sicher wird sie einem am nächsten Morgen das Aufstehen erleichtern. (Siehe auch unter Teesalons.)

Pasteur
15. Arrondissement

HELLEGOUARCH
185, Rue de Vaugirard,
Paris 15
✆ 783 29 72
Metro: Pasteur
Geöffnet: 8.30 bis 19.30
Uhr; geschlossen: Montag
und im August

Vor einigen Jahren ließ ich Pariser Croissants im Blindversuch testen, um das beste Exemplar zu ermitteln. HELLEGOUARCHS Hörnchen gewannen mit Abstand, und immer noch zählen sie – morgens gegen neun frisch aus dem Ofen – zu den besten der Stadt. Nicht weniger überzeugend ist ihr *pain au chocolat:* so buttrig und locker wie dieses Schokoladengebäck wirklich sein sollte, und vielleicht sogar mehr als das.

Victor-Hugo, Passy, Auteuil
16. Arrondissement

C. BROCARD
91, Avenue Raymond-

Ein kleines gepflegtes Ladengeschäft gleich hinter der Place Victor-Hugo. Hier findet man erstklas-

Poincaré, Paris 16
∅ 50 05 65 55
Metro: Victor-Hugo
Geöffnet: 8 bis 19.30 Uhr;
geschlossen: Montag und
im August

sige Elsässer Konditorwaren, darunter hefefrischen Gugelhupf, *quiche lorraine*, Zwiebelkuchen, Anisbrot und Weihnachtsstollen.

COQUELIN AINE
1, Place de Passy, Paris 16
∅ 28 82 21 74
Metro: Muette
Geöffnet: Dienstag bis
Samstag 9 bis 19 Uhr;
Sonntag 9 bis 13 Uhr; ge-
schlossen: Montag und im
August

Einkäufe auf dem Markt in der Rue de l'Annoncia-tion unterbricht man am besten damit, daß man sich einmal hinter den ›besseren‹ Damen des ausge-sprochen vornehmen Stadtviertels vor diesem Ge-schäft anstellt; die Kundinnen wissen schon, warum sich das Warten hier lohnt: an den frischen, hefigen *brioches,* den mit Mandeln gesättigten *financiers* und Dutzenden von anderen Naschereien kann man ein-fach nicht vorübergehen. Die wenigen Tische im Hin-tergrund sind fast immer besetzt, jedoch kann man sich an einem warmen, sonnigen Tag mit seiner süßen Beute ohne weiteres auf eine Parkbank des Platzes zu-rückziehen.

LENOTRE
44, Rue d'Auteuil, Paris 16
∅ 52 45 25 52
Metro: Michel Ange/Au-
teuil
Täglich von 9.15 bis 19.15
Uhr geöffnet

LENOTRE
49, Avenue Victor-Hugo,

Man fragt sich, wie Gaston Lenôtre das fertig-bringt: Er und seine Konditoren arbeiten in al-len Ecken der Welt, backen Kuchen und Torten, er-zeugen Pralinen und Eis, stellen volle Mahlzeiten und kleine Imbisse zusammen und halten dabei doch mit allem, was den Schriftzug Lenôtre trägt, einen Quali-tätsstandard aufrecht, der unschlagbar und auf seine Weise auch nicht vergleichbar ist. Noch immer gehö-ren seine Schokoladenwaren zu den besten, die man in der ganzen Stadt bekommen kann, und niemandem

Paris 16
☎ 501 71 71
Metro: Victor-Hugo
Geöffnet: Dienstag bis
Samstag 9.30 bis 19.15
Uhr; Sonntag 9 bis 13 Uhr;
geschlossen: Montag

gelingt ein *gâteau Opéra* oder eine aus Baiser und Schokoladen-Mousse bestehende *concorde* so wie Lenôtre. (Siehe auch unter Bäckereien und unter Konfiserien).

Ternes, Wagram
17. Arrondissement

LENÔTRE
121, Avenue de Wagram,
Paris 17
☎ 763 70 30 und 766 16 37
Metro: Ternes oder Wagram
Geöffnet: Dienstag bis
Samstag 9.30 bis 19.15
Uhr; Sonntag 9 bis 13 Uhr;
geschlossen: Montag
Siehe LENÔTRE, 16. Arrondissement

LE MOULE A GATEAU
10, Rue Poncelet, Paris 17
☎ 763 06 49
Metro: Ternes
Geöffnet: Dienstag bis
Samstag 9 bis 13.30 Uhr
und 16 bis 19.30 Uhr;
Sonntag 9 bis 13.30 Uhr;
geschlossen: Montag
Siehe LE MOULE À
GÂTEAU, 5. Arrondissement, S. 219

Warmes Brot zu jeder Tageszeit

EIS, FÜR DAS MAN GERNE SCHLANGE STEHT

B is um die nächste Hausecke herum reicht die Schlange der Wartenden, und weder Regengüsse noch Temperaturen unter Null sind imstande, die eisernen Gemüter abzuschrecken, die hier anstehen, um bei BERTHILLON das beste Eis von Paris zu schlecken. Gutmütiges Murren begleitet die Warterei (die sich leicht eine halbe Stunde hinziehen kann), während einander völlig Unbekannte ihre Erfahrungen zum besten geben oder leidenschaftlich darüber diskutieren, welche der 30 Sorten des köstlich-sahnigen Berthillon-Eises wohl am echtesten, am überzeugendsten, am ausgefallensten sei. Die Zeit des Wartens nutzt man am zweckmäßigsten, indem man ernsthafte Entscheidungen trifft: welche Sorten, und wieviele Kugeln übereinander?

»Halten Sie mir meinen Platz frei?« ist eine oft gehörte Bitte, wenn Wartende plötzlich nach vorn laufen, um das aktuelle Angebot zu prüfen. Denn einmal am Ziel seiner Wünsche angekommen, sollte man seine Bestellung gut im Kopf haben; für unschlüssige Käufer oder solche, die sich erst noch beraten lassen wollen, ist hier keine Zeit. Und was darf es, bitte schön, sein? Vielleicht *glace au chocolat amer*, Bitterschokolade mit Ei und Sahne, so echt nach Schokolade schmeckend wie ein eiskaltes, direkt von einer Tafel gebrochenes Stück; *nougat miel*, eine himmlische Mischung aus knirschenden Nußstückchen und wunderbar zartem Honig; oder das *sorbet* aus Johannisbeeren *(cassis)*, so voller Süße und fruchtiger Säure, als äße man die Beeren frisch aus der vollen Hand.

Berthillon, 31, Rue Saint-Louis-en-l'Ile, Paris 4. ∅ 354 31 61. Metro: Pont-Marie. Geöffnet:

10 bis 20 Uhr; geschlossen: Montag, Dienstag, im August und während der Schulferien

Die Vorstellung, hier anstehen zu müssen, braucht Sie jedoch nicht zu schrecken. Eis und Sorbets von Berthillon werden in vielen Pariser Cafés verkauft:

Restaurant Cadmios, 17, Rue des Deux-Ponts, Paris 4. ✆ 3255093. Nur Eistüten

Le Flore en l'Ile, 42, Quai d'Orléans, Paris 4. ✆ 3298827

Lady Jane, 4, Quai d'Orléans, Paris 4. ✆ 6330836

Le Mandarin, 148, Boulevard Saint-Germain, Paris 6. ✆ 6339835

Le Petit Châtelet, 39, Rue de la Bûcherie, Paris 5. ✆ 6335340

Le Reveille, 29, Boulevard Henri-IV, Paris 4. ✆ 2727326

Rostand, 6, Place Edmond-Rostand, Paris 6. ✆ 3546158

La Rotonde, 105, Boulevard Montparnasse, Paris 6. ✆ 3266884 und 3266886

LA PATISSERIE VIEN-NOISE
11, Rue Poncelet, Paris 17
✆ 227 81 86
Metro: Ternes
Geöffnet: Dienstag bis
Samstag 9 bis 19 Uhr;
Sonntag 9 bis 13 Uhr; ge-
schlossen: Montag

Ein wirklich eigenartiges Geschäft in einer der rüh-rigsten Pariser Marktstraßen. Als begegne man hier noch einmal dem Wien vergangener Tage, wird man in LA PÂTISSERIE VIENNOISE in ein Reich der Phantasie entführt. Zur Weihnachtszeit ist das kleine Lädchen bis in die hinterste Ecke (und dazu kommen noch ein paar Quadratmeter vor der Frontseite) mit Schneemännern aus Marzipan, mit Schokoladen-Ni-koläusen, mit sauber verpackten Gewürz-, Zucker- und Anisplätzchen und mit zuckergußglänzenden Stollen voller kandierter Früchte angefüllt. Das ganze Jahr hindurch aber locken im Schaufenster duftige Ap-fel- und Kirschstrudel, dunkle, gitterverzierte Linzer Torten, schwere Engadiner Nußtorten. Eine Kaffee-Bar flankiert den Ladenraum. Ziehen Sie also einen Hocker heran, und lassen Sie sich mit einem *petit crème* verwöhnen.

Montmartre
17. und 18. Arrondissement

**HELLEGOUARCH /
PATISSERIE MONT-MARTRE**
81, Rue du Mont-Cenis,
Paris 18
✆ 606 39 28
Metro: Jules-Joffrin
Täglich von 9 bis 19.30
Uhr geöffnet

Schlendern Sie einmal durch die bezaubernde Marktstraße Rue du Poteau bis zur Rue du Mont-Cenis, und holen Sie sich hier ein knusprig-buttriges Croissant, ein feines *pain au chocolat,* eine vortreffli-che *brioche* oder einen *financier* voller Haselnußaro-ma. Im rückwärtigen Teil des Ladens findet man eine kleine Teestube, wo auch ein leichtes Mittagessen zu bekommen ist.

VAUDRON
4, Rue de la Jonquière,
Paris 17
✆ 627 96 97
Metro: Guy-Môquet
Geöffnet: 7.30 bis 13 Uhr
und 14 bis 19.15 Uhr; ge-

Eine große saubere Konditorei, die Qualität und Einfachheit bei erschwinglichen Preisen zum Maßstab ihres Angebots gemacht hat. Vaudron wirkte hier schon seit 1931 und belieferte, Generation auf Generation, eine ihm treu gebliebene Kundschaft zu allen Hochzeitsfesten, Geburten und Taufen. Seit 1969 hat Roland Indrière, jetzt noch von seinem Sohn

schlossen: Montag und im August

unterstützt, diese Tradition fortgesetzt; weiterhin bemüht sich dieses Haus, einfache, unkomplizierte, doch nur mit den besten Zutaten hergestellte ansprechende Back- und Konditorwaren anzubieten. Man versuche einmal ihre Schokoladen, die honiggesüßten *financiers* und die herrlich frischen, mit Buttercreme gefüllten Karamelmakronen. Jeden Mittwoch werden riesige Apfeltaschen *(chaussons aux pommes)* gebacken, und die mit Birnen gefüllten kommen donnerstags auf die Theke. Dabei findet man hier auch noch wunderbare *brioches, madeleines* und, neben anderen Kuchen und Torten, 20 Sorten Eis.

Ménilmontant
20. Arrondissement

GANACHAUD
150, Rue Ménilmontant, Paris 20
✆ 636 13 82
Metro: Pelleport
Geöffnet: Dienstag 14.30 bis 20 Uhr, Mittwoch bis Samstag 7.30 bis 20 Uhr; Sonntag 7.30 bis 13.30 Uhr; geschlossen: Montag

Daß jemand enttäuscht von GANACHAUD zurückkommen könnte, kann man sich wirklich nicht vorstellen. Man ist beeindruckt, ehe man den Laden überhaupt betreten hat. Meist sieht man morgens schon den Konditormeister durch die Fensterscheibe, wie er auf seine ordentliche, systematische Art den Croissant-Teig knetet. Später, während einem bereits der Magen knurrt, formt er Croissant auf Croissant. Einmal im Laden, muß man sich entscheiden. Soll man nun warten, bis das weizenduftende Croissant aus dem Holzofen kommt, soll es eine Pflaumentasche sein, eine Schnitte *bostock* (eine aufbereitete Scheibe *brioche*, die durch Mandeln und Kirschwasser auf wunderbare Weise zu neuem Leben erweckt wird) oder, wie jedesmal bei mir, ein unwiderstehliches *pain au chocolat*? (Siehe auch unter Bäckereien.)

Boulangeries
BÄCKEREIEN

Täglich frisches Brot – in Frankreich ein Muß

Von den vielen hundert Parisern, die ich im Laufe der Jahre interviewt habe, mag ich die Bäcker am liebsten. Die meisten von ihnen sind Männer von rundlicher Gestalt in abgetragenen weißen T-Shirts, Männer, die irgendwann aus der Provinz in die Hauptstadt kamen, um hier ihren Weg zu machen. Sie hängen an ihren Frauen, scheinen nie genügend Schlaf zu bekommen und haben ein leidenschaftliches – ein geradezu verrückt leidenschaftliches – Verhältnis zu Brot. Und so geht es mir auch.

Zu den gastronomischen Hochgenüssen in Paris gehört für mich so gegen Mittag, wenn der Magen sich schon meldet, eine meiner Lieblings-*boulangeries* zu betreten, eine knusprige *baguette bien cuite* zu verlangen – und bevor ich noch das Geld auf die Theke lege, habe ich auch schon das Ende abgebissen: verzücktes Kauen der hefigen Krume. Brot ist wirklich Leben! Wenn man Brot ißt, fühlt man sich wohl, fühlt man sich gesund; und Brot paßt auch besonders gut zu den Dingen, die wir in Frankreich so lieben – guten Käse und edlen Wein.

Brotbacken ist eine harte, ermüdende, einsame Arbeit, und leider möchten heute nur noch wenige junge Franzosen den Beruf des Bäckers ergreifen. In einer erstickend heißen Backstube die halbe Nacht durchzuarbeiten, erscheint ihnen nicht verlokkend. Tatsächlich gehört die romantisierende Vorstellung vom abgearbeiteten französischen Bäcker, der nachts für das Frühstück seiner Mitmenschen schuftet, heutzutage weitgehend der Vergangenheit an, obwohl es immer noch einige emsige Seelen gibt, die sich in den dunkelsten Stunden für andere abschwitzen.

Was aber macht ein gutes Brot aus, und wie unterscheidet es sich vom schlechten? Ein guter französischer Laib Brot zeichnet sich durch die Einfachheit seiner Zutaten aus: steingemahlenes Weizen- oder Roggen-Vollmehl; frische Bierhefe (*levure*) oder eine kleine Menge Sauerteig *(levain);* reines Wasser und ganz wenig Salz. Das gilt gleichermaßen für die Bereitung einer schlanken, knusprigen, goldgelben *baguette* oder *ficelle* (Schnur), eines drallen, runden *pain de campagne* oder eines mit Nüssen oder Rosinen angereicherten Laibes, der sich zum Käse geradezu anbietet. In den besten Bäckereien von Paris werden die Öfen den ganzen Tag über befeuert, um zu gewährleisten, daß die Kunden jederzeit Brot kaufen können, das buchstäblich est wenige Minuten alt ist. Das meiste Brot in Frankreich enthält kein Fett und wird daher schnell altbacken. Der Teig wird heute durchweg maschinengeknetet; das geschieht jedoch für das wirkliche Qualitätsbrot in langsamer, schonender Arbeitsweise, um das Getreidearoma zu erhalten. Gutem Teig gewährt man eine lange Garzeit, läßt ihn mehrmals und in größeren Intervallen aufgehen. In den Spitzenbäckereien wird jeder Laib noch von Hand geformt. Gutes Brot besitzt eine dicke Kruste, eine dichte, gelbe Krume mit unregelmäßigen Lufteinschlüssen und einen frischen Geruch und Geschmack nach Ähren.

In den letzten paar Jahren haben sich viele Bäcker der ›Kampagne für gutes Brot‹ angeschlossen; dabei handelt es sich um einen landesweiten, lose organisierten Versuch, die Brotqualität wieder aufleben zu lassen, die es einmal gab, bevor mit dem Zweiten Weltkrieg die Mechanisierung auch in die kleinen Eckbäckereien einzog. Gleichzeitig ist allerorten ein neues Bewußtsein für naturbelassene Dinge entstanden, und überall taucht Brot auf, das *biologique* ist. Die Zurück-aufs-Land-Bewegung ist stark hier; den Begriffen *campagne* (Land) und *paysan* (bäuerlich) begegnet man auf Schritt und Tritt.

In Paris ein Brot zu erstehen, bedeutet immer noch einen der besten Einkäufe. »Bei uns sagte man gerne«, so erklärt Didier Vacher, ein junger Pariser Bäcker, der die Herstellung einer ehrlichen Baguette ernst nimmt, »die Tageszeitung, der tägliche Liter Milch und die Baguette seien für den Franzosen gleichermaßen wertvoll und bedeutend.« Wenn das früher einmal so war, dann ist die Baguette heute erst recht eine preiswerte Anschaffung, denn Tageszeitungen kosten inzwischen 3.70 Francs, und für einen Liter frischer Vollmilch muß man 3.50 Francs bezahlen.

Bourse, République, Ile Saint-Louis
2., 3. und 4. Arrondissement

ONFROY
34, Rue de Saintonge,

Die Existenz dieses Bäckers hätte ich beinahe für mich behalten, so sehr bin ich auf schweres, aus

Paris 3
✆ 27 75 64 6
Metro: Filles du Calvaire
Geöffnet: Montag bis Freitag 7.45 bis 13.30 Uhr und
15 bis 20 Uhr; Samstag
7.45 bis 13.30 Uhr;
geschlossen: Sonntag

Sauerteig gemachtes Roggenbrot aus, diese deftigen
Laibe, wie man sie in Mittel- und Osteuropa kennt
und von denen man sozusagen allein schon leben
könnte. Das ist nämlich die Art von Broten, wie sie aus
Fernand Onfroys altmodischen Holzöfen kommt.
Dieser nicht aus der Ruhe zu bringende Normanne,
dessen früheste Kindheitserinnerung die Landung der
Amerikaner an der Omaha Beach ist, hat eine ruhige,
sorgfältige Arbeitsweise, ob er nun seine feine Baguette *biologique,* mit Getreide aus biologisch-dynamischem Anbau, eine Vollweizen-Baguette *complète*
oder die ganz normale Baguette herstellt. Als Monsieur Onfroy sich 1965 in seinem unweit der Place de la
République gelegenen unauffälligen kleinen Laden
einrichtete, entdeckte er die Überreste eines unterirdischen Ofens aus der Römerzeit und dann, auf einer
anderen Kellerhöhe, einen zweiten zwar jüngeren,
aber ebenfalls antiken Backofen. Man weiß, die Rue de
Saintonge besteht seit 1628, und es ist sehr wahrscheinlich, daß es im Hause Nr. 34 schon seit Jahrhunderten einen Backbetrieb gab.

AU PANETIER LEBON
10, Place des Petits-Pères,
Paris 2
✆ 26 09 02 3
Metro: Bourse
Geöffnet: 8 bis 19 Uhr; geschlossen: Samstag und
Sonntag

Bis um acht Uhr morgens hat sich hier meist schon
eine Kundenschlange gebildet. Man eilt herbei,
um Bernard Lebons Baguette *au levain* (Sauerteig-Baguette) zu kaufen, wie in alten Zeiten in einem massiven, backsteingesäumten Ofen aus der Jahrhundertwende gebacken, der mit Eichenholz beschickt wird.
Jeden Morgen um fünf auf den Beinen, braucht Monsieur Lebon nur den kurzen Weg von seiner Wohnung
direkt über dem Laden in die mehlbestäubte, doch
untadelig saubere Backstube im Keller zurückzulegen,
wo der Geselle schon seit Mitternacht tätig ist. Sofort
geht Monsieur Lebon an die Arbeit, und um sechs Uhr
wird er die erste Ladung Brot begrüßen, die knusprig
aus dem Ofen kommt. Unentwegt wird er nun mischen, kneten und Laibe formen, denn die nächsten
Stücke werden um neun Uhr in den Ofen eingeschoben, und ein weiterer Backvorgang erfolgt zur Mittagszeit. Die 250 Baguettes, die hier täglich bereitet
werden, sind knusprig und kernig-zart und – so könnte man sagen – ebenso redlich wie der Bäcker selbst.

Aber Monsieur Lebon und seine Frau Yvette machen noch weit mehr: Brot in etwa 50 verschiedenen Ausführungen (wenn auch nicht alle am gleichen Tag erhältlich), darunter riesige *couronnes* (Ringe) als Roggenmischbrot, und besondere, in Formen gebackene Baguettes *moulées* – das läßt die Kruste noch krosser werden; alles in allem werden acht verschiedene Sorten Teig angesetzt. Und was kommt den Bäcker nun am härteten an? »Die verschiedenen Stücke zum gleichmäßigen Aufgehen zu bringen, so daß sie zur gleichen Zeit in den Ofen geschoben werden können«, sagt der agile Bäcker. Ißt er gern sein eigenes Brot? Nun, er nimmt es dreimal täglich zu den Mahlzeiten. Nicht zu vergessen die Apfeltorte seines Konditormeisters, die er nachmittags verspeist, wenn sie warm aus dem Ofen kommt. Besondere, verzierte Brote werden auf Bestellung geformt. Die Belle-Epoque-Innenausstattung des Geschäfts, erst kürzlich restauriert, verdient eine kleine Besichtigung.

LES PANETONS
47, Rue Saint-Louis-en-l'Ile, Paris 4
∅ 326 77 11
Metro: Pont-Marie
Geöffnet: 10 bis 14 Uhr
und 16 bis 20 Uhr; geschlossen: Montag

Dieser moderne Bäckerladen mitten auf der Ile Saint-Louis, hell und freundlich, fällt durch sein einladendes Sortiment von schönen, frischen Broten in einer Vielzahl von Größen und Formen auf. Auch Kleberbrot findet man hier; dicke runde *boules biologiques;* gute, mit Nüssen oder Rosinen zubereitete Roggenbrote und ganz kleine, köstlich schmeckende Sesambrötchen.

Saint-Germain, Quartier Latin, Place d'Italie
5. und 13. Arrondissement

R. CLEMENT
123, Rue L. M. Nordmann, Paris 13
∅ 707 12 78
Metro: Glacière
Geöffnet: 7.30 bis 13 Uhr
und 14 bis 19.30 Uhr, geschlossen: Sonntag

Eine nahezu perfekte Baguette: die Kruste knusprig, beinahe nußartig; die *mie,* die Krume, dicht, feucht und weich, goldgelb. Diese Baguette bleibt stundenlang frisch – falls Sie so lange warten können

BOULANGERIE MODERNE

16, Rue des Fossés Saint-Jacques, Paris 5
✆ 354 12 22
Metro: Luxembourg
Geöffnet: 7.15 bis 14 Uhr
und 15.45 bis 19.30 Uhr;
geschlossen: Samstag und
Sonntag

LES PANETONS

113, Rue Mouffetard, Paris 5
✆ 707 12 08
Metro: Censier-Daubenton
Geöffnet: Dienstag bis
Samstag 7.30 bis 19.30
Uhr; Sonntag 7.30 bis 13
Uhr; geschlossen: Montag.
Siehe LES PANETONS,
4. Arrondissement

BOULANGERIE PERRUCHE

68, Rue du Cardinal-Lemoine, Paris 5
✆ 326 34 62
Metro: Cardinal Lemoine
Geöffnet: 7.15 bis 13.15
Uhr und 16 bis 19.30 Uhr;
geschlossen: Sonntag und
Montag

Nichts an der Belle Epoque-Fassade dieser kleinen Bäckerei an der belebten Place de l'Estrapade nahe dem Panthéon ist eigentlich ›modern‹. Hier wird eine Baguette ›nach amerikanischer Art‹ verkauft, die so schmeckt, als sei sie aus stark glutenhaltigem Mehl gemacht. Diese knusprig gebackene Baguette mit ihrer besonders dichten, teigigen Krume wird von der Stammkundschaft sehr geschätzt.

Es gab mal eine Zeit, da besaß Michel Perruche den größten Holzofen von Paris. Man hatte ihn in seiner bescheidenen Bäckerei in der Nähe der Place de la Contrescarpe an der *rive gauche* zusammengebaut. Sogar ein Dokumentarfilm (»La Boulangerie de la Contrescarpe«) wurde über diese Art Déco-*boulangerie* gedreht. Heute verwendet Monsieur Perruche gasbeheizte Öfen modernerer Bauart, doch seine ländliche *baguette de campagne* – aus normalem Baguette-Teig hergestellt, aber mit Mehl bestäubt – bleibt eine Köstlichkeit. Jeden Morgen um drei steht der stille, kleine Bäcker auf und backt, zusammen mit seinem einzigen Gehilfen, 800 Brote. Es ist noch keine sieben, da kommt schon die erste Ladung aus dem Ofen.

MARKT AUF DER PLACE MONGE
Stand vor dem Haus Nr. 61, Place Monge, Paris 5
Metro: Monge
Geöffnet: Mittwoch, Freitag und Sonntag 7 bis 13 Uhr

An drei Vormittagen in der Woche, wenn der Marktbetrieb auf der Place Monge in vollem Gange ist, können Sie diese wirklich klassischen, großen runden Roggenbrote aus Sauerteig sauber übereinandergestapelt auf den Holztischen finden. Wenn Sie dieses *pain de seigle* mit der schweren, festen Krume freitags kaufen, werden Sie am Dienstag darauf finden, daß es noch immer voller Kraft und Würze ist. Das Brot wird in Holzöfen am Rande der Stadt gebacken.

ROUILLON
53 bis, Boulevard Arago, Paris 13
✆ 707 14 58
Metro: Glacière
Geöffnet: 7.30 bis 20.30 Uhr; geschlossen: Donnerstag und Freitag

Hier sollte man sich genau zur Mittagszeit einfinden, wenn die Brötchen, die *petits pains*, knusprig frisch aus dem Ofen kommen. Diese kleine Bäckerei mit ihrer eingesessenen Kundschaft hält auch stets eine hübsche Auswahl an etwas ausgefallen verzierten Broten bereit, einen wunderbaren Gugelhupf und ein köstliches *pain au levain* mit besonders ausgeprägtem Geschmack.

J. C. VANDERSTICHEL
31, Boulevard Arago, Paris 13
✆ 707 26 75
Metro: Gobelins
Geöffnet: 6 bis 20 Uhr; geschlossen: Sonntag und Montag

Wunderbare Baguettes *biologiques* werden hier morgens gegen elf auf dem Holzschieber aus dem Ofen gezogen. Versuchen Sie einmal so einen knusprigen, herzhaft schmeckenden Brotlaib – Sie werden es nicht bereuen. Vanderstichel ist eine einfache Bäckerei ohne Extravaganzen. Aber sehr gute klassische Baguettes und *ficelles* bekommt man hier.

Sèvres-Babylone, La Tour-Maubourg
6. und 7. Arrondissement

MARKT IN DER AVENUE DE BRETEUIL
Stand vor der Haus-

Jeden Samstag, wenn der Markt in der Avenue de Breteuil Tausende von Käufern aus der näheren Umgebung anzieht, gibt es auch die großen Roggenbrote aus deftigem Sauerteig. Sie sollten speziell nach

nummer 5 der Avenue de
Breteuil, Paris 7
Metro: Sèvres-Babylone
Geöffnet: Samstag 7 bis 13
Uhr

dem *pain de seigle* fragen, das aus den Holzöfen von
Vincennes außerhalb von Paris kommt.

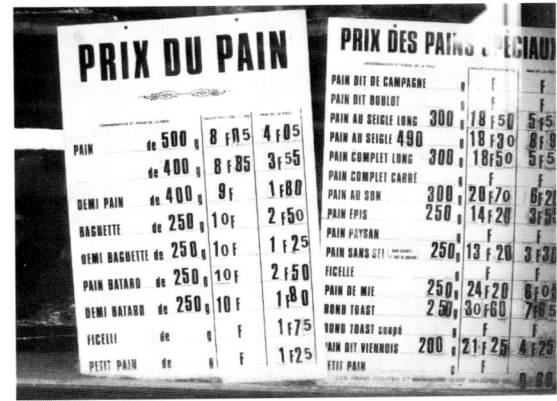

DUBUS
175, Rue de Grenelle,
Paris 7
☎ 551 94 71
Metro: La Tour-
Maubourg
Geöffnet: 7 bis 19.30 Uhr;
geschlossen: Sonntag

Sollten Sie diesen Laden an einem Tag betreten, da
die knusprige *fougasse* frisch aus der Backstube
kommt, stürzen Sie sich darauf! Dieses von einer rei-
nen Ei-Glasur überzogene rechteckige Weißbrot hat
eine mürbe Kruste und kaut sich gleichzeitig voll und
weich. Auch die Konditorwaren verdienen hier Beachtung.

LIONEL POILANE
8, Rue du Cherche-Midi,
Paris 6
☎ 548 42 59
Metro: Sèvres-Babylone

Pain Poilâne ... das spricht für sich selbst. Fraglos
stellt Lionel Poilâne das in Frankreich, vielleicht
sogar in der Welt bekannteste Brot her. Es wird in
mehr als 600 Geschäften und in über 300 Restaurants
im Gebiet von Paris angeboten. Tag für Tag fliegt man

Geöffnet: 7 bis 20 Uhr; geschlossen: Sonntag

frischgebackenes Pain Poilâne nach Manhattan oder Tokio, wo stolze Preise dafür bezahlt werden. Jeder der großen runden Laibe wird aus rein französischem Vollmehl mit einem treibenden Sauerteig unter Zusatz von würzigem Meersalz erzeugt. Die Teigballen sind einzeln von Hand geformt und werden zum Aufgehen in rustikale – doch praktische – mit Stoff ausgelegte Flechtkörbe gelegt. Sie werden in Holzöfen gebacken; einen dieser Öfen hat der *patron* selbst gebaut. Aber Monsieur Poilâne gibt gerne zu, daß sein Brot alles andere als ›perfekt‹ ist. »Die Kunden beanstanden«, so sagt er, »daß es ungleichmäßig ist.« Und er fügt erklärend hinzu: »Mit Sauerteig ist das nun einmal so eine Sache. Keine zwei Ansätze sind je gleich; ein ganz gewöhnliches Unwetter draußen kann eine ganze Ladung Brot verhunzen.«

Genau so ist es. Denn an manchen Tagen ist Poilânes Brot so trocken und geschmacklos, daß man weiß: Irgend etwas ging da schief. Aber dann kann es wieder so füllig und gehaltvoll, so abgestimmt säuerlich und überzeugend im Geschmack sein, daß sich jedes andere Brot, das man davor oder danach kostet, fade dagegen ausnimmt. Und man mag kritisieren, was man will – niemand hat es bisher mit Poilâne aufnehmen können. Selten, und dann stets erfolglos, nachgeahmt, ist Poilâne *le roi du pain* geblieben. Der Poilâne-Laib hat so etwas wie einen Maßstab für gutes Brot, wie es heute sein soll, gesetzt, und andere Broterzeugnisse werden oft an diesem Qualitätsstandard gemessen.

Ein aufgeschnittener Laib
herzhaften Poilâne-Brotes

Besucher des familieneigenen Ladens in der Rue du Cherche-Midi sind fast immer willkommen, um die wunderbar duftenden, mehlbestäubten Kellerräume zu besichtigen und zuzuschauen, wie der Teig gemischt, geknetet und schließlich in den alten Holzöfen unter der Straße gebacken wird.

Nach persönlichen Wünschen geformtes Brot kann einige Tage im voraus bestellt werden.

PAIN POILANE AU LEVAIN NATUREL
(POILANES SAUERTEIGBROT)

Hier ist das Rezept, das der bekannteste Pariser Bäcker, Lionel Poilâne, für die französische Hausfrau zum Selbstbacken entworfen hat, und es ist gleichzeitig die Version, mit der ich dem so beliebten und überaus guten Original am nächsten gekommen bin. Dabei habe ich es gleichzeitig ›Geduldsbrot‹ getauft, denn es dauert fast eine Woche, bis der erste Teig für dieses natürliche, leicht säuerliche Brot soweit ist. Alle, die am Brotbacken Freude haben, sollten es wenigstens einmal versuchen, denn es grenzt an ein Wunder, wie dieses wundervolle Aroma aus dem einfachen Gemisch von Salz, Wasser und Mehl ohne eine Spur Hefe entstehen kann.

Bäckern, die an die Triebkräfte schnell aufgehender Hefeteige gewöhnt sind, kommen Poilânes Teighäufchen wie regelrechte Schlafmützen vor. Und wirklich, dieser Teig nimmt sich zum Garen Zeit; aber die Geduld wird mit einem sehr feinkrumigen, zart säuerlich schmeckenden, edlen Laib Brot belohnt. Ich kenne kein köstlicheres und feineres Brot; es ist zugleich sehr ›kultiviert‹ und ländlich einfach. Man beißt hinein und sagt sich: »So muß Brot wirklich schmecken!« Eine wunderbare Kruste und eine knetbare, leicht feuchte, naturbraune Krume.

Bei der Entwicklung des nachfolgenden Rezepts haben meine Mitarbeiterin, Susan Herrmann Loomis, und ich zusammengewirkt. Wir buken mindestens 100 Brote, von denen keine zwei wirklich gleich waren, wenn sich auch nahezu alle durch ihre belebende Säuerlichkeit im Teig und eine unwiderstehlich zum Kauen einladende Kruste auszeichneten. Wir arbeiteten mit verschiedenen Sorten Mehl, Garzeiten und Wasseranteilen und fanden dabei die hier dargestellte Kombination als am ›narrensichersten‹. Wenn Sie nicht regelmäßig Brot backen, wird Ihnen vielleicht nichts daran liegen, Anstellsauer, von den französischen Bäckern chef genannt, aufzuheben, und Sie werden es vorziehen, jedesmal ganz von vorn zu beginnen.

770 bis 840 g Mehl
580 ml lauwarmes
Wasser
1 Eßlöffel Meersalz

1. Herstellung des *chef* oder Anstellsauers: 140 g Mehl und 80 ml Wasser in einer kleinen Schüssel gut miteinander verrühren. Die Masse auf eine mit Mehl bestäubte Arbeitsfläche legen, durchkneten und zu einer glatten Kugel formen. Der Teig sollte ziemlich nachgiebig und klebrig sein. Die Kugel in die Schüssel zurücklegen, mit einem feuchten Tuch bedecken und bei Zimmertemperatur 72 Stunden ruhig stehenlassen. Der Teig sollte in dieser Zeit leicht aufgehen und ein frisches säuerliches Aroma annehmen.

2. Nach 72 Stunden das Tuch abnehmen, den Teig in eine mittelgroße Schüssel geben und 125 ml lauwarmes Wasser einrühren. Nun 210 g Mehl hinzuschütten und das Ganze gut durchmischen. Wiederum den Teig auf eine mit Mehl bestäubte Arbeitsfläche bringen und zu einer glatten Kugel verkneten. Der Teig sollte sich fest, jedoch nicht steif anfühlen. Die Kugel in die Schüssel zurücklegen, mit einem feuchten Tuch bedecken und an einer warmen Stelle 24 bis 48 Stunden lang ruhen lassen. (Die Zeitbemessung hängt von Ihren eigenen Wünschen ab. Eine längere Gare wird das Brot etwas säuerlicher werden lassen.)

3. Herstellung des Brotteiges: In einer sehr großen flachen Schüssel den Vorteig mit 375 ml Wasser und dem Meersalz verrühren, bis eine recht gute Durchmischung erreicht ist. Dann die verbliebenen 420 bis 490 g Mehl in Tassen-Portionen einrühren und jedesmal gut durchmischen. 10 Minuten lang den Teig übereinanderschlagen und walken, um Luft einzuschließen – er kann effektiv zu weich sein, um ganz normal geknetet zu werden –, dabei muß gegebenenfalls dosiert Mehl zugegeben werden, um den Teig weniger klebrig zu machen. Er sollte am Ende noch ziemlich weich sein, aber nicht mehr an den Fingern kleben bleiben. Mit einem feuchten Tuch bedecken, und wiederum an einer warmen Stelle 8 bis 12 Stunden ruhen lassen. Der Teig sollte unterdessen leicht aufgehen.

4. Formen des Laibes: Eine Handvoll Teig (etwa 250 g) abschneiden und für das nächste Brotbacken aufheben. Dann den großen Teigballen auf eine dick mit Mehl bestreute Arbeitsfläche setzen. Übereinan-

derschlagen und zu einer festen Kugel formen. Lassen Sie sich nicht dadurch irritieren, daß der Teig weicher erscheint als normaler Teig. Ein großes, mehlbestäubtes Tuch in eine runde flache Schüssel oder einen entsprechenden Korb (von etwa 25 cm Durchmesser und 10 cm Tiefe) legen und die Teigkugel darauf placieren. Das Tuch mit den Enden darüberschlagen, so daß es das Behältnis leicht bedeckt. Noch einmal an einer warmen Stelle 8 bis 12 Stunden ruhen lassen.

5. Den Backofen auf 190° vorheizen.

6. Den Teigballen auf ein mehlbestäubtes Backblech stürzen und die Oberfläche an mehreren Stellen mit einer Rasierklinge ca. 7 mm tief einritzen: das soll eine regelmäßige Ausdehnung während des Backvorgangs erlauben. 1 bis 1½ Stunden – oder bis der Laib goldbraun ist – backen. Der Laib sollte dann eine sehr feste Kruste haben und beim Beklopfen des Bodens hohl klingen. Auf einem Rost abkühlen lassen.

Es kann sein, daß der Teig nicht sehr stark aufgegangen ist; ein normaler Laib wölbt sich in der Mitte zu einer Höhe von etwa 5 bis 8 cm auf. Im Idealzustand sollte dieses Brot im Innern recht große, unregelmäßige, aber überall verteilte Luftblasen haben, sehr feucht sein und leicht säuerlich schmecken. Die Kruste muß dick und sehr knusprig sein. Obwohl sich ein solches Brot eigentlich eine Woche lang frisch hält, mundet es so köstlich, daß es bei mir kaum zwei Tage alt wird.

Anmerkung: Wenn nach der Herstellung des ersten Laibes einmal der *chef* als Ausgangsbasis zur Verfügung steht, beginnt man für die Bereitung weiterer Brote gleich bei Arbeitsstufe 2. Das Procedere ist jedesmal das gleiche; vergessen Sie aber nicht, immer einen *chef* zurückzubehalten. Er kann, mit einem feuchten Tuch bedeckt, zwei bis drei Tage lang bei Zimmertemperatur oder im Kühlschrank bis zu fünf Tagen aufgehoben werden.

PAIN POILANE
(DIE KÜRZERE VERSION)

Dieses verkürzte Poilâne-Rezept ergibt ein etwas weniger säuerlich schmeckendes Brot. Wenn man bereits über den chef (siehe vorhergehendes Rezept) verfügt, läßt sich nach dieser Version ein Brot an einem Tag herstellen.

250 g *chef* (Anstellsauer)
500 ml lauwarmes Wasser
1 Eßlöffel Meersalz
630 bis 700 g Mehl

1. In einer sehr großen flachen Schüssel den Vorteig mit 500 ml lauwarmem Wasser und dem Meersalz verrühren, bis eine recht gute Durchmischung erreicht ist. Dann 630 bis 700 g Mehl, und zwar in Tassen-Portionen, einrühren und jedesmal gut durchmischen 10 Minuten lang den Teig übereinanderschlagen und walken, um Luft einzuschließen – er kann effektiv zu weich sein, um ganz normal geknetet zu werden –, dabei muß gegebenenfalls dosiert Mehl zugegeben werden, um den Teig weniger klebrig zu machen. Er sollte am Ende noch ziemlich weich sein, aber nicht mehr an den Fingern kleben bleiben. Mit einem feuchten Tuch bedecken und 1 Stunde ruhen lassen.

2. Formen des Laibes: Eine Handvoll Teig (etwa dem Inhalt einer Tasse oder 250 g entsprechend) abschneiden und für das nächste Brotbacken aufheben. Dann den großen Teigballen auf eine dick mit Mehl bestreute Arbeitsfläche setzen. Übereinanderschlagen und zu einer festen Kugel formen. Lassen Sie sich nicht dadurch irritieren, daß der Teig weicher erscheint als normaler Teig. Ein großes, mehlbestäubtes Tuch in eine runde flache Schüssel oder einen entsprechenden Korb (von etwa 25 cm Durchmesser und 10 cm Tiefe) legen und die Teigkugel darauf placieren. Das Tuch mit den Enden darüberschlagen, so daß es das Behältnis leicht bedeckt. An einer warmen Stelle 8 bis 12 Stunden ruhen lassen.

3. Den Backofen auf 190° vorheizen.

4. Den Teigballen auf ein mehlbestäubtes Backblech stürzen und die Oberfläche an mehreren Stellen mit einer Rasierklinge ca. 7 mm tief einritzen: das soll eine regelmäßige Ausdehnung während des Backvorgangs erlauben. 1 bis 1½ Stunden – oder bis der Laib gold-

braun ist – backen. Der Laib sollte dann eine sehr feste Kruste haben und beim Beklopfen des Bodens hohl klingen. Auf einem Rost abkühlen lassen.

POUJAURAN

20, Rue Jean Nicot, Paris 7
☎ 705 80 88
Metro: La Tour-Mau-bourg
Geöffnet: 8.30 bis 20.30 Uhr; geschlossen: Samstag und Sonntag

Der junge Jean-Luc Poujauran aus Südwestfrank-reich, ein idealistischer Bäcker voller Energie, nimmt für sich in Anspruch, in Paris der erste gewesen zu sein, der eine Baguette *biologique* auf den Laden-tisch brachte. Das Mehl zu dieser Baguette ist rein französisch, steingemahlen und kommt von Getreide aus biologisch-dynamischem Anbau. Das ist mehr als sieben Jahre her, doch seine honigfarbene, dicht ge-backene Baguette ist zweifellos eine der besten in Paris geblieben. Der Herkunft aus einer reichen bäuerlichen Provinz entsprechen Monsieur Poujaurans neue Ideen: Einmal stellte er ein durch und durch natürli-ches Croissant *biologique* her, unter ausschließlicher Verwendung von Eiern, Butter und Mehl, die diesem Anspruch genügen. Das geschah in dankbarer Erinne-rung an seine Großmutter, die ihn mit Nahrungsmit-teln aufzog, welche von ausschließlich natürlich ge-düngtem Boden stammten. Er ist ein Mann, zu dem die Leute Vertrauen haben. Als er sich als Bäcker selb-ständig machte und über wenig Mittel verfügte, spran-gen treue Kunden in die Bresche und ermöglichten ihm den Kauf des ersten Mischers. Sein geradezu erd-haftes *pain de campagne* aus Sauerteig sollten Sie ebenso versuchen wie die herzerfrischenden leckeren Konditorwaren, die seine bezaubernde *boulangerie,* eine Schöpfung der Jahrhundertwende, füllen. Übri-gens kann man bei Poujauran im Laden auch hochwer-tiges Brot- und Kuchenmehl kaufen. (Siehe auch unter Konditoreien.)

Grands Boulevards, Gare Saint-Lazare
8. und 9. Arrondissement

LENOTRE
5, Rue du Havre, Paris 9
∅ 52222 59
Metro: Gare Saint-Lazare
Geöffnet: Dienstag bis
Freitag 9 bis 19.30 Uhr;
Samstag und Montag 9.45
bis 19.45 Uhr; geschlos-
sen: Sonntag

RENE SAINT-OUEN
111, Boulevard Hauss-
mann, Paris 8
∅ 26506 25
Metro: Miromesnil
Geöffnet: 8 bis 19 Uhr; geschlossen: Sonntag

Noch nicht zufrieden damit, als König der Konditoren gefeiert zu werden, hat Gaston Lenôtre,
unterstützt von einem Team von Fachkräften, auch
sein Brotsortiment sichtbar erweitert und verbessert.
Inzwischen kommen aus seinen Öfen eine beachtliche
Baguette, ›Oldtimer‹-Brote aus der Provinz, und zwar
in einem Dutzend verschiedener Sorten und Ausfor-
mungen, sowie rustikale Bauernlaibe, die man bestellen und auf Wunsch mit persönlichen Emblemen ver-
zieren lassen kann. (Siehe auch unter ›Konfiserien‹ und
›Konditoreien‹.)

Die Schaufenster dieses ziemlich schlecht geführten Ladens – mit Brot in Form von Karnickeln
und Fahrrädern, Hähnchen und Sterngebilden vollgestopft – ähneln eher einem Museum für *pain de fantaisie*. Das Brot ist sozusagen ungenießbar, aber wenn Sie
ein humoriges Souvenir zum An-die-Wand-Hängen
suchen, so können Sie es hier finden.

BAGUETTES

Die krachend knusprige, schlanke Baguette
– der Name bedeutet im Französischen
soviel wie ›dünner Stab‹ – ist nicht so alt wie
man gemeinhin annimmt. Und dieses Backwerk war auch keine Erfindung des Augen-
blicks; vielmehr hat es sich erst allmählich aus
den Verbraucherwünschen entwickelt. Nach
Raymond Calvel, einem angesehenen französischen Brotexperten, wurde die eigentliche Baguette erst kurz vor dem ersten Weltkrieg gebo-
ren. Bis dahin hatte das französische Brot zwei
klassische Formen: Es gab die runde, etwa 2,5
Kilo wiegende *miche* und das gleichschwere

pain long, ein etwa 75 cm langer und 20 cm breiter Laib. Die *mie*, die Krume des *pain long* war schwer und dicht, die Kruste mürbe und schmackhaft. Die meisten Kunden legten in erster Linie Wert auf die Kruste, und die Bäcker kamen ihnen dadurch entgegen, daß sie die Laibe schlanker und schlanker werden ließen, um den Anteil an Kruste zu erhöhen. Dadurch verringerte sich das Volumen der Brote so weit, daß sie am Ende nur noch 250 Gramm wogen, und die nun schon traditionelle Baguette, noch heute mit der Länge von 75 cm, entstand.

Andere Historiker wollen wissen, daß die Baguette sich aus dem *viennois*, einem langen, dünnen, in Österreich gebräuchlichen Brottyp entwickelt hat, der um die Jahrhundertwende beliebt war. Den *viennois*-Laib findet man auch jetzt noch in der Mehrzahl der *boulangeries* in Frankreich. Er hat die gleiche schmale Form wie die Baguette, aber der Teig ist süß und mit Milch zarter gemacht.

Boucicaut, Porte de Vanves
15. Arrondissement

LA PETITE MARQUISE
91, Rue de la Convention,
Paris 15
✆ 55 45 02 20
Metro: Boucicaut
Geöffnet: Dienstag bis
Freitag 10 bis 13.30 Uhr
und 15 bis 19.30 Uhr;
Samstag 10 bis 19.30 Uhr;
Montag 16 bis 19.30 Uhr;
geschlossen: Sonntag

Wenn das Brot bei LA PETITE MARQUISE frisch ist, besitzt es einen vollmundigen, sehr aromatischen und angenehm säuerlichen Geschmack. Vom selben Teig werden hier verschiedene Brotarten, darunter die flache wundervolle *galette*, gemacht.

LIONEL POILANE

49, Boulevard de Grenelle,
Paris 15
☎ 579 11 49
Metro: Bir-Hakeim/
Grenelle
Geöffnet: 7 bis 20 Uhr; ge-
schlossen: Montag. Siehe
LIONEL POILÂNE, 6.
Arrondissement, Seite 242 f.

Als der amerikanische
Staatsmann, Publizist
und Erfinder Benjamin
Franklin am 14. Januar
1790 der feierlichen
Eröffnung der Acadé-
mie de la Boulangerie
beiwohnte, hoffte er, er
könne die französi-
schen Bäcker vom Wert
des seiner Ansicht nach
einzig in Frage kom-
menden Mehls über-
zeugen: Maismehl.

DAS TÄGLICHE BROT

Es werden nachfolgend nur einige Brotsorten wiedergegeben – aus verschiedenem
Mehl, in unterschiedlichen Größen und Formen gebacken –, wie man sie in der Pariser *boulangerie* finden kann.

Baguette: In Paris wiegt der ›Stab‹ vorschrifts-
mäßig 250 Gramm und ist aus Mehl, Wasser
und Hefe gemacht. Er darf auch Bohnenmehl
und Ascorbinsäure, also Vitamin C, enthalten.
Mit Mehl bestäubte Baguettes dürfen unter den
Bezeichnungen *baguette de campagne, baguette à l'ancienne* oder *baguette paysanne* verkauft
werden. Es gibt auch zwei ›Marken‹-Baguettes
– *Belle Epoque* und *Banette* –, die verschiedene
Bäckerläden anbieten; bei diesen wird garan-
tiert, daß sie ohne Zusätze von Bohnenmehl
oder Ascorbinsäure und gemäß alten Backwei-
sen hergestellt sind.
Baguette au levain (wird auch unter anderem
Namen verkauft und manchmal als *baguette à
l'ancienne* bezeichnet): Sauerteig-Baguette.
Boule: kugelrunder oder flachrunder Laib,
klein oder groß.
Chapeau: kleiner runder Brotlaib, auf dem ein
chapeau, ein kleines Hütchen, sitzt.
Le fer à cheval: hufeisenförmige Baguette.
Couronne: ringförmige Baguette.
Ficelle: ganz schmale, krustige Baguette.
Fougasse: gewöhnlich ein flaches, rechteckig
geformtes Brot mit voller Kruste; es wird aus
Baguette-Teig (manchmal auch aus Blätterteig)
gemacht und kann mit Zwiebeln, Kräutern,
Anchovis und Gewürzen farciert sein.
Miche: großer runder Bauernlaib.
Pain de Campagne: Es gibt keine amtliche
Definition für dieses Landbrot. Es präsentiert
sich in den unterschiedlichsten Qualitäten: Da-
bei kann es sich um einfach mit Mehl bestäubtes

Weißbrot handeln (das macht es rustikaler – und läßt einen höheren Preis erzielen), ebenso aber auch um herzhaft-echtes Mischbrot aus weißem Vollweizen und vielleicht Roggenmehl unter Zusatz von Kleie. Es gelangt in den verschiedensten Formen – vom kleinen Brötchen bis zum großen Laib für die ganze Familie – zum Verkauf.

Pain complet: ganz oder teilweise aus Vollweizenmehl gebackenes Brot, wobei der jeweilige Anteil vom persönlichen Geschmack des Bäkkers bestimmt wird.

Pain de fantaisie: im allgemeinen jede Art von Brot, das eine ausgefallene oder phantasievolle Form besitzt. Sogar die *baguette de campagne* fällt in diese Kategorie.

Pain de mie: eckig geformtes weißes Sandwichbrot, das fast keine Kruste hat und beinahe nur aus *mie* (Krume) besteht. Es ist so gemacht, daß es sich lange hält, und ist von Textur und Geschmack her speziell für Sandwiches geeignet. Im Gegensatz zu den meisten französischen Broten enthält es Milch, Zucker, Butter und möglicherweise Konservierungsstoffe.

Pain aux noix und **pain aux noisettes:** Brot mit Walnuß- oder Haselnußanteil, fast immer auf der Basis von Roggen oder Weizen.

Pain polka: kreuz und quer eingeschnittenes Brot, gewöhnlich ein großer Bauernlaib.

Pain aux raisins: mit Rosinen angereichertes Brot, fast immer auf der Basis von Roggen oder Weizen.

Pain de seigle: zu 60 bis 70 Prozent aus Roggen- und zu 30 bis 40 Prozent aus Weizenmehl.

Pain de son: nach dem Gesetz ein aus Weißmehl unter Zusatz von 20 Prozent Kleie hergestelltes Diätbrot, das der amtlichen Qualitätskontrolle unterliegt.

Pain viennois: wie eine Baguette geformt, mit regelmäßigen horizontalen Einschnitten. Dieses Brot besteht gewöhnlich aus Weißmehl, Zucker, Milchpulver, Wasser und Hefe.

MAX POILANE

87, Rue Brancion, Paris 15
📞 82845 90
Metro: Porte de Vanves
Geöffnet: Montag bis Freitag 7.15 bis 20 Uhr; Samstag 7.30 bis 13.30 Uhr; geschlossen: Sonntag

Zu den bestgehüteten Geheimnissen von Paris gehört die Tatsache, daß es mehr als einen POILÂNE
gibt: außer dem berühmten Bruder Lionel Poilâne ist
da noch der weniger berühmte Bruder Max. Mit den
gleichen Zutaten und gewaltigen Holzöfen arbeitend,
erzeugen beide Brüder, mit geringen Abweichungen,
im wesentlichen die gleichen großen, runden Landbrote. Der am Stadtrand gelegene Laden von Max ist
einen kleinen Ausflug wert: die verwunschene Jahr-
hundertwende-*boulangerie* mit ihren Marmorböden,
dem glitzernden Leuchter und den wie Stilleben in
überall verteilten Flechtkörben arrangierten Broten ist
die vielleicht romantischste kleine Bäckerei von Paris.
Hager, angespannt und dabei poetisch in seiner Art, ist
Max Poilâne ein geradezu fanatischer Brotliebhaber:
»Ich liebe Brot«, sagt er, »und ich esse Brot zum Brot.
Eines Tages ertappte ich mich sogar dabei, wie ich Brot
zu einem *sorbet* aß – also, das ging dann wirklich zu
weit.« Geht er in ein Restaurant, so führt er in einem
kleinen Säckchen sein eigenes Brot mit. Und wie Lionel hat er es fertiggebracht, trotz der Tag und Nacht
ununterbrochen brennenden Öfen den ganzen Ar-
beitsablauf einfach und handwerklich orientiert zu
halten. Großes *pain décoré,* nach persönlichen Wünschen verziertes Landbrot, kann – mehrere Tage im
voraus – bestellt werden.

Victor-Hugo, Auteuil
16. Arrondissement

LENOTRE
44, Rue d'Auteuil, Paris 16
✆ 52 45 52 52
Metro: Michel Ange/Auteuil
Täglich von 9.15 bis 19.15 Uhr geöffnet.
Siehe LENÔTRE, 9. Arrondissement, S. 249

LENOTRE
49, Avenue Victor-Hugo, Paris 16
✆ 50 17 17 1
Metro: Victor-Hugo
Geöffnet: Dienstag bis Samstag 9.30 bis 19.15 Uhr; Sonntag 9 bis 13 Uhr; geschlossen: Montag.
Siehe LENÔTRE, 9. Arrondissement, S. 249

LA PETITE MARQUISE
3, Place Victor-Hugo, Paris 16
✆ 50 07 77 36
Metro: Victor-Hugo
Geöffnet: 9 bis 19.30 Uhr; geschlossen: Sonntag.
Siehe LA PETITE MARQUISE, 15. Arrondissement, S. 250

EIN BROTMUSEUM

D as MUSÉE FRANÇAIS DU PAIN im *grenier* – der Kornkammer –, einer noch heute betriebenen Mühle am Rande des Bois de Vincennes am Südostende von Paris, ist so etwas wie ein Spielzeugladen für Brotliebhaber. Tausende von mit der Brotkultur verbundenen Gebrauchs- und Schmuckgegenständen füllen die gepflegten Räume, in denen Bilder und humoristische Zeichnungen, sorgsam erhaltene Teigbretter und Brotmesser, geflochtene Gare-Körbe und schimmernde Kupferformen zu Ehren der langen Geschichte des Brotbrauchtums aufgereiht sind. Da grüßen Bäckerei-Schilder und Ladenfassaden aus der Belle Epoque; Saint-Honoré, der Schutzpatron der Bäcker seit dem 7. Jahrhundert, ist – den Schieber in der Hand – vertreten; 300 Jahre alte Metallformen zur Herstellung von Hostien, bezaubernde Zinngefäße zum Ausbacken von Gewürzkuchen, alte Manuskripte sowie Modelle von backsteingemauerten Holzöfen laden zur Betrachtung ein.

Musée Français du Pain, 25 bis, Rue Victor-Hugo, 94220 Charenton-le-Pont. ∅ 368 43 60. Metro: Charenton Ecoles. Geöffnet: 8. September bis 1. Juli dienstags und donnerstags 14 bis 16.30 Uhr.

Arc de Triomphe, Porte Maillot, Villiers, Place de Clichy, Montmartre
17. und 18. Arrondissement

AUX ARMES DE NIEL
29, Avenue Niel, Paris 17
∅ 763 62 01
Metro: Ternes
Geöffnet: 6.30 bis 20 Uhr;
geschlossen: Dienstag

Hier gibt es eine solide, gute Sauerteig-Baguette (verlangen Sie eine *ficelle au levain*) mit dicker dunkelbrauner Kruste, honigfarbener Krume und häfigem Aroma. Herrliche, riesige runde Brotlaibe, nach Kundenwünschen dekoriert, kosten etwa 45 Francs das Stück.

BOUTIQUE DU PAIN
11, Rue Gustave-Flaubert,
Paris 17
∅ 763 75 68
Metro: Ternes
Geöffnet: 7.30 bis 20.30
Uhr; geschlossen: Sonntag
und Montag

Echtes, ehrliches Brot von einem freundlichen engagierten Bäcker namens – Marcel Pain. Sowohl seine Baguettes *de campagne* als auch die Baguette *biologique*, beide schön krustig gebacken, sind zu loben, und das Roggenbrot mit Haselnüssen und Rosinen ist vielleicht das beste seiner Art in Paris. Monsieur Pain und seine charmante Frau sind ein ambitiöses Bäcker-Ehepaar, und jede Woche scheinen sie neue Backwaren zu ersinnen, um die Passanten in Versuchung zu führen.

LENOTRE

121, Avenue de Wagram,
Paris 17
✆ 76370 30 und 766 16 57
Metro: Wagram
Geöffnet: Dienstag bis
Samstag 9.20 bis 19.15
Uhr; Sonntag 9 bis 13 Uhr;
geschlossen: Montag. Siehe LENÔTRE, 9. Arrondissement, S. 249

BOULANGERIE QUENTIN

21, Rue de Lévis, Paris 17
✆ 38728 27
Metro: Villiers
Geöffnet: Dienstag bis
Samstag 7 bis 20 Uhr;
Sonntag 7 bis 13.30 Uhr
und 16 bis 20 Uhr; geschlossen: Montag

Im Jahre 1982 brachte Louis Couasnon zum ersten Mal seine *Belle Epoque,* eine Marken-Baguette, heraus, die jetzt von etwa 80 französischen Bäckern hergestellt wird. Das Ziel ist, die ursprüngliche alte Backweise wieder aufleben zu lassen. Monsieur Couasnon selbst erzeugt, unter Verwendung eines Spezialmehls, nur ungefähr 100 solcher Baguettes pro Tag. Sein Sauerteig enthält vier Prozent Roggenmehl; der Weißmehlanteil ist mit einem besonderen Gluten angereichert. Morgens um 2 Uhr 30 schon wird der Teig gemischt, die fertigen Baguettes kommen gegen 9 Uhr aus dem Ofen. Die Brotlaibe sind dick, in der Krume leicht und luftig und haben eine starke Kruste, gerade so, als seien sie über einem Holzkohlenfeuer geröstet.

BOULANGERIE VACHER

55, Boulevard Gouvion
Saint-Cyr, Paris 17
✆ 57404 50
Metro: Porte Maillot
Geöffnet: 7 bis 20 Uhr; geschlossen: Donnerstag und
Freitag

»Um gutes Brot zu machen, braucht man genau so lange wie um schlechtes Brot zu machen. Warum also dann nicht gleich gutes Brot?« gibt Didier Vacher zu bedenken, der Bäcker, der auf der anderen Straßenseite in der elterlichen Wohnung über der alten *boulangerie* aufwuchs. Jetzt lebt er über seiner eigenen Bäckerei, einem kleinen Eckgeschäft, das er mit 24 Jahren erwarb. Und seit der Eröffnung des Ladens macht er seine *Banette,* eine Art Marken-Baguette aus Sauerteig und nach alten Verfahren hergestellt. Die Bäckerei gehört zu den klassischen Etablissements dieser Art, und wenn Sie in der Gegend sind, sollten Sie einmal hineinschauen. Auch die großartigen, viereckigen Landbrote hier wollen beachtet werden.

VERZIERTES BROT

Ein schön und festlich verziertes Brot nennt man in Paris *pain décoré,* meist ein großer runder Laib mit besonderen erhabenen oder eingebackenen Prägungen: Das kann der eigene Name sein, ein Lieblingssymbol, ein Spruch oder – das ist die althergebrachte Form – eine Weintraube beziehungsweise ein Ährenbündel. Folgende *boulangeries* – bei denen dieses Backwerk nicht nur zu bestaunen, sondern auch schmackhaft ist – dekorieren Brot nach Kundenwünschen (auf Vorbestellung):

Aux Armes de Niel, 29, Avenue Niel, Paris 17. ✆ 763 62 01. Einen Tag im voraus zu bestellen.

Lenôtre, 5, Rue du Havre, Paris 9. ✆ 522 22 59; 49, Avenue Victor Hugo, Paris 16. ✆ 501 71 71; 44, Rue d'Auteuil, Paris 16. ✆ 524 52 52; 121, Avenue de Wagram, Paris 17. ✆ 763 70 30. Eine Woche im voraus zu bestellen.

Lionel Poilâne, 8, Rue du Cherche-Midi, Paris 6. ✆ 548 42 59. Einen Tag im voraus zu bestellen.

Max Poilâne, 87, Rue Brancion, Paris 15. ✆ 828 45 90. Einen Tag im voraus zu bestellen.

Ménilmontant
20. Arrondissement

GANACHAUD
150, Rue Ménilmontant, Paris 20
✆ 636 13 82
Metro: Pelleport
Geöffnet: Dienstag 14.30 bis 20 Uhr; Mittwoch bis

Zu den Pariser Bäckern, die ich immer wieder gerne aufsuche, gehört auch Bernard Ganachaud. Der adrett aussehende, weißhaarige Meister, selbst Sohn eines Bäckers, begann mit acht Jahren als Gehilfe seines Vaters zum ersten Mal, mit Brot zu arbeiten, und das tat er dann sein Leben lang. Noch heute setzen er oder einer seiner Gesellen jeden Abend um 7 Uhr den

Samstag 7.30 bis 20 Uhr;
Sonntag 7.30 bis 13.30
Uhr; geschlossen: Montag

gewaltigen holzbefeuerten Backofen in Gang, der hier die Räumlichkeiten beherrscht, und bis morgens um 4 Uhr ist soweit aufgeheizt, daß es losgehen kann: vielleicht 1000 knackig frische Brotlaibe kommen hier täglich aus dem Tunnel des Ofens. Monsieur Ganachaud war der erste Brotbäcker Frankreichs, dem die begehrte Auszeichnung als »Meilleur Ouvrier de France« zuteil wurde, und man braucht nur einen Blick in seine *boutique* zu werfen und einmal in das von ihm gemachte Brot zu beißen, dann weiß man warum. Von acht verschiedenen Mehlarten ausgehend, darunter auch *seigle noir,* kräftiger dunkler Roggen, offeriert Bernard Ganachaud 30 Sorten Brot. Er backt auch einen prachtvollen *bostock* (siehe nachstehendes Rezept), gemacht aus *brioche,* die einen Tag alt ist. Ganachauds Betrieb liegt am Ende der Welt (von Paris), aber so weit ist es oft, bis man zu den besten Dingen gelangt. (Siehe auch unter ›Konditoreien‹.)

BOSTOCK BERNARD GANACHAUD

Bostock *zu machen, ist eine phantastische Möglichkeit zur ›Aufarbeitung‹ von einem Tag alter* brioche, *die an sich schon hervorragend schmeckt. Einer meiner Pariser Lieblingsbäcker, Bernard Ganachaud, war so freundlich, mich in das Rezept für dieses mit Kirschwasser und Mandeln aromatisierte Hefegebäck einzuweihen. So bestechend* bostock *ist, wenn er frisch aus dem Ofen kommt, er schmeckt auch noch ein paar Tage später köstlich. Man kann ihn zum Frühstück oder als Dessert essen.*

250 ml Wasser
275 g Zucker
10 Scheiben *brioche*
(einen Tag alt)
2 große Eier
100 g Mandeln, geröstet und feingemahlen,
sowie 70 g Mandeln, grobgehackt

1. Den Backofen auf 190° vorheizen.
2. Das Wasser und 125 g Zucker in einer mittelgroßen Pfanne bei mittlerer Hitze verrühren, bis sich der Zucker völlig aufgelöst hat. Vom Feuer nehmen.
3. Die *brioche*-Scheiben in den Sirup tauchen und auf einem Drahtgestell abtropfen lassen. Danach die Scheiben auf einem Backblech verteilen.
4. Die Eier, die gemahlenen Mandeln und die restlichen 150 g Zucker in einem kleinen Rührgefäß zu einer

3 Eßlöffel Kirschwasser	dicken Paste vermischen. Auf die *brioche*-Scheiben aufstreichen. 5. Die Stücke mit Kirschwasser beträufeln, sodann mit den gehackten Mandeln bestreuen. 15 Minuten (oder bis die *bostocks* goldbraun sind) backen.

Bernard Ganachaud, prä-
miierter Meisterbäcker

Fromageries
KÄSELÄDEN

Wären Brot, Käse und Wein das einzige, was Frankreich im Reiche der Gastronomie anzubieten hätte, mir würde es genügen. In diesem geschmacklichen Dreiklang bildet der Käse die verbindende Note. Ich kann mir kein einfacheres und zugleich harmonischeres Mahl vorstellen als eine ofenfrische Baguette, einen einzigen Camembert, so reif und samtzart, daß er keine weitere Stunde überdauern würde, und ein oder zwei Glas jungen, fruchtigen, stimmigen Rotweins. Und genauso wenig kann ich mir einen geeigneteren Platz zur Entdeckung französischer Käse denken als Paris, wo Dutzende und Aberdutzende von Käseläden die Straßen säumen, ein jeder so spezifisch und unterschiedlich vom anderen wie sein jeweiliger Besitzer und ein jeder mit einer Auswahl, die von der Jahreszeit abhängt.

Nur Frankreich bringt einen solchen Käsereichtum hervor. Er reflektiert sehr anschaulich das Gefüge der Provinzen und der Landschaften mit ihren unterschiedlichen Klimata, den Böden und ihrer Vegetation. Aus der Milch von Kühen, Ziegen und Schafen in den grünen Niederungen der Normandie, auf den Almwiesen der Alpen oder den Ebenen der Champagne östlich von Paris entstehen Käse mit den vielfältigsten Aromen, Texturen, Farben und Formen. Käse kommt frisch von kleinen Bauernhöfen oder von großen landwirtschaftlichen Genossenschaften. Käse gibt es, um den Tag zu beginnen, und andere Käse, um ihn zu beschließen. Die Franzosen selbst konsumieren eine Menge Käse aller Sorten – durchschnittlich 20 Kilo pro Kopf im Jahr; das ist doppelt so viel wie in manchem anderen hochentwickelten Industrieland –, und unter allen französischen Käsen ist Camembert immer noch der unbestrittene Favorit.

Und wie viele Sorten Käse gibt es nun wirklich in Frankreich? Nicht leicht herauszufinden, denn so rasch werden sich die Franzosen nicht einig in einem Punkt. Eine realistische Annahme liegt bei 150 bis 200 Sorten, und dazu kommen vielleicht noch einmal 100 Spezialitäten, die nur Abwandlungen der großen Käsesorten sind.

Glauben Sie keinem, der Ihnen erzählen will, der Käse, den Sie in Frankreich essen, und der gleichnamige Käse, den Sie in Ihrer Heimat verzehren, seien zwangsläufig ebenbürtig. Einer der Hauptgründe für den Geschmacksunterschied besteht in den Importbestimmungen einiger Länder, die eine Einfuhr von Käse, der aus nichtpasteurisierter Milch gewonnen und weniger als 60 Tage gelagert ist, verbieten. Die Entkeimung der Milch mag den Käse hygienisch einwandfrei machen, aber gleichzeitig werden bei diesem Verfahren auch die Mikroben getötet, die dem Käse seinen besonderen Charakter und Geschmack verleihen und die ihn als lebenden, stets veränderlichen Organismus erhalten.

Aber selbst in Frankreich wird die Erzeugung von Käse aus entkeimter Milch immer üblicher. Von den fast 250 Tonnen Camembert, die Frankreich jährlich erzeugt, gehen beispielsweise nur 16 Prozent aus Rohmilch hervor. Bei pasteurisierter Milch als Ausgangsprodukt hat man natürlich den Vorteil, das ganze Jahr über produzieren und den fertigen Käse unter stabileren Bedingungen lagern zu können. Sie aber sollten sich in Frankreich die Zeit nehmen, das unverfälschte Aroma frischen Käses aufzuspüren: Verlangen Sie Rohmilchkäse, also *fromage fermier* oder *fromage au lait cru*. Diese Käse werden nur in begrenzten Mengen erzeugt und sind das Ergebnis traditioneller Herstellungsmethoden.

Paris besitzt Dutzende von *fromageries,* die auf Rohmilchkäse spezialisiert sind, und einige Läden bieten gar 200 Sorten davon an. Bevor ich selbst in Paris lebte, glaubte ich, alle diese Käsehändler kauften und verkauften ihre Produkte einfach nur. Das ist ganz falsch. Tatsächlich lassen die wirklich guten *fromagers,* die ihr Metier sehr gewissenhaft ausüben, die Käse selbst reifen. Das heißt, sie kaufen die fertigen Käselaibchen vom Bauern und steuern dann den empfindlichen und heiklen Alterungsprozeß vom jungen, rohen Stadium bis zur vollen Reife selbst. Dabei wird der Käse in meist feuchten und kühlen unterirdischen Gewölben veredelt. Diese *affinage* kann, je nach Eigenart, Tage oder Monate dauern, wobei der Käse durch die Sorgfalt der für seine Reifung verantwortlichen Person an ›Persönlichkeit‹ gewinnt. Das erfordert tägliche Aufmerksamkeit: Manche Sorten wollen mit Bier, andere mit einer Salzlauge und wieder andere mit *eau-de-vie* behandelt werden. Da gibt es welche, die jeden Tag gewendet und solche, die mit fortschreitendem Heranreifen von einem Keller in den anderen verlagert werden müssen. Jeder Käsefachmann hat seine eigene Formel zur Behandlung seiner Pfleglinge, und die Meinungen über die optimalen

Temperaturen oder Luftfeuchtigkeiten in den Gewölben sind durchaus geteilt; auch darüber, ob man die Käse auf sauberem oder altem Stroh, auf Papier oder gar Kunststoff-Folie heranzüchtet und ob sie täglich oder nur dann und wann umgedreht werden sollten. Und schließlich bestimmt jeder Händler die Reife nach anderen Kriterien und bringt seine Produkte daher auch in unterschiedlicher Konsistenz zum Verkauf.

Es bereitet mir ein unsagbares Vergnügen, den ganz in ihre Aufgabe vertieften *fromagers* zuzuschauen. Ihre Hingabe ist geradezu ansteckend. In ihren Kellern fühlen sie sich wie im Himmel, während sie in kräftigen Zügen die scharfen, zu Kopf steigenden Gerüche einatmen, die die Luft schwängern, und den Käsen im Vorbeigehen ›liebevolle Klapse‹ geben; das erinnert mich an die Bäcker, die sich von ihren frischgeformten Laiben mit einer zärtlichen Berührung verabschieden, bevor diese in den Ofen wandern. Heute, da ich in den meisten *affinage*-Gewölben gewesen bin, die unter den Straßen der Stadt liegen, weiß ich, was ein einzelner ›Betreuer‹ tun kann, um den Lebenslauf eines Käses zu ändern, ja letztlich seine Beschaffenheit und seinen Geschmack zu bestimmen. Androuëts Käse beispielsweise, und das unabhängig von der Sorte, schmecken immer eine Spur sahniger als die von anderen *fromagers*. Die Käse von Henry Voy aus LA FERME SAINT-HUBERT zeichnen sich durch ein kräftiges Aroma und einen nicht zu verachtenden Reifegrad aus; man könnte sagen: sie sind fast schon über den Berg. Lillos Käse wiederum, immer perfekt und wohlgestaltet, verraten Raffinesse und Eleganz.

Und hier noch ein Wort zur Auswahl von Käse: Achten Sie auf die Jahreszeit. Erwarten Sie nicht, einen vernünftigen Vacherin oder einen Beaufort, möge er sonst noch so gut sein, mitten im Sommer zu finden. Wenn Sie im Zweifel sind, fragen Sie in einem bestimmten Laden nach den der Jahreszeit entsprechenden Sorten. Beim Aussuchen von Käsen für eine *dégustation* (als Käseplatte oder Probierhappen), sei es zu Hause oder in einem Restaurant, sollte man drei oder vier Sorten wählen, zu denen in der Regel ein halbweicher, ein blauer und ein Ziegenkäse gehören. Beim Essen beginnt man mit dem milden Käse und geht dann zu den strengeren Sorten über.

Ganz allgemein sollte man bei Käsen in Kunststoffverpackung vorsichtig sein. Käse muß atmen, um zu leben und kraftvoll zu bleiben. Haben Sie keine Angst vor ein bißchen Schimmel. Der bläuliche Überzug, den Sie finden mögen, zeigt gewöhnlich nur an, daß der Käse aus frischer, unbehandelter Milch gemacht wurde und daß er auf neuem Stroh gereift ist. Käse, der keinen Schimmel mehr ansetzt und auch nicht mehr verderben kann, ist schon zu ausgelaugt, als daß er noch ein Lebenszeichen von sich gäbe. Seien Sie aufgeschlossen und unternehmungslustig. In den ersten Monaten meiner Pariser Zeit kaufte ich kaum noch Camembert oder Brie – ich hatte so viele Enttäuschungen mit den auf Basis von pasteurisierter Milch erzeugten Produkten hinter mir, daß ich die Lust auf diese herrlichen Käseschöpfungen verlor.

Doch dann, eines schönen Tages, kostete ich zufällig einen wirklich perfekten Camembert, und da war es passiert. Mit einem Male verstand ich, warum man von dem Käsekult in Frankreich soviel Aufhebens macht.

Palais-Royal
1. Arrondissement

TACHON
38, Rue de Richelieu,
Paris 1
✆ 2960866
Metro: Palais-Royal
Geöffnet: 9.30 bis 13.30
Uhr und 16 bis 19.30 Uhr;
geschlossen: Sonntag und
Montag

Eine wirklich klassische, altmodisch-schöne *fro-magerie*, nahe beim Louvre und dem Palais-Royal und ganz in ihrer Umgebung zu Hause. Kleine handgeschriebene Schildchen geben Auskunft über Ursprung und Werdegang vieler der ausgestellten Sorten; es gibt sogar eine Liste, aus der man entnehmen kann, welche Käse gerade ihren höchsten Reifegrad erreicht haben. TACHON präsentiert einige sehr glückliche Funde, von denen viele aus bäuerlichen Kleinbetrieben stammen, die auf der Basis von Frischmilch arbeiten: Burgunder Epoisses, ein Spitzenprodukt der Laiterie de la Côte in Gevrey-Chambertin; superben Schweizer Tête de Moine du Bellelay; einen überdurchschnittlichen landfrischen Saint-Nectaire, lieblich, mild, volle zwei Monate auf Roggenstroh gereift und ganz charakteristisch im Geschmack; und dann einen strengen, würzigen Livarot aus der Normandie, dessen elastisches Innere angenehm an den Zähnen haftet. Versuchen Sie in diesem Laden auch die urigen, luftgetrockneten, geräucherten Schweinswürste aus den französischen Alpen.

Luxembourg
5. Arrondissement

FERME SAINTE-SUZANNE
4, Rue des Fossés Saint-Jacques, Paris 5
✆ 3549002
Metro: Luxembourg
Geöffnet: 8 bis 13 Uhr und
16 bis 19.30 Uhr; geschlos-

Ein hübscher kleiner Laden nahe der belebten Place de l'Estrapade links der Seine. Hinter dem Verkaufsraum befindet sich ein ansprechendes kleines Käserestaurant (siehe unter *Dégustation*, Seite 278). Mit seinem ausgewogenen, klassischen Sortiment von sorgfältig gereiften Käsen, meist auf der Basis von Frischmilch, ist dieses Geschäft die typische gute, ihren Kunden aus der Nachbarschaft verpflichtete *fro-*

sen: Samstag, Sonntag, und im August. Restaurant geöffnet: Montag bis Freitag 12 bis 14 Uhr und Donnerstagabend 19 bis 21.30 Uhr

magerie. Es sieht allerdings so aus, als seien die Inhaber mehr an ihrem kleinen Restaurant als an dem Laden selbst interessiert, denn gelegentlich läßt die Qualität der Verkaufsware etwas nach. Aber ein Besuch lohnt sich auf jeden Fall. Worauf Sie immer setzen können: frischen, rahmigen Chabichou-Ziegenkäse; den gepflegten Camembert von der Ferme d'Antignac in der Normandie und feinen Brie.

Ecole Militaire
7. Arrondissement

MARIE-ANNE CANTIN
12, Rue du Champ-de-Mars, Paris 7
∅ 55043 94
Metro: Ecole Militaire
Geöffnet: 8.30 bis 13 Uhr und 15.30 bis 19.30 Uhr; geschlossen: Sonntagnachmittag, Montag und im August

Eine der neuesten und schönsten Käse-Boutiquen von Paris, gleich neben dem offenen Markt der geschäftigen Rue Cler in einer Seitenstraße gelegen. Marie-Anne ist die Tochter von Christian Cantin, dessen Laden in der Nr. 2 der Rue de Lourmel (15. Arrondissement) seit langem ein Markstein in der Pariser Käselandschaft ist. Jetzt selbständig, betreibt sie zusammen mit ihrem Mann, Antoine Dias, ihr eigenes Geschäft und breitet eine Palette von 80 bis 100 wohlgereiften Spezies aus Frankreich, Holland und der Schweiz vor der Kundschaft aus. Die Eheleute selbst sind passionierte Käse-Esser (»Wir essen ihn immerzu«, sagt Monsieur Dias), und ihre Begeisterung springt auf den gefälligen und übersichtlich eingerichteten kleinen Verkaufsraum über. Der Stolz des Hauses – und die Freude der Besitzer – sind die eigenen Reife-Keller, einer für Ziegenkäse (sehr trocken) und einer für Kuhmilch-Käse (sehr feucht); der Boden des letzteren besteht aus Felsgestein, das regelmäßig ›gewässert‹ wird, um die gewünschte Luftfeuchtigkeit zu erhalten. Alle Käse lagern auf Naturstroh, und gewisse Sorten, wie Munster oder Maroilles, werden täglich mit Bier oder Salzwasser ›gewaschen‹, um aus den ängstlichen, sanften, runden Bruchlaiben, die sie am Anfang noch sind, starke und kraftvolle Käse zu ma-

chen. Der wahre Käse-Feinschmecker, so sagt Monsieur Dias, ist daran zu erkennen, daß beim Käse-Gang seines Menüs unfehlbar Camembert, Brie oder Livarot vertreten ist. Zum Besten, was ich in diesem Geschäft kostete, gehören: ein eleganter, vollendeter Camembert; ein pudriger, innen sahniger kleiner Bouton-de-Chèvre (Ziegenkäse vom Bauernhof); und der vielleicht beste Ziegenkäse der Welt, ein Charolais: sahnig, hochfein, makellos im Geschmack und mit einem vollen Aroma. Wenn Sie Lust auf einen erbarmungslos scharfen Käse haben, versuchen Sie einmal den Vieux Lille aus Nordfrankreich – er gibt sich so beißend und schroff, daß er fast den Gaumen angreift. Viel schmeichelnder und dem Cheddar ähnlich sind Salers, ein milder nußartiger Bergkäse aus der Auvergne, und Comté, die französische Entsprechung zum Gruyère aus der Schweiz. Übrigens verpackt man in diesem Laden gekaufte Käse auf Wunsch reisefertig.

Gare Saint-Lazare, Madeleine
8. Arrondissement

ANDROUET
41, Rue d'Amsterdam,
Paris 8
℡ 874 26 90
Metro: Liège
Geöffnet: 8.30 bis 18.30
Uhr; geschlossen: Sonntag

Zwei Arten von Emmentaler:
links savoyischer, rechts
Schweizer. Und zweimal
Comté aus dem Jura: einmal
jung und einmal gereift

ANDROUËT ist, und das seit langer Zeit, eine der angesehensten Käsehandlungen der Seinestadt. Nahezu 5000 Kilo Käse gehen in diesem Laden jeden Monat über die Theke. Das Angebot umfaßt manchmal 200 verschiedene Arten, und darunter befinden sich einige selbst für Frankreich seltene Exemplare. Das hängt mit der Familiengeschichte der Androuëts zusammen, die in dieser Branche in Paris wohl länger tätig sind als irgend jemand sonst. Ihren heutigen Laden in der Rue d'Amsterdam eröffneten sie schon 1909. 20 Jahre später richteten sie dort eine kleine Eßecke zur *dégustation* ein. Und 1962 kam noch ein Restaurant im ersten Stock dazu. (Siehe auch *Dégustation*, Seite 277.)

In der ersten Zeit nach dem Beginn gab es nur wenige Kleinbauern, die ihren Käse bis nach Paris brachten. Also machten sich die Androuëts auf, bereisten ganz Frankreich und machten Landwirte ausfindig, die aus roher Milch echten, unverfälschten Provinzkäse herstellten. Und bis heute besuchen die Reisenden des Hauses ANDROUËT die lokalen Käse-Märkte und -Messen, um immer wieder neue Bezugsquellen zu finden. Unter dem volkstümlich eingerichteten Laden liegen fünf Reife-Keller, von denen einige die natürlichen Lagerbedingungen hinsichtlich Temperatur und Luftfeuchtigkeit erfüllen und wo die Käse Tage oder Monate nachreifen, bevor sie verkaufsfähig sind. Als ich nach Paris kam, besuchte ich zunächst jeden Samstag diese *fromagerie*, um neue Käsesorten auszuprobieren; Androuët war für mich so etwas wie eine Versuchsstation. Und wenn ich heute mit einer Käseplatte Furore machen will, komme ich immer noch hierher. Mehr als in irgendeinem anderen einschlägigen Pariser Fachgeschäft versteht man es bei ANDROUËT, Käse nach Aromen und Beschaffenheit, nach Farben und Formen zu einer reizvollen Kombination zusammenzustellen. Jedes Stück trägt ein Etikett (auf Wunsch), so daß nach der Ankunft zu Hause keine Zweifel über die jeweilige Identität bestehen.

Das ganze Jahr hindurch führt ANDROUËT erstklassigen Brie de Meaux und Brie de Melun. Dazu rangieren für mich persönlich noch an der Spitze: der *triple-crème* Lucullus; der zarte und doch ausgeprägte Soumaintrain mit seinem vollen Bouquet; und der Arôme au Gêne aus der Gegend von Lyon, ein runder Käse mit stechendem Geruch, der in Marc de Bourgogne, einem aus Trester gewonnenen *eau-de-vie*, fermentiert wird. Im Herbst sollte man sich dem Munster zuwenden: er ist dann zwei oder drei Monate alt, und auf den großen Bauernhöfen im Elsaß, von denen er kommt, hat er täglich eine Weißwein-Dusche erhalten; auch Pierre-Qui-Vire, ein gepflegter, satinartiger Burgunder Kuhmilchkäse von ausgeprägtem Charakter, ist – nach zwei Monaten in kühler, feuchten Gemächern – jetzt soweit; ein typischer Herbst-Käse ist auch der Epoisses, der mit Marc de Bourgogne eingerieben wird, um ihm einen Geschmack von eigenartiger Strenge und der Rinde die Farbe von Herbstblättern zu verleihen; und dann ist da noch der weiche, würzige Rollot, ein Kuhmilchkäse aus der Picardie, den man während seiner zweimonatigen Reifezeit täglich mit einer Salzlauge behandelt. Recht lange in den Herbst hinein erhält man bei ANDROUËT auch den seltenen, ebenso empfindlichen wie zarten Brie de Melun Frais, einen kalkweißen Schimmelkäse von delikatem Geschmack. Leider enttäuscht der Roquefort in diesem Laden oft, und gewisse Sorten Ziegenkäse sind zeitweise hoffnungslos übersalzen.

CREPLET-BRUSSOL

17, Place de la Madeleine, Paris 8
✆ 26 5 34 32
Metro: Madeleine
Geöffnet: 9 bis 19 Uhr; geschlossen: Sonntag und Montag

Dank seiner Lage – ganz in der Nähe der renommierten Spezialitätengeschäfte von FAUCHON und HÉDIARD – gehört dieser Laden zu den bekanntesten Käsehandlungen von Paris. In den Schaufenstern drängen sich zwar viele fabrikmäßig hergestellte und entsprechend verpackte Käse, aber wenn man den Laden betritt, findet man eine solide, mit Umsicht und Kenntnis zusammengestellte Kollektion von Varietäten, zu der auch feiner Frischmilch-Camembert (von der Isigny-Genossenschaft in der Normandie) gehört, sowie schön gereifter Brie und eine beachtliche Auswahl von Spezialitäten aus Nordfrankreich.

LA FERME SAINT-HUBERT
21, Rue Vignon, Paris 8
✆ 742 79 20
Metro: Madeleine
Geöffnet: Dienstag bis
Freitag 11 bis 19 Uhr;
Samstag 8.30 bis 19 Uhr;
geschlossen: Sonntag und
Montag

Gleich bei FAUCHON um die Ecke liegt dieser kompakte kleine Laden mit seiner ungewöhnlich reichen Angebotsskala. Dazu gehört der wahrscheinlich beste und am sorgfältigsten selektierte Roquefort von Paris; sodann ein aufsehenerregender, in Spezialgewölben mindestens zwei Jahre lang ›herangezüchteter‹ Beaufort; und der kräftige Maroilles aus Flandern, vier Monate alt und täglich mit Bier beträufelt. Schließlich bewirbt sich noch der Tête de Moine um die Gunst des Käufers – ein fabelhafter, würziger Käse von zylindrischer Form, der dem Gruyère ähnelt; doch hat er geschmacklich mehr Fülle, mehr Schwung und Charakter. Tête de Moine eignet sich gut als Reisebegleiter, und im Kühlschrank hält er sich Monate. Eine Kostprobe wert sind auch die köstliche, blaßgelbe Ziegenmilch-Butter und der einigermaßen ausgefallene Ziegenmilch-Joghurt. Viele Käse bei Saint-Hubert kommen einem etwas derb und bäuerisch vor: wie der Ladenbesitzer Henry Voy selbst, könnte man sagen. Für meinen Geschmack überschreiten hier einige Käse ihren optimalen Reifegrad und verlieren dadurch etwas von ihrem kulinarischen Reiz. (Siehe auch unter *Dégustation*, Seite 278.)

Victor-Hugo
16. Arrondissement

LILLO
35, Rue des Belles-Feuil-les, Paris 16
✆ 727 69 08
Metro: Victor-Hugo
Geöffnet: 8 bis 13 Uhr und
16 bis 19.30 Uhr. Sonntag
9 bis 13 Uhr; geschlossen:
Montag

Ein eleganter, blitzblanker kleiner Laden, nahe der Place Victor-Hugo in einer der schicksten Marktstraßen von Paris, der Rue des Belles-Feuilles. In dieser Gegend setzt man beim Einkaufen Qualität voraus, und niemand braucht zu befürchten, Monsieur Lillo würde seine Kunden da enttäuschen. Obwohl nur wenige der angebotenen 200 Käsesorten in seinen eigenen Räumlichkeiten heranreifen, erfahren doch viele von ihnen in den sauberen Kellern unter dem Laden noch eine letzte *affinage* von fünf oder sechs Tagen. Fast alle Produkte gehen auf dickgelegte Frischmilch zurück und entstammen kleinen Käsereien. Zu den besten hier getesteten Sorten gehören ein sehr bemerkenswerter Pavin d'Auvergne, ein leicht scharf schmeckender, in der Struktur weicher, geschmeidiger Kuhmilchkäse, der eine flache Radform hat und aus der Auvergne kommt. Er ähnelt wohl am ehesten dem Saint-Nectaire, ist aber weit besser. Mit Auszeichnung bestehen auch noch: aus Frischmilch gemachter Brie, Munster und Roquefort. Daß Monsieur Lillo einen Preis der

FROMAGE DE CHEVRE MARINE A L'HUILE D'HERBES
(IN OLIVENÖL MIT KRÄUTERN EINGELEGTER ZIEGENKÄSE)

Dies ist die herkömmliche Methode, um die Lebenszeit eines Ziegenkäses durch sichere ›Lagerung‹ zu verlängern, besonders zu empfehlen bei chèvre, der trocken und hart geworden ist. An manchen Tagen hat man auch keine Zeit zum Einkaufen, und dann ist es eine herrliche Sache, diesen Käse schon zu Hause zu haben. Sind die Stücke verbraucht, so lassen sich in der gleichen Marinade wieder neue Käse und zusätzliche Kräuter einlegen. Man kann die Ölbeize auch zum Kochen oder als Salatsauce verwenden.

6 kleine Ziegenkäse
(z. B. Picodon, Crottin
oder Cabécou)
1 Knoblauchzehe,
geschält
½ Teelöffel getrock-
neter Thymian
½ Teelöffel getrock-
neter Rosmarin
2 Lorbeerblätter
12 ganze schwarze
Pfefferkörner
12 ganze weiße Pfeffer-
körner
12 ganze Koriander-
körner
500 ml Olivenöl

1. Alle Käse durch einen horizontalen Schnitt teilen. Die Stücke in einen Dreiviertelliterkrug mit breiter Öffnung legen, und den Knoblauch, die Kräuter und Gewürze zugeben. Mit Öl bedecken. Die Öffnung des Krugs gut abschließen. An einem kühlen Platz mindestens 1 Woche lang stehenlassen.
2. Soll der Käse serviert werden, herausnehmen und abtropfen lassen. Dann grillen, bis er warm ist, und mit angemachtem grünem Salat und frischen Brotscheiben reichen. Auf diese Weise eingelegter Käse sollte innerhalb eines Monats verbraucht werden.
Für 12 Personen.

Stadtverwaltung für das bestdekorierte Schaufenster in seiner Straße gewann, verwundert nicht. Auch hier stellt man dem ausländischen Besucher gerne ein Päckchen mit einer Auswahl saisonaler Spezialitäten zusammen.

Courcelles, Villiers
17. Arrondissement

JEAN CARMES ET FILS
24, Rue de Lévis, Paris 17
✆ 763 88 94
Metro: Villiers
Geöffnet: 9 bis 13 Uhr und 16 bis 19 Uhr; geschlossen: Sonntagnachmittag, Montag und im August

Mitten im hektischen Marktbetrieb der Rue de Lévis gelegen, präsentiert sich CARMÈS als großer, zur Straße geöffneter Familienbetrieb, wobei ›Papa‹ Jean Carmès hinter der Registrierkasse thront, während Sohn Patrick mit einer Art nervöser Energie die Warenanlieferungen im Auge hat und über das Wohlbefinden der vielleicht 200 Käsearten wacht, die in den feuchten Räumen unter und über dem Laden der Zeit ihrer Reife entgegendämmern. Diese *fromagers* sind mit Leib und Seele dabei, versehen jeden Artikel mit kleinen Schildchen und fühlen sich glücklich, wenn sie dem Kunden bei der Auswahl eines Stückes oder der Zusammenstellung einer ganzen Platte behilflich sein

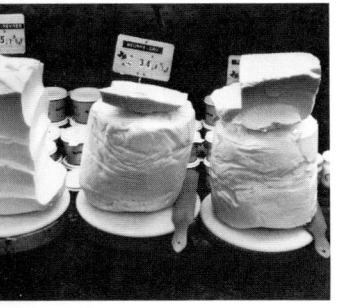

Sahnige Blockbutter

BUTTER

Aus Frankreich kommen 10 Prozent der weltweit erzeugten Butter, die meiste davon ungesalzen. Obwohl in der Normandie mit ihren saftig-grünen Weiden und den rehbraunen Kühen erstklassige Molkereiprodukte entstehen, stammt die beste Butter aus der Charente, im Südwesten Frankreichs. Charentes-Butter, deren Verpackung die Aufschrift »Beurre d'Echiré« oder »Beurre de Ligueil« trägt, wird von den französischen Konditoren bevorzugt, weil sie eine festere Konsistenz und einen geringeren Wasseranteil hat als andere Sorten; sie erlaubt die Herstellung besserer Gebäcks.

In Käsehandlungen findet man oft riesige Stücke Blockbutter hinter der Theke. Gewöhnlich sind sie als »Beurre des Charentes«, »Beurre de Normandie« oder »Beurre demi-sel« ausgezeichnet. *Demi-sel* steht für die leicht gesalzene Butter aus der Bretagne. Selten zum Kochen verwendet, wird sie gerne bei Tisch gereicht. Die lose Blockbutter in den *fromageries* mag zwar frisch und einladend aussehen, aber Sie sollten bedenken, daß sie Tag und Nacht dem Geruchsmischmasch der Käse ausgesetzt und überdies auch nicht immer unbedingt frisch ist.

Der Franzose bestreicht sein Brot normalerweise nicht mit Butter. Ob man daher zu Hause oder im Restaurant Butter auf dem Tisch hat, hängt vom persönlichen Geschmack ab. Sie wird jedoch immer mit *charcuterie*, mit Radieschen, Anchovis oder Sardinen serviert und begleitet das Roggenbrot zu jeder beliebigen Bestellung von Austern oder anderen Schalentieren. Wenn Sie im Restaurant keine Butter auf dem Tisch vorfinden, können Sie ohne weiteres darum bitten; in einfacheren Lokalen stellt man Ihnen dafür vielleicht ein *supplément* von ein paar Francs in Rechnung. Üblicherweise gehört Butter zum Käse-Gang; sie soll den Geschmack strenger, salziger Sorten, wie Roquefort, mildern.

können. 80 Prozent ihrer Käse kommen frisch vom Bauernhof. Die meisten Spezies verbringen drei bis vier Wochen in den Lagerräumen bei CARMÈS, wo sie sich auf sauberen, neuen Strohmatten ausbauen, bis sie verkaufsreif sind. Einige Spezialitäten des Hauses: l'Ecume, ein *triple crème*, so fett, daß er geradezu Butter ersetzt; Tanatais-Ziegenkäse, dem Charolais ähnlich, köstlich-herb und mit einer samtigen Rinde; ein Petit-Suisse ›comme autrefois‹, wie in alten Zeiten: heikel und nur vier oder fünf Tage frisch bleibend.

**FROMAGERIE
COURCELLES**
79, Rue de Courcelles,
Paris 17
✆ 622 22 36
Metro: Courcelles
Geöffnet: 8.30 bis 13 Uhr
und 16 bis 19.30 Uhr; ge-
schlossen: Sonntag, Mon-
tagmorgen und im August

Eine freundlich renovierte typische Qualitäts-*fromagerie.* Immer stehen die Kunden dieses adretten Käselädchens bis vor die Tür an. Frischmilch-Camembert (erwähnenswert ist der Grand-Béron), Pyra-
mide-Ziegenkäse, elsässischer Munster, Burgunder
Epoisses und Roquefort zeigen sich hier stets von ihrer
besten Seite.

DIE KÄSERINDE

Die Preisfrage: Ißt man nun die Rinde mit
oder nicht? Selbst Experten sind da
durchaus verschiedener Meinung. Folgt man
dem »Larousse des Fromages«, der französischen ›Käse-Bibel‹, dann ist es ausschließlich
eine Frage des persönlichen Geschmacks. Pierre Androuët, Doyen der Pariser Käsehändler,
ist da in seiner Ansicht kategorisch: Die Rinde
wird nicht mitgegessen, sagt er, denn sie enthält
Hefepilze und all die zur Entwicklung des Käses wichtigen Schimmelbilder, und sie kann
einen alkalischen Geruch an sich haben. Und
wo liegt nun die Wahrheit? Es hängt wohl wirklich vom persönlichen Geschmack ab. Vielleicht hilft aber die Logik weiter. Die Rinde
mildgereifter Käse, wie Brie und Camembert,
ist einwandfrei eßbar, und wenn solche Käse ihr
bestes Stadium erreicht haben, trägt die dünne,
samtige *croûte* noch zur Fülle und zum Ge-
schmackserlebnis bei. Bei einem anderen
Weichkäse, Vacherin, dagegen läßt man die
Rinde unangetastet und holt das sahnige Innere
mit dem Löffel heraus. Die Rinden halbweicher
Käse, wie Reblochon, können ein ausgeprägtes
nußartiges Aroma haben. In solchen Fällen
schneide ich manchmal die Rinde ab und esse sie
gesondert. Bei Hartkäsen aus Gebirgsregionen,
wie Emmentaler, Gruyère und Tête de Moine,
wird die Rinde immer entfernt.

ALAIN DUBOIS
80, Rue de Tocqueville,
Paris 17
✆ 227 11 38
Metro: Villiers
Geöffnet: 7.30 bis 13 Uhr
und 16 bis 19.30 Uhr; ge-
schlossen: Sonntagnach-
mittag, Montag und im
August

Unter den kunstvollen Händen des jungen Alain Dubois verwandelte sich die familieneigene *crémerie* in den frühen siebziger Jahren in eine ausgewachsene, geschmackvoll eingerichtete *fromagerie*. Besonders stolz ist Monsieur Dubois auf seinen Epoisses de Bourgogne, der so ungefähr jeden Tag mit Marc de Bourgogne begossen wird und nach einem selbst ausgetüftelten ›Geheimverfahren‹ heranreift. Der hier erhältliche Fribourg, ein weicherer Schweizer Gruyère, hat mindestens zwei Jahre Lagerzeit in den Kellern des Jura hinter sich, und der Schweizer Vacherin Mont d'Or, vom Herbstende bis zum Beginn des Frühjahrs im Verkauf, kommt nach wie vor direkt von den Almhütten. Dubois bietet, je nach Jahreszeit, etwa 70 verschiedene Arten Ziegenkäse an. Augenblicklich hat sich der Eigentümer zum Ziel gesetzt, die Restaurantchefs dazu zu bringen, daß sie dem Käse-Gang mehr Aufmerksamkeit zukommen lassen. So ißt Alain Dubois anonym in Speiselokalen, macht sich ein Bild von der Küche und sucht dann ein Gespräch mit dem Restaurantinhaber, um ihm Vorschläge für eine Käseauswahl zu machen, die der Eigenart des Hauses entspricht. Dubois wendet sich entschieden dagegen, daß bestimmte Käse – Brie, Camembert und Saint-Nectaire zählen hierzu – in Pariser *caves* reifen. »Es gibt gewisse Sorten, die den Geruch des Bodens und der Luft ihrer Heimatregion in sich aufnehmen müssen. Hier in der Stadt und immer nur in kleinen Kolonien beisammen, können sie sich nicht entwickeln«, sagt der *fromager* mit einem überzeugten Lächeln. »Um einen wirklich großen Brie hervorzubringen, bedarf es einer enormen Anzahl von Stücken, die an der gleichen Stelle gereift sind.« Diesem Argument kann man schwer etwas entgegenhalten, und Monsieur Dubois' Camembert – am Ursprungsort bei der Coopérative d'Isigny in der Normandie herangereift –, ist wirklich wunderbar sahnig, durcharomatisiert und schmackhaft. 80 Prozent seiner Käse kommen direkt vom Milcherzeuger, denn, so sagt er, »Bauernkäse hat den Ruf Frankreichs als Land des Käses begründet«. Seine Frau und er finden großen Gefallen daran, auf der Suche nach gutem Käse direkt zu den Bauern zu gehen, und beide sind eifrige Restaurantbesucher, denn: »man kann nicht ein guter *fromager* werden, ohne gleichzeitig ein ernsthafter *gastronome* zu sein«. Käse von Dubois findet man heute in über einem Dutzend Pariser Restaurants, darunter Jacques Cagna, Le Petit Bedon und Pavillon des Princes.

CREME FRAICHE

Was wäre die französische Küche ohne crème fraîche, *jene zwischen dicker Sahne und Sauerrahm liegende, dickflüssige* crème *mit dem ganz eigenen, eindringlichen Geschmack? Jede* crémerie *in Frankreich verkauft* crème fraîche *lose; sie wird gewöhnlich aus großen runden Steinguttöpfen geschöpft. Sie ist vielseitig einsetzbar, ja geradezu unentbehrlich.* Crème fraîche *geht in heiße und kalte Saucen ein, und, mit etwas Zucker sahnig geschlagen, kann sie für ein Schüsselchen frischer Walderdbeeren buchstäblich die Krönung bedeuten.*

250 ml dicke Sahne (ultrahocherhitzte Sahne kann nicht verwandt werden)
1 Eßlöffel Buttermilch

1. In einer mittelgroßen Schüssel die dicke Sahne und die Buttermilch miteinander vermischen. Mit einer Folie lose abdecken und bei Zimmertemperatur über Nacht stehenlassen, bis eine ziemliche Eindickung erreicht ist.

2. Jetzt das Behältnis dicht abschließen und für wenigstens 4 Stunden im Kühlschrank lassen; dabei wird die Sahne weiter eindicken. Man kann sie tagelang so aufbewahren, wobei ihr ausgeprägter Geschmack sich noch weiter entwickeln wird.

Chèvre in allen Variationen

FONTAINEBLEAU

Diesem vollen, cremigen Frischkäse kann man hin und wieder in Pariser fromageries *begegnen. Er ist nach dem Ort Fontainebleau südlich von Paris benannt und
kommt in kleinen weißen, mit Nesseltuch ausgeschlagenen Behältern zum Verkauf. Weit davon entfernt, eine Rarität zu sein, sieht man diesen eleganten Käse
doch immer seltener in den Läden von Paris: Er bleibt nämlich nur 24 Stunden
lang frisch; den meisten Geschäften ist er daher zu heikel und unwirtschaftlich.
Aber da dieses ansprechende Dessert leicht selbstzumachen ist, spricht alles dafür,
es auch oft auf den Tisch zu bringen. In Frankreich selbst geht man bei hausge-
machtem* Fontainebleau *von* fromage blanc, Quark, *aus, aber ich fand, daß auch
Joghurt hervorragend geeignet ist. Die hier wiedergegebene Version ähnelt* cœur à
la crème, *ist aber weniger schwer, da sie mit Eiweiß aufgelockert wird.* Fontainebleau *ist ein ideales Dessert für eine größere Gästeschar, denn die Rezeptbasis ist
einfach, und die Mengen lassen sich leicht verdoppeln oder verdreifachen. Außerdem erfordert dieser Nachtisch, den man am Tag vor der Einladung macht, keine
Vorbereitungen in letzter Minute mehr. Obwohl sich* Fontainebleau *in einem Sieb
einwandfrei formen läßt, sieht er besonders hübsch aus, wenn er aus der typischen*
cœur à la crème-*Form, einem herzförmigen, weißen Keramikgefäß, kommt. Ich
serviere* Fontainebleau *mit frischer Himbeer-Sauce und dem Mandelgebäck* financiers *(siehe Rezept Seite 226). Köstlich schmeckt dieses Gericht auch mit Erdbeeren, Heidelbeeren oder frischen Feigen.*

500 ml fettarmer
Joghurt
200 g Zucker
500 ml dicke Sahne,
vorzugsweise nicht
ultrahocherhitzt, oder
crème fraîche (siehe
vorstehendes Rezept)
3 Eiweiß

1. In einer großen Schüssel Joghurt und Zucker (2 Eßlöffel Zucker zurückbehalten) zusammenrühren.
2. In einer zweiten Schüssel die Sahne oder die *crème
fraîche* steifschlagen und unter die Joghurtmischung
heben.
3. In einer weiteren Schüssel das Eiweiß steifschlagen,
die 2 Eßlöffel Zucker zugeben und glänzend schlagen
(etwa weitere 20 Sekunden). Den Eiweißschaum vorsichtig unter die Joghurt-Sahne-Mischung heben.
4. Die Mixtur in eine mit Nesseltuch ausgelegte, per-
forierte 1,5-Liter-Form (oder in mehrere kleinere Formen) geben. Zudecken, in eine größere Schüssel legen
und 24 Stunden im Kühlschrank aufbewahren. Die in
der Schüssel sich ansammelnde Flüssigkeit von Zeit zu
Zeit abgießen. Der Käse sollte dabei ziemlich fest und
trocken werden, fast wie ein Sahneschichtkäse.
5. Zum Servieren setzt man den *Fontainebleau* auf

eine Platte, entfernt Form und Tuch und umgibt ihn
mit einer Frucht-Sauce von lebhafter Farbe oder mit
frischen Beeren. Sofort auftragen.
Für 8 bis 10 Personen.

Montmartre
18. Arrondissement

**FROMAGERIE DE
MONTMARTRE**
9, Rue du Poteau, Paris 18
✆ 60 62 60 3
Metro: Jules-Joffrin
Geöffnet: 8.45 bis 12.30
Uhr und 16 bis 19.30 Uhr;
geschlossen: Sonntag und
Montag

Wer daran Gefallen findet, herrliche Käseausla-
gen zu betrachten, möge einen Besuch in dieser
geräumigen *fromagerie*, einem der einladenden, für die
Rue du Poteau typischen Feinkostgeschäfte, nicht versäumen. MONTMARTRE offeriert ein lebhaftes Angebot
an Rohmilchkäse frisch vom Erzeuger aus allen Gegenden Frankreichs. Madame Delbey, die Eigentüme-
rin, läßt Sie gerne in ihrem übersichtlich organisierten
Laden umherwandern und in Ruhe die tadellose Auswahl an Käsen betrachten, die hier auf Strohmatten
ruhen und in den eigenen Kellern nachgereift sind.
Ziegenkäse ist eine der großen Stärken dieser *fromagerie* – mehr als 40 verschiedene Sorten hat sie vorzuwei-

In der FROMAGERIE DE MONT-
MARTRE

sen. Unter den in diesem Geschäft gekosteten Exemplaren ragen besonders heraus: Ma Petite Clochette, der große, glockenförmige, vom Poitou kommende Ziegenkäse mit der sahnigen, satinartigen Textur; Fougéru, ein geschmeidiger, im Geschmack ganz charakteristischer Coulommiers, der, in Farnwedel von der Ile de France-Region eingeschlagen, sein Aroma entwickelt hat, und schließlich die Crème Chantilly. Die hier angebotenen Käse werden eher etwas vor der Vollreife verkauft und sind daher auch, wie etwa der Livarot und der Munster, sanfter und weniger eindringlich in ihrem Goût.

»Der Roquefort mit seiner blauen und gelben Marmorierung sieht kränklich aus wie reiche Leute, die zu viele Trüffeln gegessen haben.«
Emile Zola, »Le Ventre de Paris« (Der Bauch von Paris)

DEGUSTATION

Eine beliebte Art, französischen Käse zu genießen und dabei mit einigen der mehr als 130 Sorten vertraut zu werden, besteht darin, eine lukullische ›Tour de France‹ in Form der *dégustation* (Kostprobe) zu unternehmen. Die folgenden Restaurants – in der Mehrzahl mit einer eigenen *fromagerie* verbunden – bieten in ihrem Speiseplan eine Käse-*dégustation* an.

Androuët, 41, Rue d'Amsterdam, Paris 8. ℭ 874 26 93. Metro: Liège. Restaurant geöffnet: 12 bis 14.30 und 19 bis 21.30 Uhr; geschlossen: Sonntag. Kreditkarten: AE, DC, V. 120-Francs *dégustation.* Platzreservierung empfehlenswert.

Die ausgefeilteste *dégustation* von ganz Frankreich findet man bei ANDROUËT, dem Mekka der Käsefreunde in Paris. Die Spezialität des Hauses ist ein aus sieben Gängen aufgebautes Mahl, das nur aus Käse besteht. Die Folge ist sorgfältig abgestimmt. Man beginnt mit den fettesten und mildesten Sorten, geht dann auf die aromatischeren gepreßten Varianten über, durchstreift kostend die Ziegenkäse und endet mit einem berauschenden Finale von *bleus.* Bei jedem der sieben Gänge gibt der Kellner eine

Eine kleine Cantal-Auswahl

kleine Einführung zu den gereichten Sorten; er empfiehlt, pro Käseplatte drei oder vier kleine Kostproben zu nehmen. Es lohnt sich, in dieses gastronomische Experiment einen langen Mittag zu investieren. Dann kann man die Vielfalt wirklich genießen, Vergleiche anstellen, die einzelnen Käsepartien mit knuspriger Baguette abpolstern und mit einem soliden Bordeaux begießen.

La Boutique à Sandwiches, 12, Rue du Colisée, Paris 8. ℘ 35 95 66 69. Metro: Franklin Roosevelt. Geöffnet: 12 bis 16 Uhr und 18 Uhr bis Mitternacht; geschlossen: Sonntag und im August. Ungefähr 75 Francs.

Wer auf eine ungewöhnliche Erfahrung im Käseessen aus ist, sollte in diesem einfachen Delikatessengeschäft den ersten Stock erklimmen und sich zu einer Raclette niedersetzen, jenem herzhaft-sättigenden Gericht aus der Schweiz, zu dem buttriger, geschmolzener Hartkäse, in der Schale gekochte Kartoffeln, Perlzwiebeln und Cornichons gehören. Große Käseräder verschiedener Sorten werden in der Mitte geteilt; dann setzt man die offenen Seiten der Hitze eines Raclette-Grills aus, und der angeschmolzene Käse mit seiner blasig-knusprigen Haut wird jedesmal abgeschabt und zum Tisch gebracht. Sie werden kaum in der Lage sein, Ihre Portion des würzigen Käses aufzuessen, bevor der Kellner mit der nächsten Charge ankommt. Nehmen Sie zur Raclette als Wein den köstlichen weißen Apremont aus Savoyen.

La Ferme Saint-Hubert, 21, Rue Vignon, Paris 8. ℘ 742 79 20. Metro: Madeleine. Restaurant geöffnet: 11.30 bis 15 und 18.45 bis 22 Uhr; geschlossen: Sonntag und Montag. 50-Francs-*dégustation*.

Gleich neben der *fromagerie* LA FERME SAINT-HUBERT befindet sich ein kleiner, einfacher Speiseraum, wo – für Käseliebhaber mit nicht unbeschränkt viel Zeit – *dégustations* in Kurzform zu haben sind. Am beliebtesten ist hier eine aus sieben Spezialitäten bestehende Käseplatte, die die sieben in Frankreich erzeugten Grundtypen repräsentiert. Ihre Reife, und darin spiegelt sich die Vorliebe des Inhabers für vollaromatische Käse wider, ist hier bis zur Grenze der Perfektion getrieben. Auch reine Ziegenkäse-Platten und Salate werden in LA FERME SAINT-HUBERT angeboten, es gibt eine kleine Auswahl von passenden Weinen, und kleine Töpfchen reiner, weißer Ziegenmilchbutter werden zusammen mit frischem Bauernbrot von Lionel Poilâne serviert. Der aufgetragene Käse ist nicht nach seiner Herkunft bezeichnet; man sollte sich also gut merken, was man gegessen hat und hinterher im Laden verifizieren, was es war. Raclette steht hier jeden Abend auf dem Speisezettel.

Ferme Sainte-Suzanne, 4, Rue des Fossés Saint-Jacques, Paris 5. ✆ 354 90 02. Metro: Luxembourg. Restaurant geöffnet: Montag bis Freitag 12 bis 14.30, Donnerstag 19 bis 21.30 Uhr; geschlossen: Samstag, Sonntag und im August. Ungefähr 50 Francs.

Ein von vielen Stammkunden besuchtes Lokal, unter dessen Oberlicht es mittags immer lebhaft zugeht. Hier gibt es ein einfaches Menü mit auf Käsebasis aufgebauten Speisen. Dazu gehören pikante *crêpes tourtes,* aus Rohkost, Ziegenkäse und Walnüssen zusammengestellte Salate und hübsch ›beschilderte‹ *dégustation-*Platten, zu denen die herrlich krossen Baguettes der nahen BOULANGERIE MODERNE auf den Tisch kommen. Die Raclette wird mit ganz kleinen gekochten Kartöffelchen und köstlichem Rauchschinken serviert. Eine kleine Weinliste ist auch vorhanden. Exzellent der Côtes-du-Rhône.

EIN MENÜ AUS STRASSENNAMEN

Daß man in Paris, dieser der Feinschmecke-rei so ergebenen Stadt, Dutzende von Straßennamen findet, die etwas mit dem Essen zu tun haben, ist eigentlich nicht verwunderlich. Nachfolgend einige dieser Straßen unter Angabe des Arrondissements oder des Stadtteils, in dem sie sich heute befinden:

Rue des Boulangers, 5. Arrondissement: Als die Straße 1844 ihren Namen erhielt, reihte sich hier eine Bäckerei an die andere. Heute ist in der ›Bäckerstraße‹ kein einziger Laib Brot mehr zu bekommen.

Passage de la Brie, 19. Arrondissement: Nach

der östlich von Paris gelegenen Region benannt, die für ihre Weizenfelder und Weiden, für die Butter und – natürlich – ihren Käse bekannt ist.

Rue Brillat-Savarin, 13. Arrondissement: Die Straße erhielt ihren Namen zu Ehren des berühmten Gastronomen und Autors des Werkes »Die Physiologie des Geschmacks«.

Rue Brise-Miche, 4. Arrondissement: Im Mittelalter verteilten auf dieser seit 1517 so genannten Straße Geistliche Brot an die Bedürftigen: *brise-miche* bedeutet: »brich Brot«.

Rue Curnonsky, 17. Arrondissement: Zur Erinnerung an den Gastronomen Maurice-Edmond Sailland, der sich das russisch klingende Pseudonym um die Jahrhundertwende zulegte, als alles Russische in Paris in Mode war. Der Verfasser des vielbändigen Werkes »La France Gastronomique« starb 1956. Diese Straße wurde später ihm zu Ehren so benannt.

Rue des Eaux, 16. Arrondissement: Als diese Straße 1650 im Distrikt von Passy eröffnet wurde, hatten Arbeiter bereits eine in der Nähe liegende Mineralquelle entdeckt. (Passy gehört heute zu den besseren Stadtvierteln von Paris.) Im 18. Jahrhundert versiegte die Quelle zwar, aber der dem Wasser verbundene Straßenname blieb. Sprudelte die Quelle noch – wer weiß, vielleicht tränken wir alle *Passy* statt *Perrier*.

Rue de la Faisanderie, 16. Arrondissement: Hier, beim Château de la Muette, existierte einmal eine Fasanerie.

Rue des Fermiers, 17. Arrondissement: Zwar ist dieses Gebiet unweit des Parc Monceau heute urbanisiert, aber noch im letzten Jahrhundert gab es hier einige Bauernhöfe. Die Straße erhielt ihren Namen 1840, als das Areal eingemeindet wurde.

Rue des Jeûneurs, 2. Arrondissement: Möglicherweise rührt die Straßenbezeichnung von einem Schild her, das 1715, während der Herrschaft Ludwig XV., an einem der Häuser hing und auf dem »Aux Déjeuners« stand.

Rue des Maraîchers, 20. Arrondissement: Im 18. Jahrhundert hatten in dieser Gegend viele Gemüsebauern, *maraîchers,* ihre Märkte. Die Straße erhielt ihren Namen 1869.

Impasse Marché aux Chevaux, 5. Arrondissement: Viele Straßen in Paris sind nach früheren oder heute noch existierenden Märkten benannt, aber diese Namensgebung finde ich besonders interessant. An dieser Stelle bestand seit 1687 ein großer Marktplatz. Mittwochs und samstags begann der Markttag mit dem Auftrieb von Schweinen; später folgten Maultiere, Esel und dann Pferde *(chevaux)*. An Sonntagen wurden Karren und Hunde verkauft.

Rue des Meuniers, 12. Arrondissement: Die Straße der Müller erinnert an eine Getreidemühle, die hier im 18. Jahrhundert stand. Heute ist davon nichts mehr zu sehen.

Rue des Morillons, 15. Arrondissement: *Morillon* heißt eine dunkelrote Traubensorte, der das Pariser Klima gut bekam. Das war zu einer Zeit, als Einwohner von Paris und Umgebung noch genügend Platz hatten, Wein anzubauen. Der Weg, der durch den damals hier liegenden Wingert führte, wurde 1730 zur Landstraße und 1906 zu einer städtischen Straße erklärt. Weingärten sind inzwischen wieder im nahen Parc Georges-Brassens angelegt worden, doch wird hier nicht die *Morillon-*, sondern die *Gamay-*Traube kultiviert.

Impasse de la Poissonerie, 4. Arrondissement: Diese Straße entstand im Jahre 1783, als der Markt Sainte-Cathérine eröffnet wurde. Am Rande gab es einen Fischladen, daher der Name.

Boulevard Poissonière, 9. und 10. Arrondissement: Diese im 17. Jahrhundert dem Verkehr übergebene Straße diente den Fischhändlern von Calais, die den Pariser Zentralmarkt belieferten, als Passage. Ihren heutigen Namen erhielt sie 1685.

Rue du Pressoir, 20. Arrondissement: Der Name geht auf das Jahr 1837 zurück. Damals wurde am Stadtrand von Paris noch viel Wein angebaut, und an dieser Stelle stand ein *pressoir*, eine Weinpresse.

Charcuteries
FEINKOST-
GESCHÄFTE

Wer das Deftige und das Würzige liebt, der muß sich in einer Pariser *charcuterie* wie im Himmel vorkommen. Genau genommen ist sie der Ort, wo man *chair cuite* – gekochtes Fleisch – kauft, und Hunderte dieser *charcuteries* gibt es in Paris. Mit ihren gravierten Marmortheken und den messingschimmernden Hängeregalen wirken manche etwas museumshaft; andere wiederum sind so modern und makellos, daß die dargebotene Ware wie die Auslage eines Juweliergeschäftes anmutet. Duftende Würste und zu Mosaikmustern zusammengesetzte *pâtés*, luftgetrocknete und geräucherte Schinken sowie Lockspeisen mit seltsam klingenden Namen – *grattons, fritons, rillettes, rillons* – kann man hier erstehen. Wer anders als die Franzosen hätte es fertiggebracht, aus Schweinefleisch so viel zu machen? Und wo sonst als in Paris könnte man einen Laden mit 15 verschiedenen Arten von *boudin* finden, die alle an Ort und Stelle produziert werden; ein anderes Geschäft mit mehr als einem Dutzend verschiedener Schinkensorten; und wieder andere, die über den kulinarischen Bereich des Schweinefleischs weit hinausgreifen: Kaviar und *foie gras,* frisches Landbrot und geräucherten Lachs gibt es und dazu gleich noch den passenden Wodka, Champagner oder Sauternes.

Man braucht Paris nicht zu verlassen, um im Wunderland der französischen *charcuterie* zu schwelgen – meine Lieblingsgeschäfte führen bodenständige Provinzspezialitäten aus der herben Auvergne im südlichen Mittelfrankreich und bieten landfrischen Ziegen- und Schafskäse, den heftig-deftigen Bleu d'Auvergne, Dutzende Sorten von Schinken, Würsten und *pâtés* von so vielen verschiedenen Formen, Arten und Namen, daß einem ganz schwindlig wird. Aber da gibt es auch die Elsässer Spezialitätenläden, die der satte Duft warmen Sauerkrauts durchzieht, mit Bergen von Schweinerippchen, einer Wurstpalette aller Schattierungen, hervorragenden Munster-Käsen von den Bauernhöfen in den Vogesen und mit den anheimelnden herzförmigen Honigkuchen.

Läden, in denen man bretonischen Akzent hört, werden sehr wahrscheinlich mit der als *encalat* bekannten, würzigen Käsetorte aufwarten, während die nach Savoyen hin orientierten Geschäfte vor allem luftgetrocknete Würste und Schinken sowie ihre regionalen Weißweine – etwa den blaßgelben, köstlichen Apremont oder den spritzigen leichten Crépy – vor uns ausbreiten.

Was in den einzelnen Stadtgegenden und von Laden zu Laden angeboten wird, unterscheidet sich stark hinsichtlich Auswahl und Breite des Sortiments. Eine Durchschnitts-*charcuterie* macht nur einen kleinen Teil ihrer Ware selbst (75 Prozent der landesweit in den *charcuteries* umgesetzten Produkte sind Industrieerzeugnisse), aber die wirklich guten Geschäfte, wie sie auch in diesem Kapitel besprochen werden, stellen die meisten ihrer Würste, Schinken, *pâtés* und *terrines* selbst her oder kaufen sie direkt von selbständigen Landwirten in den verschiedensten Regionen Frankreichs.

Eine ganze Reihe von *charcuteries* in Paris offeriert auch warme Mittag- und Abendessen, ein Konzept, das den meisten von uns ausgesprochen modern erscheinen mag, aber schon Jahrhunderte alt ist. Seit die ersten *charcuteries* im Jahre 1475 entstanden, war ihre Idee, gekochte Gerichte mit Schweinefleisch herzustellen, denn damals hatten sehr viele Pariser Haushalte noch keine Kochgelegenheit, und die *charcuterie,* die die ganze Woche über fertige Mahlzeiten über die Theke verkaufte, ersetzte die warme Küche daheim.

Außer ihren Hunderten von verschiedenen Fleischwaren führen die meisten *charcuteries* heute auch ofenfertige *escargots* (Schnecken), eine ganze Reihe teigüberbackener *pâtés* oder *terrines* zum Warm- oder Kaltessen, Pizzen und *quiches* sowie Dutzende von Salaten, angefangen beim Sellerie- oder Rote-Beete-Salat bis hin zur Vinaigrette-getränkten Karotten-Julienne. Auch Oliven, Pickles und Cornichons füllen die Regale sowie verpackte Kuchen, Plätzchen und anderes Backwerk aus der Provinz.

Heute wird der Begriff *charcuterie* in Paris sehr breit ausgelegt, und große Delikatessengeschäfte wie FAUCHON, LENÔTRE, DALLOYAU, HÉDIARD und FLO PRESTIGE (alle in diesem Buch erwähnt) sind zugleich *charcuteries* und Party-Service-Unternehmen, indem sie frisches Brot und Gebäck, Schokoladen und Pralinen, Weine und Spirituosen sowie pikante Konserven anbieten. Was auf den nachfolgenden Seiten besprochen wird, ist daher eine enge Auswahl kleinerer, meist in Familienhand befindlicher Geschäfte mit besonders ausgeprägten Eigenheiten. Auf jeden Fall sind es ergiebige Quellen, durch die man, eine Kostprobe von diesem und eine Scheibe von jenem erstehend, aus einem gewöhnlichen Picknick ein kleines Pariser Festessen machen kann.

Tuileries
1. Arrondissement

CHEDEVILLE
12, Rue du Marché-Saint-Honoré, Paris 1
✆ 26 11 11 11
Metro: Tuileries
Geöffnet: 8.30 bis 13 und 15.30 bis 19 Uhr; geschlossen: Sonntag und Montag.
Kreditkarte: V

Eine der größten *charcuteries* der Stadt, bekannt für ihre guten *pâtés*, Würste und Schinken, die auch den Weg in einige bessere Restaurants von Paris finden. Zugleich ein Laden voller Atmosphäre, wo man Sie gerne dabei zuschauen läßt, wie ein halbes Dutzend Fleischer entschlossen das Tagespensum angeht.

Marais, Bastille
4. und 11. Arrondissement

GALOCHE D'AURILLAC
41, Rue de Lappe, Paris 11
✆ 700 77 15
Metro: Bastille
Geöffnet: 10 bis 2 Uhr; geschlossen: Sonntag, Montag und im August

Dieses immer geschäftige Bistro verkauft Schinken, Wurst, Brot und Wein aus der Provinz, deren Namen es trägt; ein nettes Lokal, und überdies gut zu wissen, daß es über Mittag und bis spät in die Nacht hinein geöffnet hat, denn andere *charcuteries* in der Gegend sind zu diesen Zeiten geschlossen.

MAISON SUBA / PRODUITS HONGROIS

Ein sauberes kleines Lädchen nahe der Place des Vosges, vollgeladen mit verführerisch duftenden ungarischen Rohwürsten. Eine besondere Eßerfah-

11, Rue de Sévigné, Paris 4
✆ 887 46 06
Metro: Saint-Paul
Geöffnet: 9 bis 13 und 15
bis 19 Uhr; geschlossen:
Sonntag und Montag

rung mit Pfiff: die mit scharfem Pfeffer gewürzte
Wurst aus Rind- und Schweinefleisch.

Würste und *frites* in der Rue
Mazarine, Nr. 49 (Paris 6)

LA SAVOYARDE
39, Rue Popincourt,
Paris 11
Kein Telefon
Metro: Voltaire
Geöffnet: 9 bis 20 Uhr;
geschlossen: Montag

Zu dieser etwas abseits gelegenen, feinen und
freundlich geführten *charcuterie* lohnt es sich,
einen Umweg zu machen. Perfekt gereiften Reblochon, rohe, geräucherte und luftgetrocknete Würste
aus der Haute-Savoie, eine beachtliche Auswahl an
savoyischen Weinen und sogar eine kleine Bar gibt es
hier, an der man die Leckerbissen goutieren kann.

WAS MAN IN DER CHARCUTERIE KAUFEN KANN

Zum Besuch einer Pariser *charcuterie* sollte
man mit einem gesunden Appetit und einigen wenigen Kenntnissen ausgestattet sein.
Nachfolgend sind die am meisten vertretenen
Produkte aufgeführt:

Andouille: kalte geräucherte Schlackwurst

Andouillette: kleine Bratwurst, oft aus Innereien, die gewöhnlich als Grillwurst gegessen wird

Ballotine: kalter, sülziger, farcierter Rollbraten (meist Geflügel)

Boudin blanc: weiße, vorwiegend aus Huhn, aber auch aus Kalb- und Schweinefleisch gemachte Wurst

Boudin noir: Blutwurst

Cervelas: mit Knoblauch gewürzte Zervelatwurst

Confit: im eigenen Fett eingelegtes Gänse-, Enten- oder Schweinefleisch

Cou d'oie farci: wurstähnlich mit Fleisch und Gewürzen gestopfte Ganshaut (Halspartie)

Crépinette: Wurstpastetchen mit einem Mantel aus Hammelbauchfett

Fritons: grobe Schweine-*rillettes* oder unter Verwendung von Innereien bereitetes fettes Hackfleisch vom Schwein oder von der Gans, das ausgebraten ist

Fromage de tête: Kopfsülze, meist vom Schwein

Galantine: aspiküberzogene Pastete, die eine Farce aus Geflügel-, Kalb- oder Schweinefleisch enthält und kalt aufgeschnitten wird

Grattons: knusprig-hart ausgebackene Haut vom Schwein, von Gans oder Ente

Hure (de porc, de marcassin): Kopfsülze (vom Schwein, Wildschwein)

Jambon

    d'Auvergne: roher, geräucherter Schinken

    de Bayonne: roher, luftgetrockneter Schinken

    de Bourgogne (auch: *persillé):* gekochter Schinken in Würfelform, zusammen mit Petersilie gelatiniert; wird gewöhnlich aus der Terrine herausgeschnitten

    cru: jede Art von rohem Schinken

    cuit: jede Art von gekochtem Schinken

    fumé: jede Art von Räucherschinken

»Zum Schinken trink
Wein.
Mit Suppe stillt man
den gewöhnlichen
Hunger; Bratenfleisch
erst macht das Essen
zum Schmaus.
Wildpastete ist nichts
für ungehorsame
Kinder.«
Lektion aus einem französischen Schulbuch
des 17. Jahrhunderts.

de montagne: Schinken aus Bergregionen
à l'os: Knochenschinken
de Paris: blaßrosa, leicht gesalzener, gekochter Schinken
de Parme: italienischer Prosciutto (luftgetrocknet) aus Parma
du pays: Landschinken irgendwelcher Art
persillé (auch: de Bourgogne): gekochter Schinken, in Würfelform, zusammen mit Petersilie gelatiniert; wird gewöhnlich aus der Terrine herausgeschnitten
sec: getrockneter Schinken irgendwelcher Art
de Westphalie: westfälischer Schinken (geräuchert)
de York: geräucherter und meist gekochter Schinken englischer Art
Jambonneau: Eisbein
Jésus: Schweinswurst aus der Franche-Comté
Lard: Speck
Lardons: Speckwürfel
Merguez: kleine pikante Bratwurst aus Hammelfleisch
Museau de porc: in Essig mariniertes Schweinemaul
Oreilles de porc: gekochte Schweinsohren, die
– mit einem Überzug aus Ei und Bröseln gegrillt
– serviert werden
Pâte: durchgedrehtes Fleisch, gewürzt und, oft von einem Teigmantel umgeben, im Ofen gebacken; eine *pâté* kann warm oder kalt serviert werden
de campagne: einfache Pastete nach Bauernart
de canard: Entenpastete
de chevreuil: Wildpastete
de croûte: Pastete im Teigmantel
de foie: Leberpastete
de grive: Drosselpastete
de lapin: Kaninchenpastete
de lièvre: Hasenpastete
maison: Pastete nach Art des Hauses

d'oie: Gänsepastete

Pied

   de cochon: Schweinsfuß

   de mouton: Hammelfuß

   de porc: Schweinsfuß

Poitrine fumée: Räucherspeck

Poitrine d'oie fumée: geräucherte Gänsebrust

Rillettes (d'oie): eingekochtes Gänsefleisch (Grieben-Püree in Schmalz); kann auch mit Ente, Fisch oder Kaninchen gemacht werden

Rosette (de bœuf): luftgetrocknete Schweins- (oder Rinds-)Wurst, gewöhnlich aus dem Beaujolais

Saucisse (fast immer eine kleine Frischwurst, die gekocht oder auf dem Rost gebraten und warm gegessen wird)

   chaude: warme Wurst

   de Francfort: Frankfurter Würstchen

   de Strasbourg: dem Frankfurter Würstchen ähnlich, jedoch mit roter Haut

   de Toulouse: milde Schweinswurst ländlicher Art

Saucisson (fast immer lange, luftgetrocknete Wurst, wie etwa Salami; als Frischwurst gewöhnlich *saucisson chaud* – heiße Wurst – genannt und dann unserer Fleischwurst oder Knoblauchwurst ähnlich)

   à l'ail: Knoblauchwurst (meist gekocht und warm gegessen)

   d'Arles: luftgetrocknete, salamiartige Wurst

   de campagne: jede Art von Landwurst

   en croûte: in Teig eingebackene Wurst

   de Lyon: luftgetrocknete Schweinswurst, mit Knoblauch und Pfeffer gewürzt und mit Schweinespeck gespickt

   sec: jede Art von luftgetrockneter Wurst

Terrine (ursprünglich einen Steingutbehälter bezeichnend, in dem Fleisch, Fisch oder Gemüse zubereitet wurde, gilt der Begriff heute für die in der Schüssel servierte *pâté* selbst. Eine *terrine* wird portionsweise aus der Schüssel geschnitten; als *pâté* entnimmt man dem Behälter, in dem sie zubereitet wurde, die Pastete als Ganzes)

d'anguille: Aal-Terrine
de caille: Wachtel-Terrine
de campagne: Terrine nach Bauernart
de canard: Enten-Terrine
du chef: Terrine nach Art des Küchenchefs
de faisan: Fasanen-Terrine
de foie: Leber-Terrine
de foies de volaille: Geflügelleber-Terrine
de grives: Drossel-Terrine
maison: Terrine nach Art des Hauses
de perdreau: Rebhuhn-Terrine
de volaille: Geflügel-Terrine

CHEZ TEIL
6, Rue de Lappe, Paris 11
✆ 700 41 28
Metro: Bastille
Geöffnet: Dienstag bis Samstag 9 bis 13 und 15 bis 20 Uhr; Sonntag 9 bis 13 Uhr; geschlossen: Montag und im August

Gibt es irgendwo in Paris eine wirklich urigere und im guten Sinne altmodischere Straße als die Rue de Lappe? Tangoschuppen, gemütliche Bistros zum Essen und *charcuterie* neben *charcuterie,* voller Würste, Käse, Landbrot und *foie gras.* Dieser kleine Laden ist eine Fundgrube, an der man nicht vorbeigehen sollte.

A LA VILLE D'AURILLAC
34, Rue de Lappe, Paris 11
✆ 805 94 85
Metro: Bastille
Geöffnet: Montag bis Samstag 8 bis 20 Uhr; Sonntag 9 bis 13 Uhr; geschlossen: Montag

Holen Sie ganz tief Atem beim Betreten dieser bescheidenen Auvergnat-*charcuterie,* deren Luft schwer ist von den miteinander im Wettstreit liegenden Aromen abgehangener Würste und edler ausgereifter Schinken sowie almfrischen Cantals und redlichen Saint-Nectaires. Die Eigentümer des Ladens, die freundliche Familie Bonal, verkaufen auch Walnußöl und hübsche, saubere *galoches,* Holzpantinen mit Lederoberteil, die sie direkt aus der Provinz beziehen.

A LA VILLE DE RODEZ
22, Rue Vieille-du-Temple, Paris 4

Viermal in der Woche kommen die langen, kernigen Laibe Bauernbrot aus Aurillac in Südwestfrankreich in diesen gepflegten Laden, während die

✆ 88 77 93 6
Metro: Saint-Paul
Geöffnet: 8 bis 13 und 15
bis 19.30 Uhr; geschlos-
sen: Sonntag, Montag und
vom 14. Juli bis 1. Sep-
tember

duftenden, von den Balken hängenden Würste und
Schinken dagegen den Güte verbürgenden Stempel der
Auvergne tragen. Auch Buchweizenmehl für herzhafte *crêpes* gibt es hier, *fouace* (eine mit kandierten
Früchten angereicherte *brioche,* die besonders viel
Butter enthält, eine regionale Spezialität), *boudin noir,*
herbe rote Landweine und jenen strohgelben, feinsin-
nigen Käse aus der Cantal-Familie, den Laguiole. Man
kann sich einen kleinen Imbiß zusammenstellen oder
für ein großes *déjeuner* im Freien eindecken; den
handgeflochtenen Korb, um seine Schätze wegzutra-
gen, bekommt man hier auch.

AUX VRAIS PRODUITS D'AUVERGNE ET DE BRETAGNE

98, Rue de la Roquette,
Paris 11
✆ 379 70 28
Metro: Bastille oder
Voltaire
Geöffnet: 8.45 bis 12.45
und 15 bis 19.45 Uhr; ge-
schlossen: Sonntag und im
August

Ein Gang durch diese gut bevorratete Regional-*charcuterie* kommt dem Besuch einer dörflichen
Gemischtwarenhandlung am nächsten. Darf es, bitte,
die leicht gesalzene Butter aus der Bretagne oder
Schinken von Bayonne oder aus Savoyen sein? Warum
nicht ein zarter Reblochon aus der Käserei eines Bauern im Aravis oder ein milder Saint-Marcellin? Bau-
ernbrote und Trockenwürste, Kuchen und Torten
warten darauf, mit einem betagten Cahors oder einem
spritzigen, fruchtigen Weißwein aus der Savoie begossen zu werden.

Odéon
6. Arrondissement

CHARCUTERIE COESNON

30, Rue Dauphine, Paris 6
✆ 326 56 39
Metro: Odéon
Geöffnet: Dienstag bis
Freitag 8.30 bis 13 und 15
bis 19.30 Uhr; Samstag

Eine der respektabelsten Familien-*charcuteries* der
Stadt, betrieben von den zuvorkommenden Coes-
nons, die vor nun schon beinahe 30 Jahren aus der
Normandie nach Paris kamen. Zu ihren Spezialitäten
gehören die hausgemachten Würste, darunter *boudin
noir* in 15 verschiedenen Varianten – manche mit Rosinen, andere mit Walnüssen, Äpfeln oder Kräutern –,
boudin blanc und *andouillettes.* In den Wintermona-

8.30 bis 19.30 Uhr; geschlossen: Sonntag, Montag und im August

ten wird der *boudin* jeden Dienstag und Donnerstag frisch gemacht. Wild-Terrine, selbstgeräucherten Speck und *foie gras cru* gibt es das ganze Jahr hindurch.

Porte d'Orléans
14. Arrondissement

DUCREUX PRODUITS REGIONAUX
5, Rue Sarrette, Paris 14
✆ 32706 05
Metro: Alésia
Geöffnet: Dienstag bis Samstag 8 bis 13 und 16 bis 20 Uhr; Sonntag 8 bis 13 Uhr; geschlossen: Montag und im August

Wenn man in diesen Laden kommt, fühlt man sich auf einen kleinen Bauernhof in der Bretagne versetzt. Diese anregende, in jeder Beziehung aufgeräumte *charcuterie* ist erfüllt vom salzigen Aroma roh gereifter Schinken, während regionale Käsetorten *(encalats)* und pflaumengefüllter *far breton* um die Gunst Ihres Gaumens wetteifern.

FOIE GRAS

*F*oie gras – ein Kronjuwel der französischen
Gastronomie –, ist die buttrig-zarte Leber
der gemästeten Ente oder der Gans. Leicht mit
Pfeffer und Salz gewürzt und dann in einer feuerfesten weißen Terrine sanft gegart, bedarf diese zerbrechliche Delikatesse keiner weiteren
Veredlung mehr als der Begleitung durch frisch
getoastetes Landbrot und ein Glas lieblichen
eisgekühlten Sauternes'. Eine wirklich gute *foie
gras* gehört zu den genußreichsten Speisen der
Welt. Die Farbgebung einer Stopfleber wird
von ihrer Eigenart und der Länge der Garzeit
bestimmt und kann vom pfirsichzarten Rosé bis
zur leicht goldbraunen Tönung gehen. Kalo-
rienreich wie sie ist (etwa 500 Kalorien pro 100-
g-Scheibe), genießt man eine *foie gras* am besten
langsam und bedächtig, sparsam könnte man
auch sagen: denn die gerade erwähnte Scheibe
kostet etwa 100 Francs.

Was ist nun besser, Gänse- oder Entenleber?
Das ist allein eine Frage des persönlichen Geschmacks. Gänseleber (*foie gras d'oie*) ist teurer
und wird weniger gegessen als Entenleber (*foie
gras de canard*). Die Gänsezucht ist aufwendi-
ger hinsichtlich Pflege und Fütterung der Tiere.
Da die Gans anfälliger gegenüber Krankheiten
ist und empfindlicher auf Störungen in ihrer
täglichen Routine reagiert, ist ihre Sterblichkeit
relativ hoch. Enten sind da anspruchsloser und
halten mehr aus, und daher kommt es auch, daß
die Entenstopfleber in den letzten 20 Jahren immer populärer geworden ist. Was das Aroma
anbelangt, so ist die Gänseleber etwas verhaltener und milder im Geschmack; die Entenleber
geht den Gaumen direkter und eine Spur bitterer an.

Und auf was hat man bei einer *foie gras* zu
achten? Wünschenswert ist, daß die Scheibe

Vorsicht bitte, *boudin*-Transport!

foie gras eine durchgehend uniforme Färbung als Zeichen dafür aufweist, daß sie ein und derselben Leber entstammt und sorgfältig und gleichmäßig gegart wurde. Der Geschmack sollte angenehm frisch und zart ›lebrig‹ sein.

Leberpastete serviert man kühl, aber nicht kühlschrankkalt (8–10 Grad sind immer richtig). Am besten wird die Portion 15 oder 20 Minuten vor dem Auftragen dem Kühlschrank entnommen. Bei zu kalter *foie gras* erstarrt das Aroma. Ist sie zu warm, dann wird ihre Konsistenz breiig.

Das Gesetz schreibt vor, daß jedes als *foie gras* gekennzeichnete Produkt nur Gänse- oder Entenleber (mit einem erlaubten Zusatz von 10 bis 15 Prozent Kalb-, Schweine- oder Hühnerfleisch) enthält. Außerdem ist die Angabe aller Zutaten auf der Verpackung zwingend. Die besten Erzeugnisse bestehen ausschließlich aus *foie gras*, Salz und Pfeffer, aber heutzutage verwenden selbst viele angesehene Hersteller einen Zusatz von Nitriten und Konservierungsstoffen.

Nachfolgend sind die gesetzlich festgelegten Bezeichnungen und die entsprechenden Herstellungsvorschriften für die einzelnen Zubereitungsformen von *foie gras* wiedergegeben. Wenn Sie das Produkt als Konserve kaufen, sind in Terrinen oder Glasbehälter verpackte Erzeugnisse der Dosenware vorzuziehen, einfach weil man die Leber sehen und begutachten kann.

Die wirklich gute *foie gras* sieht frisch und lebhaft aus, ist frei von schwärzlichen Adern, besitzt keinen allzu dicken Fettmantel und läßt sich leicht schneiden. In vielen Läden wird *foie gras* auch aus größeren Terrinen heraus portionsweise verkauft. Solche lose Ware sollte man zunächst in den Kühlschrank legen und dann innerhalb weniger Stunden verspeisen.

Die Tagesspezialitäten

Foie gras cru: Rohe Stopfleber. Wenn die Qualität stimmt, verspricht sie den höchsten Genuß. Man findet sie gewöhnlich nur in ausgewählten Pariser *charcuteries,* und zwar um das Jahresende herum. Roh geschnitten auf einer Scheibe getoastetem Brot mundet *foie gras cru* ganz köstlich; sie läßt sich auch in einer Terrine zu Hause aufbewahren. Verkauft wird sie häufig vakuumverpackt. Die besten Rohlebern sind die kleinsten; bei der Gans wiegen sie ein gutes halbes Kilo, bei der Ente um die 400 Gramm. Sie sollten rundlich, geschmeidig und ohne Flecken sein und sich eher glatt als körnig anfühlen. Gewöhnlich dürfte man damit nicht fehlgehen, aber es empfiehlt sich schon, diesen Leckerbissen bei einem angesehenen Händler zu erstehen.

Foie gras mi-cuit oder **nature:** Das ist die nur angegarte *foie gras* für den *connaisseur* und zugleich der beste Weg, mit der Köstlichkeit bekannt zu werden. Nur wirklich erstklassige Lebern eignen sich für diese Zubereitungsart. Die Bezeichnung *mi-cuit* und *nature* werden unterschiedslos zum Begriff *foie gras frais* gebraucht; in jedem Fall bedeutet es, daß die Ware bei 80 bis 90 Grad haltbar gemacht wurde. Nach der rohen schmeckt die in dieser Form genossene Leber am besten, denn sie ist nur ganz leicht gegart und hat ihren ursprünglichen, angenehm vollen Geschmack beibehalten. Verkauft wird die *foie gras mi-cuit* in Terrinen, vakuumverpackt, in Dosen, Glasgefäßen oder in zylindrischer Form, eingewickelt in Alufolie. Von der Verpackung hängt ihre Haltbarkeit ab; das können einige Tage oder mehrere Monate sein.

Foie gras entier: Ganzer Stopfleber-Lappen leicht gewürzt und gewöhnlich in der Terrine oder in einem Glas gegart. Ist der Behälter für einen Lappen zu groß, dann kann er mit Stücken von einer anderen Leber aufgefüllt sein.

295

Foie gras entier kommt in zwei Formen zum Verkauf: frisch *(frais)*, dann erfordert das die Aufbewahrung im Kühlschrank, und der Inhalt muß innerhalb von ein paar Wochen oder Monaten (das hängt von der Länge der Garzeit ab) verbraucht werden; oder *en conserve*, dabei hält sich das Produkt ungekühlt mehrere Jahre.

Foie gras en conserve: Stopflebern, ganz oder in Stücken, gewürzt und in einem Behältnis (Glas oder Dose) bei 108 bis 115 Grad haltbar gemacht. Die Ware bedarf keiner Kühlung. In diesem Zustand wird, wenn sie gut konserviert ist, *foie gras* erster Qualität sogar noch an Aroma gewinnen. *Foie gras en conserve* sollte man kühl und trocken lagern und von Zeit zu Zeit wenden; dann kann sie sich bis zu zehn Jahren halten. Der Kauf solcher *foie gras* ist eine gute Sache, wenn man einen verläßlichen Händler hat.

Bloc de foie gras: Bei dieser Ware ist ein Anteil von mindestens 50 Prozent Enten- oder 35 Prozent Gänsestopfleber vorgeschrieben, der in Form von Stücken deutlich erkennbar sein muß und in eine maschinell hergestellte *foie gras*-Mischung eingebettet ist. Da hierbei auch die Zugabe von 10 Prozent Schweinefett gestattet ist, sind solche Produkte weniger empfehlenswert.

Foie gras truffé: *Foie gras* mit einem Trüffelanteil von wenigstens 3 Prozent. Ein schlechter Kauf, denn die Essenz und das wunderbare Aroma des teuren Trüffels gehen dabei völlig unter, und der Preis für solche Erzeugnisse ist weit übertrieben.

Foie gras parfait: Eine maschinell gefertigte Mischung von *foie gras* verschiedener Art und durchschnittlicher Qualität, ergänzt von Füllseln aus Schweine-, Kalb- und Hühnerfleisch und von einem Speckmantel umgeben. Kein guter Kauf.

Foie gras pâté, galantine oder purée: Es handelt sich um verschiedene Erzeugnisse, die alle eine *foie gras*-Basis haben. Die verwendeten Lebern sind meist von sehr schlechter Qualität und werden mit Schweine-, Kalb- oder Hühnerfleisch gemischt, dann in einen Speckmantel eingehüllt. Das Wort *gras* darf in der Produktbezeichnung fehlen, aber alle Mischerzeugnisse dieser Art müssen ein Minimum von 50 Prozent *foie gras,* bezogen auf das Gesamtnettogewicht, aufweisen. Ein schlechter Kauf.

Victor-Hugo, Arc de Triomphe, Villiers
16. und 17. Arrondissement

CORDIER
129, Avenue Victor-Hugo, Paris 16
℡ 7279774
Metro: Victor Hugo
Geöffnet: 8.30 bis 13.15 und 15.30 bis 19.45; geschlossen: Sonntag

Eine gediegene *charcuterie* mit Tradition und einem Hauch von Luxus. Einen gepflegten Räucherlachs gibt es hier und zu den Weihnachtsfeiertagen frische, rohe Gänse- und Entenstopfleber.

AUX FERMES D'AUVERGNE
13, Rue Poncelet, Paris 17
℡ 6225045
Metro: Ternes
Geöffnet: Dienstag bis Freitag 9 bis 13 und 16 bis 19.30 Uhr; Samstag 9 bis 13 und 15.30 bis 19.30 Uhr; Sonntag 9 bis 13 Uhr; geschlossen: Montag und im Juli und August

Meine Lieblings-*charcuterie* in Paris: ein tadellos geführtes, rühriges kleines Geschäft mit mehr als einem Dutzend Schinkensorten, Hausmacher-Würsten und einer superben Auswahl stets frischer Landkäse. Eine ganze Skala von Cantal-Zylindern, sanfte Saint-Marcellins, schön gereifter Brebis und Crottin-Ziegenkäse ergänzen das Angebot.

JEAN-CLAUDE ET NANOU

46, Rue Legendre, Paris 17
✆ 227 15 08
Metro: Malesherbes
Geöffnet: Dienstag bis
Samstag 8.30 bis 13 und
16.15 bis 20 Uhr; Sonntag
8.30 bis 13 Uhr; geschlossen: Montag und im
August

Freundlich, zuvorkommend und mit einem gewissen Chic leitet das junge Gespann Jean-Claude und Nanou die appetitliche Familien-*charcuterie*. Herrlich frische Würste und Schinken, *pâtés* und *foie gras* werden alle paar Tage aus der Auvergne angeliefert. Auch ein respektables Sortiment von Käsen aus der Provinz sowie ausgezeichnete luftgetrocknete und geräucherte Würste gibt es hier.

MAISON POU

16, Avenue des Ternes,
Paris 17
✆ 380 19 24
Metro: Ternes
Geöffnet: Dienstag bis
Freitag sowie Sonntag 9.30
bis 13.15 und 15.15 bis
19.15 Uhr; Samstag 9.30
bis 14.45 Uhr; geschlossen: Montag
Kreditkarten: AE, DC, V

Ein Laden, um sich am Schaufenster die Nase plattzudrücken, picobello, elegant und in jeder Beziehung auf der Höhe: duftende Würste, dampfende *choucroute, pâtés* und Schinken, Käse, Waldpilze, Trüffeln und, nicht zu vergessen, ein sehr ansehnliches Weinlager.

AUX FERMES D'AUVERGNE:
ein sorgfältiger Schnitt in die
Terrine

SCHMID

41, Rue Legendre, Paris 17
✆ 763 31 04
Metro: Villiers
Geöffnet von 9.30 bis 13
und von 16 bis 19 Uhr;
geschlossen: Sonntag und
an Feiertagen

Beinahe so gut wie eine Reise ins Elsaß: Schon in den Schaufenstern türmen sich die herzförmigen Gewürzkuchen, die goldenen Munster-Käse vom Bauernhof, Brühwurst und Aufschnitt, der Wein, die Obstwässerchen und natürlich die Straßburger Gänseleberpastete.

Chocolateries
KONFISERIEN

Wenn man sieht, welchen Kult die Franzosen mit Schokolade treiben, könnte man glauben, sie hätten sie erfunden. Nun, das haben sie nicht, aber wie auf so vielen Gebieten der Gastronomie ist es ihnen gelungen, durch Perfektion Neid zu erwecken. Sie haben die Kunst der Schokoladenherstellung außerordentlich verfeinert, geduldig ihre Pralinen hochgepäppelt und so lange mit der Kakaomasse laboriert, bis sie Süßigkeiten hervorbrachten, die zu den edelsten, aromatischsten und unwiderstehlichsten der Welt gehören dürften.

Der französische Schokoladenesser ist ausgesprochen kritisch und verwöhnt, und die *chocolatiers*, also die Hersteller, haben das Glück, auf eine Kundschaft zu stoßen, die bereit ist, Spitzenpreise zu bezahlen für Erzeugnisse, für die nur der allerfeinste Kakao aus südamerikanischen Bohnen, die beste Madagaskar-Vanille, die frischesten sizilianischen Pistazienkerne und die teuerste holländische Kakaobutter verarbeitet werden.

Bevor es Schokolade im heutigen Sinne gab – in Form von Tafeln oder Pralinen, die man als Nachtisch oder gelegentliches Naschwerk zu sich nimmt – war Schokolade ein Getränk: eine Kombination aus gerösteten, gemahlenen Kakaobohnen, Zucker, Zimt und vielleicht noch Vanille. In dem Maße wie dieses Gebräu im Europa des 17.

Jahrhunderts an Beliebtheit gewann, wurde es zum Gegenstand von Diskussionen. War Schokolade überhaupt gesund? Oder führte ihr Genuß allmählich zum Tode? Stimmte es, daß sie ein gefährliches Aphrodisiakum darstellte? Die berühmte Chronistin des Pariser Gesellschaftslebens jener Tage, Madame de Sévigné, schrieb damals an ihre Tochter: »Sie schmeichelt dir eine Zeitlang, und sie wärmt dich auch im Moment; dann erregt sie ein tödliches Fieber in dir.« Doch als ihre Tochter von Paris wegzog, begann sie sich Sorgen darüber zu machen, wie diese wohl ohne *chocolatière*, ohne Schokoladenkanne, auskommen könne. Das erste ›Schokoladengeschäft‹ von Paris – eine Kakaostube in der Rue de l'Arbre-Sec im heutigen 1. Arrondissement – wurde 1659 eröffnet, als Ludwig XIV. einem der Offiziere von Königin Anna das Alleinrecht zum Verkauf von Trinkschokolade verlieh. Bald kam Schokolade am französischen Hof in Mode. In Versailles servierte man sie wenigstens dreimal in der Woche, und Napoleon soll den Trunk als morgendlichen Muntermacher dem Kaffee vorgezogen haben. Voltaire leerte in seinen späten Lebensjahren zwölf Tassen Schokolade am Tag, und das zwischen fünf Uhr morgens und drei Uhr nachmitags – er sollte 84 werden. Brillat-Savarin hat sich am knappsten dazu geäußert: »Schokolade ist Gesundheit«, sagte er.

Und genau an diesem Punkt setzten zwei gewitzte Pariser an, als sie in den ersten Jahren des 19. Jahrhunderts – die Diskussion über die Bekömmlichkeit der Schokolade war noch in vollem Gang – die Zeichen der Zeit erkannten: Sie verkauften das Getränk als Medizin. Ein gewisser Monsieur Debauve, *chocolatier,* und ein Monsieur Gallais, seines Zeichens Apotheker, taten sich zusammen und machten in der Rue des Saints-Pères, gleich neben dem Boulevard Saint-Germain, einen eleganten Laden auf. Es dauerte nicht lange, da kamen die Nervösen und die Kränklichen, die Ausgemagerten und die Fettsüchtigen zu DEBAUVE & GALLAIS, um sich einer ›Schokoladen-Kur‹ zu unterziehen. Daß die Verabreichung von Schokolade schon bald ein besseres Geschäft als die Verordnung bitterer Arzneien wurde – wen sollte das verwundern? DEBAUVE & GALLAIS jedenfalls – übrigens bis zum heutigen Tag noch an derselben Stelle – wurde bald zum bedeutendsten Schokoladenhaus von Paris.

In Frankreich ist Schokolade gleichbedeutend mit *gourmandise* und Wohlbehagen, daran hat sich bis in unsere Zeit hinein nichts geändert. Und doch verhalten sich die Franzosen gegenüber ihren geliebten *bonbons*, den Pralinen, bewundernswert diszipliniert. Tatsächlich essen sie erheblich weniger Schokolade als ihre Nachbarn. Der Pro-Kopf-Verbrauch liegt bei 5 Kilo im Jahr. Die Schweizer verzehren das Doppelte, in Belgien kommt man auf etwa 7 Kilo pro Jahr und Kopf und in Deutschland auf 6,7 Kilo.

Doch wenn man in Frankreich Schokolade ißt, dann gleich richtig: 80 Prozent der in Paris verkauften Schokolade verläßt die Läden in den letzten drei Dezemberwochen!

Bastille
3. und 11. Arrondissement

CLICHY
5, Boulevard Beau-
marchais, Paris 3
✆ 88 78 98 88
Metro: Bastille
Geöffnet: 9 bis 18.30 Uhr;
geschlossen: Montag und
im August

Dieses nur wenige Schritte von der Bastille entfernte Pralinen- und Konditorgeschäft, anmutig,
altmodisch und beliebt, lädt in seinen rückwärtig gelegenen kleinen Teesalon ein, um die überdurchschnittlichen Croissants und *pains au chocolat* oder die Scho-
koladenspezialitäten zu kosten und einen starken,
schwarzen *express* dazu zu schlürfen. Was man hier
versuchen muß, sind die herrlichen, massigen *men-
diants,* handtellergroße Törtchen aus Halbbitter-
Schokolade, die mit Walnüssen, Haselnüssen und großen Rosinen gefüllt sind.

Zur Osterzeit finden sich die Bewohner des ganzen
Stadtviertels ein, um Konditormeister Paul Bugats
kunstvoll dekoriertes Schaufenster mit den handge-
formten Schokoladeneiern und -fischen zu bewundern. Im Herbst locken die *marrons glacés,* kandierte
Kastanien; und aufsehenerregende *pâtés de fruits* mit
schönen, gelierten Früchten sind das ganze Jahr über
ausgestellt.

LA PETITE FABRIQUE
19, Rue Daval, Paris 11
✆ 805 82 02
Metro: Bréguet-Sabin
Geöffnet: 10 bis 12.30 und
15 bis 19.30 Uhr; geschlossen: Sonntag und Mitt-
woch

Ein leuchtend rosa Neonschild geleitet einen bis zur
Tür, das verführerische Aroma köstlicher Schokolade zieht einen hinein. Und schon befindet man
sich in einem kleinen Laden mit einer von Meisterhand
geschaffenen Auswahl von Qualitätserzeugnissen.
Probieren Sie einmal die großen *palets d'or* aus ganz
dunkler Schokolade, gefüllt mit einer Creme und noch
mehr Schokolade; die ergiebigen *rochers* mit der Füllung aus *praliné,* und die süßen, herzhaften *bûches,*
hübsche kleine Stäbchen aus Bitterschokolade, die
beim Hineinbeißen eine helle grüne Mandelpaste frei-
geben.

Sèvres-Babylone, Ecole Militaire
6. und 7. Arrondissement

DEBAUVE & GALLAIS
30, Rue des Saints-Pères,
Paris 6
℻ 54 85 54 67
Metro: Sèvres-Babylone
Geöffnet: 10 bis 13 und 14
bis 19 Uhr; geschlossen:
Sonntag, Montag, im
August und in der ersten
Septemberwoche

Ein kleines Juwel in der Branche – und einmal als Apotheke begonnen, die ihren Kunden Schokolade anempfahl –, hat das Geschäft sich in den 150 Jahren seines Bestehens so gut wie nicht verändert. Die stämmige alte Theke ist heute mit Glasamphoren beladen, in denen sich Haselnußpralinen und kakaobestäubte Schokoladentrüffel drängen. Die Regale des Apothekenschranks neben dem riesigen Wandspiegel sind von bunten Blechdosen besetzt, die Kaffee und Tee enthalten – beide Mittel werden ohne Rezept abgegeben. Und wenn die Sonne in diesen Laden scheint, dann wie eh und je durch die eleganten *cosse d'orange*-Fenster mit ihren apfelsinenartig gefächerten Sektoren. Wie alle Pariser Schokoladen- und Pralinengeschäfte behandelt DEBAUVE & GALLAIS seine Artikel wie Pretiosen. Jeder Einkauf, so klein er auch sei, endet in einem anmutigen Gebinde, verziert mit Silberschleifen und goldenen Siegeln. Die Schokoladen dieses Hauses sind dunkel und intensiv, geschmacksstark und herb. Nicht ihre stofflichen, sondern ihre aromatischen Eigenschaften stehen im Vordergrund, denn einige von ihnen können ein wenig zuckrig und körnig sein.

LENOTRE
44, Rue du Bac, Paris 7
℘ 22 23 9 39
Metro: Rue du Bac
Geöffnet: Montag bis
Samstag 9.45 bis 19.30
Uhr; Sonntag 9.45 bis 13
Uhr; geschlossen: Sonntag
und Montag im August

Diese Schokoladen sind himmlisch und gehören zu den feinsten, die man in Paris bekommen kann. Erbitten Sie eine Pralinenmischung von 100 Gramm, und Sie werden zehn verschiedene Geschmackserlebnisse haben; die wundervoll aromatischen Schokoladen haben eine balsamische, gleichmäßige Konsistenz. Das Essentielle einer Kakaobohne vermittelt sich spontan dem Gaumen. Die *palets d'or* und die *noisettes,* kleine Haselnuß-Dreiecke, sind außergewöhnlich. (Siehe auch unter ›Konditoreien‹.)

PUYRICARD
27, Avenue Rapp, Paris 7
℘ 705 59 47
Metro: Ecole Militaire
Geöffnet: 9.30 bis 13 und
14 bis 19 Uhr; geschlossen:
den ganzen Sonntag und
Montagmorgen

Ein beschauliches Geschäft älteren Stils, das von Hand gemachte Schokoladen aus Aix-en-Provence verkauft – köstlich-voll und sahnig und mit der Intensität südamerikanischer Kakaomassen.

Madeleine, Rond-Point, Arc de Triomphe
8. und 9. Arrondissement

DALLOYAU
101, Rue du Faubourg
Saint-Honoré, Paris 8
℘ 359 18 10
Metro: Saint-Philippe-du-
Roule
Geöffnet: Montag bis
Samstag 9.30 bis 19 Uhr;
Sonntag 9.30 bis 13 Uhr
und 15 bis 18.30 Uhr

Klassische, cremige Schokoladen, die ausnahmslos im eigenen properen Betrieb nahe der Opéra hergestellt werden. Am besten sind die mit Zimt und Krokant gefüllten ›El Dorado‹ und die zarten, bitter-süßen, mit einer Schokoladen-Kuvertüre versehenen Karamelbonbons. Wir befinden uns hier in einem alteingesessenen Geschäft: Während man die Süßigkeiten für sie zusammenstellt und in hübschen Schachteln verpackt, lassen sich die Stammkundinnen aus der Nachbarschaft in gemütlichen Polstersesseln nieder. (Siehe auch unter ›Konditoreien‹.)

LA MAISON DU CHOCOLAT
225, Rue du Faubourg

Der Traum aller Schokoladenfans: eine schokoladenfarbene Fassade, schokoladenfarbene Markisen, und dazu trägt der *chocolatier* selbst, Robert

Saint-Honoré, Paris 8
✆ 2273944
Metro: Ternes
Geöffnet: 9.30 bis 19 Uhr;
geschlossen: Sonntag und
Montag

Robert Linxe, *chocolatier* in
La Maison du Chocolat

Linxe, noch eine schokoladenfarbene Schürze. Man
hat das Gefühl, alleine schon durch das Betreten dieses
Geschäftes an Gewicht zu gewinnen. Monsieur Linxe
ist nämlich der unbestrittene ›Schokoladenkönig‹ von
Paris. Sein Reich besteht aus einem ausgetüftelten,
handgefertigten Sortiment, das in der kleinen Schoko-
ladengießerei seiner zu ebener Erde gelegenen ehema-

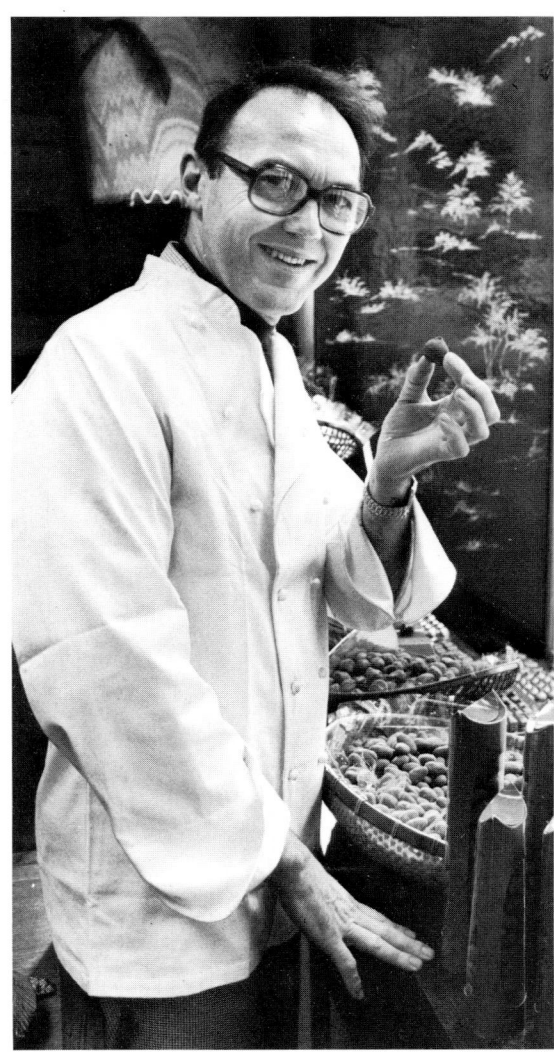

ligen Wein- und Spirituosenhandlung entsteht. Er ist mit Recht stolz auf seine *framboise* (Himbeerschokolade), und der sahnige *palet d'or* zerschmilzt einem nur so auf der Zunge. Auch eine gute Auswahl an Weinen, einen feinen, als Hausmarke preiswert angebotenen Champagner und eine beachtliche Auswahl an Armagnacs findet man hier. (Siehe Abb. Seite 342.)

MARQUISE DE SEVIGNE

32, Place de la Madeleine, Paris 8
✆ 265 19 47
Metro: Madeleine
Geöffnet: 9.45 bis 19 Uhr; geschlossen: Sonntag

Adel verpflichtet, und wer könnte daher mit einem solchen Namen fehlgehen? Ein Porträt der berühmten Marquise de Sévigné – in all ihrer fülligen Wohlhabenheit – schmückt die Deckel der Pralinenschachteln und die Goldfolie, die die Köstlichkeiten des Hauses umhüllt. Das *cœur de Paris* müssen Sie hier kosten, ein Herz, fast ganz aus massiver Schokolade mit einer Haselnuß- und einer Spur Pralinéfüllung in der Mitte, sowie den mit Schokolade und Creme gefüllten frischen und sahnigen *palet*.

MEURISSE

49 bis, Avenue Franklin-D.-Roosevelt, Paris 8
✆ 225 06 04
Metro: Franklin-D.-Roosevelt
Geöffnet: 9.30 bis 19 Uhr (10 bis 12 Uhr und 12.30 bis 19 Uhr in den Sommermonaten); geschlossen: Samstag, Sonntag und im August

Ein traditionell eingerichteter Laden mit einem funkelnden Sortiment verwegener, kakaobutterzarter Schöpfungen. Wählen Sie *turinos,* mit Walnuß-Creme und Rum gefüllte, schokoladeüberzogene Medaillons, oder *brunas,* Mandelhütchen mit einem Kern aus dunkler Bitterschokolade.

SCHOKOLADE ZU ALLEN JAHRESZEITEN

In Paris kommt Schokolade nie aus der Mode. Jahraus, jahrein verkünden die prächtigen Schaufenster der Konfiserien, ganz wie Kalenderblätter, Festtage und Jahreszeiten. Das beginnt mit dem Valentinstag, wenn Tausende von Schokoladenherzen gebrochen werden.

Der Frühling ist aufgerufen, sobald die Schaufenster vor Schokoladenfischen schwim-

men. Das bedeutet, daß *Poisson d'Avril*, der
1. April, vor der Tür steht, an dem man andere
gern zum Narren hält. Große Fische, die am
Schwanz eine Schleife tragen, sind mit Schwärmen von *fritures,* winzigen Schokoladenfisch-
chen, angefüllt, und kleine, mit ›Sardinen‹ aus
Milchschokolade beladene Metallkästchen
erscheinen in allen Süßwarenläden.

Zur Osterzeit treiben Hasen und Küken,
Enten und kleine Hunde ihre Possen zwischen
den von Schokoladeneiern beherrschten Schaufenstern. Überall glitzert buntes Silberpapier.
Und an der Place de la Madeleine sitzt, in
königlichem Glanze, FAUCHONS riesiges spit-
zenbesetztes Schokoladenei und bringt den
Fußgängerverkehr wochenlang fast zum Erlie-
gen.

Kaum ist Ostern vorbei, da halten kleine
Schokoladentöpfchen mit *muguets,* Maiglöck-
chen, ihren Einzug. Sie sind ein althergebrach-
tes französisches Begrüßungssymbol für den
ersten Tag im Mai. Und sie leisten den Herzen
und den Blumen Gesellschaft, die der *Fête des
Mères,* dem Muttertag, entgegendrängen.

Obwohl die Lust auf Schokolade unter der
sommerlichen Hitze zusammenschmilzt, gibt
die süße Branche nicht auf. Symbole der Ferien-
saison – aus Schokolade gegossene Eimer und
Sandschaufeln, Seesterne und Muscheln – tummeln sich hinter den Sonnenblenden.

Der ungestüme Herbst mit seinen plötzli-
chen Regenböen läßt Pilze und satte Trüffeln
sprießen – wiederum in Schokolade. Aber all
dies ist nur wie eine Vorankündigung zum großen Weihnachtsfest, wenn die Schokoladengeschäfte sich wieder auf Großmutters Zeiten
besinnen: *marrons glacés,* kandierte Kastanien,
und *bûches de Noël,* ›Weihnachtsscheite‹, erinnern an uralte Bräuche, als Gäste noch ein
ordentliches Stück Holz mitzubringen pfleg-
ten, um das Herdfeuer in Gang zu halten.

SPECIALITES DE FRANCE

44, Avenue Montaigne, Paris 8
℡ 72 09 96 3
Metro: Franklin-D.-Roosevelt
Geöffnet: 9.30 bis 18.30 Uhr; geschlossen: Sonntag
Kreditkarten: AE, DC, V

TANRADE

18, Rue Vignon, Paris 9
℡ 742 26 99
Metro: Madeleine
Geöffnet: 9.15 bis 12 Uhr und 13.30 bis 18.30 Uhr; geschlossen: Sonntag, Montag und im August

Ein freundlicher, übersichtlich gestalteter Laden, der regionale Spezialitäten aus allen Ecken Frankreichs führt: raffinierte Pralinen, ausgefeilte Schokoladen und Bonbons aller Klassen und Aufmachungen. Vielleicht reizt Sie hier die *chocolat au Calvados* aus Le Havre, der *palet Cognac de Meaux* aus Frankreichs Brie-Kapitale oder eine Kostprobe der kakaogepuderten Mandeln, der *amandas* von Montargis; in diesem Laden freut man sich immer, dem Kunden ein ›überregionales‹ Geschenksortiment zusammenzustellen. (Siehe auch unter ›Spezialitätengeschäfte‹)

TANRADE, ein ehrwürdiges Etablissement, das seit 1820 im Geschäft ist, liegt heute, und nun schon wieder seit 60 Jahren, in der Rue Vignon, gleich um die Ecke von FAUCHON und den die Place de la Madeleine säumenden Lebensmittel- und Feinkostgeschäften. (Aus diesem Grund wird das Unternehmen hier unter dem 8. Arrondissement aufgeführt.) Dort, in der sorgfältig konservierten Art Déco-Atmosphäre des Ladens, macht Pierre Tanrade seine Schokoladenerzeugnisse noch genauso wie Generationen von Tanrades es vor ihm gemacht haben. Am besten wohl sind seine *rochers*, kleine, runde mit Schokolade überzogene Mandelstückchen. Tanrades *marrons glacés*, die köstlichen, nur zwischen November und Februar erhältlichen kandierten Kastanien, haben Weltruf. Man stellt auch Konfitüren, Marmeladen und Gelees her, die in ganz kleinen Mengen in den gleichen Kupfergefäßen von Hand gefertigt werden wie die zuckerumhüllten Kastanien. Man versäume in diesem Geschäft nicht, die Glasätzungen der Türen und die schmiedeeisernen Leuchter zu bewundern. Die Entwürfe dazu stammen noch von Pierre Tanrades Großmutter; deshalb umranken die Muster auch das traditionelle Symbol der Gründerfamilie: den Marmeladentopf. (Siehe auch unter ›Spezialitätengeschäfte‹.)

Trinité, Notre-Dame-de-Lorette, Gare Saint-Lazare
9. Arrondissement

BONBONNIERE DE LA TRINITE
4, Place d'Estienne-d'Orves, Paris 9
☎ 8742338
Metro: Trinité
Geöffnet: Montag bis Samstag 10 bis 19 Uhr; geschlossen: Sonntag sowie Samstag und Sonntag im August

LENOTRE
5, Rue du Havre, Paris 9
☎ 5222259
Metro: Saint-Lazare
Geöffnet: Dienstag bis Freitag 9 bis 19.30 Uhr; Samstag und Montag 9.45 bis 19.45 Uhr; geschlossen: Sonntag.
Siehe LENÔTRE, 6. Arrondissement

Dieses anheimelnde, in der ganzen Gegend bekannte Geschäft, seit 1925 jeweils vom Vater auf den Sohn übergegangen, bietet frischschmeckende, vollaromatische Schokoladen und Pralinen an, manche dekoriert mit zierlichen kandierten Veilchen. Auch Tee sehr vieler Provenienzen, würziger Honig und regionale Backwerk-Spezialitäten in Dosen werden geführt.

MARRONS GLACÉS
(KANDIERTE KASTANIEN)

Kandierte Kastanien, *marrons glacés,* sind eine Herbst- und Winterspezialität, die in den meisten der besseren Schokoladengeschäfte der Stadt zum Verkauf kommt. Die Saison beginnt etwa Anfang November mit dem Eintreffen der ersten frischen Eßkastanien aus der Ardèche in Südostfrankreich; um die Januarmitte herum ist sie schon wieder zu Ende. Das Verfahren, das aus frischen Kastanien kleine zuckrige Kostbarkeiten macht, ist ermüdend langwierig und verlangt unendlich viel Geduld.

Zuerst werden die Kastanien mehrere Male gekocht, um sie von Schale und Innenhaut zu befreien. Verbleibende Hautreste werden von Hand entfernt. Dann schlägt man die Kastanien in ein Nesseltuch, um sie während des nächsten Prozesses – sie müssen drei bis sieben Stunden im Drucktopf aushalten – am Auseinanderfallen zu hindern. Es folgt sodann ein erneuter Kochvorgang, diesmal von 48 Stunden bei ganz schwacher Hitze in einem Vanille-Sirup. Nach

KONFISERIEN

dieser Verarbeitungsstufe, also in Sirup konserviert, werden die Früchte oft an die Süßwarenhandlungen geliefert. Dort glasiert man sie in kleinen Partien, indem man sie mit Wasser besprüht und im Ofen erhitzt; das verleiht ihnen den charakteristischen Zuckerglanz. Schließlich werden sie in die für sie typische schimmernde Goldfolie eingewickelt.

A LA MERE DE FAMILLE
35, Rue du Faubourg Montmartre, Paris 9
✆ 770 83 69
Metro: Notre-Dame-de-Lorette
Geöffnet: 9.30 bis 13.30 Uhr und 15 bis 19 Uhr; geschlossen: Sonntag, Montag, im August und in der ersten Septemberwoche

Dieser Laden kommt direkt aus dem Märchenland. Sie müssen einmal zusehen, wenn die Kinder der ganzen Gegend mittags um drei aus der Schule hierherkommen und Suzanne und Albert Brethonneau die Rangen mit einem schier unübersehbaren Kunterbunt von Süßigkeiten verwöhnen. Sie selbst aber sollten in der Schokolade und Pralinen vorbehaltenen Abteilung zu den kleinen *barquettes* aus dunkler Schokolade greifen; sie sind mit *cassis* (schwarzer Johannisbeere) oder *framboise* (Himbeere) gefüllt. (Siehe auch unter ›Spezialitätengeschäfte‹.)

Victor-Hugo
16. Arrondissement

BOISSIER
184, Avenue Victor-Hugo, Paris 16
✆ 504 24 43
Metro: Victor-Hugo
Geöffnet: 9.30 bis 13 Uhr und 14.30 bis 19 Uhr; geschlossen: Sonntag

Das diskrete Exterieur läßt hinter der Fassade eher ein Kreditinstitut als eine Konfiserie vermuten. Aber steht man erst einmal im Laden, dann weiß man's besser. BOISSIER sollte man sich ansehen, und wäre es auch nur, um die mit kleinen Tabletts voller Törtchen und Pralinen garnierte Marmortheke zu bewundern, die aussieht, als präsentiere sie das Ergebnis eines Konfiserie-Wettbewerbs auf einer Kochkunstausstellung. Viele wohlhabende Familien dieses Viertels mögen festangestellte Köchinnen haben, aber wenn es um das

309

abendliche Dessert geht, kommt Madame lieber persönlich zu Boissier und trifft sorgsam ihre Wahl. (Die
Schokoladen selbst sind allerdings nicht umwerfend.)

LENOTRE
49, Avenue Victor-Hugo,
Paris 16
℘ 50171 71
Metro: Victor-Hugo
Geöffnet: Dienstag bis
Samstag 9.30 bis 19.15
Uhr; Sonntag 9 bis 13 Uhr;
geschlossen: Montag
Siehe Lenôtre, 6. Arron-
dissement

**MARQUISE DE
SEVIGNE**
1, Place Victor-Hugo,
Paris 16
℘ 50089 68
Metro: Victor-Hugo
Geöffnet: 9 bis 18.45 Uhr;
geschlossen: Sonntag.
Siehe Marquise de
Sévigné, 8. Arrondisse-
ment

Leckere Pralinen für jeden Geschmack

MACARONS CREOLES
(SCHOKOLADENMAKRONEN)

Eines Tages, als ich mich erschöpft fühlte, meinten Freunde, was mir fehle, sei Schokolade – aber natürlich nicht irgendeine Schokolade, sondern etwas ganz Bestimmtes von LA MAISON DU CHOCOLAT, *einem der besten Geschäfte von Paris. Ein glücklicher Zufall wollte es, daß das Ziel der wohlmeinenden Wünsche am Ende der Straße lag, in der ich wohnte. Ich kaufte eine Schokoladenmakrone aß sie und – fühlte mich gleich wieder auf der Höhe. Aufgrund dieser Erfahrung ersann ich am nächsten Tag das nachfolgende Rezept. Ich habe noch nie erlebt, daß jemand eine solche Schokoladenmakrone verschmäht hätte.*

Makronenmasse:

100 g Zartbitter-Schokolade
1 Teelöffel Vanille
2 große Eiweiß (70 g)
140 g Mandeln, geröstet und feingemahlen
150 g Zucker
1 Eßlöffel Butter zum Bestreichen des Backblechs

Füllung:

50 g Zartbitter-Schokolade
2 Eßlöffel *crème fraîche* (siehe Rezept Seite 274) oder dicke Sahne, vorzugsweise nicht ultrahocherhitzt

1. Den Backofen auf 135° vorheizen.
2. 100 g Schokolade zusammen mit der Vanille in einer kleinen Pfanne bei sehr schwacher Hitze aufschmelzen.
3. Mit einem langsam laufenden Rührwerk Eiweiß Mandeln und Zucker innig miteinander vermischen. Bei weiterlaufendem Gerät die Schokoladenpaste eingießen und weiterrühren, bis die ganze Mischung homogen ist.
4. Ein Backblech mit Butter bestreichen (oder mit Backpapier belegen und dann buttern). Die Masse mit einem Löffel häufchenweise auf das Backblech setzen (1 gehäufter Eßlöffel pro Makrone).
5. Etwa 15–18 Minuten backen lassen (bis sich die Masse gefestigt hat). Die Makronen sollten elastisch-fest, aber nicht trocken sein.
6. Während des Backvorgangs die Füllung vorbereiten. Die 50 g Schokolade in einer kleinen Pfanne bei sehr schwacher Hitze schmelzen lassen. Die *crème fraîche* oder die dicke Sahne zugeben und beides gut miteinander verrühren. Stehen- und abkühlen lassen.
7. Wenn Makronen und Füllung abgekühlt sind, die Hälfte der Makronen mit je einem gehäuften Teelöffel der Füllung bestreichen. Die andere Hälfte der Makronen in Sandwich-Art auf die bestrichenen Stücke legen. Man kann sie sofort servieren oder auch später, vorzugsweise innerhalb weniger Stunden.
Ergibt 10 bis 12 gefüllte Makronen.

Spécialités Gastronomiques
SPEZIALITÄTEN-GESCHÄFTE

Izraëls exotische Welt

Die Spezialitätengeschäfte von Paris, angefangen beim altmodischen Familienladen mit den Gewürzfächern oder Bonbongläsern bis zu den eleganten, großangelegten Feinkostpalästen unserer Tage, halten ein wahres Potpourri guter Dinge bereit. Ob man nun dem besten Kaviar oder der frischsten schwarzen Trüffel auf der Spur ist, ob man sich der Verlockung von 30 unterschiedlichen Sorten Honig ergibt, nur einmal einen mit Erdnuß aromatisierten Senf versuchen oder bei seinem Streifzug durch die Stadt einfach ein Säckchen mit Lakritz erstehen will: Die folgenden Seiten sollten Ihnen zur Orientierung dienen. Vom Alltäglichen bis zum Exotischen reicht diese Übersicht, und manchmal können die hier vermerkten Dinge kleine Träume erfüllen.

Palais-Royal, Les Halles, Bourse, Opéra
1. und 2. Arrondissement

PAUL CORCELLET
46, Rue des Petits-
Champs, Paris 2
✆ 296 51 82
Metro: Pyramides
Geöffnet: 9.30 bis 19 Uhr;
geschlossen: Sonntag und
Montag
Kreditkarten: AE, V

Spezialitäten:
Tee, Honig, Essig, Senf,
Sirupe und Gewürze

M an stelle sich vor: 60 Teesorten, 15 Arten von Honig, 25 Essig-Varianten und mehr als 25 verschiedene Senfzubereitungen (darunter eine von Ex-Präsident Jimmy Carter inspirierte Version). Und obendrein gibt es hier noch Paul Corcellet persönlich – rundlich, robust, unermüdlich. Er wird Sie wahrscheinlich seiner liebenswürdigen Frau vorstellen, Sie im Laden zu einer Trinkprobe einladen und Sie sodann an seiner letzten Errungenschaft, bestehe sie nun in einem neuen Cocktail oder in einem gerade kreierten Senf, teilhaben lassen. Corcellet ist seiner exotischen Linie treugeblieben: schon als er sein Geschäft 1924 eröffnete, spezialisierte er sich auf nordafrikanische Gewürze und andere Artikel, und noch immer verkauft er ein breites Sortiment exotischer Sirupe und Spezereien. Viele Produkte sind in ganz kleinen Quantitäten abgepackt und eignen sich daher besonders gut als Versuchsmengen oder zur Mitnahme auf Reisen.

FLO PRESTIGE
42, Place du Marché-Saint-
Honoré, Paris 1
✆ 261 45 46
Metro: Pyramides
Täglich von 7 Uhr bis Mit-
ternacht geöffnet
Kreditkarten: AE, DC, V

Spezialität:
Picknick-Essen zum Mit-
nehmen

E ines der neuesten Feinkostgeschäfte von Paris und besonders geeignet für Imbiß-Einkäufe. Geboten werden eine erfreuliche Auswahl frischer Rohmilch-Käse, wundervoller Räucherlachs sowie *charcuterie*, *foie gras* und gemischte Salate. Jeder Artikel kann in Portionen gekauft werden, die auf eine Person zugeschnitten sind (es gibt sogar Brot scheibenweise). Stellen Sie sich also ein anständiges Picknick zusammen, und streben Sie den Tuileries zu. Wein und Konditorwaren sind bei FLO PRESTIGE ebenfalls erhältlich.

GARGANTUA
284, Rue Saint-Honoré,
Paris 1
✆ 260 63 38

W ie schon der Name verrät, ist hier alles riesig groß. Empfehlenswert sind die Qualitäts-Croissants, die guten *Pains au chocolat* und die Blätterteig-palmiers in Übergröße, alles umfangreich genug, um

Metro: Tuileries
Geöffnet: 8 bis 19.30 Uhr;
geschlossen: Sonntag
Kreditkarten: AE, V

Spezialitäten:
Konditorwaren und *char-
cuterie* zum Mitnehmen

LUCIEN LEGRAND
1, Rue de la Banque,
Paris 2
✆ 26 00 712
Metro: Bourse
Geöffnet: Dienstag bis
Freitag 8.30 bis 19.30 Uhr;
Samstag 8.30 bis 13 Uhr
und 15 bis 19 Uhr;
geschlossen: Sonntag,
Montag und die letzten
beiden Wochen im August

Spezialitäten:
Eine hervorragende Aus-
wahl an Weinen, Gewür-
zen und Bonbons

damit an dem kleinen Imbiß-Bord im rückwärtigen
Teil des Ladens eine vierköpfige Familie zu füttern. Es
geht hier buntbewegt und zwanglos zu. Man hat eine
große Auswahl an *charcuterie,* an Weinen und harten
Getränken sowie an Salaten, alles zum Mitnehmen.

K eine ›Renovierung‹ hat diesen Laden verändert,
seit er 1890 – schon damals eine Kombination aus
Weinhandlung und *épicerie* (Kolonialwarengeschäft) –
begann, Senf und Linsen, Wein vom Faß, Lampenöl
und ein unüberschaubares Sortiment bunter Süßigkeiten zu verkaufen, die nun heute in großen Glasbehältern vor der Tür aufgebaut sind. Immer noch steht die
wunderschöne Belle Epoque-Fassade. Die charakteri-
stische Bodega im Inneren ist nicht nur ein Stück
Geschichte, der Käufer findet hier auch eines der
gepflegtesten Weinlager der Stadt. Monsieur Legrand
versteht eine ganze Menge davon. Und was das alte
Paris angeht, so ist er, der geborene Geschichtener-
zähler, eine ergiebige Quelle.

PETIT QUENAULT

56, Rue Jean-Jacques-
Rousseau, Paris 1
∅ 233 46 85
Metro: Les Halles
Geöffnet: 8 bis 12.30 Uhr
und 13.30 bis 19.30 Uhr;
geschlossen: Samstagnach-
mittag, den ganzen Sonn-
tag und Montagmorgen

Spezialitäten:
Pilze, Schokolade und
Gewürze en gros

PETIT QUENAULT ist ein einfacher, sachlicher Großhandelsbetrieb, auf die Belieferung von Restaurants spezialisiert. Vom Ketchup bis zum Fleischbrühwürfel reicht die Warenliste. Aber auch Privatkunden können sich hier eindecken, und deshalb liegt man bei PETIT QUENAULT genau richtig, wenn man sich mit größeren Mengen getrockneter Pilze, darunter auch *cèpes* (Steinpilze) und *morilles* (Morcheln) versorgen will. Es gibt nur wenige Stellen in Paris, wo man diese Dinge so preisgünstig bekommt. Man versuche auch die Le Pecq-Backschokolade; sie ist die bevorzugte Marke der meisten Pariser Konditoren.

TETREL EPICERIE/ CONFISERIE

44, Rue des Petits-
Champs, Paris 2
∅ 296 59 58
Metro: Pyramides
Geöffnet: 9 bis 19 Uhr;
geschlossen: Sonntag

Spezialität:
Bonbons wie aus Groß-
mutters Zeiten

Ein noch sehr ursprünglicher kleiner Feinkostladen, in dem es auf den polierten Holztheken und hinter den blitzenden Scheiben nur so wimmelt vor Bonbonbüchsen, *confit*-Gläsern und Sardinendosen. Hier kann man noch das Ambiente von Alt-Paris nachempfinden und vielleicht ein paar Süßigkeiten alten Stils oder ein kleines Geschenk mitnehmen, das aus dem 19. Jahrhundert zu kommen scheint.

VERLET

256, Rue Saint-Honoré,
Paris 1
∅ 260 67 39
Metro: Palais-Royal
Geöffnet: 9 bis 19 Uhr;
geschlossen: Sonntag,
Montag und im August

Spezialitäten:
Eine feine Auswahl unge-
wöhnlicher Kaffee- und
Teesorten

Der Name des Hauses steht für frisch aus allen Teilen der Welt kommende, gebräuchliche oder ausgefallene Kaffees und Tees. Nach einem Bummel durch die Rue de Rivoli stärkt man sich hier gerne in dem anheimelnden kleinen Speiseraum, in dem es immer so aromatisch duftet. Man bekommt einen guten *croque-monsieur* und sehr ordentliche frische Desserts. (Siehe auch unter ›Teesalons‹.)

Marais, Ile Saint-Louis
4. Arrondissement

IZRAEL
30, Rue François-Miron,
Paris 4
✆ 27 26 6 23
Metro: Saint-Paul
Geöffnet: Dienstag bis
Freitag 9.30 bis 13 Uhr und
14.30 bis 19 Uhr; Samstag
9.30 bis 19 Uhr; geschlossen: Sonntag und Montag
Kreditkarte: V

Spezialitäten:
Produkte aus Nordafrika
sowie Lebensmittelspezia-
litäten aus allen Teilen der
Welt

Die von Gewürzen gesättigte
Luft bei IZRAËL einzuatmen,
ist ein Vergnügen besonderer
Art

A L'OLIVIER
77, Rue Saint-Louis-en-
l'Ile, Paris 4
✆ 32 95 8 32
Metro: Pont-Marie
Geöffnet: 9.30 bis 12.30
Uhr und 14.30 bis 19.30
Uhr; geschlossen: Sonntag
und Montag
Kreditkarte: V

Spezialität:
Öl aller Art und für alle
Verwendungszwecke

Vor einigen Jahren heiratete ein freundlicher, ge-
standener Mann namens Israel eine Frau namens
Izraël, und daher auch der Name des Ladens. Die Verbindung macht aus dem Inhaber zwar noch keinen
Israel Izraël, aber er witzelt gerne darüber. Mehr als 45
Jahre sind vergangen, seit das Geschäft eröffnet wurde
und sich auf den Verkauf nordafrikanischer Artikel
spezialisierte. Heute beherbergt der vollgestopfte,
köstlich riechende Laden mehr als 3000 Spezies aus
aller Welt, von der Guaven-Paste und polnischem
Buchweizen bis zu afrikanischen Flechtkörben. Aus
riesigen Säcken wird eine prächtige Auswahl von Getreide, Trockenfrüchten und Nüssen verkauft.

Dieser helle, neueingerichtete Laden auf einer der
Hauptstraßen der Ile Saint-Louis führt jede
erdenkliche Art von Öl, angefangen von den Salatölen
aus Oliven, Walnüssen oder Haselnüssen über das
Palmöl zum Braten bis hin zum Mandelöl für Massa-
gen. Obwohl die Qualität der Öle nicht herausragend
ist, machen sich die hübsch verpackten Produkte gut
als Geschenk.

Quartier Latin, Saint-Germain, Sèvres-Babylone, Invalides
5., 6. und 7. Arrondissement

HEDIARD

126, Rue du Bac, Paris 6

℘ 5440198

Metro: Sèvres-Babylone

Geöffnet: 9.15 bis 19.30

Uhr; geschlossen: Sonntag

Kreditkarten: AE, EC, V.

Siehe HÉDIARD, 8. Arron-

dissement, Seite 322

SARDINEN

Es ist schon Jahrzehnte her, daß fast jeder auf seinen Ruf als Gourmet bedachte Franzose damit begann, Büchsen mit feinen, hochwertigen Sardinen aus der Bretagne in seinem Keller zu stapeln, wo die zarten Fischchen – manchmal eine ganze Dekade lang – zu einem Leckerbissen heranreiften. ›Jahrgangs-Sardinen‹, *sardines millésimes,* sind heute wieder die große kulinarische Mode von Paris, und die meisten Feinkostgeschäfte führen ein gemischtes, sorgfältig datiertes Sortiment davon. Nach dem Kauf einer solchen Dose muß man sie zu Hause kühl lagern und alle drei bis vier Monate umwenden. In dem Maße, wie die fleischigen, saftigen Sardinen älter werden, gewinnen sie noch an Geschmack, sind zarter, raffinierter und leckerer und machen sich ganz köstlich zu einer Scheibe knusprigen Brotes.

Sardinen, die zur *millésime*-Kategorie aufsteigen sollen, haben mit den gewöhnlichen Sorten Büchsenfisch nichts gemein. Jahrgangs-Sardinen konserviert man immer in frischem Zustand, während die meisten normalen, zum Eindosen bestimmten Sardinen zunächst eingefroren, später fritiert und weiterverarbeitet werden. Bei *millésime*-Sardinen geht man gewöhnlich so vor, daß man sie wäscht, grillt, dann kurz fritiert, bevor sie von Hand in kleine ovale Büchsen eingelegt werden. Kopf, Haut und Rückengräten wurden vorher meist schon entfernt. Die einzigen Zugaben sind Öl –

gewöhnlich reines Olivenöl bester Qualität –, vielleicht eine Spur Gewürz oder auch einfach Salz; dann wird die Dose verschlossen und gelagert. Nun wendet man sie regelmäßig um, wie eine gleichmäßige Reifung dies erfordert, und ein oder zwei Jahre nach der Verarbeitung kann sie dann auf den Markt kommen.

Auf den Etiketten vieler Jahrgangs-Sardinen finden sich die Zusatzbezeichnungen *première catégorie* oder *extra*. Das bedeutet, daß die Ware frisch verarbeitet wurde, also nicht eingefroren war. Achten Sie auf das Herstellungsdatum auf dem Boden der Büchse, damit Sie wissen, wie lange Sie sie selbst noch lagern können. Vor einigen Jahren noch waren die Behältnisse dickwandig und widerstandsfähig genug, um eine jahrzehntelange Lagerung unbeschadet zu überstehen. Aber bei den heutigen leichtgewichtigen Dosen empfehlen die Experten nur noch eine maximale Nachreifezeit von vier Jahren.

Die nachfolgend angeführten Geschäfte sind nur einige wenige von denen, die Jahrgangs-Sardinen führen. Das Herstellungsdatum befindet sich entweder auf der Büchse selbst oder auf ihrer Verpackung.

Hédiard, 21, Place de la Madeleine, Paris 8. ✆266 44 36

Fauchon, 26, Place de la Madeleine, Paris 8. ✆ 74 26 01 1

Au Soleil de Provence, 6, Rue du Cherche-Midi, Paris 6. ✆ 548 15 02

Au Verger de la Madeleine, 4, Boulevard Malesherbes, Paris 8. ✆ 265 51 99

MAISON WOERLI
36, Rue Saint-André-des-Arts, Paris 6
✆ 326 89 49
Metro: Saint-Michel

Eine malerische, echte alte *épicerie* mit Dutzenden von Glasbehältern, die mit geheimnisvollen Süßigkeiten gefüllt sind. Selbst wenn Ihr Lakritzeinkauf hier die Summe von drei oder vier Francs nicht übersteigt, wird es sich der liebenswürdige Ladeninha-

Geöffnet: 8.30 bis 18.30
Uhr; geschlossen: Sonn-
tagnachmittag und im
August

Spezialität:
Bonbons in großer Aus-
wahl

PETROSSIAN
18, Boulevard La Tour-
Maubourg, Paris 7
℘ 55 15 97 73
Metro: Invalides
Geöffnet: Dienstag bis
Freitag 9 bis 13 Uhr und
14.30 bis 19 Uhr; Samstag
9.30 bis 19.30 Uhr;
geschlossen: Sonntag und
Montag

Spezialitäten:
Bester russischer Kaviar,
erstklassiger Räucherlachs,
foie gras und Trüffeln

**SOLEIL DE
PROVENCE**
6, Rue du Cherche-Midi,
Paris 6
℘ 548 15 02
Metro: Sèvres-Babylone
Geöffnet: 9.45 bis 19 Uhr;
geschlossen: Sonntag,
Montag und im August

Spezialitäten:
Oliven, Olivenöl, Honig,
Kräuter und Seife

THAN BINH
25, Rue Galande, 18, Rue

ber nicht nehmen lassen, die einzelnen Stücke mit
einer kleinen Zuckerzange auszusuchen. Bonbonla-
den wie WOERLI verschwinden in Paris nach und nach
von der Bildfläche; man sollte also hingehen, bevor es
zu spät ist.

» W ir verkaufen Träume«, sagt Christian
Petrossian. Und Träume sind hier aus
Kaviar und geräuchertem Lachs, aus *foie gras*, Trüffeln
und Sauternes gemacht. Die Ware ist durchweg von
hoher Qualität; dennoch halten sich die Preise im Rahmen. Ich würde in Paris Kaviar nie in einem anderen
Geschäft kaufen als hier. Christian selbst reist regelmäßig zum Kaspischen Meer und beobachtet dort bei
seinen Lieferanten die Gewinnung der kostbaren Stör-
Eier. Andere Spezialitäten in diesem gut eingerichteten, eleganten Laden schließen russische Konditorwaren, frische *Blini*, verschiedene Sorten Hering,
Wodka und würzigen schwarzen Tee aus Georgien
ein; hinzu kommen noch Petrossians französische
Produkte aus dem Périgord.

A uch ein größerer Umweg lohnt sich, um wegen
der erstklassigen Oliven, des Olivenöls und des
direkt von Paul Tardieus biologischem Bauernhof in
der Provence angelieferten Honigs hierherzukommen. Die Oliven sind die besten eingelegten schwarzen Oliven, die Frankreich aufzuweisen hat, und das
Olivenöl ist rein und kaltgepreßt. Fragen Sie einfach
nach den unter dem Namen *Tardieu* verkauften
Erzeugnissen.

Viele verschiedene andere Öle werden hier aus großen Metallbottichen verkauft; dazu kommen noch
Kräuter der Provence und belebende Seifen.

E ine kleine Rundfahrt über die drei links der Seine
verstreuten Than-Binh-Lädchen wird Sie rasch

Lagrange und 29, Place Maubert, Paris 5
✆ 3540334, 3546611, 3258165
Metro: Maubert-Mutualité
Geöffnet: Montag bis Samstag 8.30 bis 19.30 Uhr; Sonntag 9 bis 19.30 Uhr

Spezialitäten:
Vietnamesische Produkte

einmal nach Asien entführen. Die Ware aus Vietnam ist frisch und appetitlich und drängt sich hier in solcher Fülle, daß man sich wie in einem Museum für exotische Lebensmittel vorkommt; allerdings so gut wie ohne Führung, denn Französisch wird hier kaum und Englisch gar nicht gesprochen.

Champs-Elysées, Madeleine, Notre-Dame-de-Lorette
8. und 9. Arrondissement

CAVIAR KASPIA
17, Place de la Madeleine, Paris 8
✆ 2653352
Metro: Madeleine
Geöffnet: 9 Uhr bis Mitternacht; geschlossen: Sonntag
Kreditkarten: AE, DC, V

Spezialitäten:
Kaviar, Räucherlachs, *Blini*

Eine saubere kleine Feinkost-Boutique auf der Place de la Madeleine, die preisgünstigen gepreßten Kaviar (um die 185 Francs für 100 Gramm) sowie ausgezeichneten Räucherlachs und herrlich frische *Blini* zum Mitnehmen verkauft. Ein nettes, unförmliches Restaurant im ersten Stock lädt dazu ein, die Spezialitäten des Hauses an Ort und Stelle zu kosten. (Siehe auch unter ›Restaurants‹.)

FAUCHON
26, Place de la Madeleine, Paris 8
✆ 7426011
Metro: Madeleine
Geöffnet: 9.40 bis 18.30 Uhr; geschlossen: Sonntag

FAUCHON zu besuchen, ist besser als ins Theater zu gehen. Es soll sogar Leute geben, die sich von den beiden Läden auf der Place de la Madeleine mehr faszinieren lassen als vom Louvre. FAUCHONS ehrwürdigalte Schaufenster, dekoriert mit teuren exotischen Früchten und Gemüsen aus aller Welt, sind geradezu ein Verkehrshindernis. Selbst der verwöhnteste Gau-

(Montag hat nur die Konditorei von 9.40 bis 18.30 Uhr geöffnet) Kreditkarten. AE, DC, V

Spezialitäten:
Eine internationale Auswahl von über 20 000 Produkten, darunter exotisches Obst und Gemüse

FLORA DANICA
142, Avenue des Champs-Elysées, Paris 8
✆ 35 92 04 1
Metro: Charles-de-Gaulle-Etoile
Täglich von 12 Uhr bis Mitternacht geöffnet

Spezialitäten:
Importware aus Dänemark

men gerät hier alleine schon angesichts des gewaltigen Angebots in Erregung: über 20 000 Produkte, darunter auch Konditor- und Konfiseriewaren, eine mammuthafte Auswahl an internationalen Erzeugnissen, frisch oder verpackt, Kaffee, Tee, Gewürze und dazu eine *charcuterie,* in der nichts fehlt. In FAUCHONS berühmter Konditorei – mit kleinen Tischchen für einen Imbiß im Stehen – herrscht stets lebhafter Betrieb. Kein Zweifel: das bekannteste Feinkostgeschäft der Stadt, jedoch nicht immer das mit der freundlichsten Bedienung und auch nicht ausnahmslos das beste.

Eine populäre kleine Feinkost-Boutique mit Speiseraum, wo man die frischen dänischen Spezialitäten gleich probieren kann: Kuchen und Gebäck, gebeizten Lachs, geräucherten Lachs, Aal, Heilbutt, eingelegten Hering, kerniges Roggenbrot und dänisches Bier – und alles auch gleich zum Mitnehmen. (Siehe auch unter ›Restaurants‹.)

HEDIARD
21, Place de la Madeleine,
Paris 8
✆ 26644 36
Metro: Madeleine
Geöffnet: 9.15 bis 19.30
Uhr; geschlossen: Sonntag

Spezialitäten:
Eine eigene Gewürz-Palette, Speiseöle, Essig vieler Sorten sowie Tee und Kaffee

Tee, Gewürze und alle übrigen Artikel sind hier vorzüglich. Mit der neuen Fassade, einem Restaurant und der erweiterten Wein-Abteilung kann Hé-DIARD, das zur Spitzengruppe der Branche gehört, sich sehen lassen. Die Breite des Angebots, von den bekannten Hédiard-Gewürzen bis hin zu den exotischen Essig- oder Öl-Mischsorten, erlaubt den Einkauf aller einschlägigen Artikel an einem Platz. Manche Kunden kommen nur einmal im Jahr hierher, um beispielsweise ihre Teevorräte durch Nachkauf einer der hier erhältlichen 30 Sorten zu ergänzen. Auch der frischgeröstete Bohnenkaffee ist von ausgezeichneter Qualität. Im gut bestückten Weinkeller gibt es eine breite Palette von Bordeaux-Lagen, allerdings zu hohen Preisen.

LA MAISON DU MIEL
24, Rue Vignon, Paris 9
✆ 7422670
Metro: Madeleine
Geöffnet: 9.30 bis 19 Uhr; geschlossen: Sonntag

Spezialität:
Eine einzigartige Auswahl an Honig und Honigprodukten

Auch wer sich wenig aus Honig macht, sollte dieses Geschäft auf seine Besuchsliste setzen. Das Haus des Honigs ist einer der wenigen Läden auf der Welt, der sich ausschließlich mit Honig und Honigprodukten befaßt, und das seit 1908 und immer an dieser Stelle. Das phantasiereiche Kacheldekor – voller summender Bienen und farbenfroher Bienenkörbe – ist seit den Anfängen so beständig geblieben wie die Inhaberfamilie Galland selbst. Sie unterhält Bienenhäuser in ganz Frankreich und kauft überall in der Welt noch besonderen Honig hinzu. Rund 53 Tonnen Honig im Jahr verlassen dieses Geschäft; davon stammt etwa ein Viertel aus eigener Produktion. Die Sorten, die mir hier besonders zusagen, sind der herzhafte, rostfarbene *bruyère* (Heidekrauthonig) und der würzig-milde *tilleul* (Lindenblütenhonig). Kostproben werden im Laden abgegeben; außerdem sind die meisten Honigarten auch in winzigen Töpfchen zu haben. So kann man sie miteinander vergleichen. Leider ist die Bedienung mitunter recht kühl und unfreundlich. Auf der Basis von Honig hergestellte Seifen und verwandte Reformhaus-Produkte gehören ebenfalls zum Angebot.

LA MAISON DE LA TRUFFE

In den Monaten November bis März findet man hier die besten frischen Trüffeln von Paris. Trüffel-Kon-

19, Place de la Madeleine,
Paris 8
☎ 26 55 53 22
Metro: Madeleine
Geöffnet: 9 bis 20 Uhr; geschlossen: Sonntag
Kreditkarten: AE, DC, V

Spezialitäten:
Trüffeln, *foie gras* und *charcuterie*

serven gibt es das ganze Jahr über, dazu kommen Gänse- und Entenleberpastete, exotische Früchte, geräucherter Lachs, verschiedene Sorten von *charcuterie* und ein sehr respektables Angebot an Weinen und Spirituosen.

A LA MERE DE FAMILLE
35, Rue du Faubourg
Montmartre, Paris 9
☎ 770 83 69
Metro: Rue Montmartre
Geöffnet: 7.30 bis 13.30
Uhr und 15 bis 19 Uhr;
geschlossen: Sonntag und
Montag

Spezialitäten:
Ausgewählte Konfitüren
und Konfiserie

Beim Betreten dieses buntschimmernden Süßwarengeschäftes glaubt man sich mitten in ein naives Gemälde versetzt. Suzanne und Albert Brethonneau – mit ihren rosigen Wangen, dem zarten Teint und in ihren sauberen weißen Kitteln – stellen die dritte Generation der Familie, die in dem blitzblanken Laden steht; seine Ursprünge gehen bis auf das Jahr 1791 zurück. Die Schaufensterauslagen und das, was noch davor aufgebaut ist, sind alleine schon einen Besuch wert. Die farbenfrohen, schmucken Pralinenschachteln, Bonbons, Biskuits und Konfitüren mögen mit der Jahreszeit wechseln, doch immer, drinnen wie draußen, spürt man den Sinn der Eigentümer für organisiertes Kunterbunt. Sie finden hier Leckereien aus allen Teilen Frankreichs, und dabei fehlen auch die famosen *Madeleines de Commercy* und die karamelüberzogenen *Pralines de Montargis* nicht. (Siehe auch unter ›Konfiserien‹.)

SPECIALITES DE FRANCE

44, Avenue Montaigne,
Paris 8
✆ 72 09 99 63
Metro: Franklin-D.-Roosevelt
Geöffnet: 9.30 bis 18.30
Uhr; geschlossen: Sonntag
Kreditkarten: AE, DC, V

Spezialität:
Süßwaren aller Art

TANRADE

18, Rue Vignon, Paris 9
✆ 74 22 6 99
Metro: Madeleine
Geöffnet: 9.15 bis 12 Uhr
und 13.30 bis 18.30 Uhr;
geschlossen: Sonntag,
Montag und im August

Spezialitäten:
Marrons glacés und ausgewählte Süßwaren

Auch wer kein ausgesprochenes Süßmaul ist, sollte sich einmal in diesen glitzernden kleinen Laden hinter den Champs-Elysées verirren: zwischen seinen vier Wänden, wo sich die traditionsreiche Konfiserie aus allen Regionen ein Stelldichein gibt, kann man getrost eine Frankreich-Rundreise in *sucreries* unternehmen. (Siehe auch unter ›Konfiserien‹.)

Ein Juwel von einem Laden, seit langem geführt von der stets zu einem freundlichen Wort aufgelegten Familie Tanrade. Von November bis Februar sieht man hier die auf *marrons glacés* versessenen Feinschmecker aus der Tür strömen, denn was Tanrade aus dem Ofen holt, gehört zum Besten und Frischsten, was man in Paris an kandierten Kastanien erstehen kann. 50 Sorten Pralinen, feine Schokoladen und edle Konfitüren sind die Stützen des Verkaufssortiments. (Siehe auch unter ›Konfiserien‹.)

Arc de Triomphe, Trocadéro
16. und 17. Arrondissement

FLO PRESTIGE

61, Avenue de la Grande-
Armee, Paris 16
☎ 50012 10
Metro: Argentine
Täglich von 7 Uhr bis Mit-
ternacht
Kreditkarten: AE, DC, V
Siehe FLO PRESTIGE, 1. Ar-
rondissement

HEDIARD

70, Avenue Paul-Doumer,
Paris 16
☎ 504 51 92
Metro: Muette
Geöffnet: 9.15 bis 19.30
Uhr; geschlossen: Sonntag
Kreditkarten: AE, EC, V
Siehe HÉDIART, 8. Arron-
dissement

HEDIARD

106, Boulevard de Cour-
celles, Paris 17
☎ 763 32 14
Metro: Courcelles
Geöffnet: 9.15 bis 13 Uhr
und 14.30 bis 19.30 Uhr;
geschlossen: Sonntag
Kreditkarten (nur für Käu-
fe von über 100 Francs):
AE, CD, V
Siehe HÉDIARD, 8. Arron-
dissement

TRÜFFELN

Heute wie ehedem symbolisiert die erdhaft-
köstliche, hochgeschätzte und damit
auch zunehmend seltener werdende schwarze
Périgord-Trüffel kultivierte Pariser Gastronomie. Die Schriftstellerin Colette, die einen Tag
im Jahr dem Verzehr von Trüffeln widmete,
traf den Nagel auf den Kopf: »Wenn ich Trüffeln nicht im Überfluß haben kann, verzichte
ich lieber ganz darauf«, sagte sie.

Die schwarze Trüffel aus dem Périgord – ein
ziemlich unattraktives, kartoffelartiges, runzli-
ges Gewächs von der Größe einer Walnuß, das
aber auch so klein wie eine Erbse oder so groß
wie eine Orange sein kann –, ist das vielleicht
geheimnisvollste unter allen eßbaren Dingen
der Erde. Als Schlauchpilz von kapriziöser Ei-
gensinnigkeit wehrt sich die Trüffel hartnäckig
gegen jeden Versuch einer Kultivierung. Und
genauso geht es mit dem Geschmack: Er ent-
zieht sich einer Bestimmung. Noch nie ist es
jemandem gelungen, das Aroma dieses Pilzes
treffend zu beschreiben. Manche sagen, er
schmecke nach Lakritz, andere wiederum fühlen sich an schwarzen Pfeffer erinnert. Wie bei
vielen Leckerbissen mit besonders ausgeprägtem Geschmack ist es das satte, eindringliche,
bohrende Eigenaroma, das den Pilz so einzigartig macht. Beim Essen frischer Trüffeln muß ich
unwillkürlich an einen stillen Waldspaziergang
im herbstlichen Nieselregen denken; an frisch
aufgeworfenen Humus; an Haselnüsse; an Genuß und Luxus.

Traditionell kommt die Trüffel vorwiegend aus dem Südwesten Frankreichs, und zwar aus den Regionen von Quercy und Périgord östlich von Bordeaux, obwohl sich das Fundgebiet in den letzten Jahren allmählich weiter nach Süden verlagert hat. Trüffeln findet man auch im Gebiet von Tricastin im Rhônetal, und eine kleine Menge der in Frankreich verarbeiteten Trüffeln wird zusätzlich aus Italien und Spanien geliefert.

Trüffeln wachsen 5 bis 40 Zentimeter unter der Erdoberfläche in steinigem, porösem Boden zwischen den Wurzeln buschiger Eichen. Die begehrten Erdfrüchte mit der warzigen Haut werden zwischen November und März von darauf spezialisierten Bauern gesucht. Diese *truffiers* setzen besonders abgerichtete Hunde oder Schweine ein, die die Verstecke der Delikatessen ausschnüffeln und diese freilegen. Ihr bestes Aroma erreicht die Trüffel gegen Ende Januar.

Ein regenreicher Sommer und Herbst lassen sie gut gedeihen. Man kann ihre Anwesenheit im Boden dann an den braunen Stellen um einen Baumstamm herum erkennen – der Pilz tötet den Niederwuchs, um sich selbst Luft zu verschaffen – oder an einem Schwarm Trüffelfliegen, der über dem Fundort schwebt.

Frische Trüffeln *(truffes fraîches)* werden in Pariser Spezialitätengeschäften von Mitte November bis Ende März zu 1800 bis 2400 Francs das Kilo angeboten. Eine frische Trüffel von durchschnittlicher Größe wiegt ungefähr 100 Gramm, und wenngleich eine solche Menge noch keine Wunschberge versetzt, so reicht sie doch für ein kleines gastronomisches Abenteuer aus.

In der Pariser LA MAISON DE LA TRUFFE, die über 300 Kilo frische und konservierte Trüffeln im Jahr verkauft, treffen während der Saison frische Trüffeln aus dem Périgord oder aus Tricastin alle zwei bis drei Tage ein. Noch voller

Erde und ohne Verpackung werden die kostbaren Fruchtkörper in kleinen Weidenkörben transportiert, damit sie während der vier bis fünf Stunden dauernden Bahnfahrt atmen können.

Eine frische Trüffel hält sich nur ungefähr drei oder vier Tage. Einmal aus dem Boden, verliert sie pro Tag etwa fünf Prozent ihres Gewichts durch Evaporation. Gleichzeitig geht ihr Aroma deutlich zurück. Guy Monier, der Inhaber von LA MAISON DE LA TRUFFE, rät dazu, eine frische Trüffel, die nicht in den ersten drei oder vier Tagen gegessen werden soll, in Gänse- oder Entenfett einzulegen und im Kühlschrank aufzubewahren; anderenfalls läuft sie Gefahr zu verschimmeln. Im Fettmantel gekühlt hält sie sich bis zu sechs Monaten. Auch eine frische Trüffel läßt sich – für zwei oder drei Tage – im Kühlschrank lagern: zu diesem Zweck sperrt man sie zusammen mit mehreren rohen Eiern, alle noch in der Schale, in ein dicht verschlossenes Glasgefäß ein. Der aufsässige Pilzgeruch wird dann die Eier durchdringen, aus denen man ein mit Trüffeln garniertes Omelett bereiten kann, vielleicht der beste Weg für eine erste kulinarische Begegnung mit dem Sonderling.

Den meisten ist nur die konservierte Trüffel bekannt. Obwohl die Erdfrucht frisch am besten schmeckt, ist eine eingelegte Trüffel immer noch besser als gar keine. Auf was aber sollte man beim Kauf achten? Zunächst einmal ist dringend zu empfehlen, nur in Glasbehälter abgepackte Ware zu kaufen; dann sieht man gleich, was man bekommt. Und weiter ist es wichtig, die Bedeutung der folgenden Bezeichnungen zu kennen:

Truffes brossées au naturel: in Wasser und Salz sterilisierte Trüffeln ohne geschmacksverstärkende oder -verfälschende Zusätze wie Alkohol oder Gewürze. Das nächste zu einer frischen Trüffel bekommt man, wenn man eine in

Ganzen konservierte *truffe extra,* eine gleichmäßig schwarze und feste Frucht erster Qualität, kauft. Falls erhältlich, verlangen Sie Ware der *première ébullition,* was bedeutet, daß die Trüffel, nur vorher gebürstet und gesalzen, in das Behältnis gelegt und sterilisiert wurde. Da eine Trüffel bei der Erhitzung 25 Prozent ihres Gewichtes einbüßt, kann das Handelsgewicht der *première ébullition*-Ware auf dem Etikett nicht exakt angegeben werden. Die Verarbeiter sind daher gehalten, bei den Gewichtsangaben eher zu unterschätzen. Was man am meisten findet, sind jedoch Produkte einer *deuxième ébullition.* Bei diesem Verfahren wird die Trüffel sterilisiert, dann zur Gewichtsfeststellung aus dem Behälter genommen und anschießend erneut sterilisiert. Alle diese Konserven sollten innerhalb von drei Jahren nach dem Verarbeitungsdatum verbraucht werden.

Andere auf dem Markt befindliche Trüffelkonserven und -qualitäten sind:

Truffes premier choix: kleine, unregelmäßig geformte Trüffeln, die mehr nach Stücken als nach ganzen Früchten aussehen und mehr oder weniger schwarz sind.

Truffes en morceaux: Trüffel-Bruch, bei dem jedes Stückchen mindestens fünf Millimeter dick sein muß. Gilt qualitativ der *premier choix* gegenüber als gleichwertig, ist aber gewöhnlich preiswerter.

Truffes en pelures: Schalen oder Späne von Trüffeln. Im allgemeinen nicht ihren Preis wert.

Truffes préparées: In Wasser und Salz sterilisierte Trüffeln mit Wein, Spirituosen oder Alkohol. Ein schlechter Kauf.

Jus de truffe: Trüffelsaft. Seinen Preis nicht wert.

RAFFI
60, Avenue Paul-Doumer,
Paris 16
✆ 50 31090
Metro: Muette
Geöffnet: 10 bis 13.30 Uhr
und 15.30 bis 20 Uhr; ge-
schlossen: Sonntag, Mon-
tag und eine Woche im Au-
gust
Kreditkarte: V

Spezialitäten:
Internationale Feinkost
mit Schwergewicht Bulga-
rien und Mittelost

Dieses einladende, weiträumige Geschäft mit den exotischen Waren wird von der patenten und ge-sprächigen Martine Raffi geführt, und wenn Sie hier an der Allee der riesigen Jutesäcke voller Buchweizen, *couscous*, Mais und Reis und an einem Dutzend Fässern mit verschiedenartig eingelegten schwarzen und grünen Oliven entlangwandern, ist das wie ein Ausflug in eine ferne Welt. Atmen Sie die beißende Würze des bulgarischen Schafskäses, und nehmen Sie sich eine orientalische Wegzehrung mit: *tarama, hummus* und etwas Süßgebackenes. Die naturbelassenen, unfermentierten grünen *olives de Mireille* der Marke *Lucques d'Oc* sind mit ihrem geschmacksintensiven festen Fleisch besonders köstlich.

CORNICHONS

Cornichons, Pfeffergürkchen, sind in Frankreich allgegenwärtig. Sie kommen in stämmigen weißen Töpfchen auf den Tisch und sind dazu da, zusammen mit pâtés, rillettes, *Landschinken oder auch* pot-au-feu *verzehrt zu werden. Ich habe Cornichons zum ersten Mal in New York gemacht. Auf dem Gemüsemarkt am Union Square mußte ich damals einen ganzen Behälter mit gartenfrischen Gurken durchwühlen, um genügend kleine Exemplare zu finden, und schließlich brachte ich gerade eine Handvoll zusammen.*

Jetzt, hier in Paris, fallen sie mir nur so in den Schoß, denn jeden August kommen die Winzlinge in Hülle und Fülle auf die offenen Märkte, dazu bestimmt, sich mit weißen Zwiebelchen und viel, viel Estragon zusammenzutun. Ich mag die Cornichons scharf gewürzt, und deshalb gebe ich eine Menge Knoblauch und viele Pfefferschoten dran.

60 bis 70 ca. 5 cm lange
Gürkchen zum Ein-
legen (etwa 900 g)
65 g grobes Salz
1 Liter kaltes Wasser
plus 375 ml Wasser
750 ml weißer Wein-
essig bester Qualität

1. Von den Gurken die Stengel abschneiden, dann waschen und abtropfen lassen. In einer großen Schüssel das Salz in 1 Liter Wasser einrühren, bis es sich aufgelöst hat. Die Gurken hineinlegen und an einer kühlen Stelle 6 Stunden stehenlassen.
2. Zwei 1-Liter-Einmachgläser sowie die dazugehörigen Deckel und Gummiringe mit kochendem Wasser überbrühen und gut abtropfen lassen.

1 Eßlöffel Zucker
12 kleine weiße Zwiebeln zum Einlegen, geschält, aber mit noch intaktem Wurzel- und Lauchansatz
4 große Sträußchen frischer Estragon
6 Knoblauchzehen, geschält
8 kleine rote Pfefferschoten, frisch oder getrocknet
½ Teelöffel ganze, schwarze Pfefferkörner
2 Lorbeerblätter

3. Die Gurken aus dem Salzwasser nehmen und gut abtropfen lassen.
4. Den Essig, 375 ml Wasser und den Zucker in einem mittelgroßen Topf bei mittlerer Hitze miteinander verrühren und zum Kochen bringen.
5. Gurken, Zwiebeln, Kräuter und Gewürze in die zwei Gläser einlegen. Dabei darauf achten, daß die Zutaten gleichmäßig auf die beiden Gefäße verteilt sind.
6. Die kochende Zucker-Essig-Lösung in die Gläser einfüllen und dabei etwas überlaufen lassen; die Flüssigkeit begünstigt das Versiegeln. Die Ränder der Gläser abwischen. Verschließen und stehenlassen, bis der Inhalt abgekühlt ist. Mindestens drei Wochen an einer kühlen Stelle lagern. Frühestens dann anbrechen. Einmal geöffnete Gläser im Kühlschrank aufbewahren.

Vin, Bière, Alcool
WEINE, BIERE, SPIRITUOSEN

Ein Essen ohne Wein ist wie ein Tag ohne Sonne (französisches Sprichwort)

In den Pariser Wein- und Spirituosenhandlungen sollte man nicht mit der üblichen Hast einkaufen. Wie beinahe alles Kulinarische in Frankreich, wird Wein mit Bedacht ausgewählt – und nachdem die Angelegenheit gebührend besprochen und überlegt wurde. Ein Weinhändler hat mit dem *sommelier* im Restaurant manches gemein. Mit Leidenschaft bei der Sache, liebt er es zu diskutieren, zu beraten, dem Kunden zu helfen, für die vollendete kleine Mahlzeit den vollendeten kleinen Wein auszusuchen. Viele der hier angeführten Läden sind klein und häufig auch, dem persönlichen Geschmack des Inhabers entsprechend, spezialisiert.

Palais-Royal, Les Halles, Opéra, Bourse
1. und 2. Arrondissement

JEAN DANFLOU
36, Rue du Mont-Thabor,
Paris 1
✆ 26 15 10 9
Metro: Concorde
Geöffnet: 8 bis 12 Uhr und
14 bis 18 Uhr; Samstag-
morgen während der
letzten beiden Dezember-
wochen geöffnet, sonst
Samstag und Sonntag
geschlossen
Kreditkarte: DC

Einen trägen, langen Nachmittag sollten Sie dafür einplanen, Jean Danflou zu besuchen und seine Calvados, Armagnacs und Cognacs sowie die erlesenen Obstbranntweine einer Probe zu unterziehen. Ganz richtig, dies ist eine Wein- und Spirituosenhandlung, aber gleichzeitig auch eine elegante Probierstube, die zu einer kleinen Wohnung gleich neben der Rue de Rivoli gehört. Jean Danflou, Neffe des Gründers dieser seit 1925 bestehenden Firma, ist herzlich und aufgeschlossen und kredenzt Pröbchen auf Pröbchen seiner exquisiten, klitzeklaren *eaux-de-vie*, wobei die vortreffliche *Poire William* aus dem Rhônetal natürlich nicht fehlen darf. (Mehr als sieben Kilo frischgepflückter Früchte gehen in die Destillation für eine Flasche von Danflous *Poire William* ein.) Versäumen Sie auch nicht, *kirsch, mirabelle, quetsch* und das aus Himbeeren gemachte ›Lebenswasser‹ *framboise* zu kosten; sie alle kommen aus den Vogesen. Bei dieser angenehmen Beschäftigung werden Sie auch ein Stück Geschichte lernen (Präsident Eisenhower hielt sich einen Vorrat an Danflou-Cognac im Weißen Haus) oder ein wenig fachkundiger werden im Umgang mit *eau-de-vie* (das flüssige Obst wird bei Zimmertemperatur und nicht halb erfroren getrunken; was eiskalt sein soll, ist das Glas). Verabredungen zu Proben trifft man am besten telefonisch oder indem man kurz hereinschaut.

LA GALERIE DES VINS
201, Rue Saint-Honoré,
Paris 1
✆ 26 18 12 0
Metro: Palais-Royal
Geöffnet: 10 bis 19 Uhr;
geschlossen: Sonntag
Kreditkarten: AE, V

Ein aus vielen Jahrgängen, Lagen und Gewächsen zusammengestelltes Wein-Sortiment, mit Betonung auf rotem Bordeaux, und zwar in allen Abfüllgrößen, von der halben Flasche bis zur Magnum und Doppel-Magnum. Einen Besuch wert, wenn man gerade in der Gegend ist.

GAMBRINUS
13–15, Rue des Blancs-
Manteaux, Paris 4
℘ 8878192
Metro: Rambuteau
Geöffnet: 11 bis 13.30 Uhr
und 15 bis 20 Uhr, mitt-
wochs bis 21 Uhr; sams-
tags ab 9 Uhr geöffnet;
geschlossen: Sonntag
Kreditkarte: V

Über 300 verschiedene Sorten Bier aus 34 verschiedenen Ländern: für Sammler, Kenner und solche, die sich einfach nach einem kühlen Schluck
sehnen.

DAS WEINGLAS,
AUF DAS ES ANKOMMT

Um einem guten Wein sein Bestes zu ent-
locken, bedarf es mehr, als nur eine Flasche zu entkorken und ein Glas zu füllen. Verdient der Wein besondere Beachtung, dann verdient er auch ein ganz besonderes Glas. Das
Institut National des Appellations d'Origine
(I.N.A.O.) in Paris entsprach diesem Bedürf-
nis, indem es das Design eines seiner Meinung
nach perfekten Weinglases schuf, ein Glas, das
ebenso sehr dem Wesen des Weins entgegen-
kommt, wie es auch dem Probierenden gefällt.

Das Glas hat einen breiten Fuß, einen kurzen
Stiel und einen tulpenförmigen Kelch, der den
Wein umhüllt und sein Bouquet schützt. Aus
Bleikristall gemacht, präsentiert sich das 0,25-
Liter-Glas in einfacher, undekorierter Form.

Welche Ansprüche muß man an ein gutes
Weinglas stellen? Zunächst einmal sollte es dem
Wein erlauben zu atmen, ohne daß er an Aroma
verliert; sich auszubauen, ohne daß er etwas
von seinem Körper einbüßt. Und dann muß das
Glas ohne störende Gravuren oder Ätzverzie-
rungen die volle, reine Farbe des Weines zur
Geltung bringen. Vom Stiel erwartet man, daß
er lang genug ist, um das Schwenken des Weins
zu erlauben, ohne daß die Hand das Glas erwärmen kann, und schließlich soll der Kelch höher
sein als breit, damit das Bouquet erhalten
bleibt.

Das I.N.A.O.-Glas ist in Paris zu haben bei
L'Esprit et Le Vin, 65, Boulevard Malesherbes,
Paris 8. ℘ 5226040, und bei **Simon**, 36, Rue
Etienne-Marcel, Paris 2. ℘ 2337165.

LUCIEN LEGRAND
1, Rue de la Banque,
Paris 2
✆ 26 00 7 12
Metro: Bourse
Geöffnet: Dienstag bis
Freitag 8.30 bis 19.30 Uhr;
Samstag 8.30 bis 13 Uhr
und 15 bis 19 Uhr; ge-
schlossen: Sonntag, Mon-
tag und die beiden letzten
Wochen im August

Mindestens zwei Gründe gibt es für den Paris-Besucher, vom Wege abzuweichen und diesen entzückenden, wohlbestückten Weinladen aufzusuchen. Ein Grund ist natürlich die hier zu begutachtende sorgfältige Auswahl an französischen Weinen (viele von kleinen, unabhängigen Weinbauern) und Spirituosen. Der andere Grund gilt der Bewunderung des wundervoll erhaltenen Dekors dieser *épicerie fine* aus dem vergangenen Jahrhundert, die bis zur Decke vollgepackt ist mit Bonbons, Schokoladen, Kaffees und Tees. Was sich bei dieser Fülle noch bemerkenswert ausnimmt: Monsieur Legrands Armagnac-Auswahl der Marke *Laberdolive*. (Siehe auch unter ›Spezialitätengeschäfte‹.)

LUCIEN LEGRAND
FILLES ET FILS
12, Galerie Vivienne,
Paris 2
✆ 26 00 7 12
Metro: Bourse
Geöffnet: Dienstag bis
Freitag 9 bis 12.30 Uhr und
14 bis 19 Uhr; Samstag
9 bis 13 Uhr und 15 bis
19 Uhr; geschlossen:
Sonntag, Montag und die
beiden letzten Wochen im
August

Während die übrige Familie im vorderen Teil des Ladens bedient, beherrscht der offenherzige und gesprächige Lucien Legrand das Hinterfeld. Hier hält er französische Weine bereit, die kistenweise verkauft werden. Die Auswahl ist klein, aber die Preise sind fair. Von vielen Sorten wird vor dem Kauf eine Probe abgegeben.

Quartier Latin, Sèvres-Babylone, Ecole Militaire
5., 6. und 7. Arrondissement

JEAN-BAPTISTE BESSE
48, Rue de la Montagne
Sainte-Geneviève, Paris 5
✆ 32 53 5 80
Metro: Maubert-Mutualité

Jean-Baptiste Besse, der dieses baufällige Lebensmittel-Eckgeschäft schon seit 1932 hat, ist ein freundlicher, äußerst bescheidener Mann von kleiner Statur, den ein immerwährendes Lächeln umgibt. Hat er Zeit, dann redet er ohne Punkt und Komma über Cognac

Geöffnet: Dienstag bis Samstag 10 bis 13 Uhr und 16.30 bis 20.30 Uhr; Sonntag 11 bis 13.30 Uhr; geschlossen: Montag und im August

oder Armagnac und vielleicht auch über Bordeaux. Deshalb kommen Sie lieber dann hierher, wenn Sie viel Zeit zu einem Schwatz oder zum Warten hinter den vor Ihnen bedienten Kunden haben. Und wenn Sie den Inhaber durch den Laden stolpern sehen, um irgend etwas aus einer versteckten Ecke hervorzukramen, dann denken Sie daran: Schätze liegen, auch hier, manchmal im Verborgenen. Auf jeden Fall können Sie zu Monsieur Besse Vertrauen haben. Den Kauf eines Château de Bréat Bas Armagnac, hier erstanden, werden Sie nicht bereuen. (Dabei rät er zu den Jahrgängen 1943 oder 1947, denn »alles, was älter ist, ist eher symbolträchtig als gut.«)

KING HENRY

44, Rue des Boulangers, Paris 5
✆ 354 54 37
Metro: Jussieu
Geöffnet: 10 bis 20 Uhr; geschlossen: Sonntag

Der ›König der Biere‹ in Paris bietet über 500 verschiedene Marken Bier, 200 Sorten Whisky und eine ganze Reihe anderer Spirituosen an.

LA MAISON DU WHISKY

48, Avenue de Saxe, Paris 7
✆ 783 66 21. Metro: Ségur
Geöffnet: Montag bis Freitag 9 bis 12.30 Uhr und 13.30 bis 19.30 Uhr; Samstag 9 bis 12.30 Uhr; geschlossen: Sonntag und im August
Kreditkarte: V

Selbst in Schottland und Irland dürfte es kaum eine größere Auswahl an Getreidebranntwein geben. Diese Whisky-Apotheke offeriert Dutzende von Marken und Jahrgängen unverschnittenen, original schottischen Malz-Whiskys (darunter der superbe Macallan und der rauchige Lagavulin; hinzu kommen einige Prestige-Jahrgänge (originale Malz-Destillate aus den dreißiger und vierziger Jahren) sowie Blended Scotch und Irish Whiskey, Bourbon, kanadischer Whisky und Rye, also Roggen-Whiskey.

PETIT BACCHUS

13, Rue du Cherche-Midi, Paris 6. ✆ 544 01 07
Metro: Sèvres-Babylone
Geöffnet: 9.30 bis 19.30 Uhr; geschlossen: Sonntag, Montag und im August

Eine kleine, freundliche Bodega, wo sowohl gekauft als auch getrunken wird und wo man vor allem wenig bekannte, preiswerte französische Regionalweine bekommt. Jean-Marie Picard ist ständig unterwegs, um gute Weine zu günstigen Preisen aufzuspüren. (Siehe auch unter ›Wein-Bistros‹.)

Champs-Elysées, Madeleine, Grands Boulevards
8. Arrondissement

AUGE
116, Boulevard Hauss-
mann, Paris 8
✆ 522 16 97
Metro: Miromesnil
Geöffnet: Montag bis Freitag 8.30 bis 12.30 Uhr und
14.30 bis 19.30 Uhr; Samstag 8.30 bis 12.30 Uhr und
15 bis 19.30 Uhr; geschlossen: Sonntag und im
August
Kreditkarten: AE, EC, V

Eine gepflegte, klassische *épicerie fine,* wo man nicht nur Obst und Weine bekommt, sondern auch einen kennerisch zusammengestellten Vorrat an Portwein, Cognac, Armagnac und Champagner neuerer und älterer Jahrgänge findet.

**LA CAVE DE
GEORGES DUBŒUF**
9, Rue Marbeuf, Paris 8
✆ 720 71 23
Metro: Alma-Marceau
Geöffnet: 9 bis 13 Uhr und
15.30 bis 19.30 Uhr; ge-
schlossen: Sonntag, Mon-
tag und im August

Georges Dubœuf ist der vielleicht angesehenste Name im Beaujolais. Sein kleines Geschäft in einer Nebenstraße der Champs-Elysées bietet Beaujolais und eine ansehnliche Auswahl an Burgunder-Weinen an.

PARISER WEINBERGE

Weinberge in Paris, gibt es das? Nun, die Vorgeschichte geht bis ins Mittelalter zurück, als Klosterweingärten über das ganze Stadtgebiet verstreut waren und ihre Erzeugnisse den Weg in die vornehmsten Häuser von Paris fanden. (So war der Wein, von dem François I. sagte, er sei »so leicht wie eine Träne im Auge«, in der Tat ein heller Claret aus dem Vorort Suresnes.)

Dieses Erbe hat sich bis heute erhalten, denn jedes Jahr werden ein paar hundert Flaschen

---

echten Pariser Weines ehrfurchtsvoll und nicht ohne eine gewisse Feierlichkeit abgefüllt.

In den Hügeln von Montmartre versteckt, von schmalen Häusern und vollgeparkten Gehsteigen bedrängt, kauert ein winziger Weinberg, der im Jahr ganze 500 Flaschen eines einfach *Clos Montmartre* genannten Rotweins hervorbringt.

Die Ernte-Fête, ein historischer Aufzug voller Gepränge, findet jeweils am ersten Samstag im Oktober statt. Zur eigentlichen Ernte verwandelt sich der Rathauskeller der *mairie* des 18. Arrondissements in einen Weinkeller, und später werden dann dort etwa 200 Flaschen des Eigenanbaus zu rund 150 Francs die Flasche verkauft. Was zurückbleibt, versteigert man bei einer Auktion. Der Wein erhebt keinen Anspruch auf Größe: Tradition und Vergnügen sind hier wichtiger als die geschmackliche Wertigkeit.

Eine zweite Anbaufläche liegt im Gemeindegebiet des Vororts Suresnes westlich von Paris. Der Suresnes-Wingert galt einmal als der beste der Ile-de-France, und 1965 wurde er neu bepflanzt. Jetzt besorgt die Rugby-Mannschaft des Lokalvereins die Weinlese, und die Gemeinde feiert das Ereignis am ersten Oktobersonntag. Die rund 2000 Flaschen des *Clos du Pas-Saint-Maurice* werden am letzten Samstag im September und am ersten Sonntag im Oktober für etwa 30 Francs pro Flasche im Rathaus von Suresnes verkauft.

In dem offensichtlichen Bemühen, die berühmte Winzertradition von Paris wieder aufleben zu lassen, pflanzte die Stadt 1983 weitere 800 Reben aus dem Loiretal auf der Südseite der Georges Brassens-Anlage, einer im 15. Arrondissement auf dem ehemaligen Viehhofgelände entstandenen Parkanlage.

Weitere Informationen zum Thema Weinanbau in Paris erhält man bei folgenden Stellen:

Montmartre, Mairie des 18. Arrondissements, 1, Rue Jules-Joffrin, Paris 18. ∅ 2524200. Metro: Jules-Joffrin.

Suresnes, Mairie von Suresnes, 28, Rue Melrinde-Thionville, 92150 Suresnes. (5063210). Zu erreichen mit den Buslinien 244 ab Porte Maillot, 144 ab Pont de Neuilly oder mit dem Vorort-Zug ab Gare Saint-Lazare, Haltestelle Mont Valérien.

FAUCHON
26, Place de la Madeleine, Paris 8
∅ 7426011
Metro: Madeleine
Geöffnet: 9.40 bis 18.30 Uhr; geschlossen: Sonntag und Montag
Kreditkarten: AE, DC, V

Eine gutbeschickte *cave,* besonders wenn Sie hinter einem feinen Armagnac oder Cognac her sind. Die Preise liegen recht hoch. (Siehe auch unter ›Delikatessengeschäfte‹.)

LA CAVE D'HEDIARD
21, Place de la Madeleine, Paris 8
∅ 2664438
Metro: Madeleine
Geöffnet: 9.15 bis 19 Uhr; geschlossen: Sonntag
Kreditkarten: AE, DC, V

Eine kürzlich vergrößerte *cave* mit einem erweiterten Sortiment, das die vielleicht größte Auswahl an Bordeaux-Weinen in Paris einschließt. Außerdem eine breite Palette von Armagnacs, Cognacs und Calvados. Die Preise liegen ziemlich hoch. (Siehe auch unter ›Delikatessengeschäfte‹.)

LA MAISON DU WHISKY
20, Rue d'Anjou, Paris 8
∅ 2650316
Metro: Madeleine
Geöffnet: Montag bis Freitag 9 bis 19 Uhr; Samstag 9 bis 12.30 Uhr; geschlossen: Sonntag und im August. Kreditkarte: V.
Siehe Seite 335

CURNONSKY

Von dem französischen Restaurantkritiker der zwanziger Jahre, dem seine Anhänger das Prädikat »Prinz der Gastronomen« verliehen, stammt diese Bewertung der fünf besten Weißweine Frankreichs oder vielleicht der ganzen Welt:

Château d'Yquem: »Der süße Wein ohnegleichen; wahrhaft flüssiges Gold.«

Château-Chalon: »Der Prinz unter den gelben

Jura-Weinen, voller Körper und mit dem durchdringenden Bouquet von Walnüssen.«

Château-Grillet: »Der legendäre Wein von den Côtes-du-Rhône, mit dem überwältigenden Aroma von Veilchen und wilden Blumen und so wechselhaft wie eine schöne Frau.«

Montrachet: »Der glanzvolle Herrscher über Burgund, den Alexandre Dumas barhäuptig kniend zu trinken empfahl.«

Savennières Coulées de Serrant: »Der blendende, trockene Wein von den Weinbergen an der Loire.«

STEVEN SPURRIER/ CAVES DE LA MADELEINE

25, Rue Royale (Cité Berryer; Eingang zwischen den Hausnummern 23 und 25 der Rue Royale), Paris 8
✆ 265 92 40
Metro: Madeleine
Geöffnet: Montag bis Freitag 9 bis 19 Uhr; Samstag 10 bis 14 Uhr (im Dezember Samstag 10 bis 18 Uhr geöffnet); geschlossen: Sonntag

Der Engländer Steven Spurrier hat sich in Paris einen Namen gemacht. Sein ausgesprochen breiter Angebotsfächer erfaßt sowohl die gut eingeführten als auch die wenig bekannten Gewächse aus Bordeaux und Burgund und erstreckt sich darüber hinaus auf ausgesuchte Lagen aus dem Südwesten Frankreichs, aus der Provence, dem Languedoc, von der Loire, aus dem Rhônetal, dem Jura, von Korsika – selbst Spanien und Italien. Eine gute Auswahl an Cognac, Armagnac und Calvados rundet das Sortiment ab. Versuchen sollten Sie das *eau-de-vie de framboise sauvage* (Waldhimbeere) von J. P. Mette in Ribeauville.

AU VERGER DE LA MADELEINE

4, Boulevard Malesherbes, Paris 8
✆ 265 51 99
Metro: Madeleine
Geöffnet: 9.45 bis 13.15 Uhr und 15 bis 20 Uhr; geschlossen: Sonntag

Suchen Sie vielleicht einen Cognac von 1820, einen 1893er Sauternes oder einen Lafite-Rothschild, Jahrgang 1922? Maurice und Jean-Pierre Legras helfen Ihnen gerne. Die Familie Legras unterhält bereits seit 1937 eine der großen *épiceries fines* von Paris und hat sich heute auf das Geschäft mit besonderen Weinen spezialisiert: alte Jahrgänge, ausgefallene Lagen, kleine Flaschen, aber auch neue Abfüllungen. Man braucht nur ein bestimmtes Datum aus dem Zeitraum der letzten 150 Jahre anzugeben – einen Geburtstag, eine Hochzeit, ein Jubiläum –, und man kann ziemlich sicher sein, daß die beiden Sammler die passende Flasche aufstöbern, die Ihnen hilft, das entsprechende Fest würdig zu begehen. Jean-Pierre mit seinem übersprudelnden Temperament ist ein absoluter Wein-Narr, und nichts tut er lieber, als aus den weiträumigen Kellergewölben ein staubverkrustetes Relikt zutage zu fördern. Besonders stolz ist er auf die aus alten und neuen Jahrgängen bestehende Sauternes-Kollektion des Hauses (vor allem den 1934er Château d'Yquem), dann auf die vornehmen und seltenen weißen Nuits-Saint-Georges von Henri Gouges, den strohfarbenen *vin de paille* aus dem Jura und den famosen weißen Château-Grillet von der Rhône, ganz zu schweigen von dem Exklusivrecht, Weine aus dem Fürstentum Liechtenstein zu verkaufen oder der Verfügungsgewalt über einen kleinen Vorrat an Pariser Rotwein vom Montmartre. Armagnacs, Cognacs und Portwein sind bei Legras gleichfalls standesgemäß vertreten.

Nation
11. und 12. Arrondissement

L'ARBRE A VIN, CAVES RETROU
4, Rue du Rendez-Vous, Paris 12
✆ 34 68 11 0
Metro: Nation
Geöffnet: Dienstag bis Samstag 8.30 bis 12.30 Uhr und 16 bis 19.40 Uhr; Sonntag 8.30 bis 12.30 Uhr; geschlossen: Montag
Kreditkarte: V

Ein richtig aufregender Supermarkt-mit-Weindepot, wo man auf ein ausgiebiges Angebot an selten zu findenden, preiswerten Weinen, oft aus kleinen regionalen Lagen, stößt. Hierzu gehören einige gepflegte Côtes-du-Rhône- und Madiran-Gewächse, sowie weniger bekannte, manchmal amüsant anmutende Sorten wie der baskische Irouléguy. Einmal hier, sollten Sie sich einen Bummel über die Place de la Nation mit ihren Dutzenden von hübschen, eleganten Läden nicht entgehen lassen.

L'OENOPHILE

30, Boulevard Voltaire,
Paris 11
✆ 700 69 45
Metro: Nation
Geöffnet: Dienstag bis
Samstag 9 bis 13 Uhr und
15 bis 20 Uhr; Sonntag
9 bis 13 Uhr; geschlossen:
Montag und im August

L'OENOPHILE ist Michel Renauds zweiter, von seiner Frau Dominique geführter Laden. Es gibt dort die gleichen Artikel wie im nachstehend aufgeführten Hauptgeschäft.

CAVE MICHEL RENAUD

12, Place de la Nation,
Paris 12
✆ 307 98 93
Metro: Nation
Geöffnet: Dienstag bis
Samstag 9 bis 13 Uhr und
15 bis 20 Uhr; Sonntag 9
bis 13 Uhr; Montag 15 bis
20 Uhr

Diese pittoreske Weinhandlung mit dem vornehmen Touch ist adrett wie Michel Renaud, der freundlich-elegante Eigentümer, selbst. Die sorgfältige und persönlich getroffene Auswahl seiner Vorräte verrät das Engagement eines Wein-Gourmets; es reicht bis nach Portugal, wo er an einer Korkproduktion beteiligt ist. Einen großen Teil seiner Zeit verbringt Monsieur Renaud damit, in Frankreich umherzureisen, um gute *petits vins* ausfindig zu machen, aber auch die bekannteren Bordeaux-Lagen, den reintönigen Hermitage von Gérarud Chave und einen wundervollen, preiswerten Bas Armagnac bekommt man hier.

Arc de Triomphe
17. Arrondissement

LA MAISON DU WHISKY

24, Rue de Tilsit, Paris 17
✆ 380 27 63
Metro: Charles-de-
Gaulle-Etoile
Geöffnet: Montag bis Freitag 9 bis 19 Uhr; Samstag
9 bis 12.30 Uhr; geschlossen: Sonntag und im August. Kreditkarte: V
Siehe Seite 335

PETRISSANS
30 bis, Avenue Niel,
Paris 17
☎ 227 83 84
Metro: Ternes
Geöffnet: Dienstag bis
Freitag 9.30 bis 13.30 Uhr
und 15 bis 20 Uhr; Montag
und Samstag 9.30 bis 13.30
Uhr; geschlossen: Sonntag

Ein kleines Familienunternehmen älteren Stils mit einem ausgewählten Depot von Burgundern und Bordeaux. Allen, die an Ort und Stelle kosten wollen, steht eine kleine Weinbar neben dem Laden zur Verfügung. (Siehe auch unter ›Wein-Bistros‹.)

La Maison du Chocolat
wartet sowohl mit feinen
Champagnern als auch mit
Schokoladen und Pralinen auf
(siehe Seite 303)

Librairies Spécialisées:
Gastronomie
BUCHHANDLUNGEN FÜR GASTRONOMISCHE LITERATUR

In beinahe jeder Buchhandlung oder Bücher-Abteilung eines Kaufhauses in Paris findet man einen speziell der *cuisine* gewidmeten Sektor. Die nachfolgend vorgeschlagenen Adressen zeigen nur einige der Möglichkeiten auf, um alte und neue Kochbücher, Restaurantführer und historische gastronomische Abhandlungen zu finden.

Les Halles, Bourse, Opéra
1., 2. und 4. Arrondissement

BAZAR DE L'HOTEL DE VILLE (B.H.V.)
55, Rue de la Verrerie, Paris 4
℆ 27490 00

Dieses riesige und in seiner Gliederung oft auch verwirrende Warenhaus führt eine erschöpfende Auswahl an Kochbüchern, und zwar vorwiegend solche, wie sie die französische Hausfrau gern benutzt. An den Verkaufstischen kann man unter Umständen

Metro: Hôtel-de-Ville
Geöffnet: 9 bis 18.30 Uhr;
Mittwoch bis 22 Uhr;
Samstag bis 19 Uhr;
geschlossen: Sonntag
Kreditkarte: V

BRENTANO'S
37, Avenue de l'Opéra,
Paris 2
✆ 26 15 25 0
Metro: Opéra
Geöffnet: 10 bis 19 Uhr;
geschlossen: Sonntag

auch auslaufende Exemplare zu stark herabgesetzten Preisen erstehen. (Siehe auch unter ›Geschäfte für Haushaltsartikel‹.)

Bücher in englischer Sprache, mit einer recht ansehnlichen Auswahl an Kochbüchern (einige auch in Französisch). Eine gute Quelle für Restaurantführer und Bücher über Wein.

KOCH- UND WEINSEMINARE

Nachfolgend sind die in Paris bekanntesten Institute, die Koch- oder Weinkurse abhalten, aufgeführt. Wenn Sie eines der Seminare besuchen wollen, schreiben Sie die betreffende Stelle vorher an oder bitten Sie telefonisch um eine Broschüre, damit Sie wissen, was Sie jeweils erwartet. Oft werden auch speziell auf die Wünsche der Teilnehmer abgestimmte Kurse arrangiert, wenn sich mindestens zehn Personen zu einer Gruppe zusammenschließen.

L'Académie du Vin, 25, Rue Royale (Cité Berryer; Eingang zwischen den Hausnummern 23 und 25 der Rue Royale), Paris 8. ✆ 26 50 98 2. Metro: Madeleine

Ein beliebter Kursveranstalter für Weinseminare (in Französisch oder Englisch). Der Engländer Steven Spurrier und die Amerikanerin Patricia Gallagher leiten dieses Institut. L'Académie du Vin bietet Kurse für Anfänger, für Fortgeschrittene der ersten und zweiten Stufe an. Der Lehrstoff umfaßt Theorie, Geschichte und Weinproben (mindestens sechs Weine pro Unterricht). Jeden Freitag wird die Weinprobe mit einem kalten Buffet verbunden.

Le Cordon Bleu, 24, Rue du Champ-de-Mars, Paris 7. ℘ 5550277. Metro: Ecole Militaire

An dieser berühmten, klassischen französischen Schule wird schon seit 1895 die Koch- und Konditorkunst gelehrt. Besucher können – ein paar Tage im voraus – für die Teilnahme an einer einzelnen Nachmittagsdemonstration buchen; aus dem im voraus erhältlichen Monatsprogramm sind die vorgesehenen Menüs ersichtlich.

Der Unterricht wird in Französisch abgehalten. Da die Lehrfolge durchgehend ist, schwankt die Zahl der Teilnehmer mit den Besonderheiten des Programms.

Découverte du Vin / Alain Segelle, 45, Rue Liancourt, Paris 14. ℘ 3276721. Metro: Gaité

Alain Segelle ist ein junger, patenter Franzose mit einem ausgesprochenen Faible für Wein. Der Unterricht, der das Thema Wein von allen Seiten beleuchtet, ist gründlich und ernsthaft. 18 verschiedene Kurse werden angeboten; sie reichen vom Anfängerkurs im Weinschmecken bis zur Einführung in die Eigenheiten spezifischer Anbaugebiete und ihrer Weine.

Die Unterrichtssprache ist Französisch, die Schülerschaft ist international. Pro Unterricht werden drei bis vier Weine durchgegangen und probiert.

Ecole de Cuisine la Varenne, 34, Rue Saint-Dominique, Paris 7. ℘ 7051016. Metro: Invalides

Diese bekannte, amerikanisch-orientierte Kochschule wurde von der englischen Kochbuchautorin, Journalistin und Ernährungsexpertin Anne Willan ins Leben gerufen. In den kleinen, aber gut ausgestatteten Räumlichkeiten nahe den Invalides laufen sowohl Praxis- als auch reine Demonstrationskurse. Interessenten können sich ebenso gut für eine einzige Nachmittags-Demonstration anmelden wie auch bis

ECOLE DE CUISINE LA VA-
RENNE

zu einem ganzen Jahr bleiben und dann auf das *grand diplôme* hinarbeiten. Es werden auch Wochenkurse für regionale Küche, für leichte Sommerküche, für die *nouvelle cuisine* und für die klassische französische Küche abgehalten. Kursleiter sind französische Köche und, als ›Gastdozenten‹, Küchenchefs von Pariser Restaurants. Kurse können das ganze Jahr über belegt werden (gewöhnlich ist die Schule zeitweise im August und immer an Feiertagen geschlossen). Die Teilnahme an einer der täglichen Demonstrationen, bei denen die Schülerzahl auf 50 beschränkt ist, sollte man einige Tage im voraus buchen. Für länger dauernde Kurse empfiehlt sich die Einschreibung mehrere Monate vor Beginn.

Unterrichtssprache ist Französisch. Es werden zwar auch englische Übersetzungen zur Verfügung gestellt, aber einige Kenntnisse der Landessprache sind in jedem Fall wünschenswert.

Ecole Lenôtre, Hameau des Gâtines, 78370 Plaisir. ✆ 055 81 12. Mit dem Auto oder von der Bahnstation Montparnasse aus mit dem Zug zu erreichen.

Hier frischt die ›crème‹ der französischen Konditoren ihre Kenntnisse auf. Gaston Lenôtre ist einer der angesehensten und erfolgreichsten Konfiseure von Frankreich, und seine Schule in einem Pariser Vorort ist Berufskonditoren vorbehalten. Durchgehende Praxis-Kurse gibt es für folgende Spezialgebiete: Konditorei, Schokoladen, Brotbäckerei, Speiseeis, *charcuterie* und Party-Service. Gute Französischkenntnisse sind unerläßlich.

Marie-Blanche de Broglie Cooking School, 18, Avenue de la Motte-Picquet, Paris 7. ✆ 551 36 34. Metro: Ecole Militaire

Marie-Blanche de Broglie, eine aufgeschlossene, engagierte Frau, veranstaltet eine Reihe von Kursen, die teilweise in ihrer hübsch eingerichteten Pariser Wohnung und teilweise in ihrem Château in der Normandie abgehalten werden. Ihre Demonstrationskurse in Paris sind auf den harmonischen Gleichklang von Wein, Speisen und Süßspeisen sowie auf französische Regionalküche abgestimmt. Im Château in der Normandie werden Demonstrations- und Praxiskurse sowohl für Wochenenden als auch für ganze Wochen angeboten; dabei sind jeweils 5 bis 15 Teilnehmer in einer Gruppe. Die Programme schließen Besichtigungsfahrten, Weinproben und den Besuch einer CalvadosBrennerei ein.

Die Kurse werden in Französisch, Englisch oder Spanisch abgehalten; wo nötig, wird Übersetzungshilfe geleistet.

Paris en Cuisine, 78, Rue de la Croix-Nivert, Paris 15. ✆ 250 04 23. Metro: Cambronne

Robert Noah, ein freundlicher, gutinformierter Amerikaner, der in Paris lebt, bietet eine Reihe von Touren mit gastronomischem Schwerpunkt an. Er organisiert Einzel- oder Gruppenbesuche auf dem Großmarkt Rungis, Rundfahrten zu den Küchen von Spitzenrestaurants, Wein- oder Käseproben, Besuche bei den Pariser *charcuteries,* in Konditoreien und Backstuben und noch etwas ausgedehntere Exkursionen hinaus aufs Land. Die Touren sind besonders geeignet für Teilnehmer, die nicht Französisch, aber etwas Englisch sprechen; die Gruppen umfassen jeweils maximal zehn Personen.

DELAMAIN
155, Rue Saint-Honoré, Paris 1
⌀ 2614878
Metro: Palais-Royal
Geöffnet: Montag bis Freitag 10 bis 19 Uhr; Samstag 10 bis 18.45 Uhr; geschlossen: Sonntag

Ein etwas gesetzter, alter Buchladen mit freundlichem Service. Auf eine ganze Batterie von Kochbüchern für die *cuisine régionale* stößt man hier.

FNAC
Forum Les Halles, Einkaufszentrum, 1, Rue Pierre Lescot, Paris 1
⌀ 2618118
Geöffnet: Montag 13 bis 19 Uhr; Dienstag bis Samstag 10 bis 19 Uhr; geschlossen: Sonntag

Dieser Mammutladen mit seinem Stereo-, Schallplatten-, Kamera- und Bücherangebot verfügt über eine der besten und modernsten Zusammenstellungen von Publikationen über Essen und Wein. Günstigere Preise als hier findet man eigentlich nirgendwo in Paris.

M.O.R.A.
13, Rue Montmartre, Paris 1
⌀ 5081924
Metro: Les Halles
Geöffnet: Montag bis Freitag 8.30 bis 12 Uhr und 13.30 bis 17.30 Uhr; Samstag von 8.30 bis 12 Uhr; geschlossen: Sonntag

Ein Geschäft für Küchenbedarf mit einer kleinen, aber umfassenden Auswahl an professionellen Kochbüchern, die den Themen Brotbäckerei, Konditorei, Kochen allgemein sowie der Hotel- und Restaurantküche gewidmet sind. (Siehe auch unter ›Geschäfte für Haushaltsartikel‹.)

W. H. SMITH
248, Rue de Rivoli, Paris 1
⌀ 2603797

Die größte Auswahl an englischsprachiger einschlägiger Literatur einschließlich vieler Restaurant- und Weinführer.

Metro: Concorde
Geöffnet: Montag bis
Donnerstag 9 bis 18.30
Uhr; Freitag und Samstag
9 bis 18.30 Uhr; geschlos-
sen: Sonntag

Saint-Michel, Luxembourg
5. Arrondissement

M. G. BAUDON
Bouquiniste am Stand Nr.
111, Quai de Montebello,
Paris 5
✆ 26 02 75 0
Metro: Saint-Michel
Fließende Öffnungszeiten,
meistens 11 bis 19.30 Uhr;
geschlossen: Montag sowie
die letzte Woche eines
jeden Monats

Die liebenswürdige, entgegenkommende Madame Baudon ist selbst eine leidenschaftliche Sammlerin alter französischer Kochbücher, und viele von ihnen finden den Weg in ihren kleinen, aus Brettern zusammengezimmerten Verkaufsstand am Quai. Ein hübscher Platz, um im Schatten von Notre-Dame Bücher durchzublättern.

Auf der Suche bei
M. G. BAUDON

GIBERT JEUNE
5, Place Saint-Michel,
Paris 5
✆ 32 57 0 07
Metro: Saint-Michel
Geöffnet: 10 bis 19.30
Uhr; geschlossen: Sonntag

Diese Buchhandlung ist eine der größten von Paris. Sie verfügt über ein ausgedehntes Sortiment an gastronomischen Veröffentlichungen, die über den zweiten und dritten Stock verteilt sind.

**LE VERRE ET
L'ASSIETTE**
1, Rue du Val-de-Grâce,
Paris 5
✆ 633 45 96
Metro: Port-Royal
Geöffnet: 10 bis 12.30 Uhr
und 14.30 bis 19 Uhr;
geschlossen: Sonntag
Kreditkarten: AE, DC, V

Wenn Ihre Zeit nur den Besuch eines einzigen Fachgeschäftes erlaubt, dann muß es eigentlich dieses sein. Hier finden Genießer und Kenner von Essen und Wein einen riesigen Buchvorrat. Auch eine dem Wein gewidmete Sammlung von Zubehör ist zu sehen: Korkenzieher und Weingläser; Thermometer und kartographische Wiedergaben von Weinbergen. Wenn Sie daran interessiert sind, über die gastronomischen Begebenheiten von Paris auf dem laufenden zu bleiben, können Sie das informationsfreudige monatliche Rundschreiben abonnieren. Der jährliche Bezugspreis beträgt augenblicklich für Frankreich 65 Francs, für das Ausland 85 Francs.

Boulevard Saint-Germain, Montparnasse
6. und 7. Arrondissement

LIBRAIRIE ELBE
23 bis, Boulevard Saint-
Germain, Paris 7
✆ 548 77 97
Metro: Rue du Bac
Geöffnet: 10 bis 12 Uhr
und 14 bis 19 Uhr;
geschlossen: Samstag,
Sonntag und im August

Diese Buchhandlung offeriert Landkarten, graphische Darstellungen, Poster und antiquarische Bücher; dazu gehört auch eine kleine Zusammenstellung von Raritäten aus dem Bereich der Gastronomie. Ab und zu findet man hier etwas Ausgefallenes zum Mitnehmen.

FNAC
136, Rue de Rennes,
Paris 6
✆ 544 39 12
Metro: Montparnasse-
Bienvenue
Geöffnet: 10 bis 19.30
Uhr; geschlossen: Sonntag
und Montag. Siehe
FNAC, 1. Arrondissement

EDGAR SOETE
5, Quai Voltaire, Paris 7
☏ 26 07 24 1
Metro: Rue du Bac
Geöffnet: 10 bis 12 Uhr
und 14 bis 18.30 Uhr;
geschlossen: Samstag,
Sonntag und im August

Ein sachlicher, seriöser Laden, spezialisiert auf Kochbücher, die neu oder alt oder sogar wirklich selten sein können. Solange man Sie hier nicht für einen ernsthaften Käufer hält, kann der Empfang allerdings etwas steif und kühl ausfallen.

Arc de Triomphe, Place Victor-Hugo
16. und 17. Arrondissement

FNAC
26, Avenue de Wagram,
Paris 17
☏ 766 52 50
Metro: Charles-de-
Gaulle-Etoile
Geöffnet: 10 bis 19 Uhr;
geschlossen: Sonntag und
Montag
Siehe FNAC, 1. Arrondissement

LIBRAIRIE FONTAINE VICTOR-HUGO
95, Avenue Victor-Hugo,
Paris 16
☏ 553 76 72
Metro: Victor-Hugo
Geöffnet: 10 bis 19.30
Uhr; geschlossen: Sonntag
Kreditkarte: V

Eine ausgedehnte *cuisine*-Abteilung von weitgehend neueren Publikationen.

Pour la Maison
GESCHÄFTE FÜR HAUSHALTSARTIKEL

Falls Sie sich nach strapazierfähiger Kochbekleidung, nach ausgefallenen Backgefäßen, antiken Champagnergläsern, wissenschaftlich-nüchternen Laborgefäßen oder gar Vorratsbehältern aus Holz die Beine abgelaufen haben sollten, dann stellen Sie Ihre Suche jetzt getrost ein. All das und dazu noch wunderschöne pastellfarbene Austern- oder Spargelteller der Jahrhundertwende, funkelnde zeitgemäße Glaswaren und stämmige Kupfertöpfe sind nur einige der unzählbaren, so ganz und gar französischen Küchen- und Tafelutensilien, die man in den nachfolgend angeführten Geschäften finden kann. Beachten Sie jedoch, daß manche von ihnen klein und etwas leger geführt sind; die Öffnungszeiten möge man daher in solchen Fällen nicht allzu wörtlich nehmen.

Les Halles, Palais-Royal, Place des Victoires
1. und 2. Arrondissement

AU BAIN MARIE
20, Rue Hérold, Paris 1
℡ 26 09 45 55
Metro: Bourse
Geöffnet: 9.30 bis 19 Uhr;
geschlossen: Sonntag
Kreditkarten: AE, V

Dem Geschmack und der Verve von Monsieur Clément ist es zu verdanken, daß AU BAIN MARIE heute das schönste und bestsortimentierte Haushaltsartikelgeschäft von Paris ist. Ein erlesenes Angebot an antikem und modernem Silber, an Steingut und Porzellan präsentiert sich da und eine entzückende Kollektion antiker *barbotines:* Spargel-, Austern- und Artischockenplatten. Auch der Ozeanriese Normandie hat hier mit einem edlen Silber-, Steingut- und Porzellansortiment seine Spuren hinterlassen. Exquisite Kristallkaraffen; teure, aber unglaublich raffiniert ausgestattete, geflochtene Picknick-Körbe; ulkige Messer-Torsos; Spargelzangen; kleine Poster und manches andere ungewöhnliche und neiderregende Stück lassen das Herz des Sammlers höher schlagen. In der ersten Etage des Geschäfts lockt eine geschmackvolle Auswahl handgewebter Bett- und Tischwäsche aus Seide, Baumwolle und reinem Leinen.

LA BOVIDA
36, Rue Montmartre,
Paris 1
℡ 236 09 99
Metro: Les Halles
Geöffnet: Montag bis
Freitag 6.30 bis 18 Uhr;
Samstag 7 bis 11.45 Uhr;
geschlossen: Samstagnach-
mittag und Sonntag

Das eindrucksvolle Inventar von LA BOVIDA, einem Spezialgeschäft für Küchenausrüstung, ist auf den professionellen Bedarf zugeschnitten: Edelstahl-, Kupfer-, Porzellan-, Steingutartikel, Servierplatten, Gewürze en gros, Papiersets in mehr als einem Dutzend Formen und Farben und anderes mehr. Die Bedienung kann hier ausgesprochen kühl sein.

CENTRAL UNION
28, Rue de la Grande
Truanderie, Paris 1
℡ 26 15 55 30
Metro: Les Halles
Geöffnet: Dienstag bis
Samstag 11 bis 13 Uhr und

Dieser Laden ist auf ›Punk-Art‹ und andere wunderliche Objekte spezialisiert. Dazu gehören Teekannen aus den fünfziger Jahren, manche mit Schwingen, andere wie Häuser geformt, wieder andere mit Kühlerornamenten und Insignien von einem Rolls Royce verziert. Da kann man den Tee nur mit einem Lächeln eingießen. Auch Kaffeetassen mit ge-

14 bis 19.30 Uhr; Montag
14 bis 19.30 Uhr; geschlossen: Sonntag

metrischem Muster und Nachbildungen alter Kanister
sind hier zu bekommen.

CHRISTOFLE
31, Boulevard des Italiens,
Paris 2
☎ 26 56 24 3
Metro: Richelieu-Drouot
Geöffnet: 9.30 bis 19 Uhr;
geschlossen: Sonntag und
Montag (im Dezember
montags geöffnet)
Kreditkarten: AE, DC,
EC, V

Diese vor Opulenz strahlende, vielbesuchte Boutique ist eine der bekanntesten Adressen für Silber, Porzellan, Kristall und Geschenkartikel in Paris.

E. DEHILLERIN
18–20, Rue Coquillière,
Paris 1
☎ 236 53 13
Metro: Les Halles
Geöffnet: 8 bis 12.30 Uhr
und 14 bis 18 Uhr;
geschlossen: Sonntag

Eine faszinierende, wenn auch teilweise erdrücken-
de Ansammlung von professionellem Küchenbedarf nimmt hier jeden freien Zentimeter an Boden-
und Wandfläche bis zur Decke ein. Die Auswahl an
Kupfergeschirr, Backformen und für den normalen
Hausgebrauch ungewöhnlichem Küchengerät ist bemerkenswert. Im Kellergeschoß findet der Berufs-
koch, was er braucht. DEHILLERIN ist Experte im Auf-

arbeiten von altem Kupfergerät; allerdings beträgt die Wartezeit zwei bis drei Wochen. Die Ladenbedienung ist hilfsbereit, wenn auch etwas mürrisch. Warenkataloge sind erhältlich und Nachsendungen per Post möglich.

DUTHILLEUL ET MINART

13 und 15, Rue Turbigo, Paris 1
℡ 233 44 36
Metro: Les Halles
Geöffnet: 9 bis 12.30 Uhr und 14 bis 18 Uhr; geschlossen: Samstag, Sonntag und im August

Berufskleidung gibt es hier schon seit 1850, und jetzt findet man in diesem Geschäft: Handwerker-Kombinationen, Kellnerjacken mit dazugehörigen Hemden und Fliegen, Kittel für Juweliere, die Kapuzenkleidung der Fleischlieferanten, die rotschwarz-braunen *blouses* der Viehhändler und natürlich den traditionellen Anzug für den Küchenchef, nach Maß. Eine breite Auswahl an Geschirrtüchern aus Baumwolle oder Leinen, für professionelle Beanspruchung gedacht, ergänzt das Angebot.

LE LOUVRE DES ANTIQUAIRES

2, Place du Palais-Royal, Paris 1
℡ 297 27 00
Metro: Palais-Royal
Geöffnet: 11 bis 19 Uhr; geschlossen: Montag
Einige der Händler akzeptieren Kreditkarten

Über 250 Antiquitätenhändler, gleich gegenüber vom Louvre. Es gibt hier wenig, was man ›günstige Gelegenheit‹ nennen könnte; dennoch lassen sich leicht ein paar Stunden damit zubringen, durch die glitzernden Läden zu streifen auf der Suche nach altem Porzellan und Silber, nach hölzernem Gerät für Küche und Tisch, nach Kristall, Möbeln und kunsthandwerklichen Gegenständen. Der ›Louvre‹ der Antiquitätenhändler verfügt über eine Versandabteilung, die gekaufte Objekte auf Wunsch verschickt.

M.O.R.A.

13, Rue Montmartre, Paris 1
℡ 508 19 24; 508 11 47
Metro: Les Halles
Geöffnet: Montag bis Freitag 8.30 bis 12 Uhr und 13.30 bis 17.30 Uhr; Samstag 8.30 bis 12 Uhr; geschlossen: Sonntag
Kreditkarte: V

Als eines der nahe Les Halles angesiedelten Spezialgeschäfte für Küchenausrüstungen ist M.O.R.A. immer noch das Ziel von vielen Käufern aus dem gastronomischen Bereich. Es gibt ein vielseitiges Sortiment von Küchengeräten, Backformen (darunter solche für *pain de mie* verschiedener Größen), große Baguette-Backbleche und Kuchenformen. (Vergessen Sie nicht, ihren Backofen auszumessen, bevor Sie hierherkommen: viele der Artikel haben für den normalen Hausgebrauch ›Übergröße‹.) Auch eine gute, den Ansprüchen des Berufskochs genügende Kochbuch-Auswahl bietet sich an. (Siehe auch unter ›Buchhandlungen für gastronomische Literatur‹.)

PAPETERIE MODERNE

12, Rue de la Ferronnerie,
Paris 1
✆ 23621 72
Metro: Châtelet/
Les Halles
Geöffnet: 7.30 bis 12 Uhr
und 13 bis 19 Uhr; ge-
schlossen: Sonntag und
zwei Wochen im August

Wenn Sie diesen einfachen Laden sehen, an dem die Jahrzehnte spurlos vorübergegangen sind, werden Sie auf einmal erkennen, woher die Myriaden von Straßenschildern in dieser Stadt kommen. Sie sind allgegenwärtig hier – alle Schilder, die Ihre Phantasie sich auszudenken vermag –, in die Ecken gestopft, auf Tischen aufgetürmt, an Nägeln und Reißnägeln von Wand und Decke hängend. Schilder für Käse gibt es da, Schilder für Butter, Wurst, Ochsenzunge oder Preßkopf, Speisekarten von Cafés, Preislisten von Bäckereien, Aufforderungen, nicht zu rauchen oder nicht auf den Boden zu spucken und sogar die französische ›Warnung vor dem Hunde!‹ und das Anklebeverbot. Schilder werden auf Bestellung angefertigt; nach zehn Tagen kann man sie abholen.

In der PAPETERIE MODERNE
bekommen Sie das Schild Ihrer
Wünsche

PORCELAINE BLANCHE

108, Rue Saint-Honoré,
Paris 1
✆ 2369073
Metro: Louvre
Geöffnet: 10 bis 19.15
Uhr; geschlossen: Sonntag
Kreditkarte: V

Dies ist die Verkaufsstelle einer Ladenkette, die sich auf einfaches weißes Gebrauchsporzellan spezialisiert hat, also Bistro-Geschirr, *café au lait*-Tassen, Terrinen, Tee- und Kaffeekannen, Vasen und Essigflaschen. Dazu gesellen sich noch Glaswaren, Korbwaren und Bestecke. Die Preise liegen hier um 15 bis 30 % niedriger als in den meisten anderen Geschäften.

356

QUATRE SAISONS
2–6, Rue du Jour, Paris 1
☎ 50856 56
Metro: Les Halles
Geöffnet: Dienstag bis
Samstag 10.30 bis 19 Uhr;
Montag 13 bis 19 Uhr;
geschlossen: Sonntag
Kreditkarte: V

**AU TEMPS
RETROUVÉ**
6, Rue Vauvilliers, Paris 1
☎ 233 66 17
Metro: Les Halles
Geöffnet: 12.30 bis 19
Uhr; geschlossen: Sonntag

SIMON
36, Rue Etienne-Marcel,
Paris 2
☎ 233 71 65
Metro: Les Halles
Geöffnet: 8.30 bis 18.30
Uhr; geschlossen: Sonntag

Handgeflochtene Körbe in riesiger Auswahl hängen von den Deckenbalken dieses hellen, luftigen Ladens direkt neben der Kirche Saint-Eustache. (Zufällig befindet sich in dieser Kirche ein sinniges, den Händlern von Les Halles gewidmetes Memorial.) QUATRE SAISONS verkauft auch freundlich gestreifte Baumwollstoffe sowie Baumwoll-/Leinen-Mischgewebe zur Anfertigung von Geschirrtüchern, außerdem Elsässer Kuchenstempel, Kleinmöbel und Accessoires fürs Bad.

Dieser niedliche, altmodische Laden in der Nähe des früheren Marktes Les Halles bietet komplette Tafelsätze von antikem Limoges, Vieux Paris, Creil, Choisy und Gien an, ergänzt von Einzelstücken aus Porzellan und Kristall, von Tischwäsche und anderen Schätzen der Eßkultur.

Bei aller Gelassenheit, die in diesem Geschäft herrscht, ist die Bedienung außerordentlich hilfsbereit. Man führt Servierplatten für den Restaurant- und Hotelbedarf, Gebrauchsporzellan, Kristall und feines Porzellan, Pfeffermühlen, Senftöpfe, entzückende weiße Terrinen, eine Vielfalt von Papiersets, geflochtene Käsetabletts und Brotkörbe. Im Haus ge-

Herrliches Tafelgeschirr bei
AU BAIN MARIE

genüber (Durchgang über den Hof bei Rue Montmartre Nr. 33) befindet sich Küchengerät für professionelle Ansprüche: Kupfergeschirr und Backformen, Waagen und Ausstechformen sowie sehr ansprechende, auf einer Marmorplatte ruhende Käseschneider für Roquefort, wie sie von den besten Restaurants benutzt werden.

Marais, Ile Saint-Louis, Bastille
4. und 11. Arrondissement

L'ARLEQUIN
13, Rue des Francs-Bourgeois, Paris 4
∅ 278 77 00
Metro: Saint-Paul
Geöffnet: 11.30 bis 19 Uhr; geschlossen: Sonntag, Montag und im August

Alte und teilweise sehr schöne Stücke aus Glas, die auf verstaubten, vom Fußboden bis zur Decke reichenden Regalen träumen. Likörgläser, *coupes* für Champagner, Weingläser, Wassergläser, Saftgläser, auch ein paar Vasen. Jedenfalls der richtige Ort, um daheim schon Vorhandenes zu ergänzen.

BAZAR DE L'HOTEL DE VILLE (B.H.V.)
55, Rue de la Verrerie, Paris 4
∅ 274 90 00
Metro: Hôtel-de-Ville
Geöffnet: 9 bis 18.30 Uhr, Mittwoch bis 22 Uhr, Samstag bis 19 Uhr; geschlossen: Sonntag
Kreditkarte: V

Beinahe alles, was die moderne Küchentechnik an Werkzeugen und Hilfsmitteln hervorgebracht hat, ist auf der dritten Etage dieses riesigen Universalkaufhauses untergebracht. Dazu kommen Porzellan, Kristall, Korbwaren, Tischwäsche und kleine Artikel für den Alltagsgebrauch. (Siehe auch unter ›Buchhandlungen für gastronomische Literatur‹.)

CŒURS D'ALSACE
33, Quai de Bourbon, Paris 4

Dieser malerische Laden ist ein Stück Welt von gestern. Herzförmige irdene Kuchenformen, Prägeformen für Anisgebäck, handbemalte Küchen-

✆ 63314 03
Metro: Pont-Marie
Geöffnet: 10.30 bis 19
Uhr; geschlossen: Mitt-
woch 12.30 bis 14.30 Uhr;
Sonntag, Montag und im
Juli

LESCEN DURA-EUROCAVE

63, Rue de la Verrerie,
Paris 4
✆ 2720874
Metro: Hôtel-de-Ville
Geöffnet: 9 bis 12.30 Uhr
und 13.35 bis 18.30 Uhr;
geschlossen: Sonntag und
zwei Wochen im August

PARIS CARTES POSTALES

45, Rue de la Roquette,
Paris 11
✆ 806 4021
Metro: Bastille
Geöffnet: 14 bis 19 Uhr;
geschlossen: Sonntag und
im Juli

LA POUSSIERE D'OR

10, Rue du Pont Louis-

möbel, Töpferwaren und Kochbücher aus dem Elsaß
sind hier zu haben.

Wenn Sie diesen Laden zur Winterzeit betreten, wärmen Sie sich erst einmal die Hände an dem alten holzbeheizten Ofen, der hier schon stehen mag, seit dieses Geschäft 1875 gegründet wurde. Und dann durchforsten Sie die Bestände, die wirklich alles umfassen, was der Weinproduzent, der Händler oder der Weintrinker selbst gebrauchen kann. – Flaschen und Korken, kleine Traubenpressen, wunderschöne Weinetiketten, bedruckte wie auch solche, in die sich Ihr eigener Name als Hausmarke einfügen läßt; hölzerne Meßbehälter, von Messingbändern umschlungen; Fässer zum Reifen des Weines (oder zur Essigherstellung); Probiergläser, Korkenzieher und viele andere Accessoires. Eine große Auswahl an Glaswaren, vom speziellen französischen Weinglas (fragen Sie nach dem vom I.N.A.O. approbierten) bis zu Rieslinggläsern mit kleinem Kelch und dunkelgrünem Stiel, steht hier zur Verfügung. Auch Espressomaschinen sowie Taschenmesser jeder Art und Preislage werden angeboten. Die Bedienung gibt sich recht uninteressiert.

»Stöbern Sie herum und schauen Sie selbst«, insistiert der Inhaber dieser vollgestopften, schatzverdächtigen Fundgrube mit ihrem leichten Modergeruch. Alte Postkarten und Speisekarten, Etiketten, Poster und literarische Kuriositäten befriedigen jede Neugier und sind ebenso exzentrisch wie faszinierend.

Entzückende, zarte Tischwäsche aus der Zeit der Jahrhundertwende, Porzellan, Kristall, Tee- und

Philippe, Paris 4
✆ 27 45 67 68
Metro: Pont-Marie
Geöffnet: Dienstag bis
Freitag 12 bis 18.30 Uhr;
Samstag 14.30 bis 18.30
Uhr; geschlossen: Sonn-
tag, Montag und im
August

Kaffeegedecke, zierliche Holz- und Lederetuis. Alles ist von bester Qualität, von dem freundlichen Eigentümer einzeln zusammengetragen, geputzt und, wenn nötig, restauriert worden.

**LAURENCE ROQUE,
LE COMPTOIR DES
ETOFFES**
69, Rue Saint-Martin,
Paris 4
✆ 272 22 12
Metro: Hôtel-de-Ville
Geöffnet: Dienstag bis
Samstag 11 bis 19 Uhr;
Montag 14 bis 19 Uhr;
geschlossen: Sonntag und
im August

Ein bezaubernder Laden für Hobby-Dekorateure: sehr schöne Stickereien und Petit point-Arbeiten; Litzen und Spitzen; lustig gemusterte Stoffe für Bordüren von Küchenregalen; Polsterbezugsstoffe und eine kleine, aber sorgsame Auswahl von antiken Teekannen.

Quartier Latin, Sèvres-Babylone
5., 6. und 7. Arrondissement

CULINARION
99, Rue de Rennes, Paris 6
✆ 548 94 76
Metro: Saint-Sulpice
Geöffnet: 10 bis 19 Uhr;
geschlossen: Sonntag (im
August auch montags
geschlossen)
Kreditkarte: V

Gebräuchliches und auch Ungewöhnliches für Küche und Tafel bietet dieser Laden an. Formen für *madeleines* und *financiers*, kleine Kaffeeröster für den Hausgebrauch, eiförmige Küchenwecker und farbige Töpfe aus Gußeisen, alles zu vernünftigen Preisen.

DINERS EN VILLE

27, Rue de Varenne, Paris 7

✆ 222 78 33

Metro: Rue du Bac

Geöffnet: Dienstag bis
Samstag 11 bis 19 Uhr;
Montag 14 bis 19 Uhr;
geschlossen: Sonntag und
zwei Wochen im August

Kreditkarte: V

Ein elegantes, auf nützliche wie auf verspielte Artikel für Haus und Speisezimmer spezialisiertes Geschäft mit einem eindrucksvollen Inventar von Silber-
services, Kaffeekannen, Teekannen und -tassen, Servierplatten und einiger Tischwäsche aus diesem und
dem vergangenen Jahrhundert.

HELENE FOURNIER-GUERIN

25, Rue des Saints-Pères,
Paris 6

✆ 260 21 81

Metro: Saint-Germain-des-Prés

Geöffnet: Dienstag bis
Samstag 10.30 bis 12.30
Uhr und 14.30 bis 19 Uhr;
Montag 14.30 bis 19 Uhr;
geschlossen: Sonntag und
im August

Fayencen aus dem 18. Jahrhundert und Porzellan
aus Straßburg, Rouen, Sceaux und Moustiers; entzückende, 200 Jahre alte Servierplatten – und alles wie
Kronjuwelen präsentiert.

GALERIE MICHEL SONKIN

10, Rue de Beaune, Paris 7

✆ 261 27 87

Metro: Rue du Bac

Geöffnet: 14.30 bis 19
Uhr; geschlossen: Sonntag
und im August

Kreditkarten: AE, V

Gleichermaßen Antiquitätengeschäft wie anhei-
melndes Museum, zeigt die GALERIE MICHEL
SONKIN ihre Fülle an liebevoll restaurierten volkstümlichen Objekten, die meisten von ihnen aus Holz mit
einer schimmernden Goldauflage. Auf der Suche nach
Trouvaillen haben Monsieur und Madame Sonkin
ganz Europa bereist, und sie sind besonders stolz auf
die kunstvoll geschnitzten Brotstempel, die noch aus
der Zeit stammen, da die Dorfbewohner ihre Laibe vor
dem Backen im Gemeindeofen markierten, um sie unterscheiden zu können. Hölzerne Butterformen,
Milchfilter und geschnitzte Löffel, Käseformen aus
Porzellan, einige antike Truhen aus massivem Holz
und ein paar Möbelstücke runden die Sammlung ab.

LEFEBVRE FILS

24, Rue du Bac, Paris 7

Georges Lefèbvre offeriert eine exklusive Kollektion von Fayencen, mit einer Vorliebe für *trompe*

✆ 26 11 84 0
Metro: Rue du Bac
Geöffnet: 10.30 bis 12 Uhr
und 14.30 bis 18 Uhr;
geschlossen: Sonntag und
im August

MAZOT MEYER
32, Rue de Verneuil,
Paris 7
✆ 26 10 83 9
Metro: Rue du Bac
Geöffnet: 15 bis 19 Uhr;
geschlossen: Sonntag und
Montag

**NEWMAN &
NEWMAN**
40, Rue de Verneuil,
Paris 7
✆ 29 63 97 5
Metro: Rue du Bac
Geöffnet: 13 bis 19 Uhr;
geschlossen: Sonntag,
Montag und zwei Wochen
im August

PORCELAINE
22, Rue de Verneuil,
Paris 7
✆ 26 09 43 6
Metro: Rue du Bac
Geöffnet: 11 bis 19 Uhr;
geschlossen: Sonntag,
Montag und im August
Kreditkarten: AE, DC, V

**PORCELAINE
BLANCHE**
25, Avenue de la Motte-

l'œil-Servierplatten aus dem 18. Jahrhundert, die wie Wildschweinköpfe, Kohlköpfe oder auch wie ein Teller mit Oliven geformt sind. Die Öffnungszeiten des Geschäfts schwanken; ein vorheriger Anruf ist also empfehlenswert.

Eine unglaublich umfangreiche Präsentation von *barbotines* – ein Jahrhundert alte Spargel- und Artischockenteller, Saucieren und Servierplatten – die meisten davon in ausgezeichnetem Zustand und zur Schau gestellt an allen Ecken und Enden dieses übervollen Ladens. Die liebenswürdige Inhaberin, die außerdem Teeservices, Vasen, einige Gemälde und anderes zu ihren Schätzen zählt, ist eine passionierte Antiquitätensammlerin und gibt ihre Kenntnisse auch gerne an interessierte Kunden weiter.

Ein feudaler kleiner Laden mit einem exquisiten Silberschatz – Sätze von Mokka- oder Teelöffeln, Speisekarten-Halter, einige Servierplatten – alles sorgfältig mit Daten und Vorgeschichte bezeichnet. Einige Kristallvasen und feine Tischtücher sind auch da, der zuvorkommende Eigentümer zeigt sie gern.

Qualitativ hochwertige Pillivuyt-Teller mit Dutzenden von ansprechenden Farben und Mustern, mit farbigen Griffen versehene Eßbestecke aus Edelstahl und Bronze, Tischtücher, Servietten, Tabletts und Sets. Außerdem komplette Gerätschaften zur Herstellung von Käse oder zum Selbermachen von Bonbons.

Picquet, Paris 7
☎ 705 94 28
Metro: Ecole Militaire
Geöffnet: 10 bis 19.30
Uhr; geschlossen: Sonntag
Kreditkarte: V
Siehe PORCELAINE BLAN-
CHE, 1. Arrondissement

PORCELAINE
BLANCHE

119, Rue Monge, Paris 5
☎ 331 93 93
Metro: Censier-Dau-
benton
Geöffnet: 10.30 bis 19.30
Uhr; geschlossen: Sonntag
Siehe PORCELAINE BLAN-
CHE, 1. Arrondissement

PORCELAINE
BLANCHE

112 bis, Rue de Rennes,
Paris 6
☎ 549 06 52
Metro: Saint-Sulpice
Geöffnet: 10 bis 19 Uhr;
geschlossen: Sonntag
Siehe PORCELAINE BLAN-
CHE, 1. Arrondissement

PROSCIENCES

44, Rue des Ecoles, Paris 5
☎ 633 33 00
Metro: Maubert-Mutualité
Geöffnet: 8.30 bis 18.30
Uhr; geschlossen: Sonntag
und im August

Dieser Laden sieht vielleicht mehr aus wie das Depot eines Ausrüsters für wissenschaftliche Labo-
ratorien oder Hörsäle, doch die nüchternen Meßbe-
cher aus weißem Porzellan, die man hier findet, eignen
sich ganz prima für die Küche; einmal zum Messen,
dann aber auch zur Aufbewahrung von hölzernem
Gerät. Auch Küchenwaagen, Mörser und Stößel, Por-
zellanlöffel und Glaskrüge mit ordentlichen Tüllen gehören zu dem praktischen Sortiment.

FLORENCE ROUSSEAU

9, Rue de Luynes, Paris 7
✆ 54 80 47 1
Metro: Rue du Bac
Geöffnet: 14 bis 18.30
Uhr; geschlossen: Sonntag, Montag und im August

Eine begrenzte, aber qualitativ hochstehende Auswahl an Tafelgeschirr, darunter *barbotines* – große Artischocken-, Austern- und Spargelteller –, mit grandiosen Mustern versehene Vasen der Jahrhundertwende, ausgefallene Servierplatten, silberne Zuckerzangen und Löffel. Die Tür dieses kleinen Ladens ist verschlossen; klopfen Sie also, um eingelassen zu werden.

SURFACE

16, Rue Saint-Simon, Paris 7
✆ 222 30 08
Metro: Rue du Bac
Geöffnet: Montag bis Freitag 9 bis 18 Uhr; Samstag 10 bis 13 Uhr und 14 bis 17 Uhr; geschlossen: Sonntag

Eine große Auswahl an italienischen Kacheln in einer Vielfalt von zeitgemäßen Mustern und Farben; für kombinierte oder Ton-in-Ton-Dekorationen. Viele Kacheln sind handbemalt. Bestellte Ware wird auch verschickt.

DIESER TELLER MUSS ES SEIN

Wenigstens die Teller können Sie in zwei der berühmtesten Wahrzeichen Pariser Gastronomie mitnehmen: Das Restaurant TOUR D'ARGENT und die Brasserie LA COUPOLE verkaufen Platzgedecke, die von ihren renommierten Tafeln stammen. Die im klassischen Blau-Weiß dekorierten Tour d'Argent-Teller werden im Restaurant, 15–17, Quai de la Tournelle, Paris 5, ✆ 354 23 31, täglich, außer montags, von 12 bis 16 Uhr und von 19 bis 23 Uhr verkauft. Bei LA COUPOLE, 102, Boulevard Montparnasse, Paris 14 (✆ 320 14 20), kann man die das Limoges-Zeichen tragenden Porzellanteller und -mokkatassen nachmittags ab 15 Uhr erstehen.

TIANY CHAMBARD

32, Rue Jacob, Paris 6
✆ 329 73 15
Metro: Saint-Germain-des-Prés

Ein winziger Laden mit winzigen Sachen, wie alte, farbenfrohe und hübsch gemalte Fruchtsaft- und Schnaps-Etiketten, die aus den Beständen aufgelassener Dosenabfüller und Destillerien stammen. In kleinen Rähmchen machen sie sich gut in Küche oder Bar.

Geöffnet: 12 bis 19 Uhr;
geschlossen: Sonntag,
Montag und im August

LA TUILE A LOUP
35, Rue Daubenton,
Paris 5
✆ 707 28 90
Metro: Censier-Dau-
benton
Geöffnet: Dienstag bis
Samstag 10.30 bis 13 Uhr
und 15 bis 19.30 Uhr;
Sonntag 11 bis 13 Uhr;
geschlossen: Montag

Ein rustikaler, kleiner Laden, der sich auf regiona-
les Kunsthandwerk konzentriert und getöpferte,
in sattem Grün und Braun glasierte Teller anbietet sowie sehr schöne, handgefertigte Holzschüsseln, Körbe
und Kerzen. Dieses volkstümliche Warenangebot begleitet eine entsprechende Literaturauswahl über
Folklore und Sitten in den verschiedenen Regionen
Frankreichs.

Madeleine, Arc de Triomphe
8. Arrondissement

**LA BOUTIQUE
DANOISE**
42, Avenue de Friedland,
Paris 8
✆ 227 02 92
Metro: Charles-de-
Gaulle-Etoile
Geöffnet: 9.45 bis 19 Uhr;
geschlossen: Sonntag
Kreditkarten: AE, DC, V

Die schlanken Linien moderner dänischer Design-
Kunst bestimmen die Verkaufsflächen: Möbel
und Lampen aus Holz, Glas und Edelstahl, Vasen und
andere Tischaccessoires aus Bleikristall, Porzellan und
Bestecke. Wandbehänge und Teppiche sowie Kleider
aus Naturfasern in vollen, zarten Farben ergänzen das
Angebot.

LA CARPE
14, Rue Tronchet, Paris 8
✆ 742 73 25
Metro: Madeleine
Geöffnet: Dienstag bis
Samstag 9.30 bis 18.45
Uhr; Montag 13.30 bis
18.45; geschlossen: Sonn-
tag und im August

In diesem Geschäft gleich hinter der Place de la Madeleine finden Sie all das, von dem Sie bisher nicht
wußten, daß es Ihnen schon immer fehlte: verschiedene Sorten von Austernmessern; Kirsch- und Pfirsich-
entkerner; eine Espressomaschine, die man an die Au-
tobatterie anschließen kann, und vieles andere. Die
Bedienung ist freundlich und hilfsbereit.

CHRISTOFLE
12, Rue Royale, Paris 8
✆ 26 03 40 7
Metro: Madeleine
Geöffnet: 9.30 bis 19 Uhr;
geschlossen: Sonntag
Kreditkarten: AE, DC,
EC, V
Siehe CHRISTOFLE,
2. Arrondissement

KITCHEN BAZAAR
17, Boulevard de Courcel-
les, Paris 8
✆ 56 37 96 6
Metro: Villiers
Geöffnet: Dienstag bis
Samstag 10 bis 19 Uhr;
Montag 12.30 bis 19 Uhr;
geschlossen: Sonntag und
im August

Alles für die Küche, von Küchenweckern bis zu Waagen mit italienischem Design, kleinen Schokoladenförmchen, Schälern für Zitrusfrüchte und Spezialmessern zum Schneiden von Verzierungen, alles von ordentlicher Qualität. Einige Backformen und eine kleine Auswahl an Kochbüchern sind auch vorhanden.

PETER
191, Rue du Faubourg
Saint-Honoré, Paris 8
✆ 56 38 80 0
Metro: Saint-Philippe-du-
Roule
Geöffnet: Dienstag bis
Samstag 10 bis 13 Uhr und
13.30 bis 19 Uhr; Montag
14 bis 19 Uhr; geschlossen:
Sonntag und im August

Elegant, modern, gepflegt: das Geschäft führt Silberwaren, Kristall, Porzellan und Geschenkartikel, außerdem Messer und Schneidebretter für professionelle Ansprüche.

PUIFORCAT
131, Boulevard Hauss-
mann, Paris 8
✆ 56 31 01 0
Metro: Miromesnil
Geöffnet: 9.30 bis 18.30
Uhr; geschlossen: Sonntag
Kreditkarten: AE, DC

Mein Lieblingsgeschäft in Paris, wenn ich silberne Trinkbecher, *timbales*, von vollendeter Formschönheit kaufen will (mit Monogramm eignen sie sich hervorragend als Geschenke für Babys – sie werden viel später im Leben immer noch Cognac daraus süffeln können); dann weiter: elegante Wein- und Champagnerkübel aus Silber; feine Reproduktionen antiken Porzellans und vortreffliche Nachbildungen von Puiforcat-Silberwaren aus den zwanziger und dreißiger Jahren. Immer sind die Verkäuferinnen in diesem Geschäft entgegenkommend.

Rue de Paradis, Gare de l'Est
10. Arrondissement

ARTS CERAMIQUES
15, Rue de Paradis,
Paris 10
✆ 824 83 70
Metro: Château d'Eau
Geöffnet: Dienstag bis
Samstag 9.45 bis 18.45
Uhr; Montag 14.30 bis
18.45 Uhr; geschlossen:
Sonntag
Kreditkarten: AE, V

Dieses Geschäft bietet in breiter Auswahl Reproduktionen von Fayencen aus Rouen, Quimper und Marseille an, alle handbemalt und in den ursprünglichen lebhaften Farben. Auch Zinngeschirr mit Tee- und Kaffeekannen und Accessoires sind hier zu haben.

EDITIONS PARADIS
29, Rue de Paradis,
Paris 10
✆ 523 05 34
Metro: Château d'Eau
Geöffnet: 10 bis 18.30
Uhr; geschlossen: Sonntag
Kreditkarten: AE, DC,
EC, V

Ein Geschäft mit Hunderten von Stücken aus glänzerndem Kristall und zerbrechlich-feinem Porzellan. Aber einzigartig darin: ein silberner Milchtopf mit einem dazugehörigen silbernen Gasbrenner – die Nachbildung eines höchst nützlichen Geräts der Comtesse de Noailles; denn auf ihren Reisen konnte sich die Dichterin damit die Milch im Hotelzimmer wärmen. Außerdem findet man bei EDITIONS PARADIS silberne Cloches, wie sie von den großen Restaurants der Welt benutzt werden, um erlesene Speisen warmzuhalten und am Tisch zu präsentieren.

LIMOGES UNIC
12, Rue de Paradis,
Paris 10
✆ 770 54 49 und 523 31 44
Metro: Château d'Eau
Geöffnet: 9.45 bis 18.45
Uhr; geschlossen: Sonntag
Kreditkarten: AE, V

Limoges-Porzellan wo man hinschaut: Teekannen und Kakaogedecke sowie die einfachen, klassischen Services in allen Farbstellungen. Dazu Meißener Teekannen, Kristall von Baccarat, Saint-Louis, Daum und Lalique; Silber von Christofle und Têtard.

LE SERVICE DE TABLE
56, Rue de Paradis,
Paris 10
✆ 77 02 65
Metro: Château d'Eau
Geöffnet: 10 bis 13 Uhr
und 14 bis 18.45 Uhr
Kreditkarten: AE, DC, V

Ein eleganter, indirekt beleuchteter Ausstellungsraum mit Objekten von zeitgenössischen Designern: Vasen, Teller und Accessoires aus Frankreich, Dänemark und der Bundesrepublik.

LA TISANERIE
35, Rue de Paradis,
Paris 10
✆ 77 04 049
Metro: Château d'Eau
Geöffnet: 10 bis 19 Uhr;
geschlossen: Sonntag und
Montag
Kreditkarte: V

Fast ausschließlich weißes Porzellan, darunter einfache Schüsseln, Teller, Tassen und Kannen von Pillivuyt; alle Objekte können mit den Initialen des Kunden und persönlich gewünschten Mustern versehen werden; das Einbrennen erfolgt in einem Ofen direkt im Laden. Je nach dem Umfang solcher Sonderwünsche kann die Ausführung mehrere Tage dauern. Zu bekommen sind in diesem Geschäft auch Tortenbleche, Servierplatten und Schüsseln, und zwar alles zu vernünftigen Preisen.

Montparnasse
14. und 15. Arrondissement

ATELIER FRANÇOISE CATRY
16, Rue Ernest Cresson,
Paris 14
✆ 54 59 139
Metro: Denfert-Rochereau
Geöffnet: 9 bis 12.30 Uhr
und 14 bis 18.30 Uhr; geschlossen: Sonntag und
Montag

Die im strahlend-weißen Schaufenster ausgestellten Objekte sind so wunderhübsch, daß die Leute einfach stehenbleiben und sie anschauen müssen. Die Künstlerin und Ladeneigentümerin, Mademoiselle Catry, hat sich darauf spezialisiert, genaue Replikate der Porzellan- und Steingutmuster des 17. und 18. Jahrhunderts zu malen. Ihre Arbeiten sind ebenso ungewöhnlich wie zauberhaft. Vom kniffligen farbenfrohen Randmuster bis zur Spitze eines goldenen Blattes malt sie mit emsiger Sorgfalt und bringt dabei Stücke hervor, die aus einem historischen Museum zu stammen scheinen. Sie entwickelt auch zeitgenössische Muster in subtilen, aber frohen Farben. Dabei bevorzugt sie Früchte- und Blumenmotive, die sie auf das nach ihren Spezifikationen gedrehte Porzellan aufbringt. Mademoiselle Catry benutzt ihren Laden als

Werkstatt, und dort nimmt sie auch spezielle Dekora-
tionswünsche von Kunden entgegen oder fertigt eine
originalgetreue Kopie nach einem Muster an.

KITCHEN BAZAAR

11, Avenue du Maine,
Paris 15
℡ 22 29 11 17
Metro: Montparnasse
Geöffnet: 10 bis 19 Uhr;
geschlossen: Sonntag,
Montag und im August
Kreditkarte: V
Siehe KITCHEN BAZAAR,
8. Arrondissement

PORCELAINE BLANCHE

135, Rue d'Alésia, Paris 14
℡ 543 78 95
Metro: Alésia
Geöffnet: 10 bis 19 Uhr;
geschlossen: Sonntag und
im August
Kreditkarte: V
Siehe PORCELAINE BLAN-
CHE, 1. Arrondissement

QUATRE SAISONS

88, Avenue du Maine,
Paris 14
℡ 321 28 99
Metro: Gaîté
Geöffnet: Dienstag bis
Freitag 10.30 bis 13.30 Uhr
und 14.30 bis 19 Uhr;
Samstag 10.30 bis 19 Uhr;
geschlossen: Sonntag und
Montag
Siehe QUATRE SAISONS,
1. Arrondissement

QUATRE SAISONS
20, Boulevard de Grenelle,
Paris 15
✆ 577 46 39
Metro: Bir-Hakeim
Geöffnet: 10.30 bis 13 Uhr
und 14 bis 19 Uhr;
geschlossen: Sonntag,
Montag und im August
Kreditkarte: V
Siehe QUATRE SAISONS,
1. Arrondissement

Buttes-Chaumont
19. Arrondissement

**COMPTOIR DE LA
MOSAIQUE ET DU
CARRELAGE**
53, Rue du Général-
Brunet, Paris 19
✆ 208 90 80
Metro: Danube
Geöffnet: Montag bis Frei-
tag 8 bis 12 Uhr und 14 bis
18 Uhr; Samstag 8 bis 12
Uhr; geschlossen: Sonntag

Es ist ein weiter Weg hinaus zu diesem Verkaufsla-ger für Baumeister und Innendekorateure, wo man Kacheln für alle Räumlichkeiten finden kann. Eine Spezialität sind die einzigartigen bemalten Kacheln mit folkloristischen Motiven: Szenen aus der Zeit der Französischen Revolution mit krähendem Hahn und Guillotine; emsige Bäcker und Konditoren, vor Holzöfen hantierend; von offenen Feuern angetriebene Montgolfieren. Diese kleinen Kunstwerke werden ergänzt durch Miniaturwiedergaben von Toulouse-Lautrec-Plakaten auf Kacheln; alte Pariser Straßenszenen mit fliegenden Händlern; größere Seestücke, die aus mehreren Kacheln zusammengesetzt werden, und schließlich jahreszeitliche Motive mit Pflanzen und Blumen. Das Verkaufspersonal ist ausgesprochen gefällig. Man kann Kacheln als Einzelstücke wie auch quadratmeterweise kaufen. Ein Versand der Ware ist möglich; wegen der Bruchgefahr und möglichen zeitlichen Verzögerungen wird jedoch davon abgeraten.

Glossar
Französisch / Deutsch

Selbst Eingeweihte kann die Speisekarte des nahen Restaurants manchmal rat_os machen. Beispielsweise geriete der Durchschnittsfranzose in arge Bedrängn_s, sollte er erklären, aus was eine *Albuférasauce* besteht (Béchamel mit Paprika) oder wie sich ein *canard de Barbarie* von einem *canard de Nantes* unterscheidet (im letzteren Fall ist die Ente kleiner und delikater). Im nachfolgenden kurzen Glossar ist die landläufige Terminologie der Speisekarten erfaßt – in Worten und Ausdrücken, denen Sie in französischen Menüs wahrscheinlich begegnen werden. Dabei habe ich mich auf diejenigen Begriffe beschränkt, die besonders der in einem Pariser Restaurant speisende Besucher kennen sollte. In allen Fällen wurde versucht, mit kurzen Erläuterungen dienlich zu sein.

A

A.A.A.A.A. Dieses Gütezeichen vergibt die Association Amicale des Authentiques Amateurs d'Andouillettes nur für die besten *andouillettes*

A point halbgar gebraten (besonders bei Rindersteaks)

Abats Innereien

Abricot Aprikose

Acidulé gesäuert

Addition Rechnung

Affiné(e) gereift oder veredelt

Agneau (de lait) Lamm (Milchlamm)

Agrumes Zitrusfrüchte

Aiglefin, églefin Schellfisch

Aigre sauer

Aigre-doux süßsauer

Aigrelette (Sauce) sauer oder herb schmeckende Sauce

Aiguillettes in feine Streifen geschnittenes Fleisch (gewöhnlich bei Entenbrust)

Ail Knoblauch

Aile Flügel (bei Geflügel oder Federwild)

Aile et cuisse Wortpaar zur Beschreibung von weißem Brustfleisch (*aile*) und dem dunkleren Fleisch an der Keule (*cuisse*), meist beim Huhn

Aileron Flügelspitze

Aïoli Knoblauchmayonnaise auf der Basis von Eiern und Olivenöl

Airelles Heidelbeeren

Airelles rouges Preiselbeeren

Albuféra Béchamelsauce, mit rotem Paprika zubereitet

Algues eßbare Meeralgen

Aligot Kartoffelbrei mit frischem Cantal und Knoblauch

Allumettes Gebäckstreifen aus Blätterteig; oder Streichholzkartoffeln

Alose Alse (Süßwasserhering)

Alouette Lerche

Aloyau Rückenstück vom Rind

Alsacienne (à l') auf elsässische Art; oft Sauerkraut, Wurst oder *foie gras* betreffend

Amandes Mandeln

Amande de mer ›Meermandel‹; kleine, lieblich und haselnußartig schmeckende Muschel mit weicher Schale

Amer (amère) bitter

Amertume bitterer Geschmack

Amourette Rückenmark vom Kalb oder Rind

Amuse-bouche (gueule) wörtlich: »vergnüge den Mund«; eine appetitanregende Vorspeise

Anchoïade Püree aus Anchovis, Olivenöl und Essig

Anchois Anchovis

Ancienne (à l') nach alter Art

Andouille kalte, geräucherte Schlackwurst (aus Schweine- oder Kalbskaldaunen)

Andouillette kleine Bratwurst, oft aus Innereien, meist in gegrilltem Zustand serviert

Aneth Dill

Anguille Aal

Arachide (huile d') Erdnußöl

Araignée de mer Seespinne

Ardennaise (à l') nach Ardennen-Art; oft mit Wacholderbeeren

Ardoise wörtlich: Schiefer; bezieht sich auf die (eigentlich auf eine Schiefertafel geschriebenen) Tages-Spezialitäten

Arêtes Gräten

Argenteuil mit Spargel (etwa in Suppe); der Name stammt von dem Pariser Vorort Argenteuil, der einmal Zentrum des Spargelanbaus war.

Aromates Gewürze und Kräuter

Artichaut (violet) Artischocke

Asperge Spargel

Assiette Teller

Assiette de pêcheur Teller mit gemischtem Fisch

Assorti(e) ausgewählt, passend zusammengestellt

Aumônière wörtlich: Portemonnaie des Bettlers; dünne *crêpe*, gefüllt und bündelartig zusammengefaltet

Aurore Tomaten- und Sahnesauce

Automne Herbst

Auvergnat(e) nach Auvergne-Art; oft mit Weißkohl, Wurst und Schinkenspeck

Avocat Avocado

B

Baba au rhum *brioche*-ähnlicher Hefeteigkuchen mit Rumsirup

Baguette das klassische französische Stangenbrot

Baies Beeren

Baies roses rosa Pfefferkörner

Baigné gebadet; eingetaucht; getränkt

Ballotine gewöhnlich Geflügel; entbeint, farciert und eingerollt

Bar Seebarsch oder

auch Seewolf (Mittelmeerfisch)

Barbarie (canard de)
Entenart, wie sie die Berber haben (siehe *Canard de Barbarie*)

Barbue Butt (Mittelmeerfisch)

Baron Hinterteil und Hinterkeule vom Lamm

Baron de lapereau
Hinterteil und Hinterkeule vom Kaninchen

Barquette kleines, schiffchenförmiges Gebäck

Basilic Basilikum

Basquaise nach baskischer Art; gewöhnlich mit Schinken, Tomaten und rotem Paprika

Bavarois Bayerische Creme; ein geeistes Dessert auf Sahne- (mit Vanille) oder Fruchtpüree-Basis

Bavette Lappen oder Flanke (beim Rind)

Béarnaise eine mit Estragon aromatisierte Sauce auf der Basis von Eigelb, Butter, Schalotten, Essig, Weißwein und anderen Kräutern (nach der Region Béarn in den Pyrenäen benannt)

Béatilles ›Leckerbis-

sen‹; eine Garnitur aus delikaten Innereien, wie Kalbsbries, Hahnenkämme usw.

Bécasse Schnepfe

Béchamel weiße Grundsauce, aus Butter, Mehl und Milch gemacht und gewöhnlich mit Zwiebeln, Lorbeer, Pfeffer und Muskatnuß gewürzt

Beignet Krapfen

Belon sehr begehrte, flachschalige *plate*-Auster von der Belon-Mündung

Bercy Sauce aus Fischgrundbrühe, mit Mehl und Butter gedickt und mit Schalotten, Weißwein, Zitronensaft und Petersilie aromatisiert

Berrichonne aus geschmortem Weißkohl, Zwergzwiebeln, Kastanien und magerem Schinkenspeck bestehende Garnierung

Betterave Rote Rübe

Beurre Butter

Beurre blanc auf Butter, Schalotten, Weißwein und Essig aufgebaute, reduzierte Sauce (zu Fischgerichten)

Beurre noir Sauce aus gebräunter Butter, Zitronensaft oder Essig, Petersilie, manchmal Kapern

Beurre noisette leicht gebräunte Butter

Biche Hirschkuh

Bien cuit(e) gut durchgebraten

Bifteck Steak

Bigarade braune, aus dem Saft und der Schale der Orange gemachte Sauce (zu Entengerichten)

Bigarreau Herzkirsche

Bigorneaux Uferschnecken

Billy Bi; Billy By Muschelcreme-Suppe

Biscuits à la cuillère (oder à la cuiller) Löffelbiskuits

Bisque Krebssuppe

Blanc (de poireau) weiße Partie (des Lauchs)

Blanc (de volaille) (Geflügel)brustfleisch

Blanquette Stew aus Kalb, Lamm, Huhn oder Fisch mit einer weißen Sauce aus Ei und Sahne

Blette Mangold

Bleu nur angebraten,

so daß das Fleisch noch kaum Saft gezogen hat (besonders bei Rindersteaks)

Blinis kleine, hohe Pfannkuchen aus Buchweizenmehl (russische Küche)

Bœuf à la mode Rinderschmorbraten in Rotwein, begleitet von Karotten, Pilzen, Zwiebeln und weißen Rüben

Bœuf au gros sel gekochtes Rindfleisch, mit Gemüsen und grobem Salz serviert

Boissons (non) comprises Getränke (nicht) eingeschlossen

Bombe aus mehreren sahnigen Schichten bestehende Eisbombe

Bonne femme (cuisine) einfach zubereitetes Gericht (Hausmacherart); auch Fleischgarnierung, bestehend aus Kartoffeln, Schinkenspeck, Pilzen und Zwiebeln; oder Fischgarnierung, bestehend aus Kartoffeln, Schalotten, Pilzen und Petersilie; oder eine Weißweinsauce mit Pilzen,

Schalotten und Zitronensaft

Bordelaise (à la) nach der Art von Bordeaux; oft auf eine aus gebräunter Butter, Schalotten, Rotwein, Thymian, Lorbeerblatt und Pfeffer bestehende Sauce bezogen, die mit Rindermark garniert ist

Bouchée Bissen, Appetithappen; kann sich auch auf eine kleine Meringue (Baiser) oder eine *vol-au-vent* beziehen

Boudin strenggenommen eine mit Fleisch gefüllte Wurst; morphologisch gesehen aber alle eßbaren Mischungen, die Wurstform haben

Boudin blanc helle, aus Kalb-, Geflügel- oder Schweinefleisch gemachte Wurst

Boudin noir Blutwurst (vom Schwein)

Bouillabaisse provenzalische Fischsuppe

Bouillon Fleischbrühe

Boulette Fleisch- oder Fischklößchen

Bouquet große

Garnele (siehe auch *crevette rose*)

Bourdaloue pochierte (manchmal in einem Teigmantel) heiß servierte Früchte

Bourguignonne (à la) nach Burgunderart; oft mit Rotwein, Cognac, Zwiebeln, Champignons und Speck

Bouribot würziges Entenstew in Rotwein

Bourride Bouillabaisse-ähnliche Fisch- und Muschelsuppe (oder -sauce) auf Ei- und Knoblauch-Basis (Mittelmeer)

Braise Glut

Braiser schmoren

Brandade (de morue) Stockfisch-Püree; aus Stockfisch, Kartoffeln, Sahne oder Milch, Knoblauch und Olivenöl

Brebis (fromage de) Schaf (Schafskäse)

Bretonne (à la) nach bretonischer Art, d. h. mit weißen Bohnen serviert; kann sich auch auf eine Weißweinsauce mit Karotten, Lauch und Sellerie beziehen

Brioche feines, but-

C

ter- und eireiches Hefegebäck

Broche (à la) am Spieß (gebraten)

Brochet Hecht

Brochette kleiner Bratspieß mit Fleisch- oder Fischstückchen (und Zwiebeln und Paprika)

Brouillé(e) vermischt, verrührt (z. B. bei Rühreiern)

Brûlé(e) wörtlich: verbrannt; bezieht sich gewöhnlich auf eine dunkle Karamelisierung

Brunoise in sehr kleine Würfel geschnittenes Gemüse

Buffet froid kaltes Büffet

Buccin siehe Bulot

Bugnes süße Lyoner Krapfen

Buisson wörtlich: Busch; gewöhnlich ein Gericht, bei dem Gemüse strauchförmig auf dem Teller arrangiert sind (eine klassische Präsentation bei der Languste)

Bulot Trompetenschnecke (lebt im Meer); auch Buccin genannt

Cabécou kleiner, runder Ziegenkäse aus der Region von Béarn (Pyrenäen)

Cabillaud Kabeljau

Cacahuètes Erdnüsse

Caen (à la mode de) nach der Art von Caen (Normandie); bezieht sich gewöhnlich auf ein in Calvados und Weißwein (und/oder Cidre) gekochtes Gericht

Café sowohl Caféhaus als auch Kaffee

Café crème Milchkaffee (gewöhnlich zu allen Tageszeiten nach dem Frühstück; mit dampferhitzter Milch)

Café déca koffeinfreier Kaffee

Café au lait Milchkaffee (gewöhnlich morgens zum Frühstück)

Café liégeois Eiskaffee

Café noir schwarzer Kaffee

Cagouille kleine *petit-gris*-Landschnecke, die aus der Region von Saintonge in Westfrankreich kommt

Caille Wachtel

Calmar kleiner Tintenfisch, ähnlich dem *encornet*

Campagne (à la) wie auf dem Lande

Canapé dreieckige Toastschnitte, gewöhnlich mit Wildbret belegt; auch alle Arten von pikant belegten Appetithäppchen auf einer Brotunterlage

Canard Ente

Canard à la presse gebratene Ente, mit einer Sauce serviert, die aus dem durch Auspressen des rohen Fleisches gewonnenen Blut, Rotwein und Cognac hergestellt wird

Canard de Barbarie eine von den Berbern kommende Entenart, die in Südwestfrankreich gezüchtet wird; ihr Fleisch schmeckt strenger; gewöhnlich zum Schmoren genommen

Canard de Nantes auch *canard de Chatlans* genannt; eine kleine, sehr delikat schmeckende Ente

Canard de Rouen eine Kreuzung aus

Haus- und Wild-
ente; traditionell
werden Enten in
Rouen durch Erstik-
ken getötet; durch
das im Fleisch ver-
bleibende Blut
bekommen solche
Enten einen beson-
deren Geschmack

Canard sauvage
Wildente

Caneton   junge Ente
(Erpel)

Canette   junge Ente
(weiblich)

Cannelle   Zimt

Caprice   ›Capriccio‹;
gewöhnlich ein Des-
sert

Carafe d'eau   eine
Karaffe Wasser

Carbonnade   ge-
schmorter Rostbra-
ten vom Rind, mit
Bier und Zwiebeln
zubereitet (eine flä-
mische Spezialität);
kann sich auch auf
ein Stück Rindfleisch
beziehen

Cardon   Karde; sie
gleicht einer riesigen
Artischocke

Carré d'agneau
Lammkarree; Vor-
derviertel (Rippen)
oder Lendenstück
vom Lamm

Carré de porc
Schweinskarree;
Vorderviertel (Rip-

pen) oder Lenden-
stück vom Schwein

Carré de veau   Kalbs-
karree; Vorderviertel
(Rippen) oder Len-
denstück vom Kalb

Carrelet   Scholle oder
Flunder (im Som-
mer)

Carte   Speisekarte,
Menü

Carvi   Kümmel

Casse-croûte   wört-
lich: »Brich-die-Kru-
ste«; Imbiß

Casse-pierre   eßbare
Seetang-Art

Cassis   schwarze Jo-
hannisbeere; daraus
gemachter Likör

Cassolette   Räucher-
pfanne; gewöhnlich
ein in einer kleinen
Kasserolle gereichtes
Gericht

Cassoulet   in einer
Kasserolle servierter
Eintopf aus weißen
Bohnen und Kombi-
nationen von ver-
schiedenen Wurst-
sorten, Ente, Gans,
Lamm, Hammel und
Schwein (Südwest-
frankreich)

Caviar d'Aubergine
kaltes Auberginen-
Püree

Célerie   Sellerie

Célerie-rave   Knol-
lensellerie

Cèpe   Steinpilz

Cerfeuil   Kerbel

Cerise   Kirsche

Cerise noire   dunkle
Kirsche

Cerneau   Fleisch der
Walnuß; kann auch
eine unreife Nuß
bezeichnen

Cervelas   mit Knob-
lauch gewürzte Zer-
velatwurst (aus
Schweinefleisch);
kann sich auch auf
Wurst beziehen, die
aus Fisch oder dem
Fleisch von Krusten-
tieren gemacht ist

Cervelle   Hirn

Chair   Fleisch (auch
von Früchten)

Champêtre   ländlich;
(zur Bezeichnung
einfach präsentierter
Gerichte)

Champignon   Pilz
de Bois   Waldpilz
de Paris   kultivierter
Champignon
Sauvage   nichtkulti-
vierter, wildwach-
sender Pilz

**Champignons à la
grècque**   Champi-
gnons auf griechi-
sche Art; kleine feste
Champignons, die in
Weißwein, Zitro-
nensaft, Olivenöl
und Gewürzen
gekocht und als Vor-
speise kalt serviert
werden

Chanterelle Pfifferling oder Eierschwamm

Chapon de mer ›Meer-Kapaun‹; zur Familie der *rascasses* gehörender Mittelmeerfisch

Charcuterie Sammelbegriff für (meist geräucherte oder luftgetrocknete) Wurst, Schinken, *pâtés* und *terrines;* bezeichnet auch den Laden, der diese Ware verkauft

Chariot (de desserts) Servierwagen (meist um eine Dessert-Auswahl an den Tisch zu bringen)

Charlotte Charlotte (ein mit Löffelbiskuits und Vanillefüllung in einer Form gebackenes, kalt serviertes Dessert; es kann auch aus Fruchtmus und gebutterten Weißbrotscheiben bestehen und wird dann nach dem Backen heiß serviert)

Charolais von den Weiden der Region Charolais (nordöstlich des Zentralmassivs) kommende helle Rindersorte, die wegen ihres Flei-sches besonders geschätzt ist

Chartreuse wörtlich ›Kartäuser‹; geschmortes Rebhuhn mit Weißkohl; auch Bezeichnung für einen bekannten Kräuterlikör

Chasse Jagd

Chasseur Jäger; Jägersauce (aus Champignons, Weißwein, Schalotten, Tomaten und Kräutern gemacht)

Châtaigne Kastanie (kleiner als ein *marron*)

Châteaubriand doppelt dicke Rinderlende, gegrillt oder in der Pfanne gebraten; die klassische Garnitur sind ›aufgeblasene‹ Kartoffelscheiben und eine aus Weißwein, Rinderkraftbrühe, Butter, Schalotten und Kräutern zubereitete Sauce oder auch *sauce béarnaise*

Chaud(e) warm oder heiß

Chaud-froid kalt serviertes Geflügel (oder Fisch), von einer kalten Sauce aus Sahne und Gelatine überzogen und mit Aspik bestreut

Chaudrée Fisch-Stew (manchmal mit Kartoffeln)

Chausson gefüllte Hefeteigtasche (süß oder mit würziger Füllung)

Chemise(en) wörtlich: Hemd; von einem Teigmantel umgeben

Chèvre (fromage de) Ziegenkäse

Chevreau junge Ziege

Chevreuil Rehwild

Chicorée krausblättrige Endivie (umgekehrt bezeichnet man in Frankreich die bei uns Chicorée genannte Salatpflanze mit den geblich-weißen Blättern als *endive*)

Chiffonnade (gewöhnlich roh): geschnitzelte Kräuter oder Gemüse

Chinchard Stöckerfisch, Bastardmakrele

Chipiron baskische Bezeichnung für kleinen Tintenfisch oder *encornet*

Chocolat Schokolade

Chocolat amer bittere Schokolade

Chocolat au lait Milchschokolade

Chocolat mi-amer Zartbitter-Schokolade

Chocolat noir gleichbedeutend mit *chocolat amer*, ›Herrenschokolade‹

Choix (à) Wahl; bedeutet gewöhnlich, daß man unter mehreren Möglichkeiten auswählen kann

Choron (sauce) Sauce béarnaise, die zu einem Viertel (konzentriertes) Tomatenmark enthält

Chou Weißkohl

Chou-fleur Blumenkohl

Chou-frisé Wirsing (Winterkohl)

Chou rouge Rotkohl

Chou vert Grünkohl

Choucroute Sauerkraut; bezeichnet auch das elsässische, aus Sauerkraut, verschiedenen Wurstsorten, gepökeltem und geräuchertem Schweinefleisch und Speck zubereitete Gericht (mit Kartoffeln serviert)

Choux (à la crème) (gefüllte) Windbeutel

Choux de Bruxelles Rosenkohl

Ciboulette Schnittlauch

Cidre Apfelwein (auch unter Beimengung von Birnen gewonnen) aus der Normandie oder der Bretagne

Citron Zitrone

Citron vert Limone

Citronelle Zitronenkraut

Citrouille Kürbis

Civelles fingerlange, spaghettidünne Glasaale, auch *pibales* genannt

Civet Wildbret-Stew mit einer Sauce aus dem Blut des Tieres, aus Cognac und Sahne

Civet de lièvre Hasenpfeffer

Clafoutis Obstkuchen (meist dunkle Kirschen) aus einer Art Pfannkuchenteig; Regionalspezialität aus dem Limousin

Claires Austern; so bezeichnet, wenn sie, bevor sie auf den Markt kommen, in einem der im Wattengebiet gelegenen Austernparks gemästet worden sind

Clamart Erbsen-Garnierung bei einem Gericht; nach dem Pariser Vorort genannt, der für seine grünen Erbsen bekannt war

Clémentine kleine, aus Spanien oder Marokko kommende Mandarine

Clouté gespickt

Cochon (de lait) Schwein (Spanferkel)

Cochonnailles aus Schweinefleisch hergestellte Produkte; gewöhnlich eine als Vorgericht servierte Auswahl von Würsten und/oder *pâtés*

Cocotte feuerfeste, gußeiserne Kasserolle (mit Deckel) oder Bräter

Cœur Herz

Cœur de filet dickster (und bester) Teil des Rinderfilets; gewöhnlich für Châteaubriand-Steaks verwandt

Coffret wörtlich: Kasten oder Truhe; Aufmachung in einer eckigen Konditorschachtel

Coing Quitte

Colin Seehecht

Colvert Wildente (mit grünem Hals)

Compote Kompott

Concassé grobgehackt

Concombre Gurke

Confit Ente, Gans oder Schwein, im eigenen Fett eingelegt (Spezialität Südwestfrankreichs); auch in Zucker mit Alkohol oder Essig konserviertes Obst oder Gemüse

Confiture Konfitüre

Confiture de vieux garçons verschiedene, in Alkohol mazerierte Früchte

Congeler einfrieren

Congre Seeaal, oft für Fisch-Stews verwandt

Consommé Kraftbrühe

Contre-filet (oder faux-filet Lende

Convives (la totalité des) alle an einem Tisch Versammelten

Copeaux Späne oder Schnitzel (etwa von Schokolade oder Gemüsen)

Coq (au vin) Hahn – auch Huhn – (in Rotwein)

Coque kleine, zartschmeckende Muschel

Coque (à la) weichgekochtes Ei oder etwas anderes in einer Schale Serviertes

Coquelet junges Hähnchen

Coquillages Schalentiere

Coquille Schale

Coquille Saint-Jacques Jakobsmuschel (Kamm-Muschel)

Corail (korallenroter) Geschlechtsteil von Krusten- oder Schalentieren; als Leckerbissen geschätzt

Corbeille (de fruit) Korb (mit Obst)

Coriandre Koriander

Cornichon Pfeffergürkchen

Côte d'agneau Lammkotelett

Côte de bœuf Ochsenrippe

Côtelette (dünneres) Kotelett

Cotriade Fisch-Stew, das Sardinen, Makrelen und Goldbrasse enthalten kann und mit Butter, Kartoffeln, Zwiebeln und Kräutern zubereitet wird (Spezialität aus der Bretagne)

Cou d'oie (canard) farci die wurstähnlich mit Fleisch und Gewürzen gefüllte Haut vom Hals der Gans (Ente)

Coulibiac Kulibiak; eine scharfgewürzte, gewöhnlich mit Lachs gefüllte und mit Briocheteig überzogene Pastete (russische Spezialität)

Coulis Püree aus rohen oder gekochten Früchten oder Gemüsen

Coupe Tasse; bezieht sich auf ein im Kelch serviertes Dessert

Courge (Flaschen-) Kürbis

Courgette Zucchini

Couronne Kranz; etwas ringförmig Gebackenes

Court-bouillon Sud; gewürzte Brühe, in der etwas gekocht wird

Couscous Gries oder Hartweizenmehl; meist ist jedoch ein marokkanisches Gericht gemeint, das aus gedämpftem Gries mit Rosinen und Kichererbsen, Gemüsen, Hammel- und Geflügelfleisch, der Brühe und einer sehr scharfen Sauce besteht

Couteau Messer

Couvert Gedeck

Crabe Taschenkrebs

Crapaudine Zubereitungsart, bei der

vor dem Grillen von Geflügel oder Federwild die Wirbelsäule entfernt wird

Crécy ein mit Karotten zubereitetes Gericht (nach der nordfranzösischen Stadt Crécy, die für ihre guten Mohrrüben bekannt ist)

Crème Creme; Sahne

Crème anglaise dicke Vanillesauce

Crème brulée ausgiebiges, von einer karamelisierten Zukkerkruste bedecktes Vanille-Dessert

Crème chantilly (süße) Schlagsahne

Crème fouettée Schlagsahne

Crème fraîche dicke, säuerliche Sahne

Crème patissière Konditor-Creme (Vanille)

Crème plombières Vanillesauce mit frischen Früchten und Eiweiß

Crêpe dünner Pfannkuchen

Crêpes Suzettes mit Orangenlikör flambierte Dessertcrèpes

Crépine Fett vom Netz (Bauch) des Schweines

Crépinette von einem Netz umhülltes Hackfleisch in Frikadellenform

Cresson(nade) (Sauce aus) Brunnenkresse

Crète (de coq) Hahnenkamm

Creuse länglich geformte Auster mit unregelmäßig gewellter Schale

Crevette grise kleine zartfleischige Garnele (›Sandgarnele‹), die beim Kochen graubraun wird

Crevette rose kleine, festfleischige Garnele, die beim Kochen rot wird; die größeren Garnelen dieser Art heißen *bouquets*

Christe marine eßbare Algenart

Croquant(e) knusprig; *croquante* bezeichnet auch einen Kuchen mit gerösteten Mandeln

Croque-monsieur mit Schinken und Käse belegtes, getoastetes Sandwich

Croquette zerkleinertes Fleisch, Geflügel, Gemüse oder zerkleinerter Fisch, mit Ei oder Sauce gebunden, geformt, paniert und fritiert

Crottin (de Chavignol) Ziegenkäse von fester Konsistenz (aus Chavignol)

Croustade meist kleine, warme Pastete mit knuspriger Rinde; auch mit Pflaumen und/oder Äpfeln gefülltes Gebäck (regionale Spezialität Südwestfrankreichs)

Croûte (en) im Teigmantel

Croûte de sel (en): in Salzkruste (gebakken)

Croûtons kleine Würfel getoasteten, in Butter oder Öl gebackenen Brotes

Cru roh

Crudités Rohkost

Crustacés Krustentiere

Cuillère (à la) (mit dem) Löffel (zu essendes Gericht)

Cuisse de poulet Hühnerschenkel

Cuisson Kochen oder Backen

Cuissot Keule (Wildbret, Wildschwein, Kalb)

Cuit(e) gekocht oder gebacken

Cul Keule oder Hinterteil (von Großvieh)

Culotte Schwanz-
stück (gewöhnlich
vom Rind)
Cure-dent Zahnsto-
cher

D

Dariole Cremetört-
chen; bezieht sich
auch auf eine Garnie-
rung in einer zylin-
drischen Form
Darne (Fisch-)Scheibe
(besonders bei Lachs)
Dattes Datteln
Daube Fleisch (oder
Geflügel), das mit
Gemüsen in einem
zugedeckten Topf
geschmort wird
Daurade Goldbrasse
Décaféiné koffeinfrei
Décortiqué(e) von
der Schale (oder
Haut) befreit
Dégustation Kosten,
Probieren
Déjeuner Mittages-
sen
Délice Genuß, Won-
ne, Vergnügen; häu-
fig zur Bezeichnung
eines Desserts ver-
wandt
Demi halb; kann sich
auch auf ein Viertel-
liter-Glas Bier bezie-
hen

Demi-deuil wörtlich:
>Halbtrauer<; der
Name rührt von den
(der Poularde) unter
die Haut geschobe-
nen schwarzen Trüf-
felscheiben her; auch
Bries mit getrüffelter
weißer Sauce wird so
bezeichnet
Demi-glace konzen-
trierte, auf Rind-
fleisch aufgebaute
Sauce, die mit *con-
sommé* oder einer
anderen dünneren
braunen Sauce aufge-
hellt ist
Demi-sel leicht gesalzen
Désossé entbeint,
entgrätet
Diable Zubereitungs-
art bei Geflügel, das
von einer stark
gepfefferten Sauce
(oft auf Senf-Basis)
begleitet wird
Dieppoise nach der
Art der Küstenstadt
Dieppe; gewöhnlich
von einer Krabben,
Muscheln und
Champignonköpfe
enthaltenden Weiß-
weinsauce begleitet
Dijonnaise nach der
Art von Dijon;
gewöhnlich mit Senf
zubereitet
Dinde Pute
Dindon Puter

Dîner Abendessen
Discrétion (à la) be-
zieht sich auf der
Speisekarte gewöhn-
lich auf Wein; der
Gast kann in diesem
Falle die Trinkmenge
selbst bestimmen
Dodine kalte, far-
cierte Ente
Dos Rücken; bezieht
sich auch auf die flei-
schigste Partie beim
Fisch
Dos et ventre wört-
lich: Rücken und
Bauch; bedeutet:
beide Seiten
(gewöhnlich beim
Fisch)
Douceurs Süßigkei-
ten oder Nachtisch
Doux, douce süß
Dugléré eine Sauce
zum Dünsten von
Fischen auf der Basis
von Weißwein,
Schalotten, Toma-
ten, Butter und
Petersilie (von dem
Pariser Küchenchef
Dugléré erfunden)
Duxelles feinge-
hackte Champi-
gnons und Schalot-
ten, in Butter sautiert
und mit Sahne ver-
mischt (nach einem
Küchenchef des
17. Jahrhunderts
benannt)

E

Eau du robinet Leitungswasser

Eau-de-vie Obstbranntwein

Ecailler (Fische) schuppen oder (Austern) öffnen; das Wort bezeichnet auch den Austernhändler selbst

Echalotte Schalotten

Echine Nackenstück

Echiquier gescheckt

Ecrevisse (Süßwasser-)Krebs

Effiloché zerfasert, in dünnen Scheiben

Eglefin, aiglefin Schellfisch

Emincé dünne Scheibe (meist bei Fleisch)

Encornet kleiner Tintenfisch; entspricht dem *chipiron* in der baskischen Region

Endive Chicorée

Entrecôte Rostbraten (Zwischenrippenstück)

Entrecôte maître d'hôtel Rostbraten mit Kräuterbutter

Entrecôte marchand de vin Rostbraten mit einer Sauce aus Rotwein und Schalotten

Entrée erster Gang

Entremets Süßspeise

Epaule Schulterstück

Eperlan Stint, gewöhnlich gebraten

Epices Spezereien, Gewürze

Epinard Spinat

Epi de maïs Maiskolben

Escabèche eine provenzalische Zubereitungsart für Sardinen oder *rougets*, wobei die Fische in Öl gebräunt, in Essig und Kräutern mariniert und sehr kalt serviert werden; die Bezeichnung wird auch auf rohen, in Zitronen- oder Limonensaft mit Kräutern gebeizten Fisch angewandt

Escalope Schnitzel (Fleisch oder Fisch)

Escargot (Land-)Schnecke

Escargot de Bourgogne Burgunderschnecke; mit Butter, Knoblauch und Petersilie zubereitet

Escargot petit-gris kleine (Land-)Schnecke

Espadon Schwertfisch

Estofinado Fisch-Stew, bereitet aus in Walnußöl mit Eiern, Knoblauch und Sahne gesottenem Stockfisch (Spezialität aus der Auvergne)

Estouffade geschmortes Rinds- und Schweineragout mit Rotwein, Zwiebeln und Pilzen

Eté Sommer

Etrille Samtkrabbe

Etuvé(e) gedämpft; geschmort

Eventail (en) fächerförmig (z. B. beim Einschneiden oder Garnieren)

F

Façon (à ma) nach meiner Art der Zubereitung

Faisan(e) Fasan

Farandole Servierwagen, gewöhnlich für Desserts oder Käse

Farci(e) gefüllt; farciert

Farine Mehl

Faux-filet Lende, Roastbeef

Fenouil Fenchel

Féra Felche

Ferme (fermier) Bauernhof; ›landfrisch‹ (Bauer)

Fermé geschlossen

Feu de bois (au) über
 Holzfeuer (gebraten
 oder) geröstet,
 gegrillt
Feuille de chêne
 Eichenblatt (Salat)
Feuille de vigne
 Weinblatt
Feuilletage(en) in
 Blätterteig
Fèves Saubohnen
Ficelle (à la) (an der)
 Schnur (z. B. bei ein-
 geschnürtem Rin-
 derfilet); kann auch
 eine ganz dünne
 Baguette bezeichnen
Figue Feige
Financière als Sauce:
 Madeira-Sauce mit
 Trüffelsaft; als Gar-
 nierung: Trüffeln,
 Oliven, Champi-
 gnons, Hahnen-
 kämme und Kalb-
 fleischklößchen
Fines de claire läng-
 lich geformte
 Austern mit unregel-
 mäßig gewellter
 Schale, die bis zu
 zwei Monaten in
 Mastparks *(claires)*
 bleiben
Fines herbes
 Mischung aus feinge-
 schnittenen frischen
 Kräutern (gewöhn-
 lich aus Petersilie,
 Schnittlauch, Kerbel
 und Estragon)
Flageolets kleine,

blaßgrüne, nieren-
 förmige Bohnen
Flamande (à la) auf
 flämische Art;
 gewöhnlich mit
 gefüllten Kohlblät-
 tern, Karotten, wei-
 ßen Rüben, Kartof-
 feln und Speck
Flambé flambiert
Flamiche würzig-
 pikanter Lauch-
 kuchen mit brot-
 ähnlicher Kruste
 (nordfranzösische
 Spezialität)
Flan kleines, süßes
 oder würzig-pikan-
 tes Stück Gebäck;
 kann sich auch auf
 einen kleinen Vanil-
 lepudding beziehen
Flanchet (de veau)
 Bauchlappen (vom
 Kalb)
Flagnarde,
 flaugnarde warm
 servierter, mit Zuk-
 ker bestreuter Obst-
 kuchen aus Eierteig
Flétan Heilbutt
Fleur Blume
Fleuron Blätterteig-
 Hörnchen
Florentine (à la) auf
 Florentiner Art; mit
 Spinat
Foie Leber
Foie gras d'oie
 (canard) Gänse-
 (Enten-)Stopfleber
Foies blonds de volaille

Hühnerlebern;
 manchmal auch eine
 darausgemachte
 Mousse
Foin (dans le) in Heu
 pochiert; z. B.
 Schinken
Fond als Grund-
 brühe zum Auf-
 bauen von Saucen
 gewonnener Brate-
 saft (Jus); bezeichnet
 auch den Boden
 eines Gefäßes
Fondant wörtlich:
 ›schmelzend‹, ›im
 Munde zergehend‹;
 aromatisierte
 Zuckermasse zum
 Glasieren
Fond d'artichaut
 Artischockenboden
Fondu(e) geschmol-
 zen
Forestière aus Wald-
 pilzen, Schinken-
 speck und Kartoffeln
 bestehende Garnie-
 rung
Four (au) im Ofen
 gebacken
Fourchette Gabel
Fourré gestopft,
 gefüllt
Frais, fraîche frisch
 oder eiskalt
Fraise Erdbeere
Fraise de bois
 Walderdbeere
Framboise Himbeere
Frangipane Mandel-
 creme(-Füllung)

Frappé bezieht sich gewöhnlich auf ein eiskalt gereichtes Getränk

Frémis zitternd, bebend; bezieht sich oft auf nur gerade angegarte Austern

Friandises Süßigkeiten; *petits fours*

Fricandeau dünne Fleischscheibe von der Kalbsnuß, in Weißwein mit Gemüsen geschmort

Fricassée Frikassee; im klassischen Sinne: in Weinsauce oder Butter unter Zusatz von Sahne Geschmortes; im heutigen Sinne: aus irgendeiner Art von Fleisch oder Fisch bereitetes Ragout

Frisé(e) gekräuselt; meist ist Endivie gemeint

Frit(e) fritiert

Frites Pommes frites

Fritons grobe Schweine*rillettes* oder unter Verwendung von Innereien bereitetes fettes Hackfleisch vom Schwein oder von der Gans, das ausgebraten ist

Fritot (Friteau) in Ausbackteig getauchte oder in Mehl gewälzte und dann fritierte Fisch- oder Gemüsestückchen (auch eine elegante Resteverwertung)

Friture Fritiertes; kann sich auch auf ein aus kleinen fritierten Fischen (meist Stinte oder Sprotten) bestehendes Gericht beziehen

Froid(e) kalt

Fromage Käse

Fromage blanc Frischkäse (in der Art eines Quarks oder Hüttenkäses)

Fromage maigre Käse der Magerstufe

Fromage de tête- Kopfsülze (meist vom Schwein)

Fruit de passion Passionsfrucht

Fruits confits eingelegte Früchte; meist sind kandierte Früchte gemeint

Fruits de mer Meeresfrüchte

Fumé geräuchert

Fumet durch langsames Auskochen von Fisch (manchmal auch Fleisch und Gemüse) gewonnene Brühe

G

Galantine eine mit Aspik überzogene Geflügel-, Fleisch- oder Fischpastete, die kalt aufgeschnitten wird

Galette rundes, flaches (Blätterteig-) Törtchen oder Pfannküchelchen; bezieht sich auch auf pfannkuchenförmiges würzig-pikantes Backwerk

Gambas große Garnelen

Garbure ein herzhafter, suppenartiger Eintopf, meist aus Kohl, weißen Rüben, Bohnen, Brustspeck und *confit d'oie* gemacht (Spezialität der Region Béarn)

Garni(e) garniert

Garniture Garnierung

Gâteau Kuchen

Gaufre Waffel

Gayettes kleine, mit Schweineleber und Schinkenspeck gemachte und in Speck eingehüllte Wurstpastetchen

Gelée Gelee; *en gelée* sind Speisen mit einem Gelantineüberzug (Aspik)

Genièvre Wachol-
derbeere

Génoise ›Genueser
Kuchen‹, eine Art
Sandkuchen

Germiny Garnie-
rung mit Sauerampf-
fer; auch Sauer-
ampfer-Rahmsuppe

Gibelotte Kanin-
chen-Frikassee in
Rot- oder Weißwein

Gibier Wildbret

Gigot (Lamm-)Keule

Gigot de mer wie
Lammkeule im Ofen
gebratene große
Stücke Fisch, meist
Seeteufel

Gigue Reh-Keule

Gingembre Ingwer

Girofle Nelken

Girolle Pfifferling

Glace Speiseeis

Glacé geeist; glasiert;
überzuckert

Gougère mit Käse
gewürztes Brand-
teiggebäck

Goujonnettes dient
gewöhnlich zur Be-
zeichnung kleiner,
meist gebratener
Fischscheibchen

Goujon Gründling;
oft werden auch an-
dere kleine Fische so
genannt; kann auch
eine Zubereitungsart
bezeichnen, bei der
die mittlere Partie

eines größeren Fi-
sches in Brotkrumen
paniert und dann
fritiert wird

Gourmandises Na-
schereien; Lecker-
bissen

Gousse (d'ail) Knob-
lauchzehe

Graine de moutarde
Senfkorn

Graisse Fett

Graisserons
knusprig gebratene
Stücke Enten- oder
Gänsehaut

Grand veneur ›Gro-
ßer Jäger‹; eine brau-
ne (Pfeffer-)Sauce
mit Wildextrakt und
rotem Johannisbeer-
gelee

Granité zerstoßenes
Wassereis mit
Fruchtsirup

Gras fett

Gras-double (Och-
sen-)Pansen; mit
Weißwein und Zwie-
beln zubereiteter
Pansen

Gratin mit einer
Kruste überbackenes
Gericht; kann sich
auch auf eine Kasse-
rolle beziehen

Gratin dauphinois
Kartoffelauflauf
nach der Art der
Dauphiné; eine mit
dünngeschnittenen
Kartoffelscheiben,

Milch, Ei und Kno-
lauch gefüllte und
mit Käse, Butter
(und Sahne) über-
backene Kasserolle

Gratin savoyard
dem *gratin dauphi-
nois* ähnlich; statt
Milch wird aber
Bouillon eingesetzt

Gratiné(e) gratiniert;
(vom Überbacken)
mit einer braunen
Kruste bedeckt

Grattons knusprig-
hart gebratene Stük-
ke Haut von Gans,
Ente oder Schwein

Gratuit gratis

Grecque (à la) kalt
serviertes Champi-
gnon- (oder Lauch-,
Blumenkohl-, Arti-
schocken- usw.)
Vorgericht, das mit
Öl, Zitronensaft und
Gewürzen zuberei-
tet wird

Grelot kleine, weiße,
glockenförmige
Zwiebel

Grenade Granatapfel

Grenadin gespicktes
Schnitzel von der
Kalbsnuß

Grenouille (cuisses de)
Froschschenkel

Gribiche (sauce)
Mayonnaise mit Ka-
pern, *cornichons* und
Kräutern

Grillade gegrilltes

Fleisch

Grillé(e) gegrillt

Griotte Sauerkirsche

Grive Drossel

Grondin Knurrhahn – ein Küstenfisch mit stacheligem Kopf; wird gerne in Fischragouts, auch in der Bouillabaisse, verwendet

Gros sel grobkörniges Salz (als grobkörniges Meersalz im Reformhaus erhältlich)

Groseille rote Johannisbeere

Gruyère ein milder Hartkäse aus der Schweiz

H

Hachis Haschee; Zubereitung aus feingehacktem Fleisch oder Fisch

Hareng Hering

Haricot Bohne

Haricot blanc weiße Bohne (gewöhnlich getrocknet)

Haricot de mouton Hammelragout mit weißen Bohnen

Haricot rouge Feuerbohne; auch eine Zubereitungsart solcher Bohnen mit Rotwein

Haricot vert (gewöhnlich frische) grüne Bohne

Hiver Winter

Hochepot dickes Fleischragout, meist mit Ochsenschwanz (manchmal auch unter Verwendung von Kastanien oder Rüben)

Hollandaise Holländische Sauce; aus Butter, Eigelb und Zitronensaft

Homard Hummer

Hongroise (à la) nach ungarischer Art; gewöhnlich mit Paprika und Sahne

Hors d'œuvre appetitanregende Vorspeise

Huile Öl

Huile d'arachide Erdnußöl

Huile de pépins de raisins Traubenkernöl

Huile d'olives Olivenöl

Huile vierge Olivenöl bester Qualität

Huître Auster

Hure de porc Kopf vom Schwein oder Wildschwein; bezieht sich gewöhnlich auf eine fertige Kopfsülze

Hure de saumon ›Kopfsülze vom

Lachs‹; in Wirklichkeit eine aus dem Fleisch, nicht dem Kopf des Lachses hergestellte Pastete

I

Ile flottante ›schwimmende Insel‹; fast immer ist damit das auch *œufs à la neige*, Schnee-Eier, genannte Dessert gemeint: pochierte Eiweißbällchen, die auf einer *crème anglaise* schwimmen; eine *île flottante* im klassischen Sinne ist eine Art Sahneschichttorte, mit Vanillesauce serviert

Impératrice (à l') gewöhnlich ein Reispudding mit kandierten Früchten

Indienne (à l') nach ostindischer Art, d. h. gewöhnlich mit Curry

Infusion Kräutertee

J

Jambon Schinken; bezieht sich auch auf

Hüft- und Schulter-
fleisch, meist beim
Schwein

Jambon cru   roher,
luftgetrockneter
oder geräucherter
Schinken

Jambon d'oie (oder
de canard)   geräu-
cherte oder in Salz
oder Zucker gereifte
Gänse- (oder Enten-)
Brust; ähnlich wie
ein Rollschinken

Jambon de Bayonne
roher, luftgetrockne-
ter Schinken

Jambon de Paris
leicht gesalzener,
gekochter Schinken
von sehr blasser
Farbe

Jambon d'York   ge-
räucherter und
gewöhnlich pochier-
ter Schinken engli-
schen Stils

Jambonneau   Eisbein

Jambonnette   Schin-
ken (oder Kniestück
vom Geflügel) ent-
beint und gefüllt

Jardinière (à la)   nach
Gärtnerin-Art; Gar-
nitur aus verschiede-
nen frischgekochten
Gemüsen

Jarret de veau   Kalbs-
haxe

Jerez   Sherry

Jésus de Morteau
Schweinswurst aus der

Franche-Comté

Jeune   jung

Joue   Backe

Julienne   in streich-
holzdünne Streifen
geschnittenes
Gemüse, manchmal
auch Fleisch (die
Bezeichnung geht
auf Jean Julien, einen
Küchenchef aus dem
18. Jahrhundert,
zurück)

Jus   (Braten-)Saft

K

Kir   ein aus *crème de
cassis* und Weiß- (sel-
tener Rot-)wein
gemachter Aperitif

Kir royal   ein mit
Champagner
gemachter Kir

Kougelhopf (auch
**Kougelhof, Kou-
glof, Kugelhopf**
geschrieben) Gu-
gelhupf: Hefe-Napf-
kuchen mit Mandeln
und Rosinen (elsässi-
sche Spezialität)

L

Lait   Milch

Laitance   Milchner
(oft vom Hering);

auch Rogen wird
manchmal so
bezeichnet

Laitue   grüner Salat

Lamelle   ganz dünnes
Blättchen

Lamproie   Neunauge

Langouste   Languste

Langoustine   Lan-
gustine (in der Meh-
zahl oft Scampi
genannt)

Languedocienne (à la)
nach der Art des
Languedoc (ans
äußerste westliche
Mittelmeer angrenzen-
der Teil Süd-
frankreichs); eine
meist aus Tomaten,
Auberginen und
Steinpilzen beste-
hende Garnierung

Lapereau   junges
Kaninchen

Lapin   Kaninchen

Lapin de garenne
Wildkaninchen

Lard   Speck (frisch
oder geräuchert)

Lardon   Speckwürfel;
auch Speckstreifen,
mit dem ein Fleisch-
stück gespickt ist

Larme   wörtlich:
Träne; ein Tröpf-
chen einer Flüssig-
keit

Lèche   dünne Scheibe
Fleisch oder Brot

Léger (légère)   leicht

Légume   Gemüse

Lieu (jaune) Polack (kabeljau-ähnliche Dorsch-Art)

Lièvre Hase

Limande Kliesche (schollenähnlicher, aber weniger festfleischiger Fisch)

Limande sole Rotzunge

Lisette kleine Makrele

Lit Bett

Lotte Seeteufel oder Anglerfisch (Nordsee- und Atlantikfisch); Quappe, Dorsch-Art (Süßwasserfisch)

Lou magret Brust von der Mastente

Loup (de mer) Seewolf oder Wolfsbarsch (Mittelmeerfisch)

Lyonnaise (à la) nach Lyoner Art, d. h. mit Zwiebeln

M

Macédoine gemischter Obst- (seltener Gemüse-)salat

Macérer Mazerieren (von Früchten); entspricht dem Marinieren von Fleisch; man läßt etwas in einer Flüssigkeit (oder von einer eingeriebenen

Würze) durchziehen

Mâche Rapunzel oder Feldsalat

Madeleine Magdalenen-Kuchen; Teeküchlein

Madère Madeira

Magret de canard (d'oie) Brust der Mastente (-gans)

Maigre mager, dünn

Maïs Mais

Maison (de la) ›des Hauses‹; bezieht sich auf eine hauseigene Marke oder Spezialität (z. B. Hauswein)

Maître d'hôtel Oberkellner; Sauce aus Butter, Petersilie und Zitronensaft

Maltaise Malteser Sauce (eine holländische Sauce mit Blutorangensaft und einer Spur Curaçao)

Mange-tout wörtlich: ›iß alles‹; eine fadenlose, grüne Stangenbohne; Zuckererbse; eine Apfelsorte

Mangue Mango

Manière (de) nach Art der (des)

Maquereau Makrele

Maraîchère (à la) ›nach Art der Gemüsegärtnerin‹; bezieht sich gewöhnlich auf ein Gericht oder einen Salat mit ver-

schiedenartiger Rohkost

Marbré(e) marmoriert

Marc aus den Trebern (Preßkuchen aus Schale und Kernen nach dem Abfließen des Saftes aus der Wein- oder Obstpresse) destillierter Weinbrand (dem italienischen Grappa entsprechend)

Marcassin Frischling, junges Wildschwein

Marchand de vin wörtlich ›Weinhändler‹; die so genannte Sauce enthält vor allem Rotwein, Fleischbrühe und gehackte Schalotten

Marché Markt

Marée (la) wörtlich: (die) Gezeiten; meist eine Zusatzbezeichnung, die darauf hinweist, daß Meeresfrüchte frisch sind

Marennes flachschalige, grünlich aussehende *plate*-Austern (nach dem gleichnamigen Fischerdorf in der Charente-Maritime benannt, wo sie herkommen)

Mareyeur Fischgroßhändler

Mariné mariniert

Marinière (moules) Zubereitungsart, bei der Muscheln in Weißwein, Zwiebeln, Schalotten, Butter und Kräutern gedünstet werden

Marmite kleiner Topf mit Deckel; auch ein in der Kasserolle gekochtes Gericht, z. B. Rindfleischtopf mit Gemüsen *(petite marmite)*

Marquise (au chocolat) eine *mousse*-artige Schokoladencreme, die als eiskaltes Dessert gereicht wird

Marron große Kastanie

Matelote (d'anguilles) ›Matrosengericht‹; ein Ragout aus Süßwasserfischen (oder speziell: aus Aal)

Mauviette (fette) Lerche

Médaillon rund geschnittenes Filetstück (wie das *tournedo,* nur etwas dünner); auch rundgeformte Backwaren

Mélange Mischung oder Beimischung

Méli-mélo wörtlich: Mischmasch. Ein Potpourri aus Fisch und/oder Meeresfrüchten, meist als Teil eines Salates serviert

Melon de Cavaillon kleine, sehr aromatische Cantalupe-Melone der Herkunft und Sorte Cavaillon (Provence)

Ménagère (à la) (nach) Hausfrauenart; gewöhnlich eine einfache Art der Zubereitung mit Zwiebeln, Kartoffeln und Karotten

Menthe Minze

Menthe poivrée Pfefferminz

Mer Meer

Merguez kleine, pikant gewürzte Wurst aus Hammelfleisch

Meringue Baiser, Gebäck aus Eischnee und Zucker

Merlan Merlan oder Wittling (schuppenarme Schellfisch-Art mit zartem Fleisch)

Merle Schwarzdrossel

Merveilles wörtlich: ›Wunder‹; heißes, krapfenartiges Zuckergebäck

Mesclum, mesclun Mischung aus mindestens 7 verschiedenen Salatsorten

Mets Gericht; Speise; Gang; bestimmte Zubereitungsart

Mets selon la saison mit den der Jahreszeit entsprechenden Zutaten zubereitet

Meunière (à la) ›nach Müllerin-Art‹; Fischzubereitung, bei der der Fisch in Mehl gewälzt, in Butter gebraten und mit Petersilie, Zitronensaft und heißer, zerlassener Butter serviert wird

Meurette (à la) in oder mit einer Rotweinsauce; kann auch ein Fischragout nach Burgunder-Art bezeichnen

Miel Honig

Mignardises wörtlich: ›Liebkosungen‹; das Wort steht als Synonym für *petits fours*

Mignonette kleine (Rind)-Fleischwürfel; grob gestoßener Pfeffer

Mijoté(e) (plat) langsam gekochtes oder langsam geschmortes (Teller)gericht

Mille-feuille Blätterteiggebäck; oft viereckig und mit einer Creme gefüllt oder in Form eines Napoleon

Mimosa Garnierung aus hartgekochtem (und dann) kleingehacktem Eigelb

Minute (à la) in letzter Minute zubereitet

Mirabeau Garnierung mit Anchovis, entkernten Oliven, Estragon und Anchovis-Butter

Mirepoix feingewürfelte Karotten, Zwiebeln oder gemischte Gemüsesorten, langsam in Butter und Gewürzen gedünstet; dient zur Geschmacksverbesserung vor allem bei Fleischgerichten, aber auch bei Suppen und Füllungen

Miroton (de) Scheiben (von); bezeichnet auch ein mit Zwiebeln und Gewürzen zubereitetes Rindsragout

Mitonnée ein suppenähnliches, langsam gekochtes Gericht

Mode (à la) modern, beliebt (*bœuf à la mode:* Rinderschmorbraten in Wein)

Moelle (Rinder-Mark)

Moka Mokka (als Kaffee oder als Aromabezeichnung)

Montagne (de la) ›von den Bergen‹; *(fromage de la montagne:* Gebirgskäse, Almkäse)

Montmorency mit Kirschen garniert

Montreuil mit Pfirsichen garniert; kann sich auch auf eine Garnierung von *tournedos* oder *noisettes* beziehen, die aus mit Erbsen und Mohrrübenbällchen gefüllten Artischockenböden besteht; und schließlich kann ein mit Krabbensauce überzogenes Seezungenfilet gemeint sein

Morceau Stück; Bissen

Morille Morchel

Mornay Béchamelsauce mit geriebenem Käse

Morue Stockfisch

Mouclade sahniges Muschelragout, manchmal mit Curry gewürzt

Moule Pfahl- oder Miesmuschel

Moules d'Espagne große, scharfkantige Miesmuscheln, die als Teil einer Meeresfrüchte-Platte oft roh serviert werden

Moules de bouchot kleine, sehr geschätzte Muscheln, die in flachen Küstengewässern an Zäunen kultiviert werden

Moules de Parques meist in offenen Mastparks oder in künstlichen Teichen kultivierte holländische Muscheln

Moules (à la) marinière in Weißwein mit Zwiebeln, Schalotten, Butter und Kräutern gekochte Pfahlmuscheln

Mousse eine süße (mit Eischnee und/oder Schlagsahne) oder pikante (aus püriertem Fisch oder Fleisch gemachte) Schaumspeise

Mousseline ›Schäumchen‹; bezieht sich auf Komponenten einer Speise, die (gewöhnlich mit Schlagsahne oder Eischnee) leicht gemacht wurde, wie etwa eine Sauce oder (mit Butter) eine *brioche mousseline*

Mousseron Moospilz; ein kleiner, delikat und leicht nach Knoblauch schmeckender Pilz

(kommt in Deutschland nicht vor)

Moutarde (à l'ancienne en graines) Senf (auf althergebrachte Art mit Körnern)

Mouton Hammel

Mulet Meerbarbe

Mûre Brombreere

Muscade Muskat-(nuß)

Museau de bœuf (de porc) in Essig mariniertes Rinder-(Schweine-)maul

Myrtilles Heidelbeeren

Mystère konusförmiges Eis-Dessert oder Baiser mit Eis und Schokoladensauce

N

Nage (à la) (im) Kochsud (serviert)

Nantua (sauce) Sauce aus Krebsbutter, Sahne und Trüffeln; kann auch eine Garnierung mit Schalentieren bezeichnen

Nappé bedeckt; (mit einer Sauce) überzogen

Nature ohne Zutaten

Navarin Lamm-

oder Hammelstew (mit Zwiebeln und Kartoffeln)

Navet (weiße) Rübe

Newburg Art der Hummerbereitung mit Madeira-Sauce, Eigelb und Sahne

Nid Nest

Nivernaise (à la) nach der Art von Nevers; mit Karotten und Zwiebeln

Noisette Haselnuß; kann auch ein haselnußförmiges Stück Kartoffel oder Karotte (siehe Parisienne, à la) sowie aus dem Filet (vom Kalb oder vom Lamm) herausgeschnittene runde Stücke (›Nüßchen‹) bezeichnen; auch eine nußbraune Buttersauce oder ein Dessert mit Haselnußgeschmack können so heißen

Noix Walnuß; Nuß

Normande (à la) nach normannischer Art; als Zubereitungsart: mit Cidre, Sahne und Calvados; als Garnitur im klassischen Sinne: mit Schalen- und Krustentieren, Seezungenfilets, Champignons und Trüffeln;

eine *sauce normande* besteht aus einer Fisch-*velouté* mit Sahne, Champignons und Trüffelsaft; schließlich kann ein Apfel-Dessert, meist mit Sahne serviert, so bezeichnet werden

Nouilles Nudeln

Nouveau, nouvelle neu oder jung

Nouveauté Neuheit, neuartiges Angebot

Noyau Kern oder Stein (Obst)

O

Œufs à la coque (in der Schale) weichgekochte Eier

Œufs brouillés Rühreier

Œufs durs harte Eier

Œufs en meurette pochierte Eier in Rotweinsauce

Œufs mollets wachsweiche Eier

Œufs pochés pochierte oder verlorene Eier

Œufs poêlés oder **Œufs sautés à la poêle-** Setzeier (wie Spiegeleier, die in einer heißeren, brauner gewordenen Butter gebraten wurden)

Œufs sur le plat
Spiegeleier

Œufs à la neige
Schnee-Eier (in
Milch pochierte süße
Eiweißbällchen, mit
einer Vanillesauce
serviert)

Offert Angebot,
Gratiszugabe

Oie Gans

Oignon Zwiebel

Omble chevalier
Saibling (sehr feine,
große Forellenart,
die in den Alpenseen
– in Frankreich in
Savoyen – heimisch
ist; das Fleisch, das
hellrosa bis rot sein
kann, ist fest und
dabei doch flockig-
zart)

Onglet Kronfleisch;
wird manchmal auch
als *biftek* oder *entre-
côte* angeboten;
etwas zäh, aber bes-
ser als das benach-
barte Bauchlappen-
Fleisch

Oreilles (de porc)
(Schweins-)ohren

Orties Brennesseln

Ortolan Fettammer
(vor allem aus Süd-
frankreich, Italien,
Griechenland und
Spanien kommend;
wegen zu starker
Dezimierung ist die

Verarbeitung der
einstmals in der fran-
zösischen Küche
sehr geschätzten
Fettammer verbo-
ten)

Os Knochen

Oseille Sauerampfer

Oursin Seeigel

Ouvert offen

P

Paillard (de veau)
dicke Scheibe (Kalb-
fleisch)

Pailles (pommes)
Stroh-Kartoffeln
(Kartoffel-Juliennes)

Paillettes kleine Blät-
terteig-Stangen
(meist mit Käse oder
Anchovis gewürzt)

Pain Brot

Paleron Schulter-
stück vom Rind

Paletot eigentlich
›kurzer Mantel‹;
alles, was von der
Mastente (oder
-gans) nach dem
Herausnehmen der
Leber übrigbleibt

Palmier wörtlich:
›Palme‹; in der Kon-
ditorei: aus Blätter-
teig gemachtes,
gezuckertes
›Schweinsohr‹

Palmier (cœurs de)
Palmherzen

Palombe Ringeltaube

Palourde Venus-
oder Teppichmu-
schel; sehr
geschätzte, mittel-
große Seemuschel

Pamplemousse Pam-
pelmuse, Grapefruit

Panaché bunt
gemischt; auf Menüs
gebräuchliche
Bezeichnung für
Mischspeisen aller
Art

Panade Brotsuppe;
bezeichnet auch
einen gewöhnlich
mit Mehl und Butter
(Eigelb, Sahne) ange-
reicherten Milchauf-
guß über Brot- oder
Kartoffelwürfeln
oder Reis; eine sol-
che *panade* dient
auch zum Binden
von Fleischfüllsel
oder von *quenelles*

Panais Pastinak (ein
Wurzelgemüse)

Pané(e) paniert

Panier Korb

Pannequets kleine,
hohe, gefüllte oder
belegte Pfannkuchen
(süß oder pikant)

Papillote (en) ›in
Papierhülle‹; in
Backpapier oder Per-
gamentpapier (fett-
undurchlässiger und
hitzebeständiger als
normales Butter-

brotpapier)

Paquets (en) in Päckchen oder Paketen

Parfait als Dessert: Gefrorenes, Eiscreme; pikant zubereitet; eine schaumige Mischung aus Hühner-, Enten- oder Gänseleber

Parfum Aroma

Parisienne (à la) Garnitur aus verschiedenen Gemüsen, bei denen jedoch nie die ausgestochenen haselnußgroßen Kartoffelbällchen (*noisettes*) fehlen

Parmentier mit Kartoffeln; (Antoine-Auguste Parmentier führte 1786 die Kartoffel in Frankreich ein)

Partager teilen

Passe-pierre (oder **Perce-pierre**) Meerfenchel (eßbarer Seetang)

Pastèque Wassermelone

Pastis ein Anisschnaps

Pâte Teig (oder das daraus gemachte Gebäckstück)

Pâte à chou Brandteig (Gebäck; etwa Windbeutel)

Pâte brisée Mürbeteig

Pâte sablée eine mit verstärkten Mengen Zucker, Butter und Eiern angerührte *pâte sucrée;* manchmal auch mit Hefe angesetzt

Pâte sucrée süßer Kuchenteig

Pâté Pastete; durchgedrehtes gewürztes Fleisch, geformt, gebacken und heiß oder kalt serviert

Pâté en croûte Pastete in der Teigkruste

Pâtes (fraîches) (frische) Pasta

Pâtisserie feines Gebäck, Konditorei

Pâtissier Konditor

Patte Pfote; Klaue; Fuß (eines Tieres)

Patte blanche kleines Krustentier (60 bis 75 g schwer)

Patte rouge großes Krustentier

Paupiettes Rouladen

Pavé wörtlich: ›Pflasterstein‹; gewöhnlich wird damit eine dicke Scheibe Rindfleisch mit Knochen oder ein entsprechender Lappen Kalbsleber bezeichnet; auch auf eine bestimmte Art Gebäck wendet man den Begriff an

Paysan(ne) nach ländlicher Art zubereitet; bezeichnet auch eine aus Karotten, weißen Rüben, Zwiebeln, Sellerie und Speck bestehende Garnierung

Peau Haut

Pêche Pfirsich

Pêche Melba Pfirsich Melba; pochierte Pfirsiche mit Vanille-Eis und mit Kirschwasser aromatisierter Himbeersauce

Pêcheur Fischer, dient oft als Zusatzbezeichnung für Fischgerichte

Pelure abgeschälte Stücke (etwa von Trüffeln); sie werden oft zum Aromatisieren verwandt

Perce-pierre (oder **Passe-pierre**) Meerfenchel (eßbarer Seetang)

Perche Barsch

Perdreau junges Rebhuhn

Perdrix Rebhuhn

Périgourdine (à la) mit schwarzen Trüffeln (aus dem Périgord); die entsprechende Sauce besteht aus Demiglace, Trüffelsaft, Trüffelscheiben (und *foie gras*)

Persil Petersilie

Persillade Petersilie und Knoblauch, gehackt

Petit déjeuner Frühstück

Petit-gris kleine, gesprenkelte Weinbergschnecke

Petit-pois Erbse

Petits fours kleine verzierte Küchlein und Törtchen

Pétoncle bunte Kamm-Muschel

Pets de nonne ›Nonnenfürzchen‹; kleine Brandteig-Krapfen

Pibales Glasaale; auch *civelles* genannt

Pièce Stück, Portion

Pied de mouton Steinschwamm; Semmelstoppelpilz (dem Pfifferling ähnlich); auch: Hammelfuß

Pied de porc- Schweinsfuß

Pigeonneau junge Taube (oder Vogel, der noch nicht flügge ist)

Pignons Pinienkerne

Pilau, Pilaw Pilaw-Reis; mit Fleischbrühe, Zwiebeln (und Hammelfleisch) zubereiteter Reis (türkische Küche)

Piment doux Rosenpaprika

Piment (poivre) de Jamaique Nelkenpfeffer

Pince Schere (bei Krustentieren); auch die Zangen, die man beim Essen von Schnecken oder Krustentieren benutzt

Pintade Perlhuhn

Pintadeau junges Perlhuhn

Pipérade Rührei mit Paprika, Zwiebeln, Tomaten und Schinken (baskische Küche)

Piquant(e) scharf, pikant

Piqué gespickt; würzig gemacht

Pissaladière flache, pizza-ähnliche Teigunterlage, besetzt mit Zwiebeln, Oliven und Anchovis

Pissenlit Löwenzahn (-blätter)

Pistil de safran (die getrocknete Narbe des) Safran

Pistache Pistazienkern

Pistou aus Basilikum, Knoblauch und Olivenöl bereitete Sauce; auch eine an Gemüsen reiche Suppe wird so bezeichnet

Pithiviers Blätterteig-Torte mit Man-delcreme-Füllung

Plat Schüssel; Gericht *(plat du jour:* Tagesgericht)

Plat principal Hauptgericht

Plates côtes (plat de côtes) Ochsenbrust (Schälrippe); gewöhnlich im *pot-au-feu* mitgekocht

Plateau Tablett, großer Teller

Plateau de fruits de mer kombinierte Platte mit Meeresfrüchten (rohen und gegarten Schalentieren); in der Regel gehören zu einem solchen Gericht Austern, Pfahlmuscheln, Kamm-Muscheln, *langoustines*, Seeschnecken und Garnelen

Pleurote Seitling (Pilz mit sehr zartem Fleisch und gefiederten Rändern)

Plie franche Scholle; auch unter der Bezeichnung *carrelet* bekannt

Plombières aus Vanille-Eis, kandierten Früchten, Kirschgeist und süßer Schlagsahne bestehendes Dessert

Pluches Blätter von Kräutern und anderen Pflanzen (gewöhnlich zum Garnieren)

Poché pochiert (ohne Schale gekocht)

Pochouse Stew aus Süßwasser-Fisch in Weißwein

Poêlé braungedünstet, d. h. ganz langsam nur in Butter und im eigenen Saft gebraten

Pointe (d' asperge) (Spargel-)Spitze

Poire Birne

Poire Belle Hélène auf Vanille-Eis servierte pochierte Birne mit einem Überzug aus heißer Schokolade

Poireau Lauch, Porree

Pois Erbse

Poisson Fisch

Poitrine Brust

Poitrine fumée geräucherter Speck

Poitrine demi-sel frischer Speck

Poivrade eine mit Pfefferkörnern, *mirepoix,* Weißwein Essig und Wildbret-Sud gemachte braune Sauce (zu Wildgerichten)

Poivre Pfeffer

Poivre frais de Madagascar grüner Pfeffer

Poivre noir schwarzer Pfeffer

Poivre rosé rosa Pfeffer

Poivre vert grüner Pfeffer

Poivron (doux) Paprika (schote)

Polenta gekochter Maisbrei (gewöhnlich mit Käse und Butter gereicht)

Pommade (en) bezieht sich gewöhnlich auf eine dicke, weiche Paste, die zu einem Gericht gehört

Pomme Apfel

en l'air karamelisierte Apfelscheiben, wo sie oft zum *boudin noir* serviert werden

Pommes (de terre) Kartoffeln

à l'anglaise gekochte Kartoffeln

allumettes Streichholz-Kartoffeln (halb so dünn geschnitten wie *pommes frites*

boulangère Kartoffeln auf Bäcker-Art; (vorzugsweise ganze, kleine Kartoffeln) zusammen mit Zwiebeln (und Fleisch) im zugedeckten Bräter gebräunt; oder, in

Scheiben geschnitten, mit Zwiebelringen (und manchmal Speck und Tomaten) gratiniert

dauphine Kronprinzessin-Kartoffeln; aus einer Mischung von Kartoffelteig und Brandteig zu Bällchen geformte, in heißem Fett fritierte Kroketten

dauphinoise mit Milch, Knoblauch und Käse gratinierte Kartoffelscheiben

duchesse Herzogin-Kartoffeln; aus Kartoffelteig (trockener Kartoffelbrei mit Butter und Ei, hier mit Muskatnuß gewürzt) geformte und im Ofen golden überbackene Klößchen oder Figuren

gratinées (oft zusammen mit Käse goldbraun überbackene Kartoffeln

lyonnaise Bratkartoffeln auf Lyoner Art; mit gebratenen Zwiebeln (gehackter Petersilie und Knoblauch) angerichtet

paille Stroh-Kartoffeln; in *juliennes* geschnittene, fritierte Kartoffeln

Pont-Neuf klassische *pommes frites* (die Stäbchen sind nicht mehr als 1 cm breit)

en robe de champs Pellkartoffeln

soufflées aufgeblasene Kartoffeln (sie sehen kissenförmig aus); kleine, dünngeschnittene Kartoffelscheiben werden in einem Fritierbad gegart und in einem zweiten aufgeblasen und knusprig gebakken

vapeur gekochte oder gedämpfte Kartoffeln

Porc (carré de) Schweinelende

Porc (côte de) Schweinskotelett

Porcelet Ferkel

Porto (au) (mit) Portwein

Portugaises eine Austernart mit länglicher, runzliger Schale (Gryphea angulata)

Potage Suppe

Pot-au-feu ›Topf auf dem Feuer‹; großer Fleisch- und Gemüseeintopf, der oft, nach Brühe, Fleisch und Gemüse getrennt, in zwei oder mehr Gängen

serviert wird

Pot-de-crème ein Dessert, das dem persönlichen Geschmack entsprechend verschieden ausfallen kann: als Vanillepuddig oder *mousse*-ähnlich, oft auch als Schokoladencreme

Potée herzhafter Suppen-Topf mit Schweinefleisch und Gemüse, im allgemeinen auch Kartoffeln und Kohl

Poularde Masthühnchen

Poule Suppenhuhn

Poule d'Inde Pute

Poule faisane Fasanenhenne

Poulet (rôti) Brathuhn; Brathähnchen

Poulet basquaise Hühnchen nach baskischer Art; mit Tomaten und Paprika

Poulet de Bresse Hühnchen aus der Bresse (körnergefütterte Hühner bester Qualität)

Poulet de grain mit Körnerfutter aufgezogenes Huhn

Poulet fermier Huhn direkt vom Bauernhof, aus Aufzucht mit freiem Auslauf

Poulpe größerer Tintenfisch

Pousse-pierre eßbarer Seetang

Poussin Küken

Praire kleine (warzige) Venusmuschel

Pralin gehackte, karamelisierte Mandeln

Praline kandierte Mandeln

Primeur bezeichnet die erste Zeit der Reife bei Obst und Gemüse (etwa: Frühkartoffeln)

Printanière ›frühlingsartig‹; eine Garnitur aus gewürfeltem Frühlingsgemüse mit sautierten Kartoffelbällchen oder Abwandlungen dieser Kombination; kann auch eine klare Fleischbrühe mit Erbsen, Karotten, Spargelstückchen usw. bezeichnen

Printemps Frühling

Prix fixe Menü (mit Kombinationsmöglichkeiten) zu einem festen Preis

Prix net Preis einschließlich Bedienung

Profiteroles wie Windbeutel aus Brandteig hergestelltes, meist mit einer

Eiscreme gefülltes, von Schokoladensauce gekröntes Dessert; in einer Kraftbrühe: haselnußgroße ›Backerbsen‹

Provençal(e) nach Art der Provence; das bedeutet meist: mit Knoblauch, Petersilie, Tomaten und Olivenöl

Prune (frische) Pflaume

Pruneau Backpflaume

Q

Quenelles Klöße aus Fleisch, Geflügel oder Fisch

Quetsch(e) Zwetsche; aus Zwetschen gemachtes (elsässisches) *eau-de-vie*

Queue (de bœuf) (Ochsen-)Schwanz

R

Râble de lièvre (lapin) Hasen- (Kaninchen-) Rücken

Raclette schweizerisches Gericht, bei dem am offenen

Feuer geschmolzener Käse abgestreift und mit Cornichons, Mixed Pickles und gekochten Kartoffeln serviert wird

Radis Radieschen, Rettich

Radis (petit) Radieschen

Radis noir schwarzer Rettich; oft mit Sahne als Salat angemacht

Ragoût Ragout, Stew, Eintopf

Raie Rochen

Raifort Meerrettich

Raisin (Wein-) Traube

Ramequin ein kleiner (Käse-)Kuchen oder kleine feuerfeste Kasserolle

Râpé gerieben, geraspelt

Rascasse Drachenkopf oder Skorpionfisch (der Goldbarsch gehört zu dieser Gattung)

Ratatouille eine Kombination von in Olivenöl geschmorten Gemüsen: Auberginen, Zucchini, Zwiebeln, Tomaten, Paprika und Knoblauch (provenzalische Spezialität)

Rave Kohlrabi; auch

Sammelbegriff für Wurzelgemüse wie Sellerie, weiße Rüben und Rettich

Ravigote eine Art dicke *vinaigrette* aus Weißwein, Essig, Schalotten und Kräutern; kann auch eine Mayonnaise mit Kapern, Zwiebeln und Kräutern bezeichnen

Réchauffer aufwärmen

Reine-claude ›Königin Claude‹ (Gemahlin François I.); Reneclaude oder ›Reneklode‹ (grüne Pflaumenart)

Reinette Renette (süße, saftige Apfelsorte)

Rémoulade mit Kapern, Kräutern, Senf, Anchovis und Gewürzgurkenwürfeln angereicherte Mayonnaise

Repas Mahlzeit

Rillettes (d'oie) aus Fleisch- und Fettstückchen vom Schwein (von der Gans) zusammen mit Gewürzen eingekochte (und in Steingutgefäße gefüllte) Pastetenmasse, die als Brotaufstrich dient; kann auch mit Ente, Kaninchen oder Fisch gemacht werden

Rillons Grieben; meist vom Schwein (Bauchspeck); können aber auch von Enten, Gänsen oder Kaninchen gemacht sein

Rince-doigt Fingerschale

Ris d'agneau Lammbries

Ris de veau Kalbsbries

Rivière Fluß

Riz Reis

Riz à l'Impératrice ›Kaiserin-Reis‹; kalter Reispudding mit in Sirup pochierten Früchten (und mit einer Frucht-Sauce oder einem Sabayon überzogen; nach Kaiserin Eugénie benannt)

Riz complet ungeschälter brauner Reis

Riz sauvage wilder Reis

Rognonnade (eine Art) Kalbsnierenbraten

Rognons Nieren

Romarin Rosmarin

Rondelle runde Scheibe

Rosé zartrosa gebraten (Fleisch); Rosé-Wein

Rosette (de bœuf) luftgetrocknete (Rinds-)Wurst, wie sie vorwiegend aus dem Beaujolais kommt

Rôti gebraten, Braten

Rouelle (de) schräggeschnittene Fleischoder Wurstscheibe. (Rouelle de veau: Kalbs-Beinscheibe)

Rouget (rouget barbet) rote Meerbarbe (ein köstlicher Mittelmeerfisch; die kleinsten Exemplare sind die besten)

Rouille wörtlich: (Eisen-) Rost; braunrote, dicke, pikante kalte Sauce, die gewöhnlich zur *soupe de poisson,* Fischsuppe, serviert und auf den eingeweichten *croûtons* gegessen wird; die Sauce besteht aus Olivenöl, Knoblauch, Tomaten, Paprika und Chilischoten

Roulade (gefüllte) Roulade

Roulé(e) gerollt

Roux Einbrenne aus Butter und Mehl (zum Binden von Saucen)

S

Sabayon leichte, süße Weinschaum-Creme, oft als Sauce zu einem Dessert gereicht; sie besteht aus Zucker, Eigelb, Wein und Aroma; die Masse wird in einem im Wasserbad sitzenden Gefäß zur Creme geschlagen

Sablé Gebäck aus Mürbeteig

Saignant(e) blutigsaftig (gebratenes Fleisch)

Saint-Germain mit frischen grünen Erbsen (nach dem Pariser Vorort benannt)

Saint-Hubert ein Wildgericht, das gewöhnlich mit einer *poivrade,* Champignons oder Kastanien serviert wird

Saint-Jacques (coquille) Jakobsmuschel, Pilgermuschel

Saint-Pierre Petersfisch, Heringskönig

Saison (suivant la) der Jahreszeit entsprechend

Salade folle wörtlich: ›verrückter Salat‹; gemischter, gewöhnlich auch grüne Boh-

nen und *foie gras* ent-
haltender Salat

Salade panachée ge-
mischter Salat

Salade verte grüner
Salat

Salé gesalzen, salzig

Salicorne Queller;
Glasschmalz; eßba-
res Meeresgewächs
der Küstenzonen;
oft mariniert und
dann wie Pickles
gegessen

Salmis ragout-ähnli-
che Zubereitung von
Federwild oder
Geflügel, wobei der
aus dem Fleisch
gepreßte Blutsaft die
Grundlage für die
Sauce bildet

Salpicon eine Art
Fleisch- (oder Fisch-)
und Gemüse-Salat

Salsifis Schwarz-
wurzel

Sandre Zander

Sang Blut

Sanglier Wild-
schwein

Sarriette Pfeffer-
kraut (auch *poivre
d'âne*, Eselspfeffer,
genannt); wird als
pikantes Vorgericht
im Sommer gegessen

Saucisse kleine fri-
sche Wurst; auch
Bratwurst

Saucisson große (oft
luftgetrocknete)

Wurst

Saucisson de Lyon
Lyoner Wurst; luft-
getrocknete
Schweinswurst mit
Fettwürfeln und
Trüffeln, die mit
Knoblauch und Pfef-
fer gewürzt ist

Sauge Salbei

Saumon (sauvage)
(in freien Gewässern
gefangener) Lachs,
Salm

Saumon d'Ecosse
Schottischer Lachs

Saumon fumé geräu-
cherter Lachs

Saupiquet klassi-
sche, scharf
gewürzte, mit Brot
gedickte Weinsauce

Sauté sautiert; kurz
(in der Pfanne)
braungebraten

Sauvage wild

Savarin kranzförmi-
ges Küchlein aus lok-
kerem Brioche-Teig,
getränkt in einem mit
Rum, Kirsch oder
anderen Alkoholika
aromatisierten Sirup
(benannt nach dem
französischen
Gastronom Brillat-
Savarin)

Savoyarde mit Gru-
yère

Scarole Eskariol
(Winterendivie)

Seiche großer Tin-

tenfisch

Sel Salz

Selle Sattel (beim
Fleisch)

Selon arrivage je
nach Lieferung (z. B.
bei frisch angeland e-
ten Seefischen)

Selon grosseur (S.G.)
je nach Größe

Selon le marché je
nach Marktlage,
nach dem, was der
Jahreszeit entspre-
chend gerade ange-
boten wird

Selon poids (S.P.) je
nach Gewicht

Serpolet Feld-
thymian

Service (non) compris
Bedienung im Preis
(nicht) eingeschlos-
sen

Service en sus Bedie-
nung nicht einge-
schlossen

Smitane aus Zwie-
beln, Weißwein,
dicker Sahne und
Zitronensaft
gemachte Sauce

Soissons getrocknete
oder frische weiße
Bohnen

Sorbet aus Fruchtsaft
(und aromatisieren-
den Alkoholika, wie
Südwein oder Likör)
hergestelltes Halbge-
frorenes, das als Des-
sert gereicht wird

Soubise Zwiebel-
sauce

Soufflé süßer oder
würziger Auflauf,
dessen Hauptbe-
standteil Eischnee
ist; Soufflé kann kalt
oder warm serviert
werden

Soupière Suppenter-
rine

Succès au pralin mit
Baiser und Butter-
creme überzogene
Krokanttorte

Sucre Zucker

Suprême mit Sahne
angereicherte Sauce
aus Geflügel- oder
Kalbs-*velouté;* kann
auch eine Hühner-
brust oder ein Fisch-
filet herausstreichen
(*suprême:* das Beste)

Supplément Auf-
preis

Surgelé tiefgefroren

T

Tablier de sapeur
Kuttelfleck, mari-
niert, paniert und
dann gegrillt

Tagine scharf
gewürztes Ragout
aus Lamm-, Kalb-,
Hühner- oder Tau-
benfleisch mit
Gemüsen (oder

Pflaumen oder Trau-
ben); (nordafrikani-
sche Küche)

Tanche Schleie; wird
gerne bei der Zube-
reitung einer *mate-
lote* genommen

Tapenade Mischung
aus schwarzen Oli-
ven, Anchovis,
Kapern, Olivenöl,
Zitronensaft (und
manchmal Thun-
fisch)

Tarama Rogen von
der Meerbarbe, oft
als Brotaufstrich
(*taramasalata*) berei-
tet

Tarte Torte; Pizza-
artige Pastete, auch
flan; meist süß

Tarte Tatin karame-
lisierte, gestürzte
Apfeltorte (nach den
Schwestern Tatin
benannt, die die
Torte in ihrem
Restaurant in
Lamotte-Beuvron in
der Sologne erfan-
den)

Tartine bestrichene
Brotschnitte

Tendre zart

Tendron Brustspitze
vom Kalb oder Rind
(eigentlich: Knor-
pel); die Rippen
enden in gelatinösen
Knorpeln, die einen
besonderen

Geschmack besit-
zen, wie er z. B. für
ein gelungenes
Kalbsfrikassee wich-
tig ist

Terrine tiefe irdene
Schüssel oder eine in
einer solchen Schüs-
sel gebackene Pastete

Tête de veau (porc)
Kalbs-(Schweins-)
Kopf; gewöhnlich
zur Herstellung von
Kopfsülze verwandt

Thé Tee

Thon Thunfisch

Thym Thymian

Tian irdene Schüssel
zum Gratinieren;
bezeichnet auch eine
Gemüsemischung,
die in einer solchen
Schüssel gratiniert
wurde

Tiède lauwarm

Tilleul Lindenblüte;
Lindenblütentee

Timbale Becher mit
senkrechter oder
schräger Wandung;
das Wort bezeichnet
auch, was darin
gereicht wird: die
Becher- oder Füllpa-
stete selbst

Topinambour sub-
tropisches Knollen-
gemüse (›Jerusalem-
Artischocke‹)

Torchon Geschirr-
tuch

Tortue Schildkröte

Toulousaine (à la)
nach der Art von
Toulouse; gewöhn-
lich mit Trüffeln
oder Bries, mit Hah-
nenkämmen, Pilzen
oder auch *quenelles*

Tournebroche Bra-
tenwender

Tournedos aus der
Mitte des Rinderfi-
lets herausgeschnit-
tene Steaks, die
gegrillt oder kurzge-
braten werden

Tournedos Rossini
kurzgebratene Tour-
nedos, garniert mit
foie gras und Trüf-
feln

Tourteau Taschen-
krebs

Tourtière flache
Form für Pasteten;
kann auch eine mit
Äpfeln und/oder
Pflaumen gefüllte
und mit Armagnac
beträufelte Süßspeise
bezeichnen (eine
südwestfranzösische
Spezialität)

Tranche Scheibe

Travers de porc
Schweinerippchen

**Tripes à la mode de
Caen** Kutteln nach
der Art von Caen;
Rinderkutteln, mit
Karotten, Zwiebeln,
Lauch und Gewür-
zen in Cidre, Calva-

dos und Wasser
gekocht

Tripoux Hammel-
kutteln

Trompette de la mort
Herbst- oder Toten-
trompete; schwärz-
lich aussehender
Würzpilz

Tronçon Stummel;
abgeschnittenes
Ende; bezieht sich
auf entsprechend
geschnittene Fleisch-
oder Fischstücke

Truffe (truffé) Trüf-
fel (getrüffelt)

Truite Forelle

Truite saumonée
Lachsforelle

Tuile wörtlich:
Dachziegel; als *tuiles
aux amandes* ein sehr
aromatisch schmek-
kendes Gebäck

Turban gewöhnlich
eine Mischung aus
verschiedenen Kom-
ponenten, die in
einer Kranzform,
dem Turban ähnlich,
gebacken werden

Turbot(in) (kleiner)
Steinbutt

V

Vacherin ein zylin-
drisch geformter, in
Fülle und
Geschmack ausgie-

biger Winterkäse
(die beste Version ist
der Mont d'Or aus
der französischen
Schweiz); auch ein
mit Eis und Sahne
verzierter Baiser
kann (die Form des
Käses nachahmend)
den gleichen Namen
tragen

Vallée d'Auge eine
Garnierung aus
gekochten Äpfeln
und Sahne (nach der
gleichnamigen
Region in der Nor-
mandie benannt)

Vapeur (à la)
gedämpft

Veau Kalb

Velouté ›Samt-
suppe‹; sie besteht
vor allem aus Kalbs-
oder Hühnerbrühe,
Mehl und Butter und
ist mit Eigelb und
Sahne legiert

Venaison Wildbret

Ventre
Bauch(fleisch)

Vénus Venus-
muschel

Verjus Saft unreifer
Weintrauben; früher
anstelle von Essig bei
Saucenzubereitun-
gen eingesetzt; heut-
zutage noch vorwie-
gend in der regiona-
len Küche zu finden

Vernis große, fleischige Venusmuschel mit roter Zunge und glänzender Schale

Vert-pré ›mit grüner Beilage‹; eine Garnitur aus Brunnenkresse, Kräuterbutter und manchmal Strohkartoffeln zu gegrilltem Fleisch

Verveine Eisenkraut; Eisenkraut-Tee

Vessie (en) in einer Schweinsblase gegart (gewöhnlich ein Hühnchen)

Viande Fleisch

Vichy mit in Vichy-Wasser gekochten Mohrrübenscheiben, bestreut mit Petersilie

Vichyssoise kalt servierte, sahnige

Lauch- und Kartoffelsuppe

Vierge (beurre) mit Salz, Pfeffer und Zitronensaft geschlagene Butter

Vierge (huile d'olive) Olivenöl bester Qualität

Vieux (vieille) alt

Vigneron Winzer

Vinaigre (vieux) (abgelagerter) Essig

Vinaigre de xérès Sherry-Essig

Vinaigrette aus Essig, Öl, Senf und Gewürzen bereitete (Salat-)Sauce

Vivant(e) lebend

Vivier Fisch-Bassin; Fischteich

Volaille Geflügel

Vol-au-vent Blätterteigpastetchen

Volonté (à) nach Belieben (des Gastes oder des Kunden)

X

Xérès (vinaigre de) Sherry-Essig

Y

Yaourt Joghurt

Z

Zeste Außenschale von Orangen oder Zitronen (ohne die darunter liegende weiße Haut)

Übersicht über Öffnungszeiten, Spezialitätenrestaurants und andere Besonderheiten

Nach 23 Uhr geöffnete Restaurants

Die folgenden Lokale sind über die normalen Zeiten hinaus geöffnet. Die genannte Uhrzeit gibt an, bis wann Bestellungen entgegengenommen werden. In allen Fälle sind Platzreservierungen angebracht. (In Klammer: Nummer des Arrondissements)

Chez Aissa Fils (6): Mitternacht

Le Bernardin (17): 23.30 Uhr

Bofinger (4): 1 Uhr

Caviar Kaspia (8): 23.30 Uhr

Charlot, Le Roi des Coquillages (9): 0.45 Uhr

Aux Charpentiers (6): 23.30 Uhr

La Coupole (14): 1.30 Uhr

Dodin-Bouffant (5): 0.45 Uhr

Brasserie Flo (10): 1.30 Uhr

Brasserie de l'Ile Saint-Louis (4): 1 Uhr

Chez Jenny (3): 1 Uhr

Julien (10): 1.30 Uhr

Restaurant l'Olympe (15): Mitternacht

Au Petit Riche (9): 0.45 Uhr

Au Pied de Cochon (1): durchgehend Tag und Nacht geöffnet

Terminus Nord (10): Mitternacht

Vaudeville (2): 2 Uhr

An Samstagen geöffnete Restaurants

Chez Aissa Fils (6):
  abends
Chez Albert (14)
Ambassade
  d'Auvergne (3)
L'Ambroisie (5)
L'Ami Louis (3)
Androuët (8)
Chez lesAnges (7)
L'Aquitaine (15)
Le Bernardin (17)
Bofinger (4)
La Boutarde (Neuilly):
  abends
Brasserie Flo (10)
Caviar Kaspia (8)
Cazaudehore (Saint-
  Germain-en-Laye)
Charlot, Le Roi des
  Coquillages (9)
Aux Charpentiers (6)
Au Châteaubriant (9)
Au Cochon d'Or (1):
  abends
Au Cochon d'Or (19)
Copenhague (8)
Coq de la Maison Blan-
  che (Saint-Ouen)

La Coquille (17)
La Coupole (14)
Les Diamantaires (9)
Le Divellec (7)
Duc d'Enghien (Eng-
  hien-les-Bains)
La Ferme Irlandaise (1)
Flora Danica (8)
La Fontaine de Mars
  (7): mittags
Chez Georges (2)
Gérard (2): abends
Le Grand Véfour (1)
Brasserie de l'Ile Saint-
  Louis (4)
Issé (2)
Le Jardin de la
  Paresse (14)
Chez Jenny (3)
Julien (10)
La Lozère (6)
Chez Maître Paul (6)
Mère-Grand (20)
Moissonnier (5)
Montecristo (4)
Restaurant l'Olympe
  (15): abends
Pantagruel (7): abends

Chez Pauline (1)
Le Petit Marguery (13)
Au Petit Riche (9)
Pharamond (1)
Au Pied de Cochon (1)
Polidor (6)
La Porte Fausse (6)
Le Pré Catelan (16)
Au Quai d'Orsay (7)
Ritz-Espadon (1)
Le Roi du Pot-au-
  Feu (9)
Michel Rostang (17):
  Oktober bis März,
  abends
Terminus Nord (10)
Restaurant Tiepolo (5)
Le Timgad (17)
La Toison d'Or (15)
La Tour d'Argent (5)
Chez Toutoune (5)
Le Train Bleu (12)
Les Trois Marches
  (Versailles)
Les Trois Piloux (19)
Vaudeville (2)
Villars Palace (5)

An Sonntagen geöffnete Restaurants

Chez Albert (14)
L'Ambroisie (5):
  mittags
L'Ami Louis (3)

Chez les Anges (7):
  mittags
Bofinger (4)
Cazaudehore (Saint-

Germain-en-Laye)
Charlot, Le Roi des
  Coquillages (9)
Au Cochon d'Or (19)

Coq de la Maison Blan-
che (Saint-Ouen):
mittags
La Coupole (14)
Les Diamantaires (9)
Duc d'Enghien (Eng-
hien-les-Bains)
La Ferme Irlandaise (1)
Brasserie Flo (10)
Flora Danica (8)
Brasserie de l'Ile Saint-
Louis (4)

Le Jardin de la Paresse
(14): mittags ganz-
jährig, abends von
Mai bis Oktober
Chez Jenny (3)
Julien (10)
Moissonnier (5):
mittags
Restaurant l'Olympe
(15): abends
Le Petit Marguery (13)
Au Pied de Cochon (1)

Le Pré Catelan (16):
mittags
Relais des Pyrénées (20)
Ritz-Espadon (1)
Terminus Nord (10)
La Toison d'Or (15)
La Tour d'Argent (5)
Le Train Bleu (12)
Vaudeville (2)
Villars Palace (5)

An Montagen geöffnete Restaurants

Allard (6)
Ambassade
d'Auvergne (3)
Androuët (8)
L'Archestrate (7)
L'Artois (8)
Benoît (4)
Bofinger (4)
La Boutarde (Neuilly)
Cartet (11)
Caviar Kaspia (8)
Chardenoux (11)
Charlot, Le Roi des
Coquillages (9)
Aux Charpentiers (6)
Chiberta (8)
Au Cochon d'Or (1)
Au Cochon d'Or (19)
Copenhague (8)
Coq de la Maison
Blanche (Saint-
Ouen)
La Coupole (14)
Les Diamantaires (9):
mittags

Dodin-Bouffant (5)
Jacqueline Fénix
(Neuilly)
Brasserie Flo (10)
Flora Danica (8)
La Fontaine de Mars (7)
Chez Georges (2)
Gérard (2)
Les Glénan (7)
Le Globe d'Or (1)
Les Gourmets des
Ternes (17)
Le Grand Véfour (1)
Brasserie de l'Ile Saint-
Louis (4)
Jamin/Joël Robu-
chon (16)
Le Jardin de la Paresse
(14). Mai bis Okto-
ber
Chez Jenny (3)
Joséphine (6)
Julien (10)
Louis XIV (1)
La Marée (8)

Mère-Grand (20)
Montecristo (4)
Pantagruel (7)
Chez Pauline (1)
Le Petit Bedon (16)
Le Petit Mont-
morency (8)
Au Petit Riche (9)
Chez Philippe/
Auberge Pyrénées-
Cévennes (11)
Au Pied de Cochon (1)
Pierre Traiteur (1)
Pile ou Face (2)
La Poularde
Landaise (8)
Au Pressoir (12)
Au Quai des Ormes (4)
Au Quai d'Orsay (7)
Relais des Pyrénées (20)
Chez René (5)
Ritz-Espadon (1)
Le Roi du Pot-au-
Feu (9)
Michel Rostang (17)

Guy Savoy (16)
La Sologne (7)
A Sousceyrac (11)
La Table de
  Jeannette (1)
Taillevent (8)

Terminus Nord (10)
Restaurant Tiepolo (5)
Le Timgad (17)
La Toison d'Or (15)
Le Train Bleu (12)
Au Trou Gascon (12)

Vaudeville (2)
Chez la Vieille (1):
  mittags
Au Vieux Berlin (8)
Villars Palace (5)

Im August geöffnete Restaurants

Ambassade
  d'Auvergne (3)
Androuët (8)
Chez les Anges (7)
L'Aquitaine (15)
Bofinger (4)
La Boutarde (Neuilly)
Caviar Kaspia (8)
Cazaudehore (Saint-
  Germain-en-Laye)
Aux Charpentiers (6)
Au Cochon d'Or (1)
Au Cochon d'Or (19)
Coq de la Maison
  Blanche (Saint-
  Ouen)
Le Duc (14)
Duc d'Enghien

(Enghien-les-Bains)
La Ferme Irlandaise (1)
Brasserie Flo (10)
Flora Danica (8)
Chez Georges (2)
Le Globe d'Or (1)
Issé (2)
Jamin/Joël
  Robuchon (16)
Le Jardin de la
  Paresse (14)
Chez Jenny (3)
Joséphine (6)
Julien (10)
Mère-Grand (20)
Chez Pauline (1)
Le Petit Marguery (13)
Pharamond (1)

Au Pied de Cochon (1)
La Poularde
  Landaise (8)
Le Pré Catelan (16)
Ritz-Espadon (1)
Le Roi du Pot-au-
  Feu (9)
Guy Savoy (16)
Terminus Nord (10)
Restaurant Tiepolo (5)
La Tour d'Argent (5)
Le Train Bleu (12)
Les Trois Marches
  (Versailles)
Au Trou Gascon (12)
Vaudeville (2)
Au Vieux Berlin (8)
Villars Palace (5)

Andere an Sonntagen geöffnete Lokalitäten

Näheres zu den Geschäftszeiten ist aus den Einzelbesprechungen ersichtlich

**BISTROS A VIN
WEIN-BISTROS**

L'Ecluse (8): 12 bis
  2 Uhr nachts

Ma Bourgogne (8):
  7 bis 20.30 Uhr
La Tartine (4): 7.30 bis
  22 Uhr

PATISSERIES
KONDITOREIEN

Boudin (6): 6.30 bis 20 Uhr
C. Brocard (16): 8 bis 19.30 Uhr
Christian Constant (7): 8 bis 20 Uhr
Coquelin Aîné (16): 9 bis 13 Uhr
Dalloyau (8): 9.30 bis 13.30 Uhr und 15 bis 18.30 Uhr
Finkelsztajn (4): 9 bis 13.30 Uhr und 14.30 bis 19.30 Uhr
Ganachaud (20): 7.30 bis 13.30 Uhr
Hellegouarch (15): 8.30 bis 19.30 Uhr
Hellegouarch/Pâtisserie Montmartre (18): 9 bis 19.30 Uhr
Lenôtre (7): 9.45 bis 13 Uhr; Rue d'Auteuil (16): 9.15 bis 19.15 Uhr; Avenue Victor-Hugo (16): 9 bis 13 Uhr; Paris 17: 9 bis 13 Uhr
Lerch (5): 8 bis 13.15 Uhr und 15.15 bis 19 Uhr
Millet (7): 9 bis 13 Uhr
Le Moule à Gâteau (5 u. 17): 9 bis 13.30 Uhr
Feltier (7): 9.30 bis 18.30 Uhr
Saffray (7): 7.30 bis 19 Uhr

Pâtisserie Saint-Paul (4): 8 bis 13.30 und 15 bis 19.30 Uhr
Stohrer (2): 7.30 bis 20 Uhr
Vaudron (17): 7.30 bis 13 Uhr und 14 bis 19.15 Uhr

BOULANGERIES
BÄCKEREIEN

Aux Armes de Niel (17): 6.30 bis 20 Uhr
Ganachaud (20): 7.30 bis 13.30 Uhr
Lenôtre, Rue d'Auteuil (16): 9.15 bis 19.15 Uhr; Avenue Victor-Hugo (16): 9 bis 13 Uhr; Paris 17: 9 bis 13 Uhr
Les Panetons (4): 10 bis 14 Uhr und 16 bis 20 Uhr, Paris 5: 7.30 bis 13 Uhr
Markt Place Monge, Stand Nr. 61 (5): 7 bis 13 Uhr
Lionel Poilâne (15): 7 bis 20 Uhr
Boulangerie Quentin (17): 7 bis 13.30 Uhr und 16 bis 20 Uhr
Rouillon (13): 7.30 bis 20.30 Uhr
Boulangerie Vacher (17): 7 bis 20 Uhr

CHARCUTERIES
FEINKOST-
GESCHÄFTE

Ducreux Régionaux (14): 8 bis 13 Uhr
Aux Fermes d'Auvergne (17): 9 bis 13 Uhr
Jean-Claude et Nanzu (17): 8.30 bis 12.45 Uhr
Maison Pou (17): 9.30 bis 14.45 Uhr
Aux Produits de Gers (16): 8 bis 12.30 und 13 bis 20 Uhr
La Savoyarde (11): 9 bis 20 Uhr
Chez Teil (11): 9 bis 13 Uhr
A la Ville de Rodez (4): 8 bis 13 Uhr
A la Ville d'Aurillac (11): 9 bis 13 Uhr
Aux Vrais Produits d'Auvergne (11): 8.30 bis 12.30 Uhr

SPECIALITES
GASTRONOMI-
QUES
SPEZIALITÄTEN-
GESCHÄFTE

Flo Prestige (1): 7 Uhr bis Mitternacht
Flora Danica (8): Mittag bis Mitternacht
Maison Woerli (6): 8.30 bis 12 Uhr
Than Binh (5): 8.30 bis 19.30 Uhr

VIN, BIERE,
ALCOOL
WEINE, BIERE,
SPIRITUOSEN

L'Arbre à Vin/Caves
Retrou (12): 8.30 bis
12.30 Uhr
Jean-Baptiste Besse (5):
11 bis 13.30 Uhr

L'Oenophile (11): 8.30
bis 13 Uhr
Cave Michel Renaud
(12): 9 bis 13 Uhr

Restaurants mit gesonderten Räumen für geschlossene Gesellschaften

Die folgenden Lokale verfügen über getrennte Speiseräume für geschlossene Gesellschaften. Die Zahlen geben die maximale Gästezahl für solche Räumlichkeiten an. In allen Fällen ist eine rechtzeitige Reservierung angebracht. Meist können Spezial-Menüs vereinbart werden.

Chez Aissa Fils (6): 25
Ambassade d'Auvergne (3): 16
Androuët (8): 24
Chez les Anges (7): 15
L'Artois (8): 12
Bofinger (4): 250
Caviar Kaspia (8): 20
Cazaudehore (Saint-Germain-en-Laye): 30
Au Cochon d'Or (19): 18
Le Divellec (7): 15
Le Grand Véfour (1): 14
Jamin/Joël Robuchon (16): 24

Le Jardin de la Paresse (14): 30
Chez Jenny (3): 150
Louis XIV (1): 10
Chez Maître Paul (6): 25
La Marée (8): 30
Montecristo (4): 8
Chez Pauline (1): 16
Le Petit Marguery (13): 25
Au Petit Riche (9): 45
Pharamond (1): 18
Au Pied de Cochon (1): 40
Polidor (6): nur Gesellschaften von 60 Personen

Le Pré Catelan (16): 440
Au Pressoir (12): 18
Au Quai des Ormes (4): 30
Michel Rostang (17): 20
La Sologne (7): 24
Taillevent (8): 32
Terminus Nord (10): 10
La Tour d'Argent (5): 40
Le Train Bleu (12): 26
Les Trois Marches (Versailles): 40
Au Vieux Berlin (8): 42
Villars Palace (5): 50

Restaurants mit Trottoirtischen oder Terrasse im Freien

L'Aquitaine (15)
Bofinger (4)
Dodin-Bouffant (5)
Les Gourmets des Ternes (17)
Louis XIV (1)

Pharamond (1)
Au Pied de Cochon (1)
Pile ou Face (2)
La Porte Fausse (6)
Au Quai des Ormes (4)
Au Quai d'Orsay (7)

Le Roi du Pot-au-Feu (9)
Terminus Nord (10)
Chez Toutoune (5)
Vaudeville (2)

Restaurants mit Gartenterrasse

Cazaudehore (Saint-Germain-en-Laye)
Duc d'Enghien (Eng-

hien-les-Bains)
Flora Danica (8)
Le Jardin de la

Paresse (14)
Le Pré Catelan (16)
Ritz-Espadon (1)

Restaurants mit klimatisierten Räumen

Allard (6)
Ambassade d'Auvergne (3)
Chez les Anges (7)
L'Archestrate (7)
Charlot, Le Roi des Coquillages (9)
Au Châteaubriant (9)
Chiberta (8)
Au Cochon d'Or (1)
Au Cochon d'Or (19)
La Coquille (17)
Le Divellec (7)

Dodin-Bouffant (5)
Jacqueline Fénix (Neuilly)
Le Grand Véfour (1)
Issé (2)
Jamin/Joël Robuchon (16)
Restaurant l'Olympe (15)
Chez Pauline (1)
Le Petit Bedon (16)
Chez Philippe/ Auberge Pyrénées-

Cévennes (11)
Au Pressoir (2)
Au Quai des Ormes (4)
Au Quai d'Orsay (7)
Michel Rostang (17)
Guy Savoy (16)
La Sologne (7)
Taillevent (8)
Terminus Nord (10)
Le Timgad (17)
Au Trou Gascon (12)
Au Vieux Berlin (8)

Restaurants mit regionalen Spezialitäten

AUVERGNE

Ambassade d'Auvergne (3)
La Lozère (6)

BURGUND/LYON

Allard (6)
Benoît (4)

Cartet (11)
Louis XIV (1)
Moissonnier (5)
Le Train Bleu (12)
Chez la Vieille (1)

ELSASS

Bofinger (4)
Brasserie Flo (10)

Brasserie de l'Ile Saint-Louis (4)
Chez Jenny (3)

JURA

Chez Maître Paul (6)
Moissonnier (5)

NORMANDIE

Pharamond (1)

PROVENCE

La Porte Fausse (6)
Chez Toutoune (5)

SOLOGNE

La Sologne (7)

SÜDWESTFRANK-REICH/BORDEAUX

L'Aquitaine (15)
Le Globe d'Or (1)
Chez Philippe/
    Auberge Pyrénées-
    Cévennes (11)

Poularde Landaise (8)
Relais des Pyrénées (20)
La Table de Jeannette
    (1)
Les Trois Piloux (19)
Au Trou Gascon (2)

Spezialitäten-Lokale

AUSTERN
(ganzjährig)

Le Bernardin (17)
Le Divellec (7)
Dodin-Bouffant (5)
Le Duc (14)
Brasserie Flo (10)
Au Pied de Cochon (1)
Terminus Nord (10)
Vaudeville (2)

ANDOUILLETTE

Ambassade d'Auver-
    gne (3)
Benoît (4)
La Coquille (17)
Chez Georges (2)
Au Pied de Cochon (1)

BOUDIN

Ambassade d'Auver-
    gne (3)

Benoît (4)
La Coquille (17)

CASSOULET

Ambassade d'Auver-
    gne (3)
Benoît (4)
Le Globe d'Or (1)
Julien (10)
Chez Philippe/
    Auberge Pyrénées-
    Cévennes (11)
La Table de Jeannette
    (1)
Au Trou Gascon (12)

CHOUCROUTE

Bofinger (4)
Brasserie Flo (10)
Brasserie de l'Ile Saint-
    Louis (4)
Chez Jenny (3)
Terminus Nord (10)

CONFIT

L'Aquitaine (15)
L'Artois (8)
Le Globe d'Or (1)
Chez Philippe/
    Auberge Pyrénées-
    Cévennes (11)
Pile ou Face (2)
La Poularde Landaise
    (8)
Relais des Pyrénées (20)
Le Ruban Bleu (1)
La Table de Jeannette
    (1)
Au Trou Gascon (12)

ESCARGOTS

Allard (6)
L'Ami Louis (3)
La Coquille (17)
Polidor (6)

FISCH UND MEERESFRÜCHTE

L'Aquitaine (15)
Le Bernardin (17)

Caviar Kaspia (8)
Charlot, Le Roi des
  Coquillages (9)
Copenhague (8)
La Coquille (17)
La Coupole (14)
Le Divellec (7)
Dodin-Bouffant (5)
Le Duc (14)
Brasserie Flo (10)
Flora Danica (8)
Les Glénan (7)
Issé (2)
La Marée (8)
La Sologne (7)
Terminus Nord (10)
Villars Palace (5)

FOIE GRAS

L'Ambroisie (5)
L'Ami Louis (3)
Jacqueline Fénix
  (Neuilly)
Brasserie Flo (10)
Joséphine (6)
Julien (10)

Restaurant l'Olympe
  (15)
Chez Pauline (1)
Le Petit Montmorency
  (8)
Chez Philippe/
  Auberge Pyrénées-
  Cévennes (11)
Pierre Traiteur (1)
Relais des Pyrénées (20)
A Sousceyrac (11)
La Table de Jeannette
  (1)
Terminus Nord (10)
Au Trou Gascon (12)
Vaudeville (2)

GRILLFLEISCH

Au Cochon d'Or (1)
Au Cochon d'Or (19)
La Coupole (14)
Gérard (2)
Les Gourmets des
  Ternes (17)
La Sologne (7)
Au Pied de Cochon (1)

**WEINE
(besonders gute)**

Le Grand Véfour (1)
Joséphine (6)
La Marée (8)
Au Pressoir (12)
Taillevent (8)
La Tour d'Argent (5)
Les Trois Marches
  (Versailles)
Au Trou Gascon (12)

WILDBRET (November bis Ende Januar)

La Coquille (17)
Jamin/Joël Robuchon
  (16)
La Marée (8)
Pantagruel (7)
Le Petit Marguery (13)
Le Pré Catelan (16)
La Sologne (7)
A Sousceyrac (11)
Au Trou Gascon (12)

Restaurants mit ausländischer Küche

DEUTSCH
Au Vieux Berlin (8)

GRIECHISCH
Les Diamantaires (9)

IRISCH
La Ferme Irlandaise (1)

ITALIENISCH
Au Châteaubriant (9)
Montecristo (4)
Restaurant Tiepolo (5)

JAPANISCH
Issé (2)

MAROKKANISCH
Chez Aissa Fils (6)
Le Timgad (17)

RUSSISCH
Caviar Kaspia (8)
La Toison d'Or (15)

SKANDINAVISCH
Copenhague (8)
Flora Danica (8)

Mein Dank

Viele liebenswürdige Menschen haben mit ihrer Großzügigkeit, mit Ermutigungen und Enthusiasmus dazu beigetragen, daß die Arbeit an diesem Buch zu einem regelrechten Vergnügen wurde. Zu tiefem Dank verbunden bin ich Susan Herrmann Loomis, die mich in treuer Freundschaft mit ihrem Erfindungsgeist unterstützte, Jane Sigal, die auch in chaotischen Zeiten in unserem Büro nicht den Überblick verlor und Nihal Goonesekera, die für Ordnung sorgte, wenn ich in einem Meer von Notizen, Zeitungsausschnitten und Mappen unterzugehen drohte.

Gerührt war ich von der Generosität der französischen Küchenchefs, Bäcker, Restaurantchefs und Ladeninhaber. Sie opferten mir viel von ihrer Zeit, ließen mich an ihrer Erfahrung teilhaben und verrieten mir manches Rezept. Besonderer Dank gebührt in diesem Zusammenhang Jean-Claude Vrinat vom TAILLEVENT, Joël Robuchon vom JAMIN, Gilbert und Maguy Le Coze von LE BERNARDIN, Paul Blache von LA COQUILLE sowie den Bäckern Bernard Ganachaud, Lionel und Max Poilâne und Jean-Luc Poujauran.

Aber das ganze Unternehmen wäre ohne die standhafte Zuversicht Peter Workmans und die aufmerksame Anleitung meiner Herausgeberin, Suzanne Rafer, nicht möglich gewesen; mochten andere zweifeln, sie beide verloren nie den Glauben an das Zustandekommen dieses Buches. Mein Dank gilt auch Kim Honig und Amy Gateff, die die gesammelten Informationen noch einmal sorgfältig prüften, und weiter Paul Hanson und Susan Aronson Stirling für die ansprechende Gestaltung des Buches.

In meinem Berufsleben habe ich immer mit dem Rat und der Hilfe von Freunden und Kollegen rechnen dürfen; es erfüllt mich mit Genugtuung, ihnen an dieser Stelle meine Anerkennung auszusprechen. Dabei sei vor allem den Mitarbeitern der *New York Times,* im besonderen Craig Claiborne, Arthur Gelb, Annette Grant und Mike Leahy gedankt, die es mir ermöglichten, meine Liebe zum Journalismus mit meiner Leidenschaft für gutes Essen zu verbinden; und ebenso Sam Abt und Vicky Elliott bei der *International Herald Tribune* für das aufmerksame Redigieren meiner Restaurantbesprechungen; schließlich Berna Huebner und Vivian Cruise für ihre freundliche Begleitung und ihren gesunden Appetit.

Besonderen Dank verdienen auch unsere lieben Freunde Rita und Yale Kramer und Lydie und Wayne Marshall für ihre Verbundenheit und ihre Ermunterungen; wir haben oft auf beiden Seiten des Ozeans köstlich miteinander gespeist. Und schließlich möchte ich meine Eltern, Vera und Joseph Kleiber, nicht vergessen. Sie haben mich auf ihre unaufdringliche Weise gelehrt, die gastronomischen Reichtümer dieser Welt zu schätzen und zu lieben.

REGISTER

A Register der Restaurants, Cafés, Bistros etc.
(Arrondissements in Klammern)

417

*Spezialitäten-
geschäfte*

*Weine, Biere,
Spirituosen*

*Buchhandlungen
für gastronomische
Literatur*

B Register der Rezepte

1. Deutsch

C Sachregister

Raum für Reisenotizen

Anschriften neuer Freunde, Foto- u. Filmvermerke, neuentdeckte gute Restaurants, etc.

Raum für Reisenotizen

Anschriften neuer Freunde, Foto- u. Filmvermerke, neuentdeckte gute Restaurants, etc.

Die Kultur der französischen Küche

Ein Begleiter durch 14 kulinarische Provinzen
Von Robert Freson. 288 Seiten mit 375 Farbfotos und 100 Rezepten, Fachwörterglossar, Register, Leinen mit Schutzumschlag

»Eine Reise an die bäuerlichen Herce Frankreichs ist selbst in Buchform ein Gourmeterlebnis, besonders, wenn das Buch so perfekt zusammengestellt ist wie das vorliegende. Der berühmte belgische Fotograf Robert Freson ist durch das Land gestreift, hat in kleinen Kneipen und berühmten Restaurants fotografiert, auf Märkten der Dörfer und den Höfen der Kleinbauern Frankreich von seiner schönsten Seite – ländlich, lecker, lieblich. Food-Journalisten aus aller Welt lieferten die Texte zu seinen appetitanregenden Bildern, die Französin Jacqueline Saulnier zu jeder Provinz die wichtigsten Originalrezepte. Das Ganze ist – trotz der Rezepte – beileibe kein Kochbuch geworden, sondern ein Traumbuch, zu genießen als Apéritif und Anreger für neue Entdeckungsfahrten in Gegenden abseits der Drei-Sterne-Restaurants.«
VIF Das Gourmet-Journal

»Ein Schlüssel zur ursprünglichen französischen Küche, ein Begleiter durch 14 kulinarische Provinzen und ein herausragender Fotoband. Die Texte stammen von bekannten europäischen Journalisten. Neben 100 Rezepten und 375 Farbfotos gibt es amüsante Plaudereien über kulinarische Sitten der verschiedenen Regionen Frankreichs.« *architektur und wohnen*

»Richtig reisen«: Paris

Von Ursula von Kardorff und Helga Sittl. 332 Seiten mit 49 farbigen und 171 einfarbigen Abbildungen, 3 Karten, 96 Seiten praktischen Reisehinweisen, kartoniert

»Zwei Frauen haben die Reihe ›Richtig reisen‹ um einen Paris-Führer erweitert, der in köstlicher Zusammenstellung – und man darf das getrost wörtlich nehmen – das Zentrum der Region von acht Millionen Einwohnern, ebenso vielen Ratten, 80 Museen und Monumenten, 100 Theatern-, Vorstadt-Theatern- und Café-Theater-Bühnen sowie 2000 bis 3000 Clochards den Besuchern beschreibt.

Dabei ist es den beiden Autorinnen gelungen, den ganzen Reiz dieser Stadt auf 277 munter geschriebenen Seiten in Bild und Text einzufangen. Selbst eingeschworenen Paris-Besuchern bieten sie neue Anregungen und Tips.« *Westfalenblatt*

»Kein Reiseführer mit festen Routen und Daten. Er spricht viele an, ist sehr eigenwillig und interessant geschrieben, zudem mit vielen Fotos von Helga Sittl treffend bebildert. Der vorzügliche Informationsteil ist für jeden – für Neulinge und Kenner der Pariser Szene – lesenswert. Tips und Adressen werden umfassend und wiederum individuell dargeboten. So werden ausgewählte, verschiedenartige Hotels sehr persönlich beschrieben. Amüsant und nützlich zugleich sind die Hinweise auf Pariser Spaziergänge.« *Die Welt*

»Wie unerhört vielseitig diese Millionenstadt in Wirklichkeit ist, und wie man es richtig anstellt, um sie richtig kennenzulernen, lehrt dieses Buch, in dem einmal nicht die Bauwerke und Sehenswürdigkeiten, sondern die Menschen im Mittelpunkt stehen. Den reich illustrierten Streifzügen durch seine Geschichte und seine farbige Gegenwart folgt auf gelben Blättern ein umfassender aktueller Informationsteil.« *Wiesbadener Tagblatt*

Paris und die Ile de France

Die Metropole und das Herzland Frankreichs
Von der antiken Lutetia bis zur Millionenstadt
Von Klaus Bußmann. 520 Seiten mit 43 farbigen und 154 einfarbigen Abbildungen, 153 Zeichnungen und Plänen, 51 Seiten praktischen Reisehinweisen, Literaturhinweisen, Personen- und Ortsregister, kartoniert (DuMont Kunst-Reiseführer)

»Wer sich ernsthaft mit Paris und seiner Geschichte beschäftigt, wird an dem Buch nicht mehr vorbeikommen. Die Ausstattung ist ohne Fehl und Tadel; die Fotos vermitteln einen bildlichen Eindruck des im Text Beschriebenen; besonders schön sind in diesem Band die architektonischen Aufrißzeichnungen.« *Frankfurter Allgemeine Zeitung*

»Dieser gut ausgestattete Band gibt einen Überblick über die folkloristische und städtebauliche Entwicklung der Stadt Paris von der Antike bis zur Gegenwart, schildert die Beziehungen zu seinem Umland und beschreibt in Einzeldarstellungen die wichtigsten Bauten, Plätze und Parks der Metropole und Region.« *Münchner Merkur*

Toulouse Lautrec und das Paris um 1900

Von Götz Adriani. 170 Seiten mit 15 farbigen und 53 einfarbigen Abbildungen und 32 dokumentarischen Fotos, Literaturhinweisen, kartoniert (DuMont Taschenbücher, Band 57)

»Der Band illustriert nicht nur die Arbeiten Lautrecs, er illustriert auch die französische Hauptstadt um 1900, in die der im Alter von nur 36 Jahren verstorbene Maler hineinprojiziert wird, die aber andererseits das ständige ›Modell‹ war, das Lautrec ›saß‹, wo immer er sich aufhielt.« *Deutsches Allgemeines Sonntagsblatt*

DuMont Kunst-Reiseführer

Ägypten und Sinai – Geschichte, Kunst und Kultur im Niltal
Vom Reich der Pharaonen bis zur Gegenwart. Von Hans Strelocke.

Algerien – Kunst, Kultur und Landschaft
Von den Stätten der Römer zu den Tuareg der zentralen Sahara. Von Hans Strelocke

Belgien – Spiegelbild Europas
Eine Einladung nach Brüssel, Gent, Brügge, Antwerpen, Lüttich und zu anderen Kunststätten. Von Ernst Günther Grimme

Bulgarien
Kunstdenkmäler aus vier Jahrtausenden von den Thrakern bis zur Gegenwart. Von Gerhard Eckert

Dänemark
Land zwischen den Meeren. Kunst – Kultur – Geschichte. Von Reinhold Dey

Deutsche Demokratische Republik
Geschichte und Kunst von der Romanik bis zur Gegenwart. Brandenburg, Mecklenburg, Sachsen-Anhalt, Sachsen, Thüringen. Von Gerd Baier, Elmar Faber und Eckhard Hollmann

Bundesrepublik Deutschland
Das Allgäu
Städte, Klöster und Wallfahrtskirchen zwischen Bodensee und Lech. Von Lydia L. Dewiel
Das Bergische Land
Kultur, Geschichte, Landschaft zwischen Ruhr und Sieg. Von Bernd Fischer
Bodensee und Oberschwaben
Zwischen Donau und Alpen: Wege und Wunder im ›Himmelreich des Barock‹. Von Karlheinz Ebert
Die Eifel
Entdeckungsfahrten durch Landschaft, Geschichte, Kultur und Kunst – Von Aachen bis zur Mosel. Von Walter Pippke und Ida Pallhuber
Franken – Kunst, Geschichte und Landschaft
Entdeckungsfahrten in einem schönen Land – Würzburg, Rothenburg, Bamberg, Nürnberg und die Kunststätten der Umgebung. Von Werner Dettelbacher
Hessen
Vom Edersee zur Bergstraße. Die Vielfalt von Kunst und Landschaft zwischen Kassel und Darmstadt. Von Friedhelm Häring und Hans-Joachim Klein
Köln
Stadt am Rhein zwischen Tradition und Fortschritt. Von Willehad Paul Eckert

Kölns romanische Kirchen
Architektur, Ausstattung, Geschichte. Von Werner Schäfke
Die Mosel
Von der Mündung bei Koblenz bis zur Quelle in den Vogesen. Landschaft, Kultur, Geschichte. Von Heinz Held
München
Von der welfischen Gründung Heinrichs des Löwen bis zur Gegenwart: Kunst, Kultur, Geschichte. Von Klaus Gallas
Münster und das Münsterland
Geschichte und Kultur. Ein Reisebegleiter in das Herz Westfalens. Von Bernd Fischer
Zwischen Neckar und Donau
Kunst, Kultur und Landschaft von Heidelberg bis Heilbronn, im Hohenloher Land, Ries, Altmühltal und an der oberen Donau. Von Werner Dettelbacher
Der Niederrhein
Das Land und seine Städte, Burgen und Kirchen. Von Willehad Paul Eckert
Oberbayern
Kultur, Geschichte, Landschaft zwischen Donau und Alpen, Lech und Salzach. Von Gerhard Eckert
Oberpfalz, Bayerischer Wald, Niederbayern
Regensburg und das nordöstliche Bayern. Kunst, Kultur und Landschaft. Von Werner Dettelbacher
Ostfriesland mit Jever- und Wangerland
Über Moor, Geest und Marsch zum Wattenmeer und zu den Inseln Borkum, Juist, Norderney, Baltrum, Langeoog, Spiekeroog und Wangerooge. Von Rainer Krawitz
Die Pfalz
Die Weinstraße – Der Pfälzer Wald – Wasgau und Westrich. Wanderungen im ›Garten Deutschlands‹. Von Peter Mayer
Der Rhein von Mainz bis Köln
Eine Reise durch das Rheintal – Geschichte, Kunst und Landschaft. Von Werner Schäfke
Das Ruhrgebiet
Kultur und Geschichte im »Revier« zwischen Ruhr und Lippe. Von Thomas Parent
Sauerland
mit Siegerland und Wittgensteiner Land. Kultur und Landschaft im gebirgigen Süden Westfalens. Von Detlev Arens
Schleswig-Holstein
Zwischen Nordsee und Ostsee: Kultur – Geschichte – Landschaft. Von Johannes Hugo Koch
Der Schwarzwald
und das Oberrheinland. Wege zur Kunst zwischen Karlsruhe und Waldshut: Ortenau, Breisgau, Kaiserstuhl und Markgräflerland. Von Karlheinz Ebert
Sylt, Amrum, Föhr, Helgoland, Pellworm, Nordstrand und Halligen
Natur und Kultur auf Helgoland und den Nordfriesischen Inseln. Entdeckungsreisen durch eine Landschaft zwischen Meer und Festlandküste. Von Albert am Zehnhoff (DuMont Landschaftsführer)

»Richtig reisen«